비주얼 베이직
초보 탈출하기

프로젝트 실습으로
쉽게 따라하기 구성

본 서적을 집필하는데 구심점은 실무에 활용할 수 있게 한다는 점이다. 비주얼 베이직은 버전을 더해 갈수록 그 기능이 확장되어 한편으로는 다양화라는 발전적인 성과를 가져오고 있다. 과거에 베이직이라면 기초적인 언어로 실무에 활용할 수 있는 프로젝트를 개발하려면 난해한 C언어를 사용해야만 했지만 이제는 그렇지 않다. 비주얼 베이직 하나만으로도 거의 모든 실무 프로젝트를 수행하는데 지장이 없다.

이 양 선 지음

● 예제 소스 웹하드 제공(판권 참고)
www.webhard.co.kr

세진북스

www.sejinbooks.kr
cafe.daum.net/sjb114

저자가 드리는 글

본 서적을 집필하는데 구심점은 실무에 활용할 수 있게 한다는 점이다. 비주얼 베이직은 버전을 더해 갈수록 그 기능이 확장되어 한편으로는 다양화라는 발전적인 성과를 가져오고 있다. 과거에 베이직이라면 기초적인 언어로 실무에 활용할 수 있는 프로젝트를 개발하려면 난해한 C언어를 사용해야만 했지만 이제는 그렇지 않다. 비주얼 베이직 하나만으로도 거의 모든 실무 프로젝트를 수행하는데 지장이 없다.

하지만 한편으로는 기능이 너무 방대해져서 비주얼 베이직을 처음 접하게 된 독자의 입장에서는 어디부터 공부해야 할지 엄두가 나지 않는 전문적인 프로그램 개발 툴이 되어버린 것이다. 본 서적은 이런 문제점을 해결하는데 일조하기 위해 비주얼 베이직을 아주 단순하다는 관점에서 접근하였다.

컴퓨터의 시작이나 생각의 시작도 가만히 고찰해보면 "예/아니오"에서 시작한다는 것을 느낄 수 있다. 이를 다시 말하면 "유/무"의 논리로 표현할 수 있다. 결국 모든 것이 "유/무"로 말할 수 있듯이 어렵다고 생각되는 프로그램도 단순한 판단의 모임이라고 본다면 아주 접근하기 쉬워진다.

실무 프로젝트를 수행하다 보면 프로그램의 구조를 모르는 일반 고객이 일반 상식으로 구상한 논리로 프로그래머에게 요구하는 경우를 많이 볼 수 있다. 그래서 프로그래머는 항상 현실과 프로그램의 세계 사이에서 새로운 경험과 모험을 할 준비가 되어 있어야 한다. 고객이 요구한 논리를 프로그램으로 구성할 수 있을 것이라는 가능성 속에 약속한 기간내에 프로젝트를 완성하려면 때로는 새로운 솔루션을 찾아 헤매야 할 때도 있고, 때로는 노력끝에 발견한 솔루션을 보고 고객은 느끼지 못하는 쾌감을 느낄 수도 있다. 이런 과정속에 발전이라는 것이 있다. 프로그램의 세계에서는 모험을 하지 않으면 절대 발전할 수 없다.

이와같은 모험을 하는데 만능 열쇠의 역할을 하는 것이 바로 "유/무"의 단순한 논리이다. 어려운 난관에 있을수록 쉽게 생각하라는 것이다. 본 서의 내용에서도 전반적으로 이와 같은 논리에서 기술해가고 있다. 본 서적에 있는 기초적인 프로젝트를 따라해 본다거나 실무 프로젝트에서 필요한 부분만 참고하다 미로에 빠지지만 차근히 진행 과정을 살펴보면 힌트를 얻을 수 있을 것이다.

발행인이 드리는 글

프로그래밍 언어를 익히는 궁극적인 목표는 그 언어를 사용하여 어떤 작업을 처리하기 위한 것일 것입니다. 언어마다 특성이 다르고 쓰임새가 다르기는 하지만 모든 프로그래밍 언어를 학습하는 최종 목적은 그 언어를 활용하여 특정 결과를 얻는 것입니다.

그러나 초보 단계에서 프로그래밍 언어를 학습 하는과정을 보면 되부분은 그 언어 자체를 목적으로 하는 것처럼 그 언어의 모든 문법과 모든 기능을 샅샅이 공부 하는것을 볼 수 있습니다. 물론 그런 학습 방법이 나쁘지는 않지만 비효율적이고 지루하다는 문제가 있습니다.

비주얼 베이직으로 대표되는 비주얼 언어의 특성도 그런 방식의 학습을 염두에 둔 것이 아닙니다. 빠른 시간내에 쉽게 프로그래밍할 수 있도록 많은 기능들이 내장되어 있기 때 문에 특정 프로그램을 한번 작성함으로써 말 그대로 비주얼하게 스스로 느낄 수 있도록 개발되어 있습니다.

본 서는 그러한 점에 유의하여 초보자라도 본 서를 그대로 학습하면 처음부터 완성도 높은 프로그램을 직접 작성할 수 있습니다. 화면의 결과를 보면서 역으로 비주얼 베이직의 문법과 구조를 느끼게 하자는 것이 본 서의 기획 의도입니다.

본 서에서의 최종적으로 독자와 함께 작성하는 인사관리 프로그램은 실제 기업에서 그대로 사용할 수 있을 정도로 완성도가 높습니다. 단순한 연습이 아니라 실무개발을 완벽하게 경험할 수 있도록 하였습니다. 본 서의 마지막 장을 덮으면서 초보 독자가 실무 개발자로 거듭날 수 있도록 최대한 배려하였습니다.

부디 본 서가 독자 여러분의 학습에 큰 도움이 되길 바랍니다.

이 책에서 제공하는 웹하드 자료의 내용

www.webhard.co.kr
ID : sjb114
SN : sjb1234

- 📁 설치판
    - 📁 폴더용
        - 📁 명함관리
        - 📁 문자출력
        - 📁 사칙연산
        - 📁 선택
        - 📁 인사관리
        - 📁 인터페이스
        - 📁 컬러
    - 📁 CD용
        - 📁 명함관리1
        - 📁 문자출력1
        - 📁 사칙연산1
        - 📁 선택1
        - 📁 인사관리1
        - 📁 인터페이스1
        - 📁 컬러1
- 📁 소스
    - 📁 명함관리
    - 📁 인사관리
    - 📁 프로젝트1
    - 📁 프로젝트2
    - 📁 프로젝트3
    - 📁 프로젝트4
    - 📁 프로젝트5

Contents

Part 1 기초 프로젝트

■Chapter 1 비주얼 베이직의 구성 살펴보기/16

1. 비주얼 베이직 전체화면 구성 ■ 16
2. 메뉴바와 아이콘 메뉴바 ■ 17
3. 툴바 ■ 17
4. 프로젝트 탐색기(창) ■ 18
5. 속성 창 ■ 19
6. 폼 레이아웃 창 ■ 20
7. 폼 보기창 ■ 22

■Chapter 2 기초 프로젝트 1 – 문자 출력 프로젝트/24

1. 폼 디자인 ■ 24
   1.1 프로젝트 시작하기 ■ 24
   1.2 폼 캡션 바꾸기 ■ 26
   1.3 폼 아이콘 바꾸기 ■ 26
   1.4 명령 버튼 삽입하기 ■ 28
   1.5 객체 복사하기/객체 인덱스 활용하기 ■ 29
   1.6 객체 이름 바꾸기 ■ 34
   1.7 텍스트 상자 삽입 ■ 35
   1.8 폼 배경이미지 삽입 ■ 36
   1.9 글꼴 변경하기 ■ 39
2. 프로그램 코딩 작업 ■ 41
   2.1 문자출력_Click 루틴 (문자출력 루틴) ■ 41
   2.2 지우기_Click 루틴 (지우기 루틴) ■ 43
   2.3 닫기_Click 루틴 (닫기 루틴) ■ 45
3. 미리 실행보기 ■ 47
4. 프로젝트 저장하기 ■ 49

5. 프로젝트 컴파일하기 ■ 52
6. 패키지화 작업 ■ 55
7. 배포판 만들기 ■ 65
8. 문자출력프로젝트 설치해보기 ■ 71
9. 문자출력 프로젝트 전체소스코드 ■ 75

    폼 소스코드 ■ 75
    루틴 소스코드 ■ 77

■Chapter 3 기초 프로젝트 2 – 선택 프로젝트/78

1. 둘러보기 ■ 78
1.1 선택프로젝트의 화면구성 ■ 78
1.2 리스트 상자 실험해보기 ■ 79
1.3 콤보상자 실험해보기 ■ 80
1.4 체크상자 실험해보기 ■ 81
1.5 옵션상자 실험해보기 ■ 83

2. 폼 만들기 ■ 85
2.1 새 프로젝트 시작하기 ■ 85
2.2 새 프로젝트 저장하기 ■ 85
2.3 글꼴설정 프레임삽입 ■ 88
2.4 폼 모눈 크기 조절하기 ■ 90
2.5 콤보상자 삽입하기 ■ 90
2.6 스타일 프레임 삽입 ■ 92
2.7 체크상자 삽입하기 ■ 93
2.8 옵션버튼 삽입하기 ■ 96
2.9 리스트 상자 삽입하기 ■ 100
2.10 선택결과 프레임 삽입하기 ■ 101
2.11 MultiLine 텍스트상자 ■ 102
2.12 객체명 살펴보기 ■ 103

3. 코딩작업 ■ 104
선택 프로젝트의 전체 루틴 구성   104
3.1 폼 처리 루틴 ■ 105

3.2 리스트상자 목록 만들기 ■ 106
3.3 리스트상자 처리 루틴 ■ 109
3.4 콤보상자 처리루틴 ■ 111
3.5 체크상자 처리루틴 ■ 113

4. 선택 프로젝트 전체 소스 코드 ■ 122

폼 소스코드 ■ 122
루틴 소스코드 ■ 127

■ Chapter 4 기초 프로젝트 3 – 사칙연산 프로젝트/130

1. 둘러보기 ■ 130
2. 폼 만들기 ■ 131
3. 코드 작성하기 ■ 138

3.1 결과 실행 루틴 ■ 138
3.2 문자 덧셈 ■ 139
3.3 Val 함수와 덧셈연산 ■ 140
3.4 8진수와 16진수 연산 ■ 141
3.5 뺄셈, 곱셈, 나눗셈 처리루틴 ■ 142
3.6 디버깅 ■ 143
3.7 개체 찾아보기 ■ 149

4. 사칙연산 프로젝트 전체 소스 코드 ■ 152

폼 소스코드 ■ 152
루틴 소스코드 ■ 155

■ Chapter 5 기초 프로젝트 4 – 인터페이스 프로젝트/156

1. 폼 만들기 ■ 156

1.1 프로젝트 시작하기 ■ 156
1.2 폼의 전체틀 만들기 ■ 157
1.3 Label 삽입 ■ 157
1.4 체크상자 삽입 ■ 158

1.5 입력 결과를 출력할 텍스트상자 삽입 ■ 159
1.6 마우스 위치를 출력할 프레임 삽입 ■ 161

2. 코딩작업 ■ 163

2.1 키보드 입력 루틴 ■ 163
2.2 마우스 입력 루틴 ■ 167

3. 인터페이스 프로젝트 실험하기 ■ 172
4. 인터페이스 프로젝트 전체 소스 코드 ■ 175

폼 소스코드 ■ 175
루틴 소스코드 ■ 180

■Chapter 6 기초 프로젝트 5 – 컬러 프로젝트/182

1. 폼 만들기 ■ 182
2. 코드 작성하기(스크롤바와 컬러) ■ 188

2.1 스크롤바 처리루틴 ■ 188
2.2 RGB 컬러 처리루틴 ■ 189
2.3 텍스트 상자 처리루틴 ■ 190
2.4 색깔지정 버튼 처리루틴 ■ 192

3. 메뉴만들기 ■ 193
4. 메뉴 코딩 하기 ■ 203
5. 실험하기 ■ 208
6. 컬러 프로젝트 전체 소스코드 ■ 211

폼 소스코드 ■ 211
루틴 소스코드 ■ 215

Part 2 DB 프로젝트

■Chapter 7 DB 프로젝트 - 명함관리 프로젝트/218

1. DB 프로젝트 시작하기 ■ 218
2. 테이블 만들기 - 비주얼 데이터 관리자(VisData) ■ 222
3. 테이블 열기 ■ 231
4. 자동화 폼 만들기 ■ 235

    4.1 자동화 폼 시작 ■ 235
    4.2 자동화 폼 이름 지정 ■ 236
    4.3 사용할 테이블 선택 ■ 237
    4.4 사용할 필드 추가 ■ 237
    4.5 자동화 폼 개체명 변경 ■ 239
    4.6 필요없는 폼 제거 ■ 240
    4.7 프로젝트 시작 개체 지정 ■ 240
    4.8 자동화 폼 저장 ■ 241
    4.9 자동화 폼 실험하기 ■ 242

5. 데이터 리포트 작성하기 ■ 243

    5.1 Jet로 DB연결 ■ 244
    5.2 DataEnvironment에 테이블 등록 ■ 248
    5.3 필드 삽입 ■ 249
    5.4 모눈 활용 ■ 251
    5.5 테이블 전체 필드 삽입 ■ 252
    5.6 개체 이동 및 재배열 ■ 253
    5.7 레코드 구분 라인 삽입 ■ 253
    5.8 DataReport의 DB연동 ■ 255
    5.9 페이지 머리글 작성 ■ 255
    5.10 출력 메뉴 만들기 ■ 257
    5.11 출력메뉴 코딩 ■ 258

6. 데이터 리포트 실험하기 ■ 260

    6.1 출력 메뉴 실험 ■ 260
    6.2 파일로 출력 기능 실험 ■ 261
    6.3 프린터로 출력 기능 실험 ■ 262

7. 명함관리 프로젝트 전체 소스 코드 ■ 263

    폼 소스코드 ■ 263
    루틴 소스코드 ■ 269

Part 3 실무 프로젝트

■Chapter 8 DB 프로젝트 - 인사 관리 프로젝트/272

1. 인사 관리 업무 파악 ■ 272
2. 프로젝트 시작하기 ■ 273
3. 인사 DB 및 테이블 만들기 ■ 275
4. 폼 만들기 ■ 283
   - 4.1 메뉴 만들기 ■ 283
   - 4.2 윈도우 탭 만들기 ■ 286
   - 4.3 입력란 만들기 ■ 290
   - 4.4 Adodc Control 만들기 ■ 293
   - 4.5 입력란의 필드 설정 1 ■ 299
   - 4.6 입력란의 DataFormat 설정 1 ■ 303
   - 4.7 총평점연산 명령버튼 삽입 ■ 305
   - 4.8 입력란의 필드 설정 2 ■ 306
   - 4.9 입력란의 DataFormat 설정 1 ■ 307
   - 4.10 실수령액연산 명령버튼 삽입 ■ 307
   - 4.11 사진 이미지 자리잡기 ■ 308
   - 4.12 사진 파일명 출력 자리잡기 ■ 309
   - 4.13 검색엔진 폼 만들기 ■ 310
5. 코드 작성하기 ■ 316
   - 5.1 폼 로드 루틴 ■ 316
   - 5.2 보기모드 루틴 ■ 317
   - 5.3 입력비활성 루틴 ■ 319
   - 5.4 입력활성 루틴 ■ 320
   - 5.5 Adodc 레코드이동 루틴 ■ 321
   - 5.6 실험 : 사진 이미지 처리루틴 ■ 324
   - 5.7 추가 루틴 ■ 325
   - 5.8 실험 : 추가 루틴 ■ 327
   - 5.9 수정모드 루틴 ■ 328
   - 5.10 삭제 루틴 ■ 329
   - 5.11 검색모드 루틴 ■ 330
   - 5.12 실험 : 검색 처리루틴 ■ 332

5.13 평가/급여 연산 루틴 ■ 335
5.14 평가/급여 연산실험 ■ 339
5.15 메뉴명령 루틴 작성 ■ 344

6. 시작화면 만들기 ■ 350

7. 시스템 정보 화면 만들기 ■ 358

7.1 실험 : 시작화면 / 시스템 정보 ■ 362

8. 도움말 화면 만들기 ■ 366

8.1 실험 : 사용법 및 단축키 ■ 372

9. 전체 테이블 폼 만들기 ■ 374

9.1 실험 : 전체테이블 ■ 385

10. 데이터 리포트 만들기 ■ 387

10.1 실험 : 직원목록출력 / 재직증명서발급 ■ 393

11. 인사관리 시스템 전체소스보기 ■ 400

로고 폼 소스코드 ■ 400
로고 루틴 소스코드 ■ 402
인사 관리 폼 소스코드 ■ 403
인사 관리 루틴 소스코드 ■ 425
전체테이블 폼 소스코드 ■ 429
전체테이블 루틴 소스코드 ■ 434
사용법 폼 소스코드 ■ 436
사용법 루틴 소스코드 ■ 438
정보 폼 소스코드 ■ 440
정보 루틴 소스코드 ■ 443
DataEnvironment1 소스코드 ■ 446
직원목록 데이터 리포트 소스코드 ■ 452
재직증명서 데이터 리포트 소스코드 ■ 483

비주얼 베이직 초보 탈출하기

Part 01 기초 프로젝트

문자 출력, 선택,

사칙연산, 인터페이스,

컬러 프로젝트

Chapter 01 비주얼 베이직의 구성 살펴보기

1. 비주얼 베이직 전체화면 구성

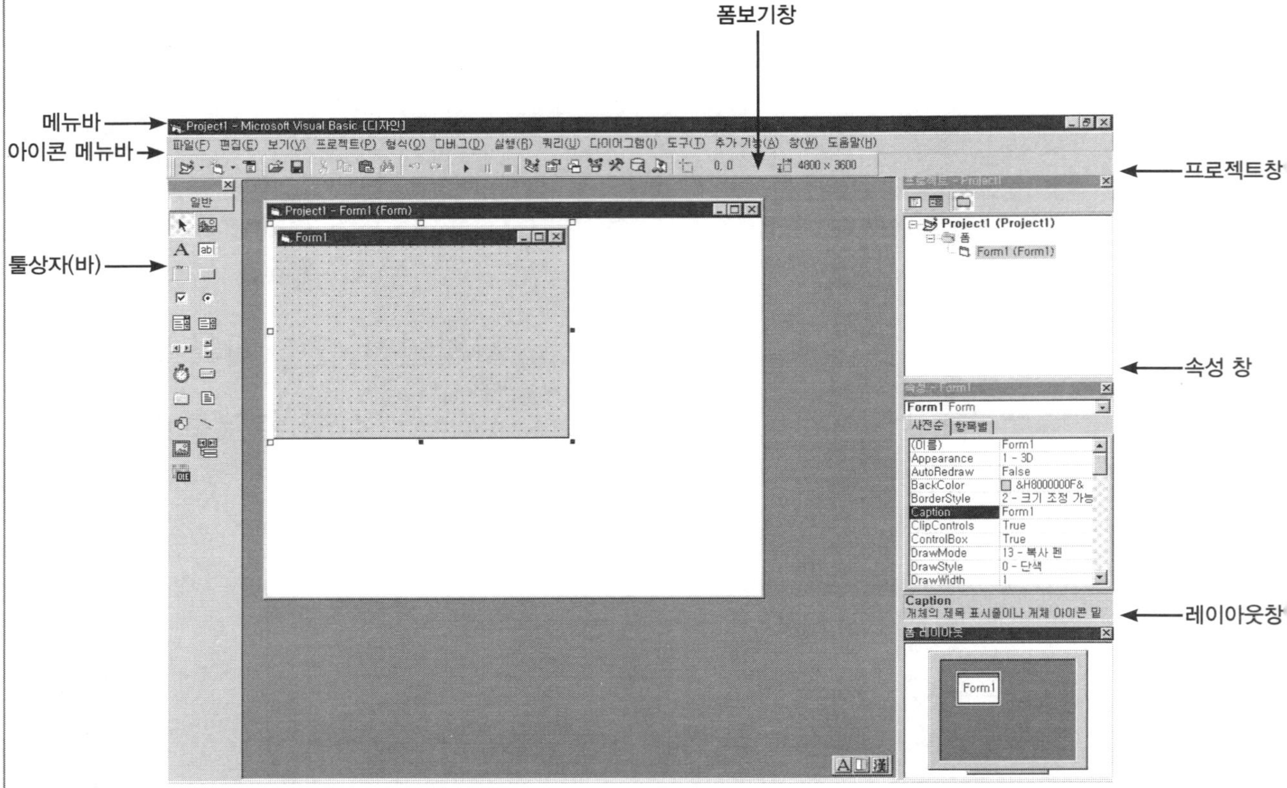

- 폼보기창
- 메뉴바
- 아이콘 메뉴바
- 툴상자(바)
- 프로젝트창
- 속성 창
- 레이아웃창

비주얼 베이직은 그림과 같이 여러개의 창들로 구성되어 있다. 그림에 나타나 있는 창들은 기본 창들이고 이외에도 프로젝트의 특성에 따라 'Data View 창', '데이터 리포트 창', '객체찾아보기 창' 등 여러가지 작업 창들이 있다.

2. 메뉴바와 아이콘 메뉴바

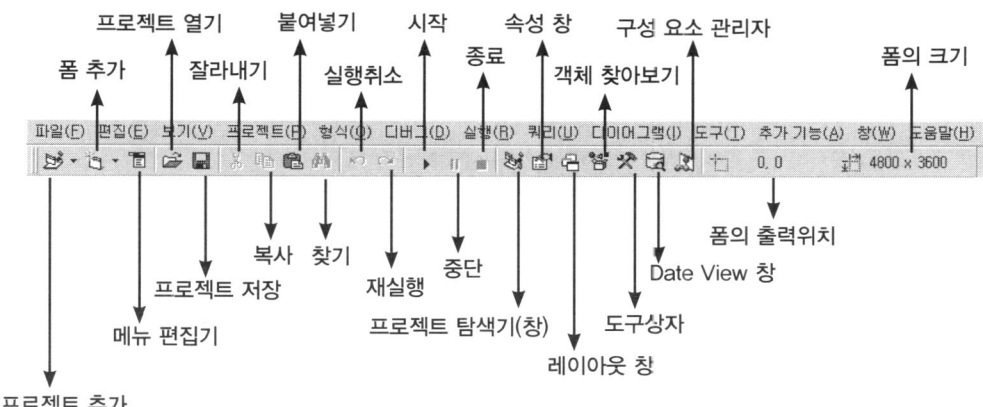

화면 상단에 있는 메뉴바는 비주얼 베이직 전반에 해당하는 명령들을 담고 있다.
특히, 아이콘 메뉴바에서는 가장 많이 사용하는 명령들만 아이콘으로 나열하여 작업속도를 빠르게 해준다.
[보기 → 도구모음 → 사용자정의] 명령을 이용하면 자신의 환경에 맞는 아이콘 메뉴바를 구성할 수 있다.

3. 툴바

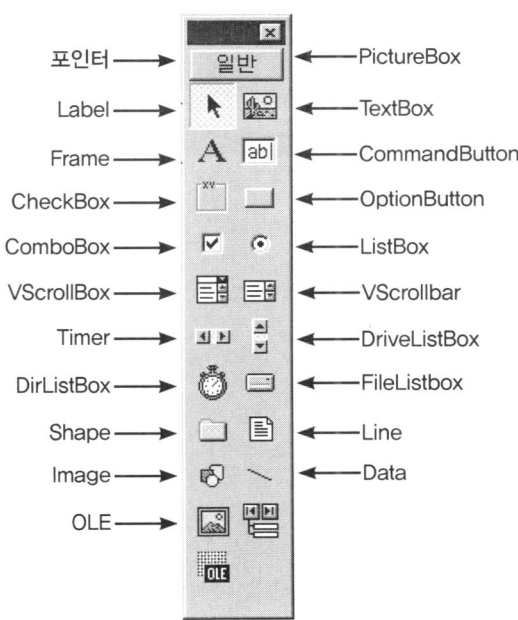

폼을 만드는데 사용되는 툴이다. 프로젝트의 종류에 따라 나타나는 툴들이 다르다.
기본 툴에 없는 툴이 필요할 때는 [프로젝트 → 구성요소] 명령을 이용하여 '구성요소' 대화상자에서 원하는 툴을 선택하면 된다.

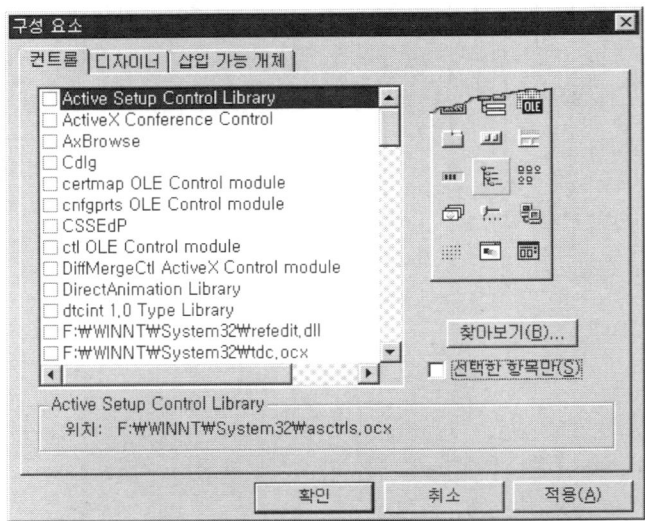

4. 프로젝트 탐색기(창)

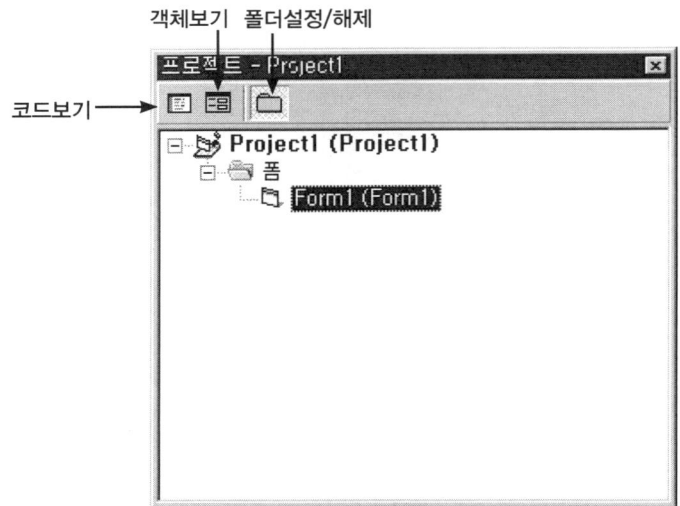

'객체보기' 버튼을 클릭하면 폼 보기 창이 나타나고, '코드보기' 버튼을 클릭하면 해당 폼에 대한 프로그램 루틴을 코딩할 수 있게 코드 입력 창이 나타난다.

5. 속성 창

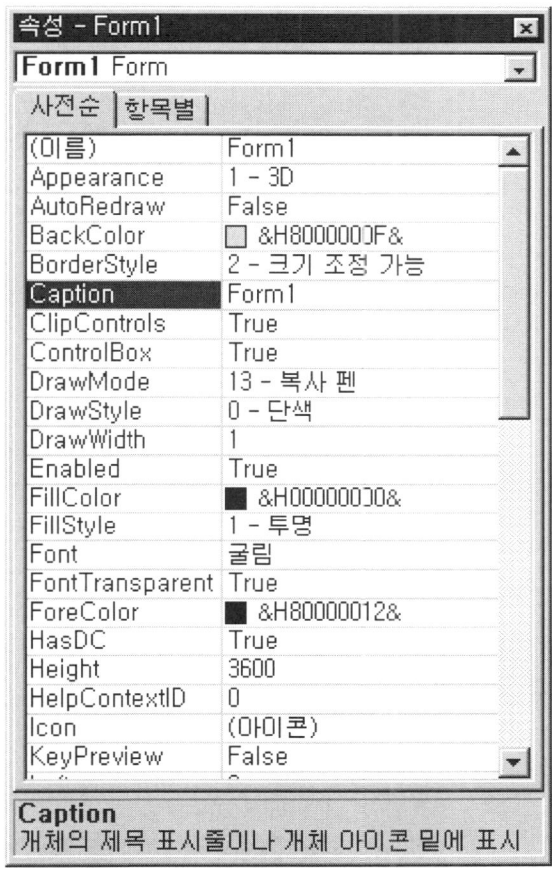

'속성 창'은 선택된 객체마다 서로 다른 항목들로 구성되어 있다.
여기서 설정된 객체 속성은 프로그램 코드에서 마음대로 변경시킬 수 있어, 속성 창에 나타난 속성 값들은 기본값으로 볼 수 있다.
속성 창을 검색하는 방법에는 '사전순'과 '항목별'이 있는데 '사전순'은 알파벳 순으로 속성이 배열되고, '항목별'은 속성을 특성별로 구분하여 그룹형식으로 나열한 것이다.

6. 폼 레이아웃 창

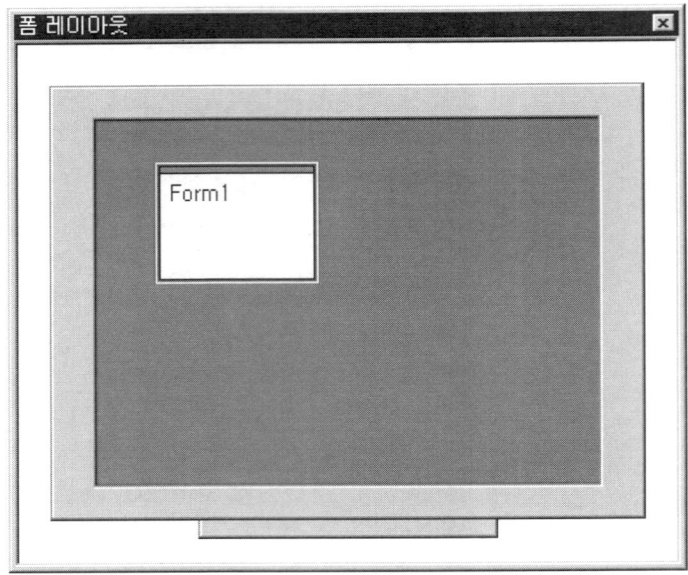

폼 레이아웃 창은 폼이 화면상에 출력되는 위치를 미리보기하는 기능을 제공한다. 원한다면 폼 레이아웃 창에 나타난 폼을 마우스로 드래그하여 화면 상에 출력될 위치는 지정할 수 있다. 또한, 폼 레이아웃 창에서 오른쪽 마우스 버튼을 이용하면 해상도 표시를 할 수 있어 폼의 크기와 위치를 한눈에 파악할 수 있다.

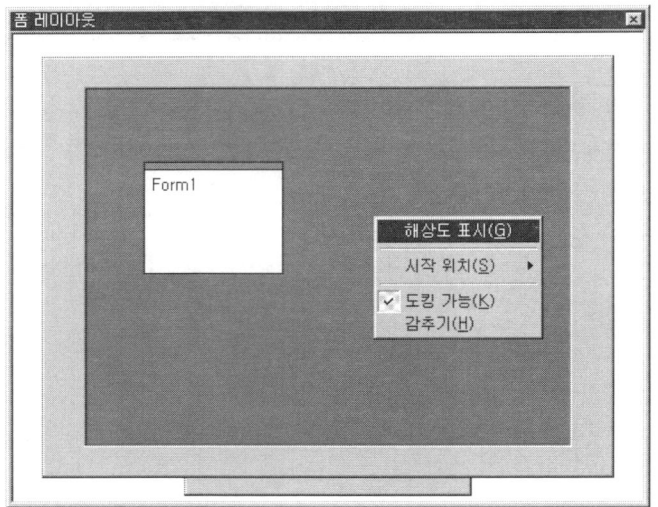

오른쪽 마우스 버튼으로 '해상도 표시' 명령을 실행한다.

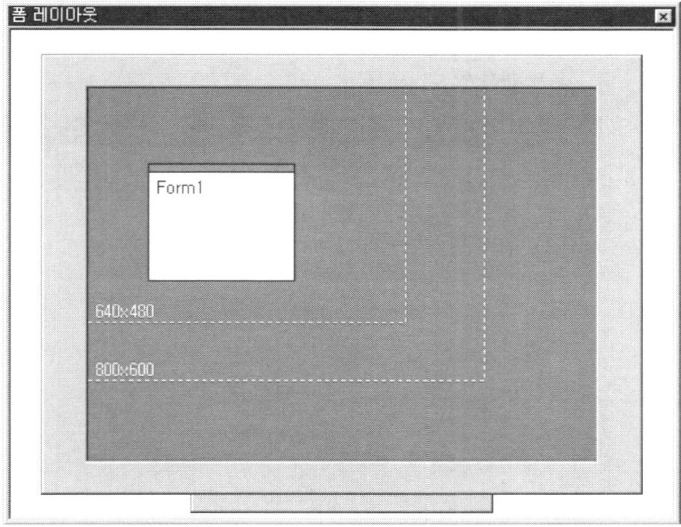

폼 레이아웃 창에 해상도가 표시된다.

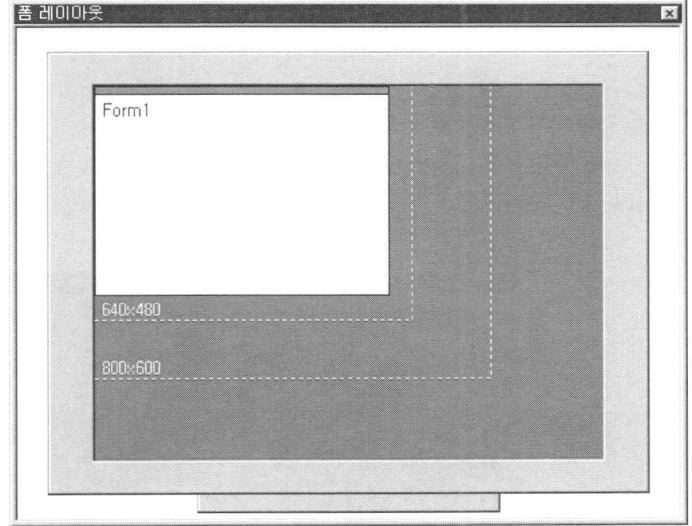

표시된 해상도를 참고하여 폼의 위치와 크기를 조절한다.

7. 폼 보기창

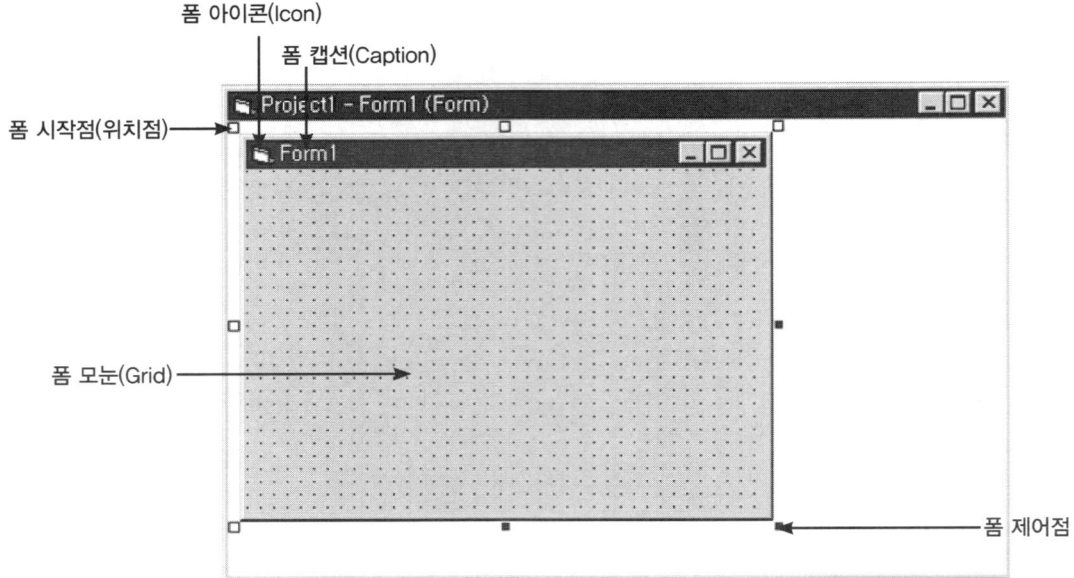

폼의 크기는 '폼 제어점'을 이용해서 조정해야 한다. '폼 시작점(위치점)'은 폼이 화면상에 출력될 위치를 지정하는데 폼 보기창에서는 제어할 수 없고, 폼 레이아웃창을 이용해야 한다. '폼 모눈'은 폼안에 삽입할 객체들의 위치나 크기를 조정하는데 편리하게 사용된다. 원한다면 모눈의 크기를 작게하여 좀 더 섬세하게 객체들의 위치와 크기를 조절할 수 있다. 이 모눈의 크기는 [도구 → 옵션] 명령을 실행하여 그림과 같이 옵션 대화상자를 호출하고, '일반' 탭에서 '모눈단위'를 조정하면 된다.

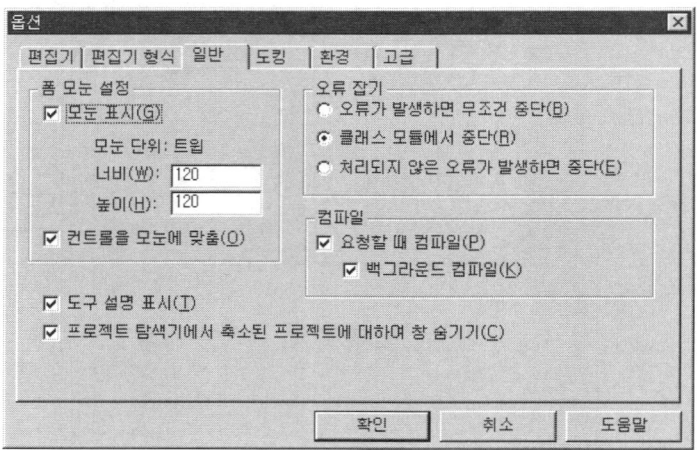

폼 아이콘이나 폼 캡션은 속성 창에서 변경시킬 수 있다.

특히, 폼 아이콘은 속성 창의 Icon 항목에 있는 찾아보기 버튼을 클릭하여 '아이콘 로드' 대화상자에서 'Microsoft Visual Studio → Common → Graphics → Icons'로 가면 기본적으로 제공되는 아이콘들이 많이 있다.

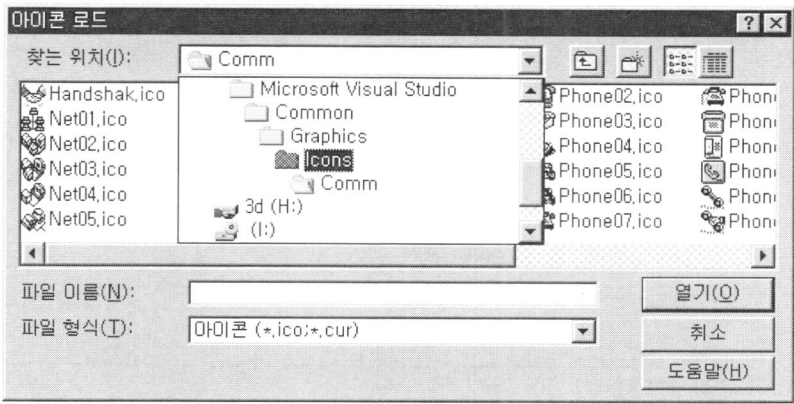

Chapter 02 기초 프로젝트 1
– 문자 출력 프로젝트

이 프로젝트에서는 텍스트상자에 지정된 문자를 출력하는 간단한 프로그램을 만들면서 비주얼 베이직을 사용하는데 기본적인 기능을 익힐 수 있도록 하였다.
폼 만들기에서 간단한 프로그램 코딩 과정, 컴파일 과정, 패키지화 과정까지 실습해 볼 수 있게 되어 있어 초보자도 프로그램이 만들어지는 전체과정을 조감할 수 있게 하였다.

폼 디자인

1.1 프로젝트 시작하기

01 비주얼 베이직 6.0을 실행한다.

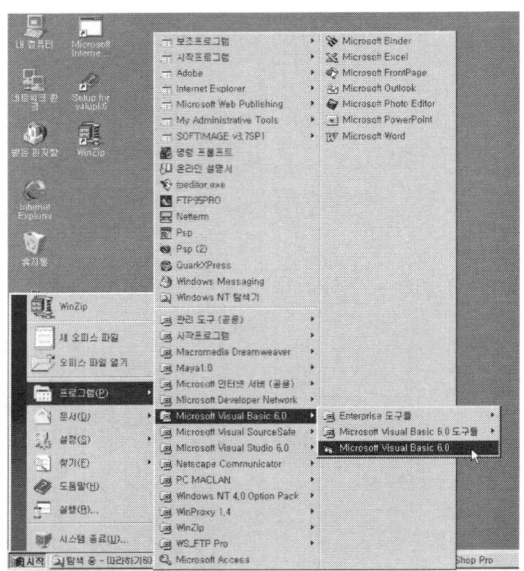

◎ Chapter 2 기초 프로젝트 1 - 문자 출력 프로젝트

02 '표준.EXE'를 선택한다.

그러면 그림과 같이 Form1과 함께 프로젝트가 만들어진다.

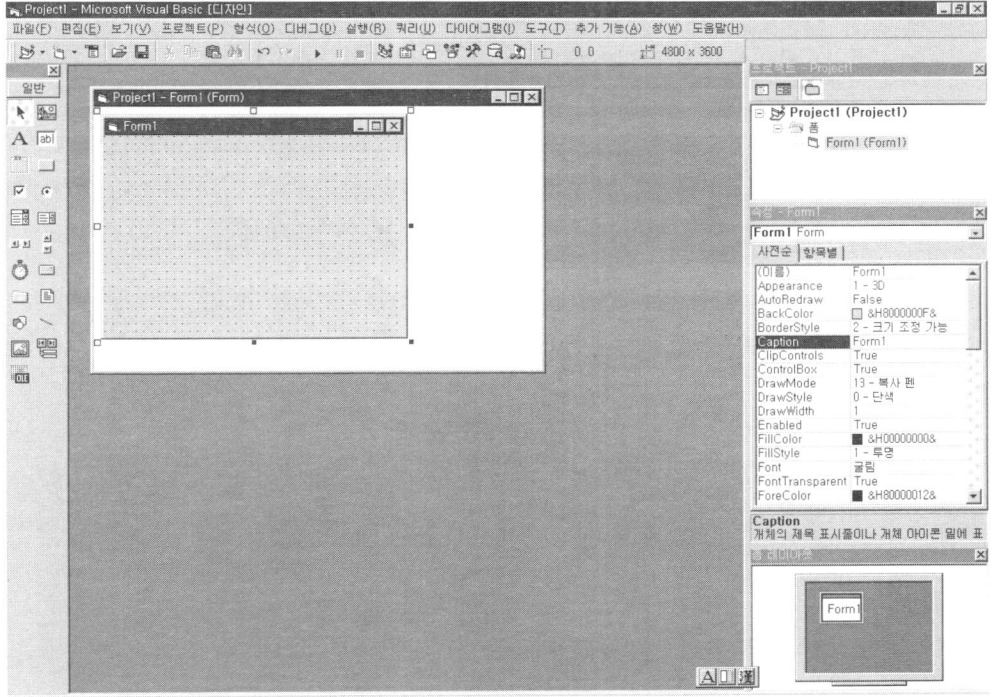

1.2 폼 캡션 바꾸기

03 폼을 선택하고, 속성의 Caption란에 '문자출력 프로젝트'라고 입력한다.

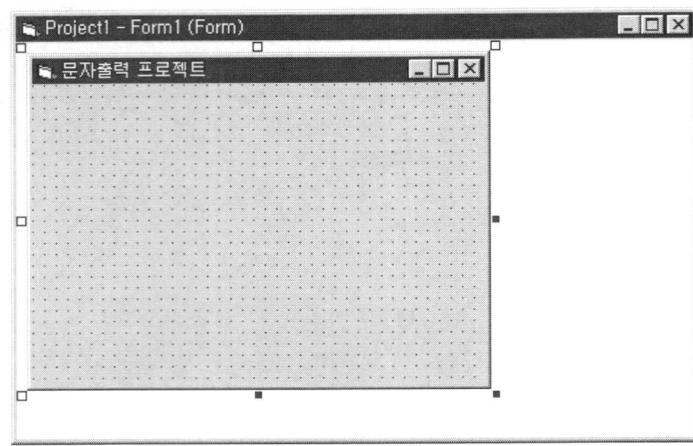

1.3 폼 아이콘 바꾸기

04 속성 창에서 Icon 항목에 있는 '...' 버튼을 클릭한다.

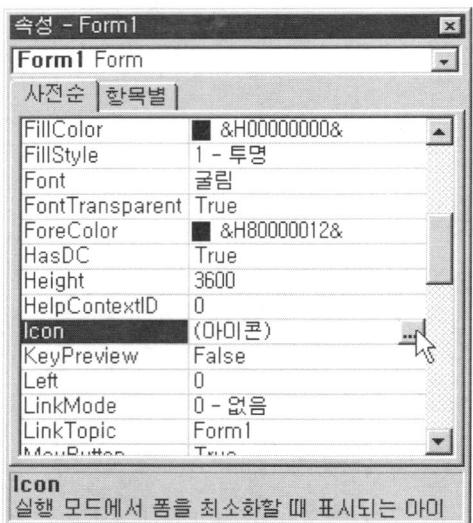

05 '아이콘 로드' 대화상자가 나타나면 'Microsoft Visual Studio → Common → Graphics → Icons → Writing'으로 디렉토리를 이동시킨다.

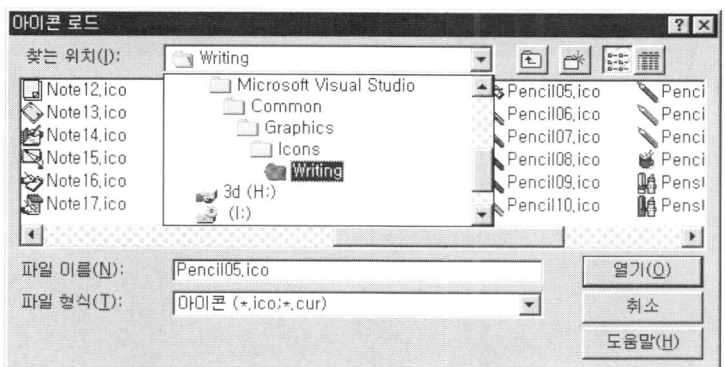

06 'Portrait.ico'를 선택하고, '열기' 버튼을 클릭한다.

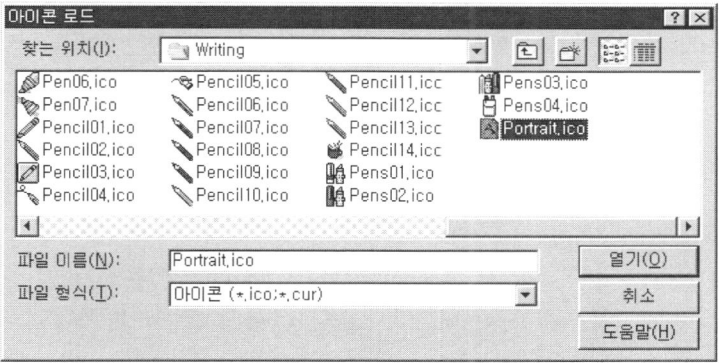

그러면 그림과 같이 폼에 선택한 이이콘이 출력된다.

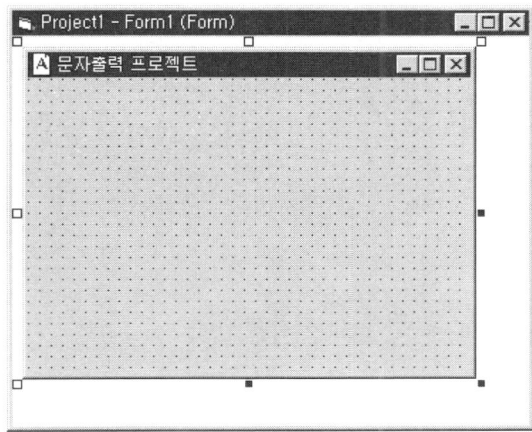

1.4 명령 버튼 삽입하기

07 툴상자에서 CommandButton을 선택하고, 그림과 같이 버튼을 삽입한다. 버튼을 삽입할 때는 마우스로 드래그하여 삽입할 영역을 지정하면 된다.

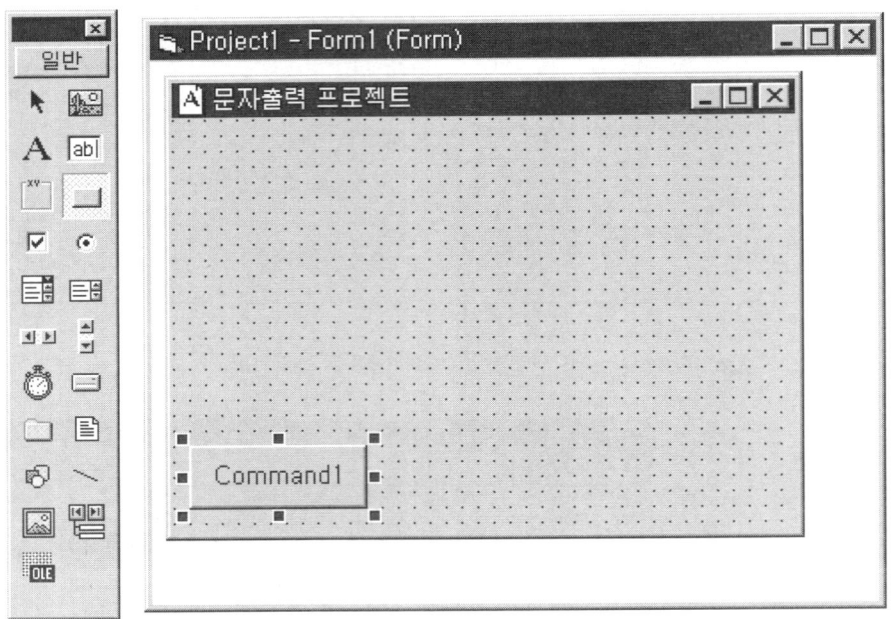

08 속성 창에서 'Caption' 항목을 선택하고 '문자출력(&p)'라고 설정한다. "&p"라고 입력한 부분은 이 명령버튼에 대한 단축키를 "p"로 한다는 뜻이다. 마우스로 이 버튼을 클릭하지 않고도 키보드에서 "p"키를 눌러서 명령을 실행할 수 있다.

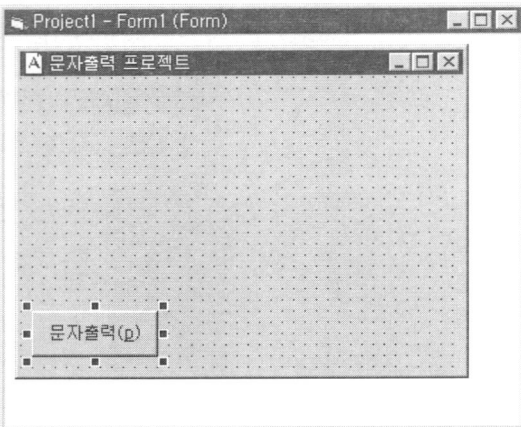

단축키

'명령버튼'이나 '명령메뉴'에 대한 단축키 설정은 "&"를 사용한다. "&" 다음에 연이어 입력한 키가 단축키가 된다. 만일 Caption을 "&Print"로 설정하면 이 명령버튼에 대한 단축키는 "P"가 된다.

1.5 객체 복사하기/객체 인덱스 활용하기

09 '문자출력' 버튼을 선택하고, 마우스 오른쪽 버튼을 클릭하여 그림과 같이 '복사' 명령을 실행한다.

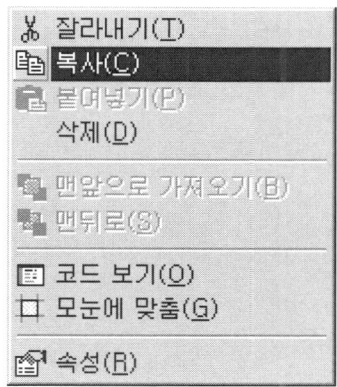

10 폼 바탕에서 마우스 오른쪽 버튼을 클릭하여 '붙여넣기' 명령을 실행한다.

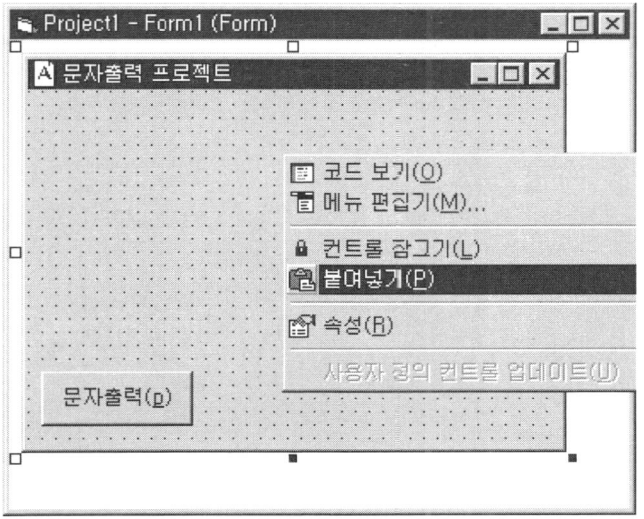

11 복사한 객체와 복사되어 생성될 객체의 객체명이 "Command1"로 동일하므로 다음과 같은 경고 메시지가 나타난다.

'아니오'를 선택한다.

명령버튼의 객체명

비주얼 베이직에서는 객체명이 동일할 때, 이 객체명에 '인덱스'를 붙여 구분시켜 주는 기능이 있다.

만일 이 경고 메시지에서 '예' 버튼을 클릭하면, 기존에 있던 'Command1'은 'Command1(0)'가 되고, 복사되어 새로 만들어지는 객체는 'Command1(1)'이 된다. 여기서, 괄호안에 있는 숫자가 '객체 인덱스'가 된다.

하지만 나중에 프로그램 코딩할 때를 생각한다면, 명령버튼은 인덱스로 처리해서는 안된다.
만일 인덱스로 처리하면 Command1(0) 버튼과 Command1(1) 버튼 사이에 서로 다른 실행 루틴을 작성할 수 없게 된다.

루틴명에서는 인덱스를 사용할 수 없기 때문인데, 인덱스의 원래 용도는 한 루틴 아래에 동일한 객체명을 가진 객체들을 구분해주는데 있다. 따라서 이 예제에서는 인덱스를 사용할 수 없으므로 '아니오'를 선택한다.

12 복제된 객체는 그림과 같이 폼의 좌측 상단에 나타난다.

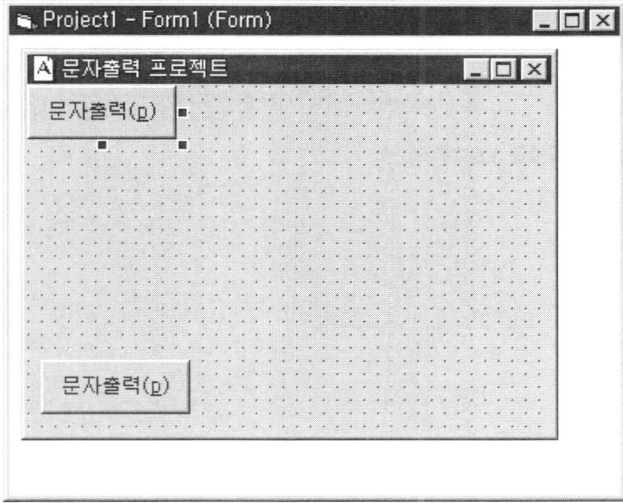

13 'Command2'을 마우스로 드래그하여 그림과 같이 이동시킨다.

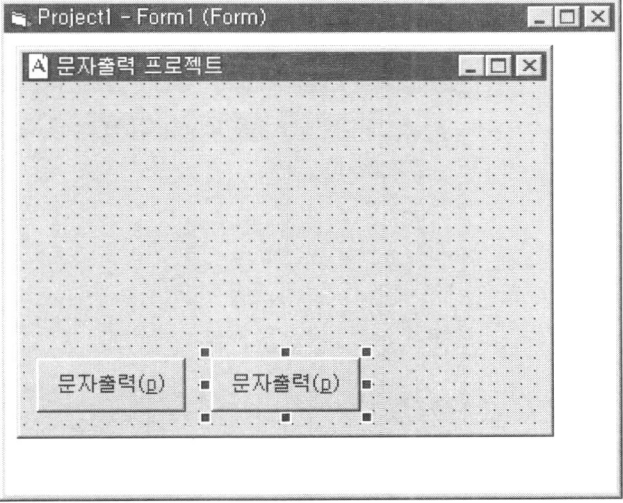

14 속성 창의 'Caption'에 "지우기(&c)"라고 입력한다. 이렇게 하면 이 명령버튼에 대한 단축키는 "c"가 된다.

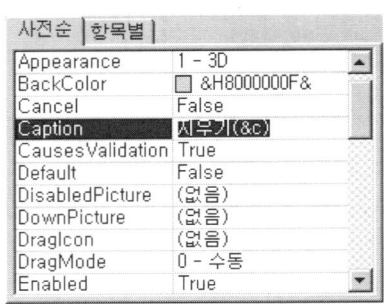
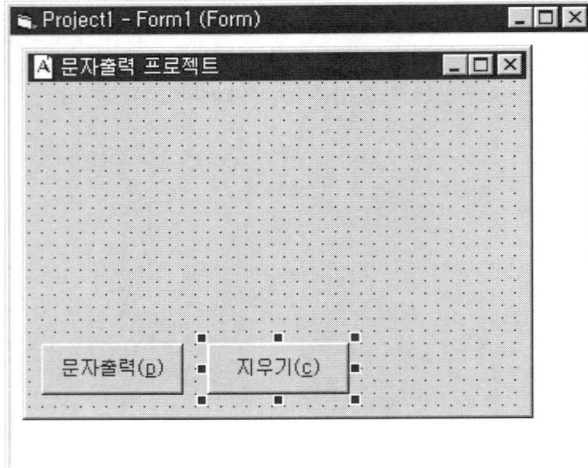

15 마우스 오른쪽 버튼으로 '붙여넣기'명령을 선택하거나 단축키 'Ctrl+v'키를 눌러 그림과 같이 'Command3'만든다. '과정11'과 같이 경고 메시지가 나오면 '아니오'를 선택한다.

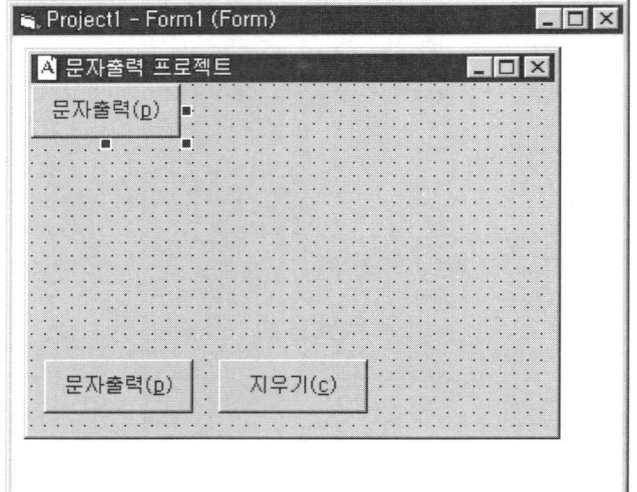

16 'Command3' 버튼을 드래그하여 그림과 같이 이동시킨다.

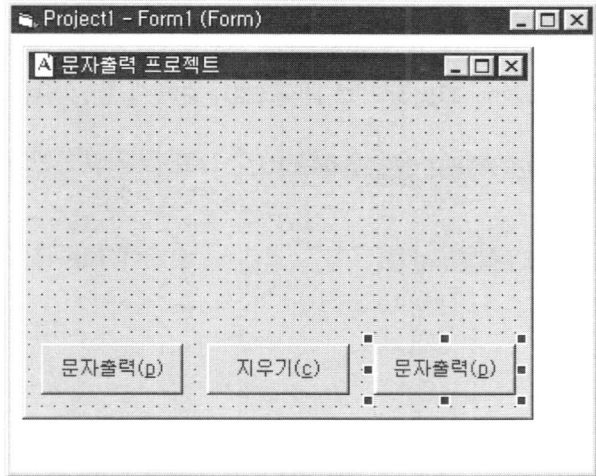

17 'CommandButton(2)' 버튼을 선택하고, 속성 창의 'Caption'에 "닫기(&x)"라고 입력한다.

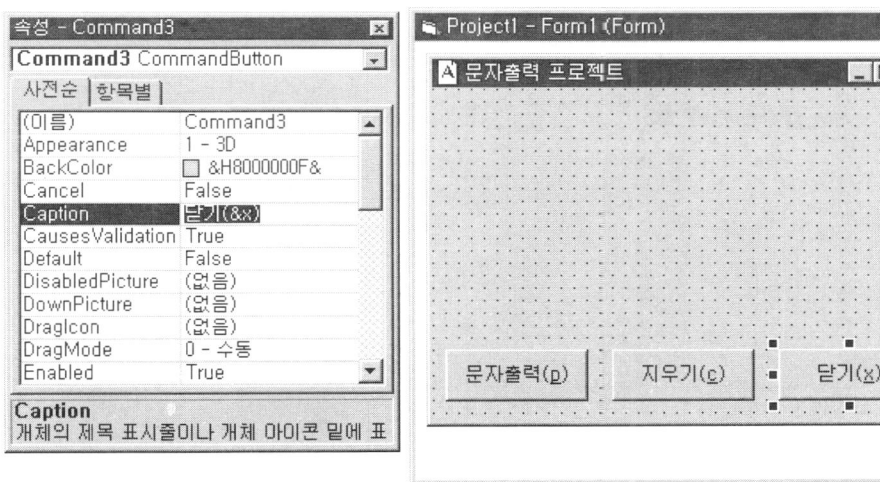

1.6 객체 이름 바꾸기

18 3개의 버튼의 객체이름을 한글로 바꾸어보자. 객체의 이름을 바꾸려면 속성 창의 '(이름)' 항목에 수정을 가하면 된다. Command1은 "문자출력"으로 Command2는 '지우기'로, Command3는 '닫기'로 하여 그림과 같이 객체의 이름을 바꾸어보자.

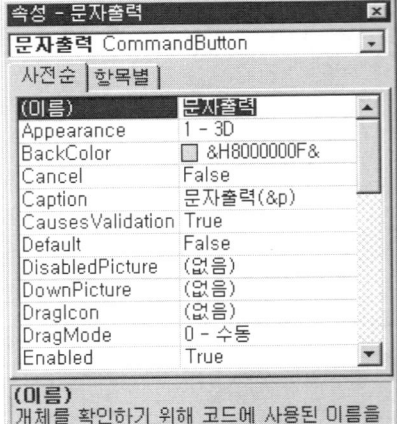

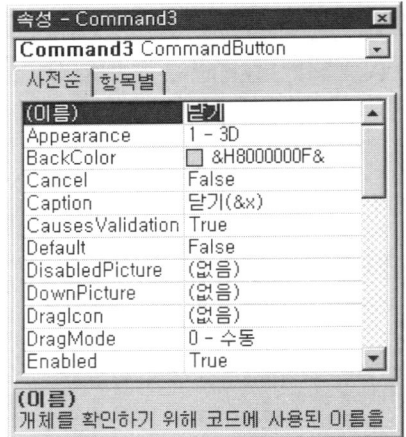

1.7 텍스트 상자 삽입

19 툴바에서 TextBox를 선택하고, 마우스로 드래그하여 삽입할 영역을 정하면 그림과 같이 "TextBox1"이 삽입된다.

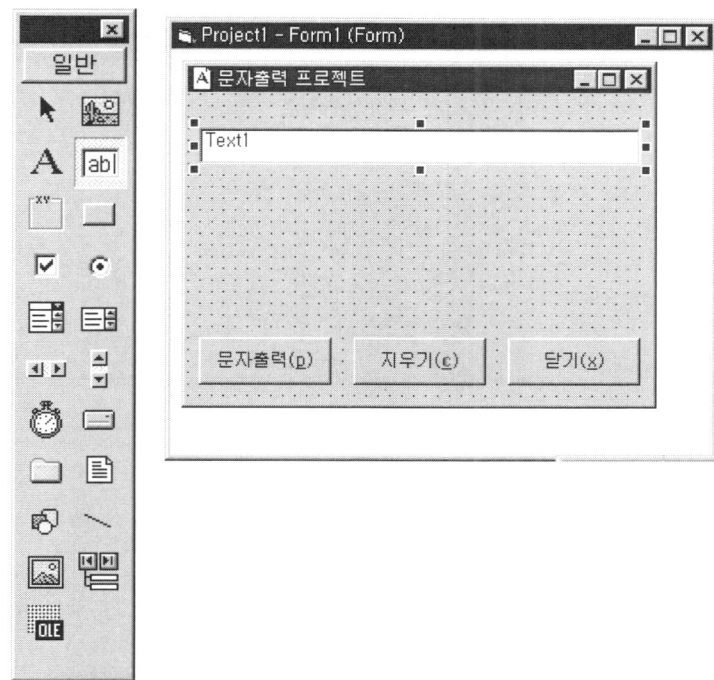

20 속성 창의 Text 항목에 "Text1"이라고 입력되어 있는데 이것을 삭제하여 초기의 텍스트 상자에는 아무것도 출력되지 않도록 한다.

그러면 폼에서도 그림과 같이 "Text1"이라고 나타나던 것이 없어진다.

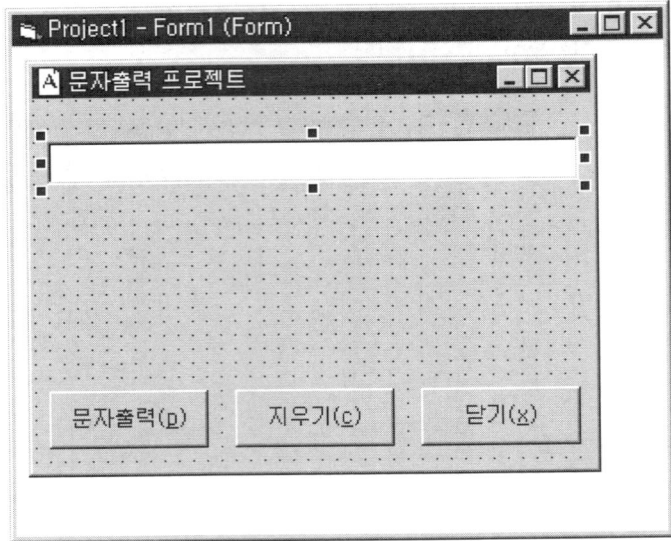

1.8 폼 배경이미지 삽입

21 폼을 선택한 상태에서 속성 창의 Picture에 있는 '...' 버튼을 클릭한다.

◎ Chapter 2 기초 프로젝트 1 - 문자 출력 프로젝트

22 '그림 로드' 대화상자에서 "Microsoft Visual Studio → Common → Graphics → Metafile → Business" 디렉토리로 이동한다.

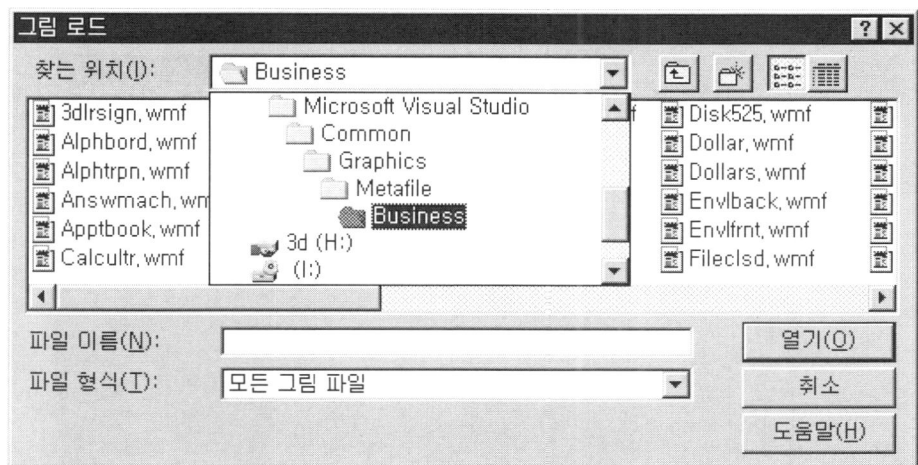

23 'Typewrtr.wmf'를 더블클릭한다.

37

24 속성 창의 Picture 항목을 확인해보면 "(메타파일)"로 나타난다. 만일 .bmp파일를 선택했으면 "(비트맵)"이라고 나타난다. 여기서는 .wmf파일을 선택하였으므로 "(메타파일)"로 나타난다.

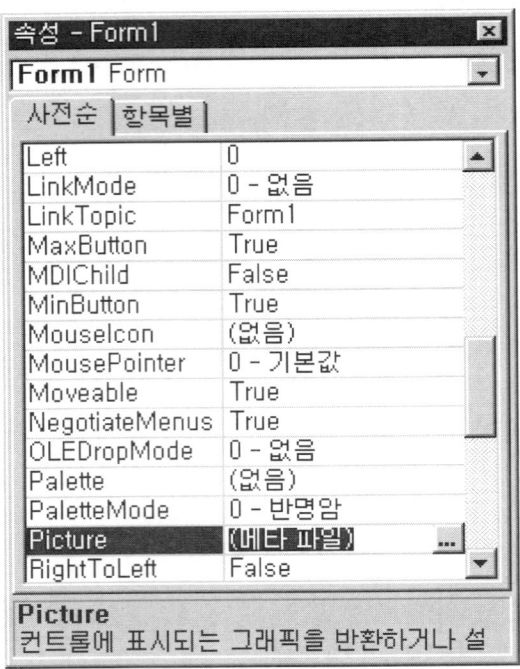

25 위와 같이 설정하고 폼 보기창을 확인해보면 그림과 같이 폼의 크기에 맞추어 이미지의 크기가 자동으로 설정된다.

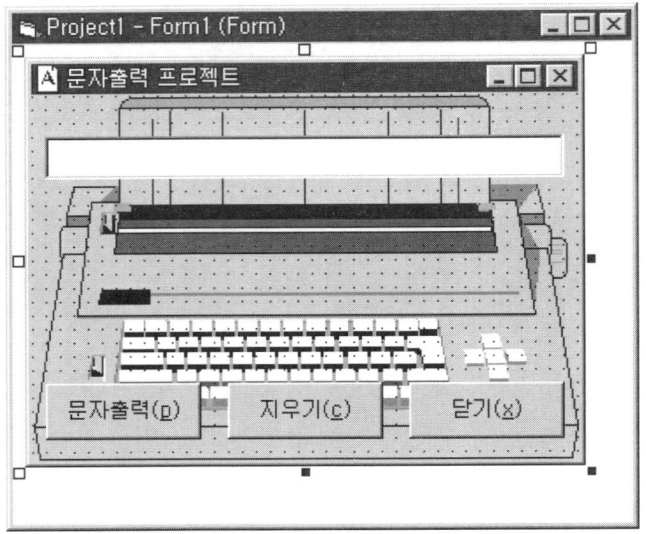

1.9 글꼴 변경하기

26 마우스로 3개의 버튼이 모두 포함되도록 드래그하여 3개의 명령버튼을 선택한다. 여러개의 객체를 선택할 때는 위에서 설명한 대로 마우스를 드래그하여 선택할 객체의 영역을 지정하거나, "Shift"버튼을 누른 상태에서 객체를 하나씩 마우스로 클릭하면 된다.

27 속성 창에서 Font항목을 선택하고 이 항목의 오른쪽끝에 있는 '...'버튼을 클릭한다.

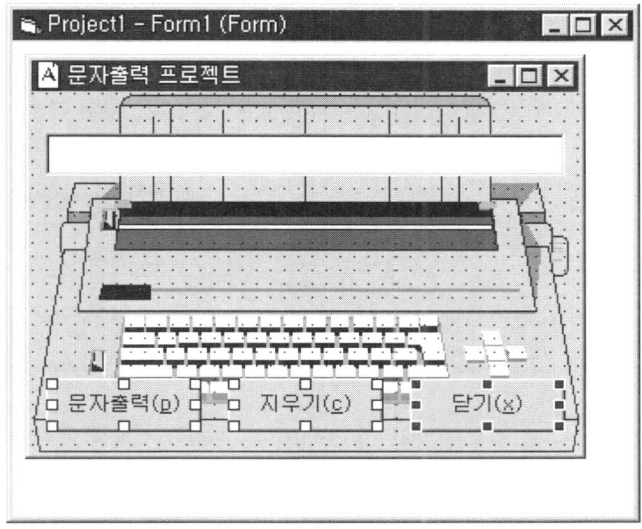

28 '글꼴' 대화상자에서 글꼴을 '궁서체', 글꼴 유형을 '굵게', 크기를 '9'로 설정한다.

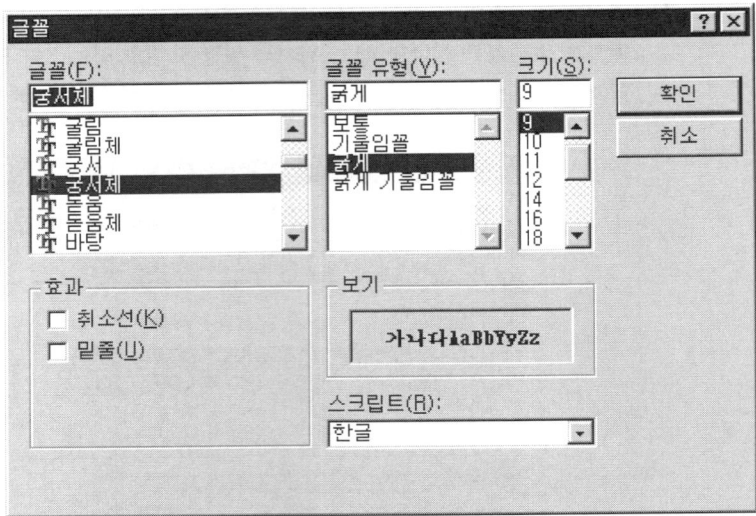

29 '글꼴' 대화상자에서 '확인' 버튼을 클릭하고 폼 보기 창을 확인해보면, 그림과 같이 3개의 버튼에 있는 글꼴이 궁서체로 바꿔어 나타난다.

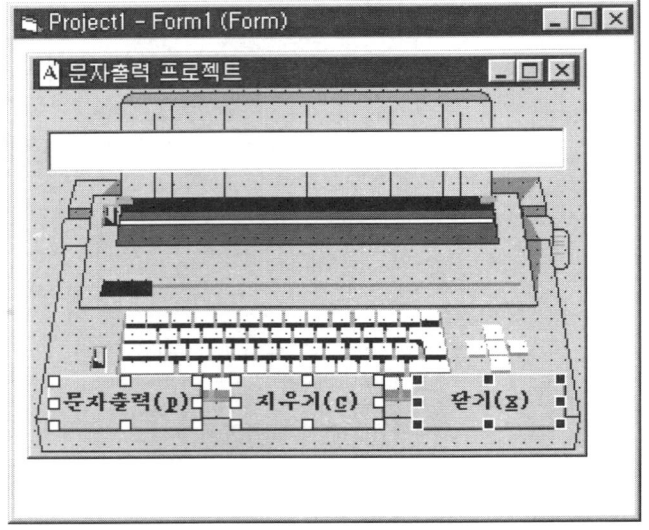

여기까지가 "문자출력 프로젝트"에 대한 폼 디자인 작업과정이다.

2. 프로그램 코딩 작업

프로그램 코딩 작업들어가기전에 폼에서 작성한 객체들의 이름을 확인하기 바란다.
본서에서 설명한 객체이름과 독자가 만든 객체이름이 서로 다르면 작업상의 큰 오류가 발생할 수 있기 때문이다.
속성 창의 상단에 있는 콤보상자를 클릭하면 폼에서 만든 모든 객체의 이름이 나타난다.
여기서는 다음과 같이 객체이름을 정하였다.

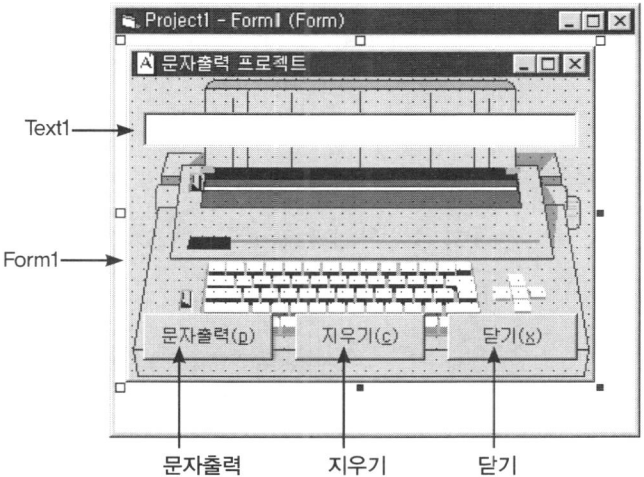

2.1 문자출력_Click 루틴 (문자출력 루틴)

01 폼 보기 창에서 '문자출력(p)'(문자출력) 버튼을 더블클릭한다.

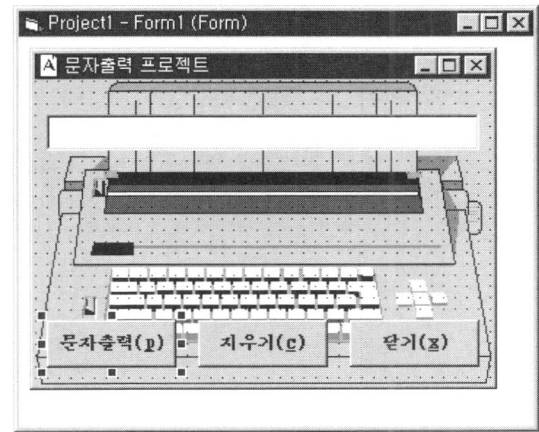

02 코드보기 창이 나타나고, 그림과 같이 '문자출력_Click'에 대한 'Private Sub'이 자동으로 만들어진다. 이것을 일명 '문자출력' 루틴이라고 한다. 이 루틴은 문자출력 버튼을 클릭했을 때 실행되는 루틴이다.

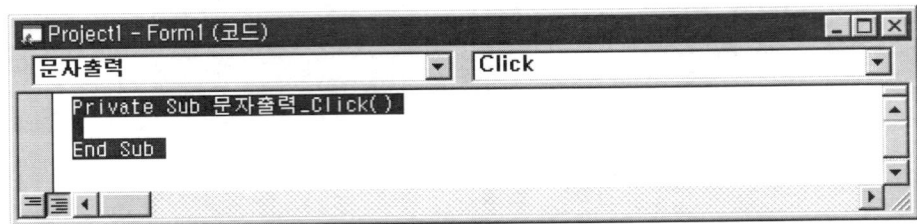

03 '문자출력' 루틴내에 그림과 같이 'Text1.'이라고 입력하면 'Text1' 객체에 적용할 수 있는 속성항목들이 콤보상자에 나타난다. 이 상태에서 'te'라고 연이어서 입력하면 te로 시작되는 속성항목으로 자동으로 찾아준다. 이 속성들 중 'Text'를 선택하고, 'Space' 키를 누른다.

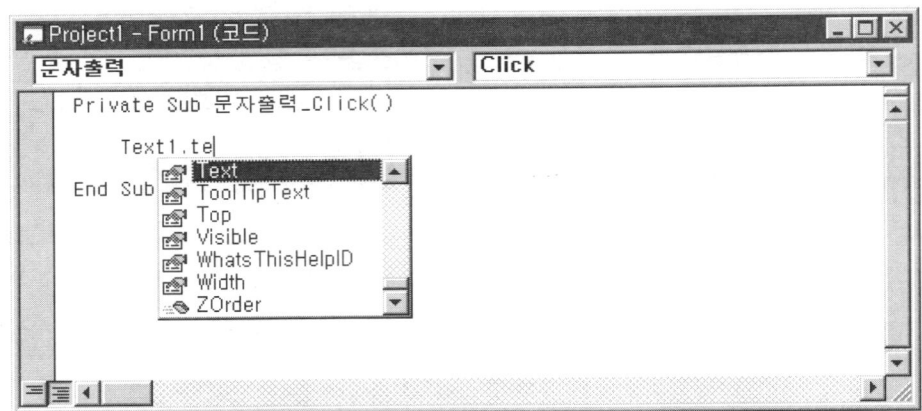

© Chapter 2 기초 프로젝트 1 - 문자 출력 프로젝트

04 '과정3'에 연이어서 그림과 같이 'Text1.Text'에 "문자출력 프로젝트를 성공적으로 완성하셨습니다."를 대입시킨다. 이렇게 하면, '문자출력' 버튼을 클릭했을 때 'Text1'에 지정된 글자 "문자출력 프로젝트를 성공적으로 완성하셨습니다."가 출력된다.

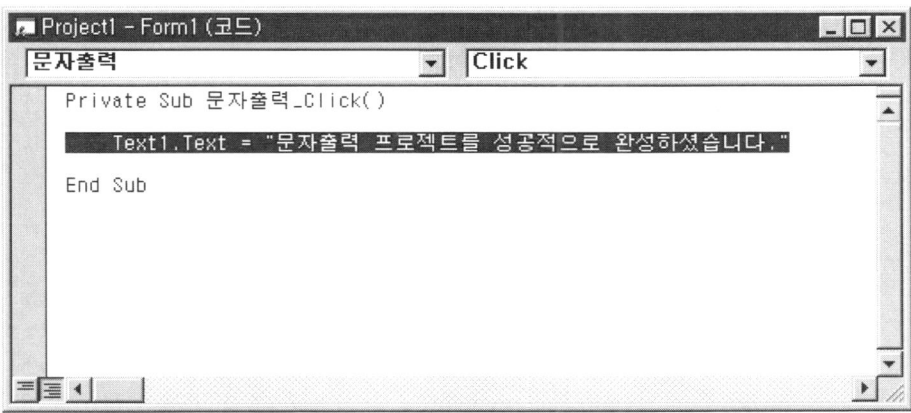

2.2 지우기_Click 루틴 (지우기 루틴)

05 '문자출력' 루틴과 같은 방법으로 '지우기' 루틴을 만들어보자. 폼 보기 창에서 '지우기' 버튼을 더블클릭한다.

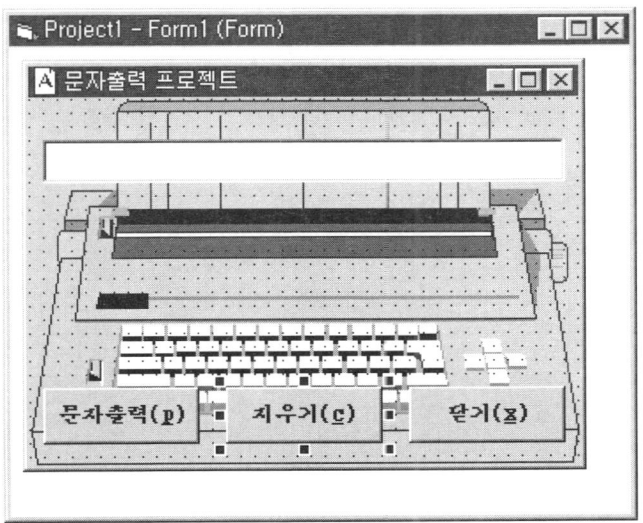

06 그림과 같이 '지우기_Click' 루틴이 자동으로 만들어진다.

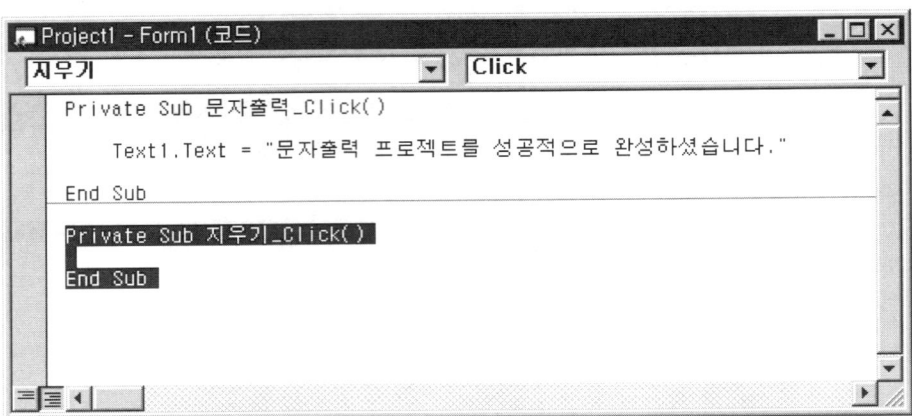

07 '지우기' 루틴내에 Text1.Text = " "라고 입력한다. 이렇게 하면, 지우기 버튼을 클릭했을 때 Text1에 출력되었던 글자들이 모두 삭제되어 Null 상태로 된다.

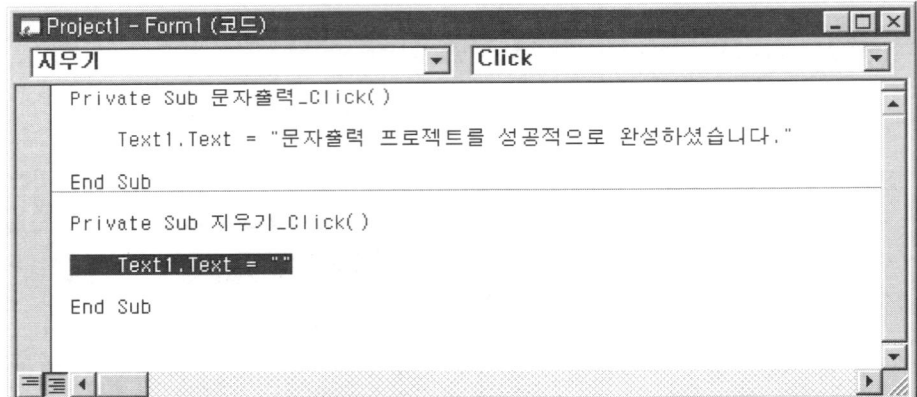

2.3 닫기_Click 루틴 (닫기 루틴)

08 폼 보기 창에서 '닫기' 버튼을 더블클릭한다.

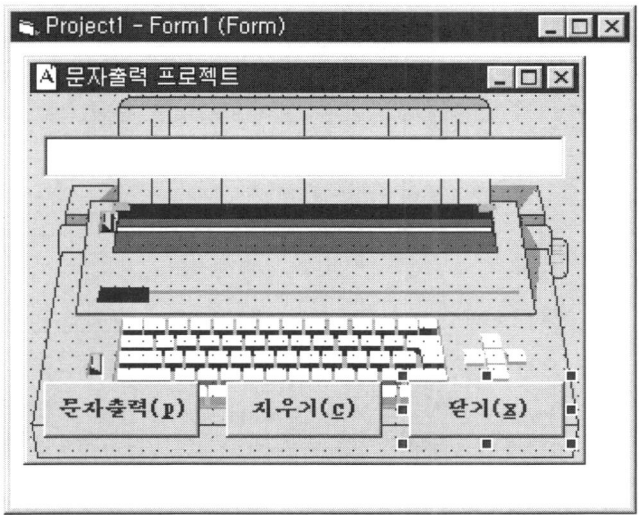

09 코드보기 창에서 '닫기_Click' 루틴이 자동으로 생성된다.

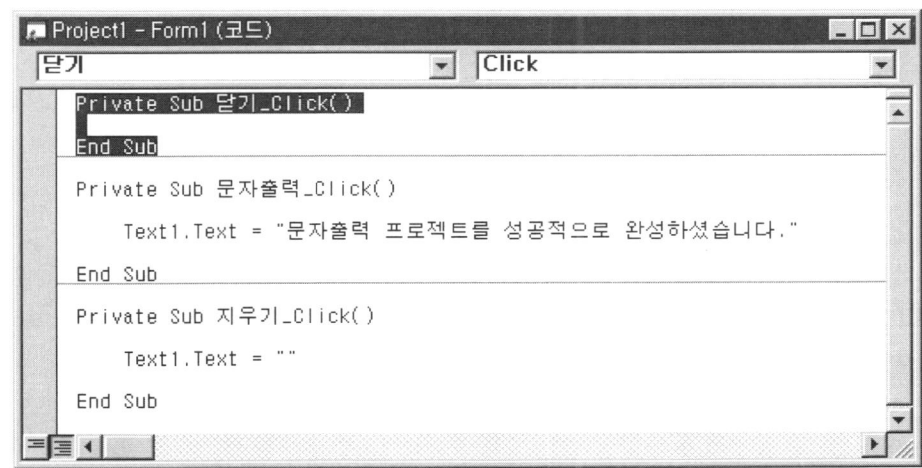

10 닫기 버튼을 클릭하면 프로그램이 종료되어야 한다. 비주얼 베이직에서 프로그램을 종료시키는 방법에는 여러가지가 있다. 가장 쉬운 방법은 'End' 명령이나 'Unload' 명령을 이용하는 방법이다. 여기서는 Unload 명령을 활용해보도록 한다. Unload를 입력하고 Space키를 누르면 그림과 같이 객체를 입력하라는 주석이 나타 난다.

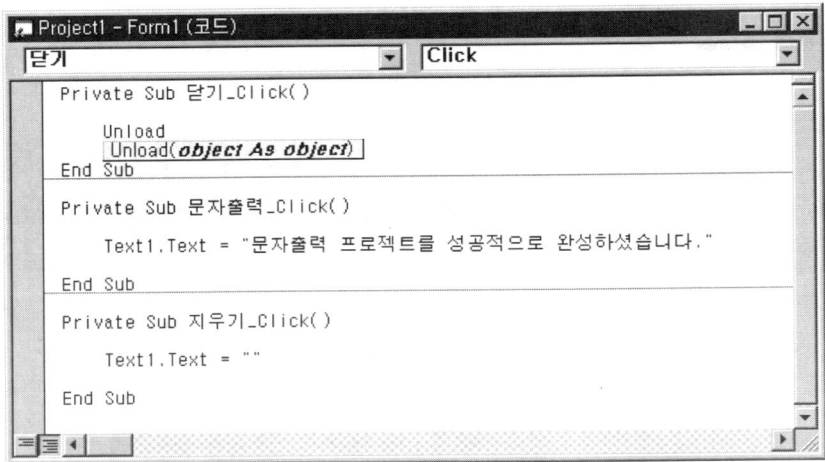

11 이 프로그램에서는 폼이 현재 작업중인 폼 하나뿐이므로 이 폼만 unload 시키면 된다. 명령을 실행한 폼 자신을 닫을 때는 그림과 같이 'me'를 사용한다.

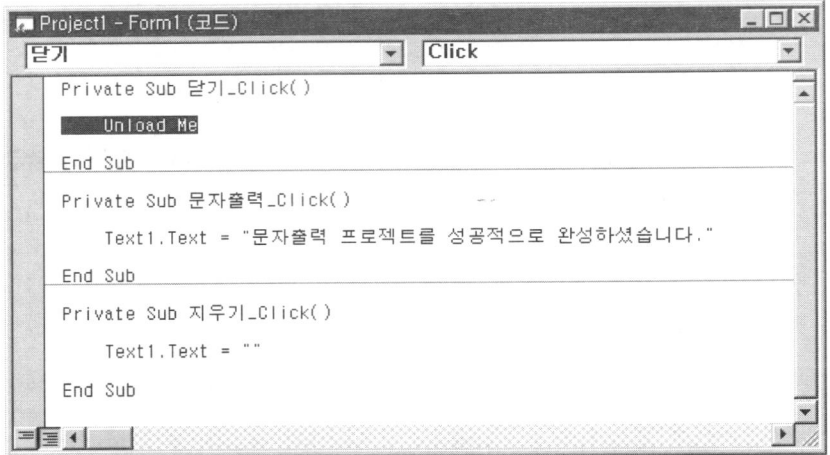

여기까지 작업했으면 문자출력 프로젝트 코딩작업이 다 된 것이다. 전체코드를 살펴보면 3개의 Private Sub 위치가 알파벳 순인 것을 알 수 있다. 하지만 이 순서는 실제 프로그램의 작동순서와는 아무 관계가 없다. 따라서 Private Sub들의 위치를 마음대로 바꾸어도 프로그램이 작동되는 데는 지장이 없다.

 Unload
이 예제에서는 닫아야 할 객체명이 Form1이므로 'Unload Me'대신 'Unload Form1'을 사용해도 된다.

3. 미리 실행보기

완성된 프로그램을 컴파일하기 전에 반드시 미리 실행해보고 프로그램상에 버그가 없는지 확인해야 한다.

01 아이콘 메뉴바에 있는 '시작' 버튼을 클릭해보자.

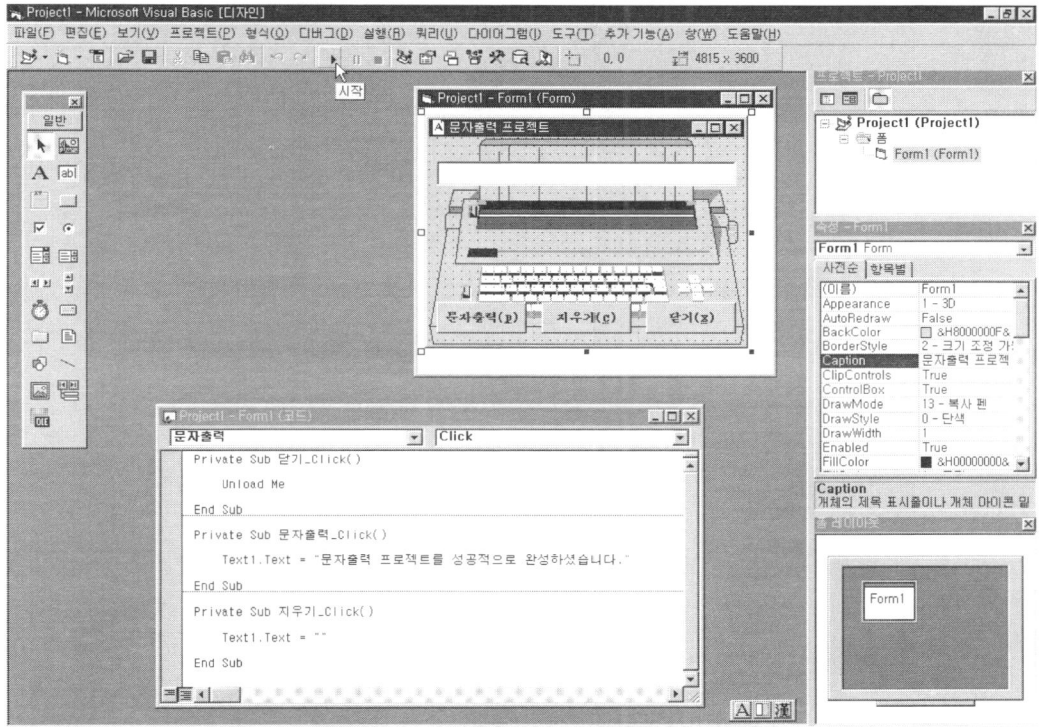

02 실행된 폼에서 문자출력 버튼을 클릭하면 그림과 같이 텍스트 입력란에 "문자출력 프로젝트를 성공적으로 완성하셨습니다"라는 글자가 출력된다.

03 이번엔 지우기 버튼을 클릭해보자. 그러면 그림과 같이 텍스트 입력상자에 출력되었던 글자가 모두 없어진다.

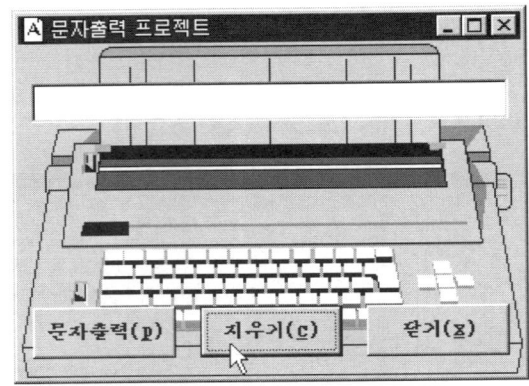

04 마지막으로 닫기 버튼을 클릭하면 프로그램이 종료된다.

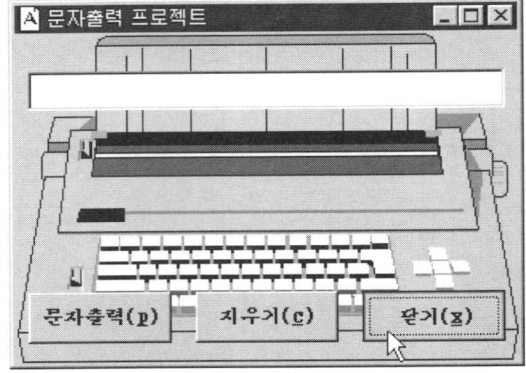

여기까지 아무런 에러가 발생하지 않았다면 프로그램에 이상이 없는 것이다. 이제는 지금까지 작업했던 프로젝프 및 폼 파일을 저장하고, 컴파일하는 일만 남았다.

4. 프로젝트 저장하기

이 예제에서는 프로젝트내에 포함되었던 파일이 Form1 폼 하나뿐이므로 프로젝트 파일과 폼 파일만 저장하면 된다.

01 [파일 → 프로젝트 저장] 명령을 실행한다.

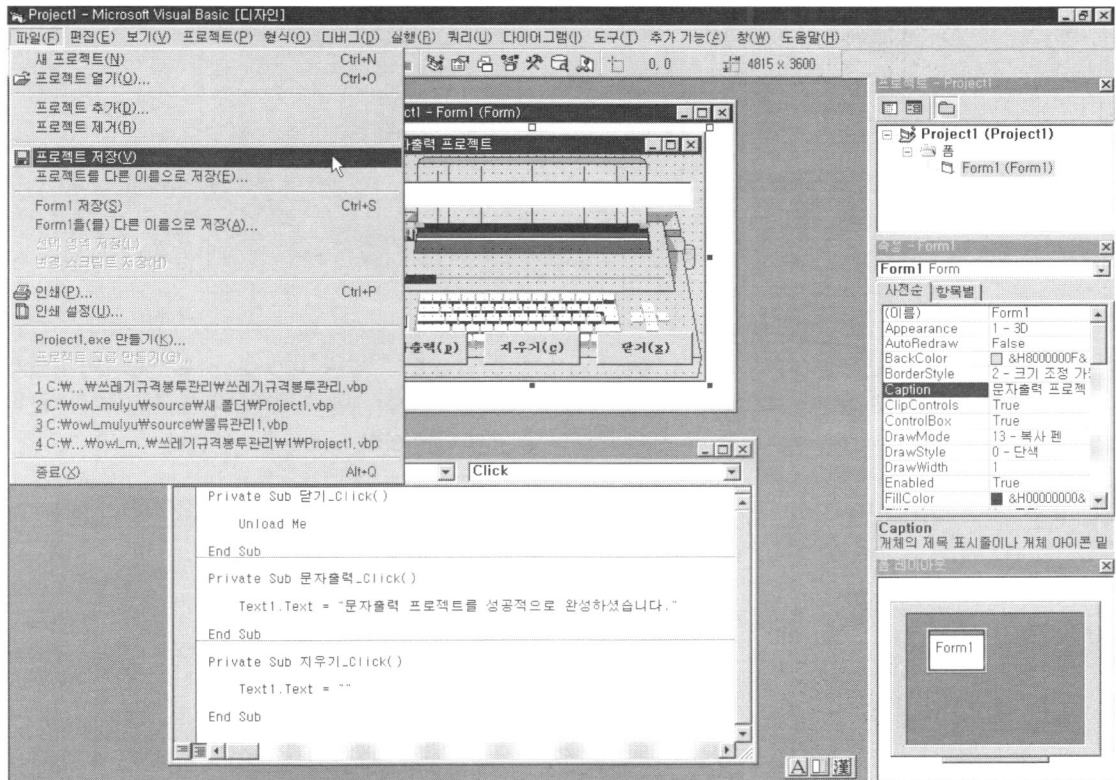

02 그림과 같이 파일 저장 대화상자가 나타난다. 기본 설정으로 vb98 디렉토리는 지정되어 나타난다. 폼 파일을 저장하지 않았으므로 폼 파일을 먼저 저장해야 한다.

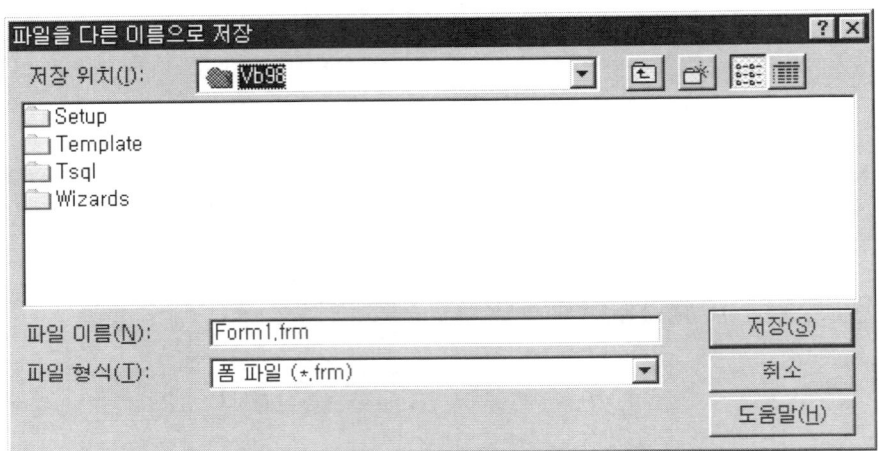

03 저장할 디렉토리로 이동하거나 만들고, 폼 파일의 이름을 지정한다. 여기서는 '프로젝트1'이라는 디렉토리를 새로 만들었고, 폼 파일의 이름을 그림과 같이 '문자출력폼1.frm'으로 정하였다. '저장'버튼을 클릭하여 폼 파일을 저장한다.

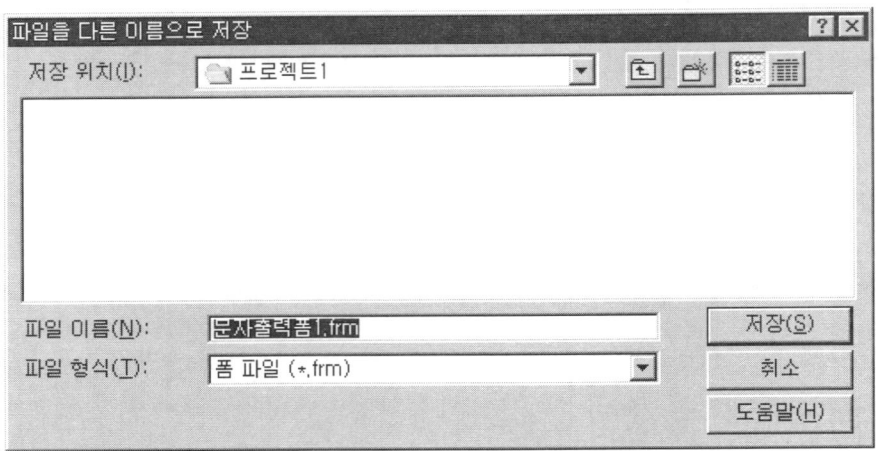

Chapter 2 기초 프로젝트 1 - 문자 출력 프로젝트

04 폼 파일을 저장하면 연이어서 프로젝트 파일을 저장할 수 있게 그림과 같이 나타난다.

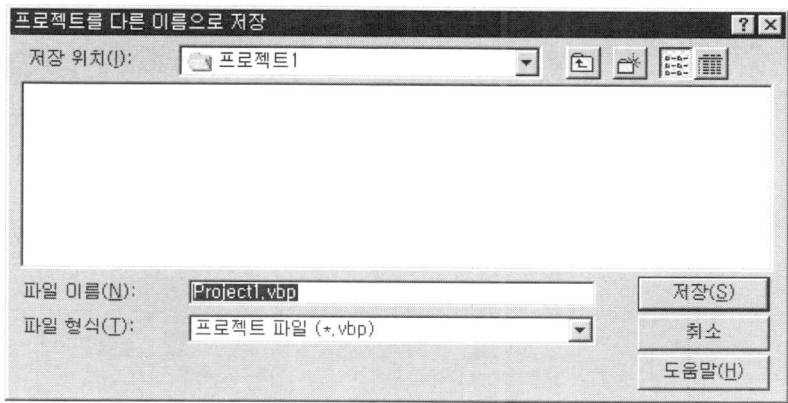

05 프로젝트 파일명을 '문자출력프로젝트1.vbp'로 지정하고 '저장' 버튼을 클릭하여 프로젝트 파일을 저장한다.

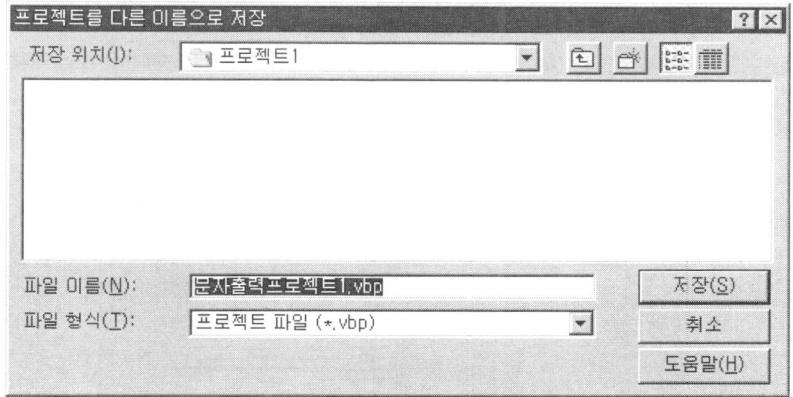

06 프로젝트와 폼을 모두 저장하고 나면 그림과 같이 'Source Code Control' 대화상자가 나타난다. 이 대화상자는 소스코드에 보안을 설정할 것인지를 물어보는 대화상자이다. 이 예제에는 보안을 설치할 필요가 없으므로 'No'를 선택한다.

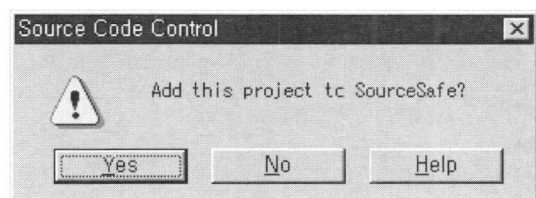

07 프로젝트를 모두 저장한 후 프로젝트 탐색기 창을 확인해 보면, 그림과 같이 폼과 프로젝트에 대한 파일명이 명시되어 있는 것을 알 수 있다.

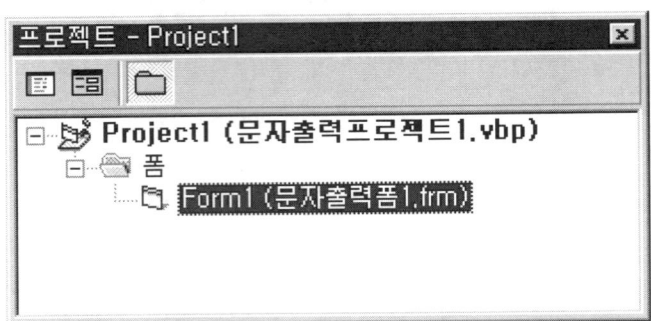

5. 프로젝트 컴파일하기

01 [파일 → 문자출력프로젝트1.exe 만들기] 명령을 실행한다.

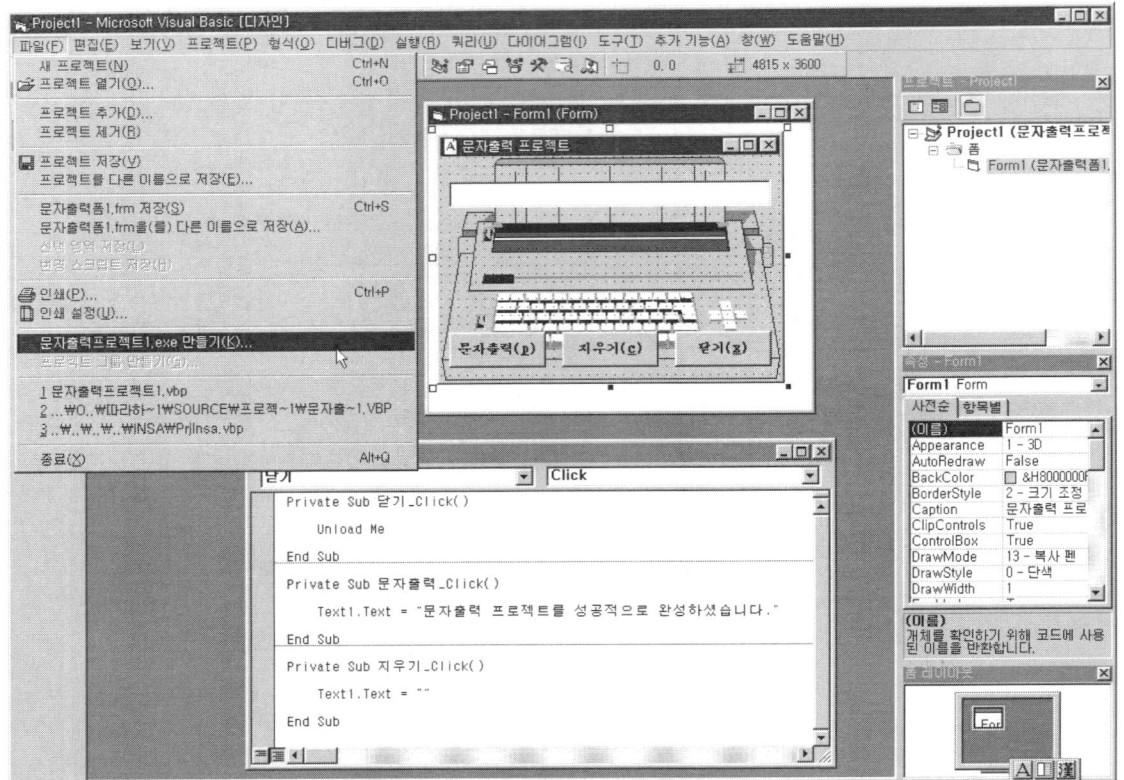

◎ Chapter 2 기초 프로젝트 1 - 문자 출력 프로젝트

02 '프로젝트 만들기' 대화상자가 나타난다. 이 대화상자에서 '옵션' 버튼을 클릭한다.

03 'Project1 - 프로젝트 속성' 대화상자가 나타난다. 이 대화상자에서 프로그램의 '버전정보'와 '응용 프로그램의 제목' 등 컴파일할 프로그램에 대한 정보를 편집할 수 있다. 여기서는 기본 설정 상태에서 컴파일하기로 하고, '확인' 버튼을 클릭한다.

04 '프로젝트 만들기' 대화상자로 돌아와 '확인'을 선택하면 '문자출력프로젝트1.exe'가 컴파일되서 그림과 같이 실행 파일이 하나 만들어진다.

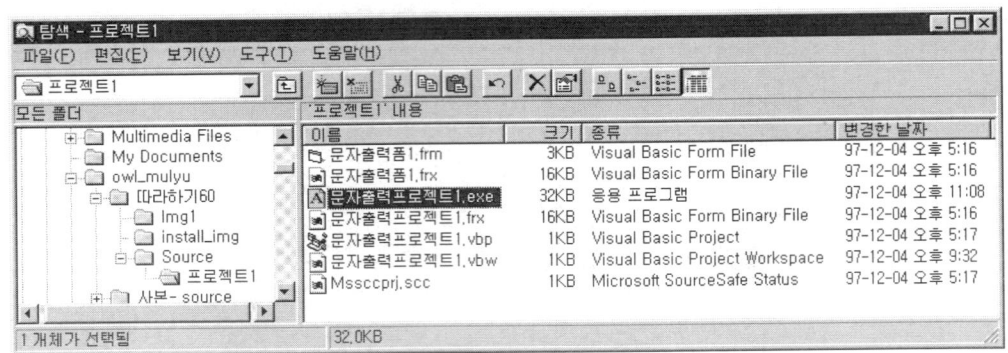

'문자출력프로젝트1.exe'를 더블클릭하면 프로그램이 정상적으로 실행된다.
하지만, 이 실행 파일이 실행되는 것은 현재 사용하는 컴퓨터에 '비주얼 베이직 6.0'이 설치되어 있어, 이 실행 파일을 실행하는데 필요한 윈도우 환경 파일(.dll)들이 이미 설치되어 있기 때문이다. 따라서 비주얼 베이직이 설치되어 있지 않은 일반 컴퓨터에서는 실행되지 않는다.

다른 컴퓨터에서도 이 실행 파일을 실행할 수 있게 하기 위해서는 '패키지화' 작업이 필요하다. 이 패키지화 작업은 실행 파일과 더불어 이 실행 파일을 실행시킬 수 있게 하는 윈도우 환경 파일들과 이 파일들을 설치할 수 있게 하는 Setup 파일, 설치를 제거할 수 있게 하는 Uninstall 파일 등을 하나의 패키지로 만드는 과정이다.

6. 패키지화 작업

패키지화 시키는 방법에는 여러가지가 있다. 디스켓용, CD용, 인터넷용 등의 패키지를 생각할 수 있는데, 비주얼 베이직에서는 디스켓용에서 인터넷용까지 모두 자동으로 패키지를 만들 수 있는 기능을 제공한다.

01 데스크탑에서 [시작 → 프로그램 → Microsoft Visual Basic 6.0 → Microsoft Visual Basic 6.0 도구들 → 패키지 및 배포 마법사] 명령을 실행한다.

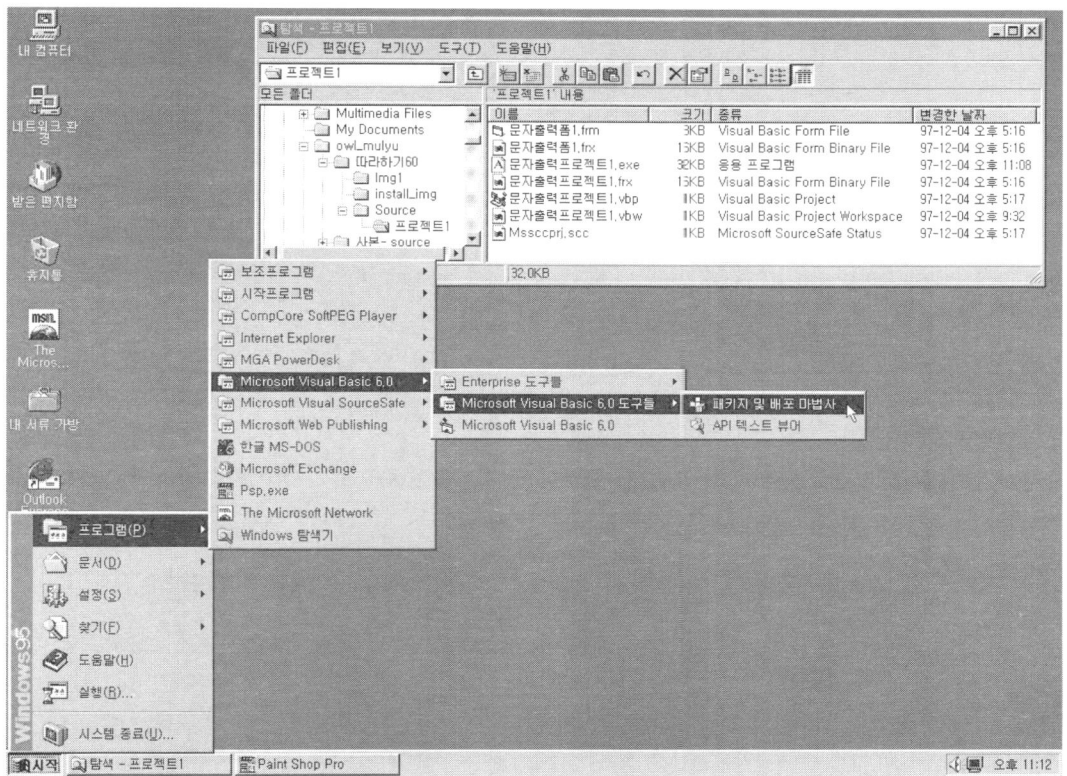

02 '패키지 및 배포 마법사' 대화상자가 나타난다. 프로젝트 선택항목에서 '찾아보기' 버튼을 클릭한다.

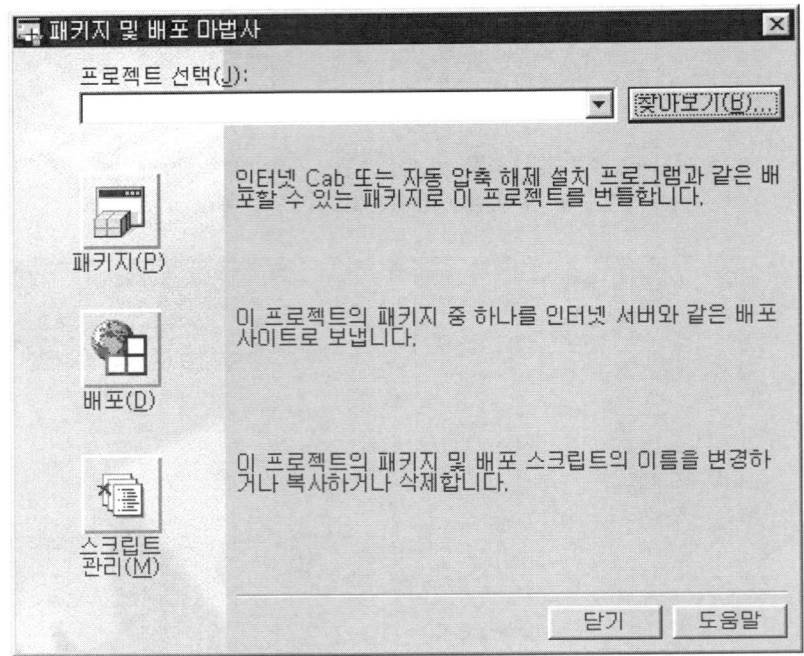

03 '프로젝트 열기' 대화상자에서 '문자출력프로젝트1.vbp'를 선택하고 '열기' 버튼을 클릭한다.

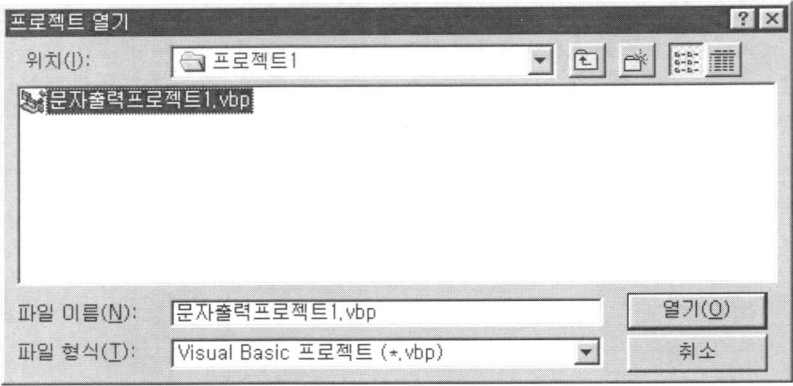

04 선택한 프로젝트가 절대경로로 나타난다. 선택된 프로젝트에 대한 패키지 작업을 수행하기 위해 '패키지' 버튼을 클릭한다.

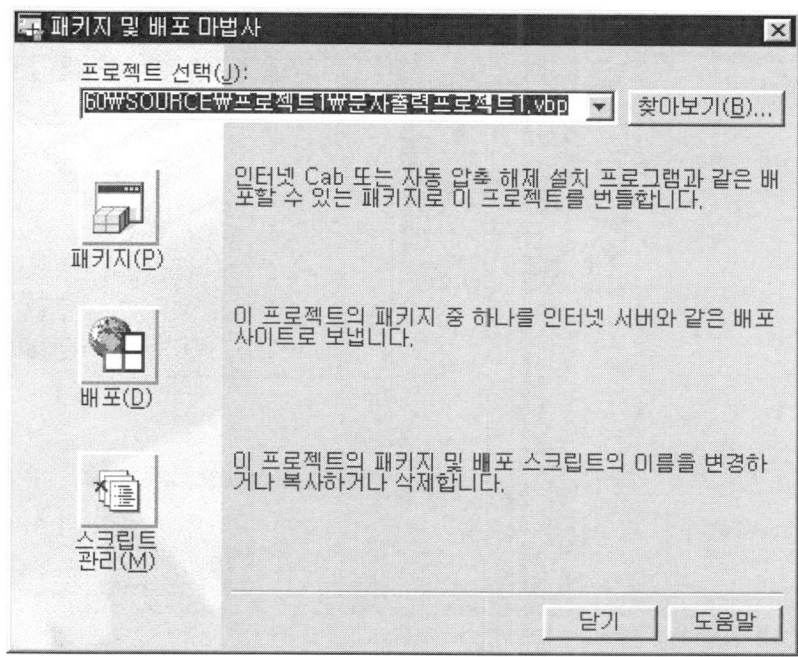

05 '패키지 형식' 대화상자가 나타난다. 패키지 형식에는 '표준 설치 패키지'와 '종속 파일'이 있는데, '표준 설치 패키지'를 선택하고 '다음' 버튼을 클릭한다.

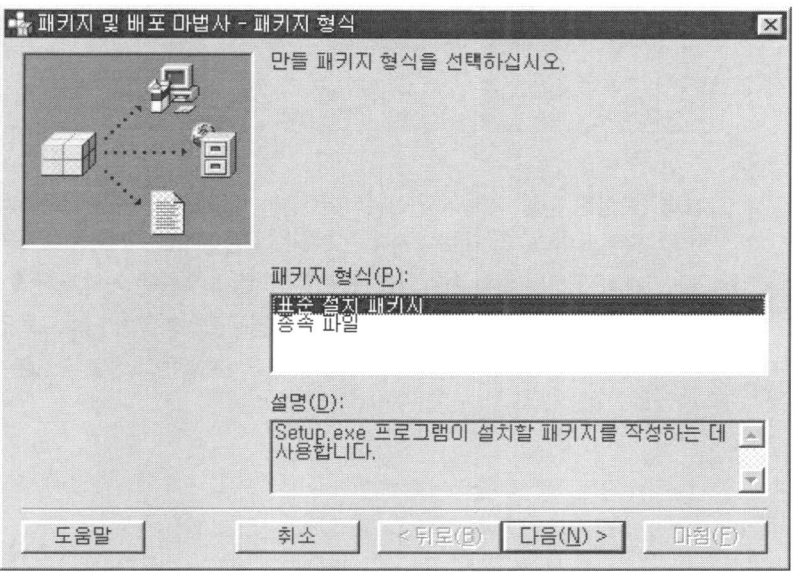

06 패키지 파일을 모아 둘 '패키지 폴더' 대화상자가 나타난다. 기본 설정은 소스와 실행 파일이 있는 폴더 하부에 'Package'라는 폴더를 자동을 만들어진다. 여기서는 기본 설정대로 두고, '다음' 버튼을 클릭하였다.

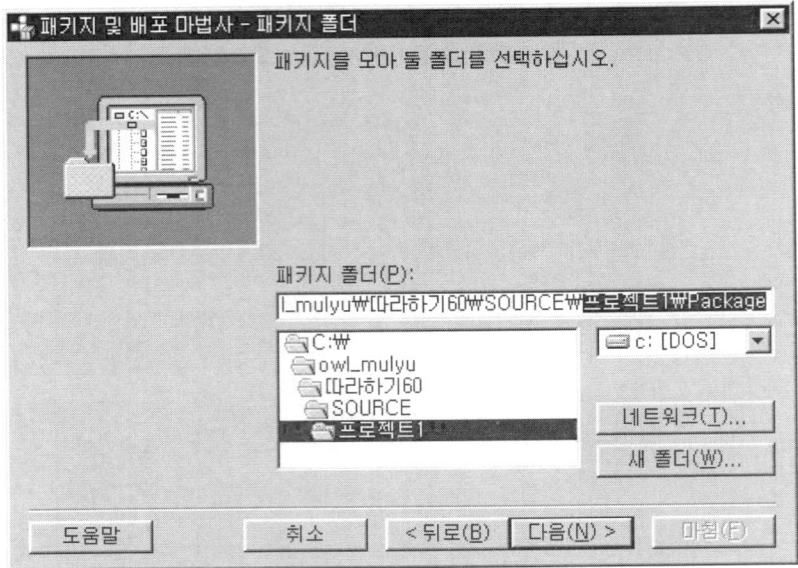

07 'Package' 폴더가 없으므로 이 폴더를 만들 것인지를 묻는 대화상자가 나타난다. '예'를 선택한다.

08 '포함된 파일' 대화상자가 나타난다. 이 파일들은 비주얼 베이직이 자동으로 감지한 환경 파일들이다. 이 대화상자에는 '추가' 버튼이 있는데 프로그램의 성격에 따라 자동으로 감지 못하는 파일들이 있을 수 있다. 이런 파일들은 개발자가 수동으로 추가시켜야 한다. 예를 들면, 데이터 베이스 프로젝트의 경우 DB 파일이 자동으로 감지 하지 못하는 경우 중 하나다. 이 예제에서는 윈도우 95에서 패키지화하여 상향식 호환 방식을 택하였다.

이 프로젝트에는 특별히 추가할 파일이 없으므로 기본 설정 상태에서 '다음'버튼을
클릭한다.

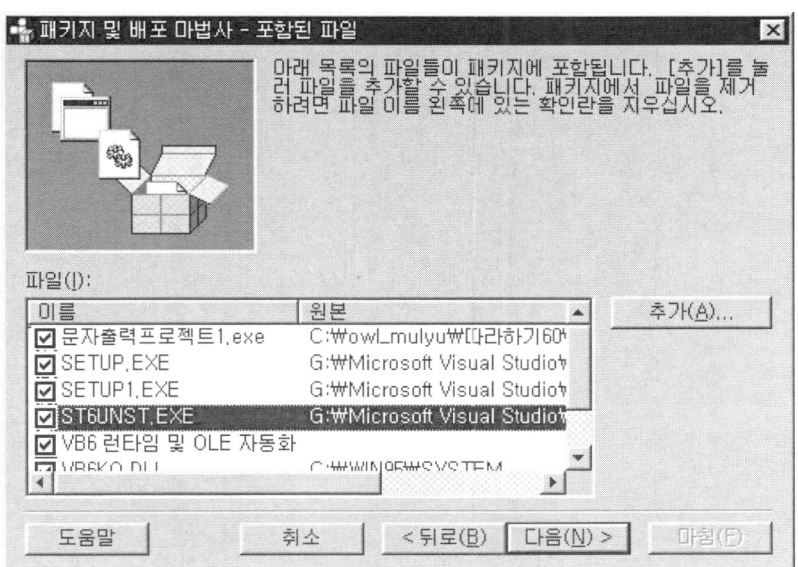

 윈도우 버전과 패키지화

윈도우95에서 패키지화시키면 98과 NT에서 설치를 할 수 있지간, 윈도우NT에서 패키지화시키면 95나
98에서 설치나 실행 오류가 발생하는 경우가 있다. 이는 95에서 사용하는 dll파일은 상위버전, 즉 98이나
NT에서 받아들일 수 있지만, NT에서 사용하는 dll파일들은 하위버전, 즉 98이나 95에서 받아들이지
못하기 때문이다.

요약하면, 상향식은 호환성이 있지만 하향식은 호환성이 없다.
따라서 NT에서 95나 98용으로 패키지화시키려면 dll파일들을 95나 98용 dll파일로 교체해주어야 한다.
패키지화시킬 때는 윈도우의 버전을 항상 염두해두고 가능하다면 상향식 호환을 택하거나 윈도우
버전별로 패키지화시키는 것이 안전하다.

09 'Cab 옵션' 대화상자가 나타난다. Cab파일을 CD용으로 하나의 파일로 만들 것인지, 디스켓용으로 일정 파일크기로 나눌 것인지를 결정한다. 이 예제에서는 다중 Cab 파일 방식을 선택하고 파일 크기를 1.44MB로 선택하였다. '다음'버튼을 클릭한다.

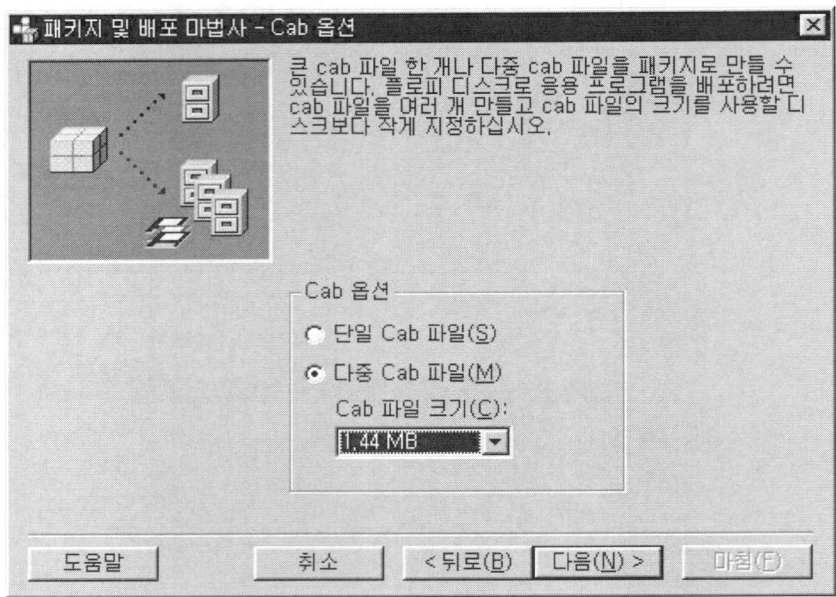

10 '설치 제목' 대화상자가 나타난다. '설치 제목'은 프로그램을 설치할 때 화면 왼쪽 상단에 표시되는 글자를 말한다. 기본 설정 상태로 두고 '다음' 버튼을 클릭하자.

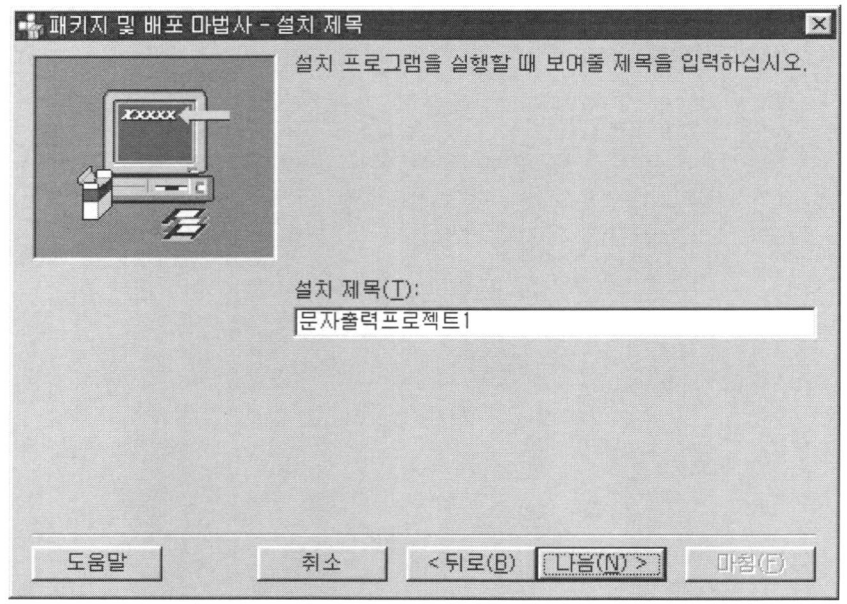

11. '시작 메뉴'에 등록될 항목명을 지정하는 대화상자가 나타난다. 기본 설정 상태에서 '다음' 버튼을 클릭한다.

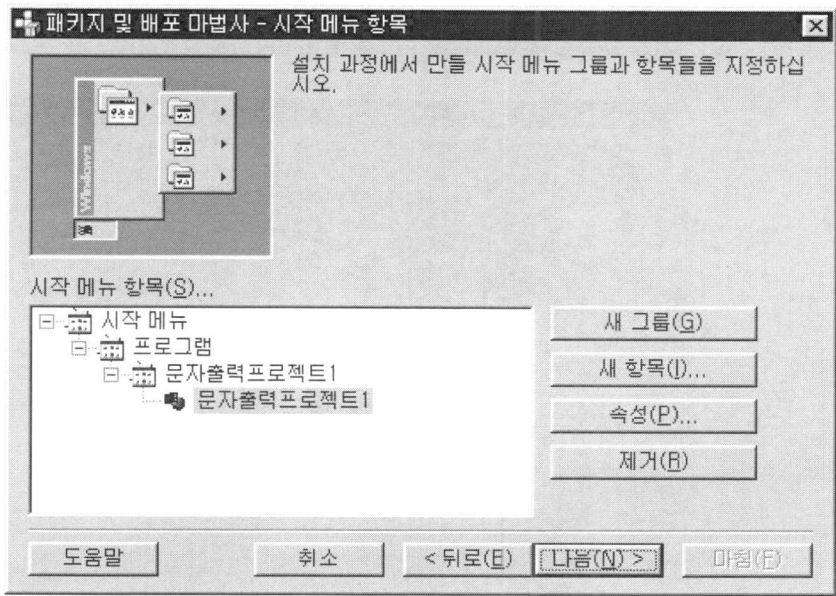

12. '설치 위치' 대화상자가 나타난다. 설치를 실행할 때 파일이 설치될 위치를 지정하는 곳이다. 기본 설정 상태로 두고 '다음'을 클릭한다.

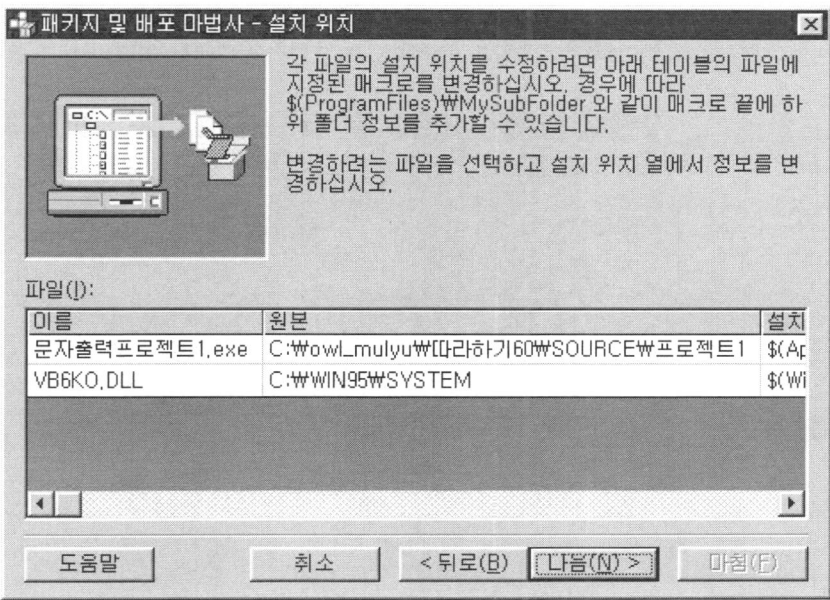

13 설치될 파일을 공유하여 사용할 수 있게 할 것인지를 결정하는 대화상자가 나타난다. 만일 공유파일로 지정하면 여러 사용자가 동시에 이 파일을 실행시켜 사용할 수 있게 된다. 따라서 모든 사용자가 이 파일을 사용하지 않는 상태에서만 이 파일을 삭제시킬 수 있다. 기본 설정 상태에서 '다음' 버튼을 클릭한다.

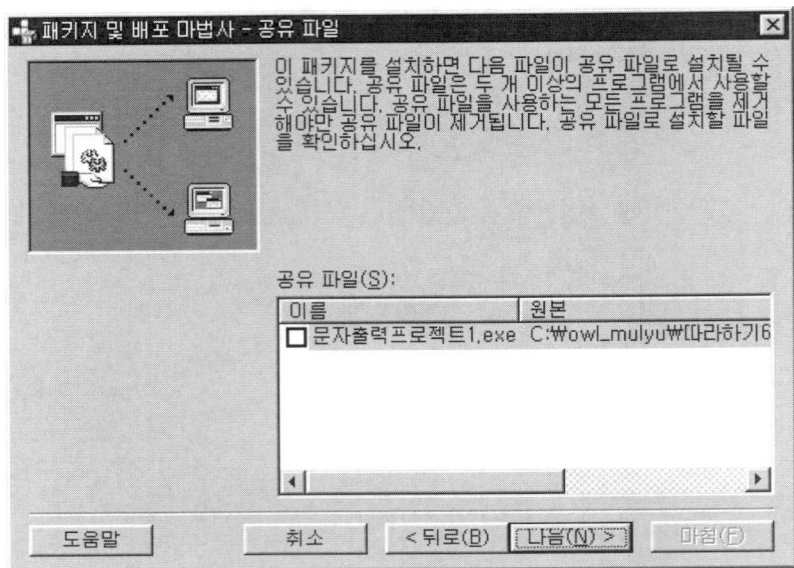

14 지금까지 설정한 패키지화 과정을 스크립트로 작성하여 저장해두는 과정이다. 다시 패키지화시켜야 할 경우 이 스크립트를 사용하면 예전에 설정했던 값으로 패키지를 만들 수 있는 편이성을 제공해준다. 기본 설정 상태에서 '마침' 버튼을 클릭한다.

15. 앞서 스크립트에서 설정한 조건대로 패키지를 만들고 난 후에 '패키지 보고서'가 나타난다. 이 보고서를 저장해두려면 '보고서 저장' 버튼을 클릭한다.

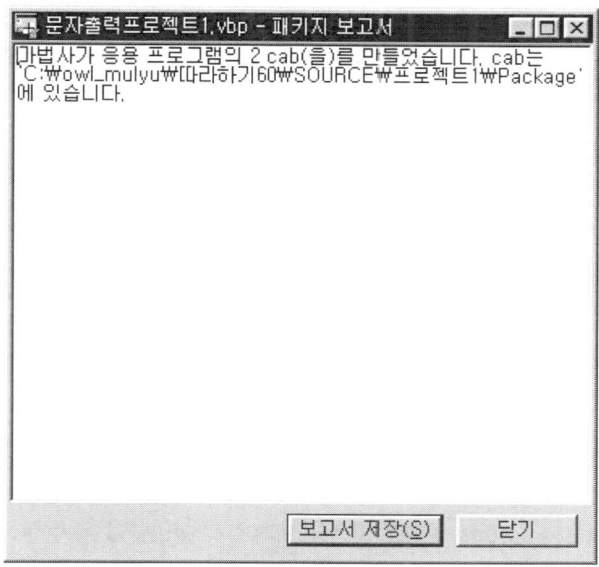

16. '보고서 저장' 버튼을 클릭하면 보고서를 저정할 위치와 파일 이름을 지정하는 대화상자가 나타난다. 여기서는 파일 이름을 '문자출력프로젝트1_패키지보고서.txt'로 하였다. '저장' 버튼을 클릭하고, 다시 '패키지 보고서' 대화상자로 돌아와 '닫기' 버튼을 클릭한다.

17 윈도우 탐색기를 이용하여 '패키지화' 작업으로 만들어진 파일들을 확인하면 그림과 같이 나타난다. '문자출력프로젝트1.PDM' 파일이 '패키지화 및 배포' 작업을 관장하는 스크립트 파일이다.

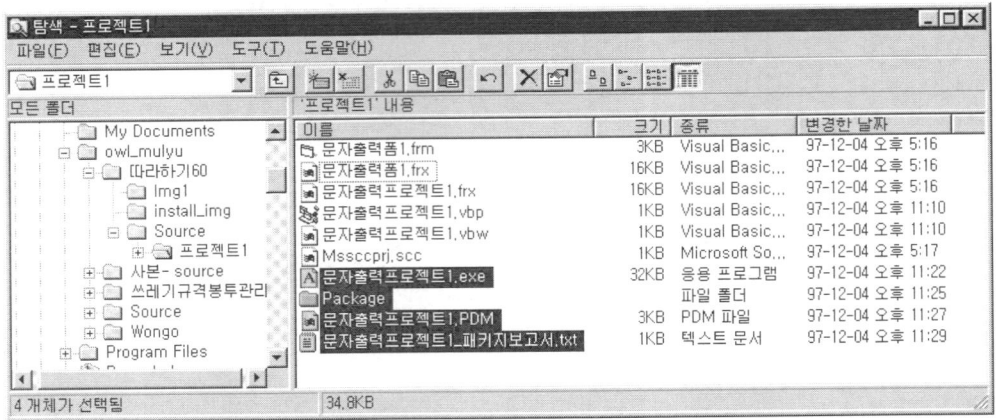

18 'Package' 폴더로 이동해 보면 설치 파일들과 'Support' 폴더가 있는 것을 확인할 수 있다. 실제 설치에 관여하는 파일들을 'Support' 폴더를 제외한 나머지 파일들이다.

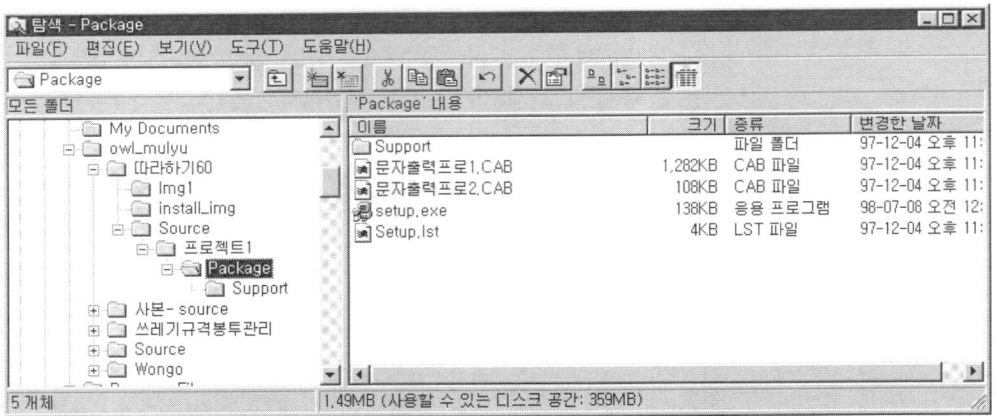

19 'Support' 폴더를 열어 보면 설치에 사용되었던 파일들이 압축되지 않은 상태로 모여져 있는 것을 확인할 수 있다. 이 파일들은 말그대로 참고 파일들이다.

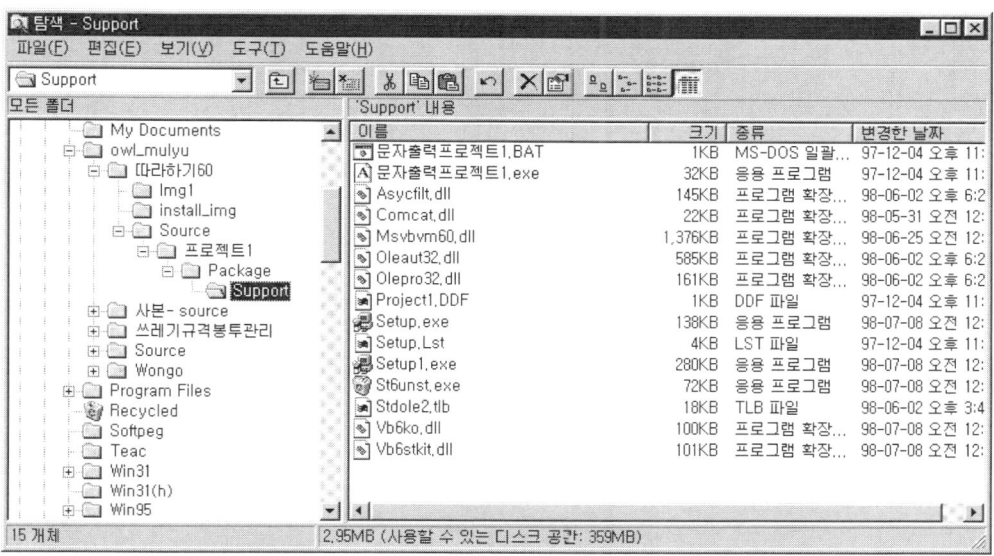

7. 배포판 만들기

01 '패키지 및 배포 마법사' 대화상자에서 '배포' 버튼을 클릭한다.

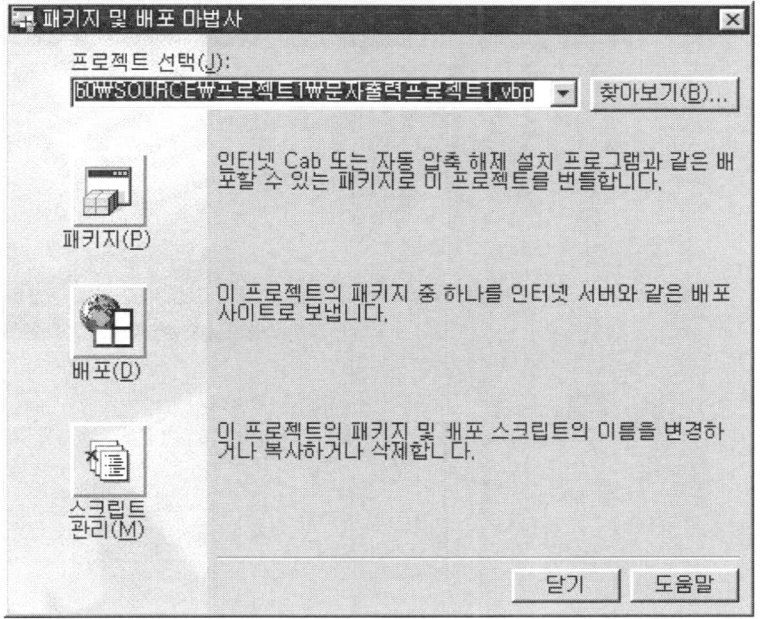

02 '배포할 패키지' 대화상자가 나타난다. '패키지화' 과정에서 만든 패키지가 'Standard Setup Pakage 1'이므로 '배포할 패키지'에서 이 패키지를 선택하고, '다음' 버튼을 클릭한다.

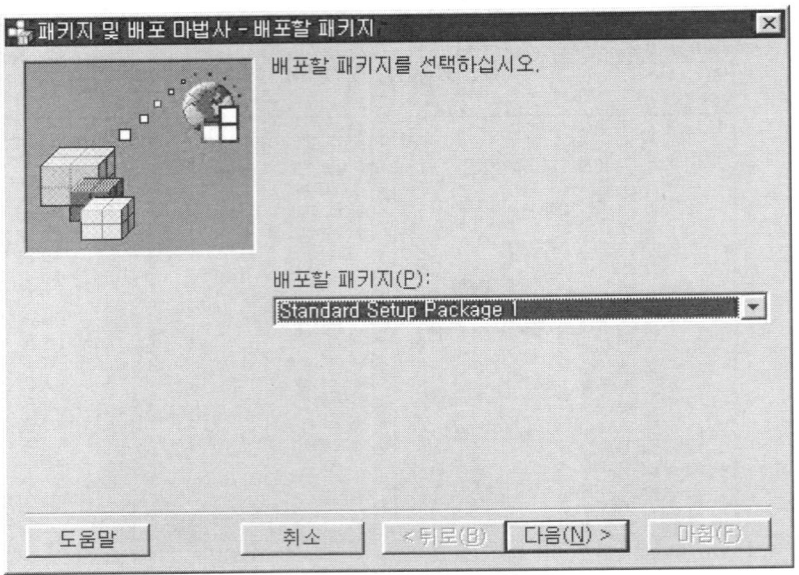

03 '배포 방법'을 폴더로 지정한다. 비주얼 베이직 6.0에서 향상된 기능 중의 하나가 다양한 방법으로 배포판을 만들 수 있게 자동화시킨 점이다. 원한다면 인터넷용 패키지로도 만들 수 있고, 과거에 많이 활용하던 디스켓용으로도 만들 수 있다. 여기서는 CD용인 폴더 방식을 선택해 보도록 한다. '다음' 버튼을 클릭한다.

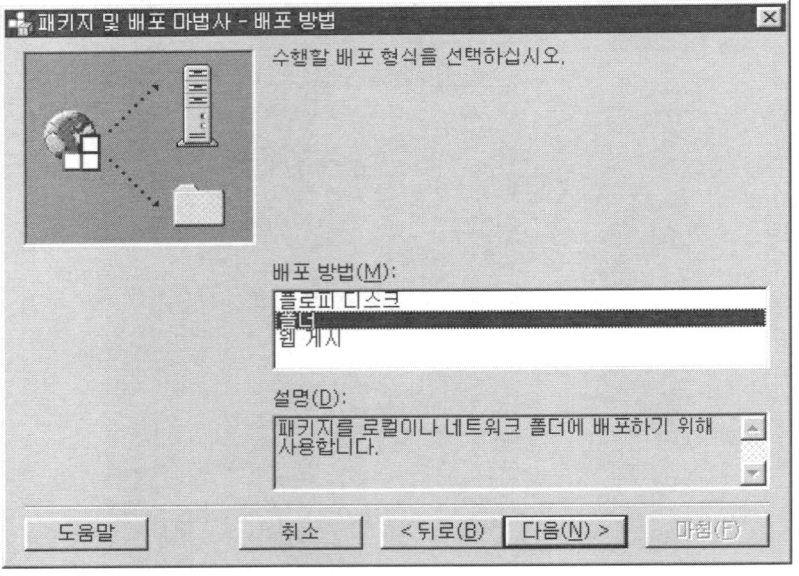

04 배포판을 저장해 둘 폴더를 지정한다. 여기서는 '배포판'이라는 폴더를 새로 만들어서 저장해 두기로 하였다. '다음' 버튼을 클릭한다.

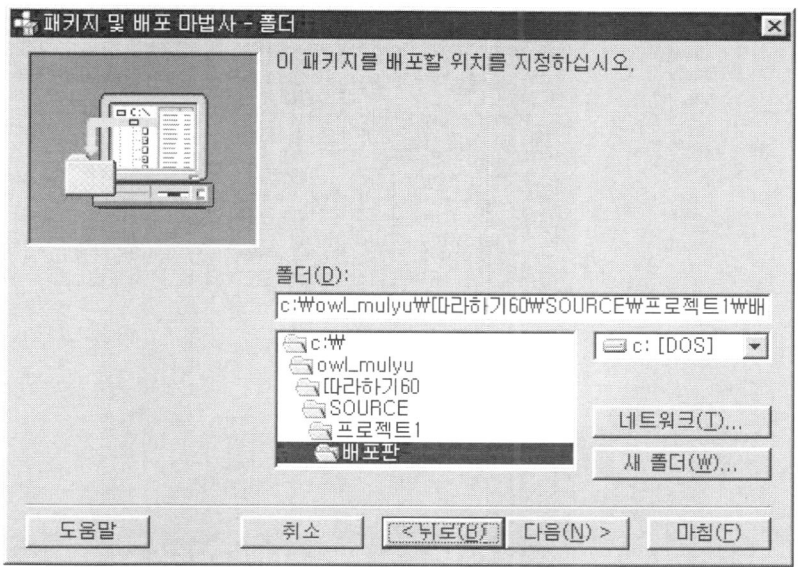

05 마지막으로 지금까지 설정한 배포 설정을 스크립트로 저장하는 과정이다. '스크립트 이름'을 설정하고 '마침' 버튼을 클릭한다.

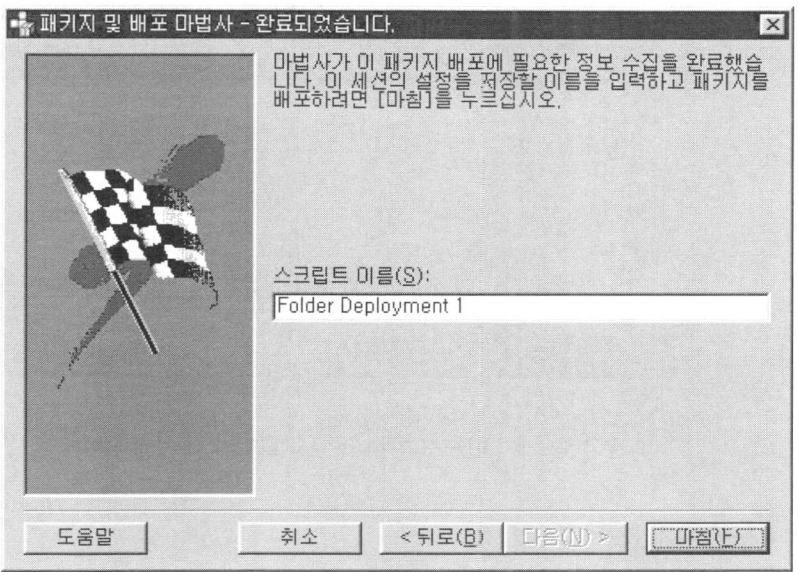

06 '배포 보고서' 대화상자가 나타나 배포판 작업에 대한 보고 내용을 보여준다. 이 보고 내용을 저장해 두려면 '보고서 저장' 버튼을 클릭한다.

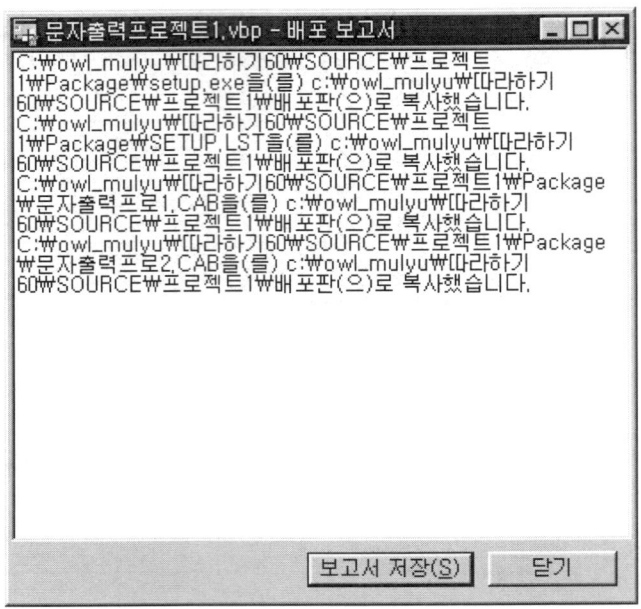

07 보고서 파일 이름을 지정하고 '저장' 버튼을 클릭한다.

저장이 완료되면 '배포 보고서' 대화상자에서 '닫기' 버튼을 클릭한다.

◎ Chapter 2 **기초 프로젝트 1 - 문자 출력 프로젝트**

08 배포작업이 끝나면 다시 '패키지 및 배포 마법사' 대화상자로 돌아온다. '스크립트 관리' 버튼을 클릭하여 지금까지 만든 스크립트들을 확인해 보도록 하자.

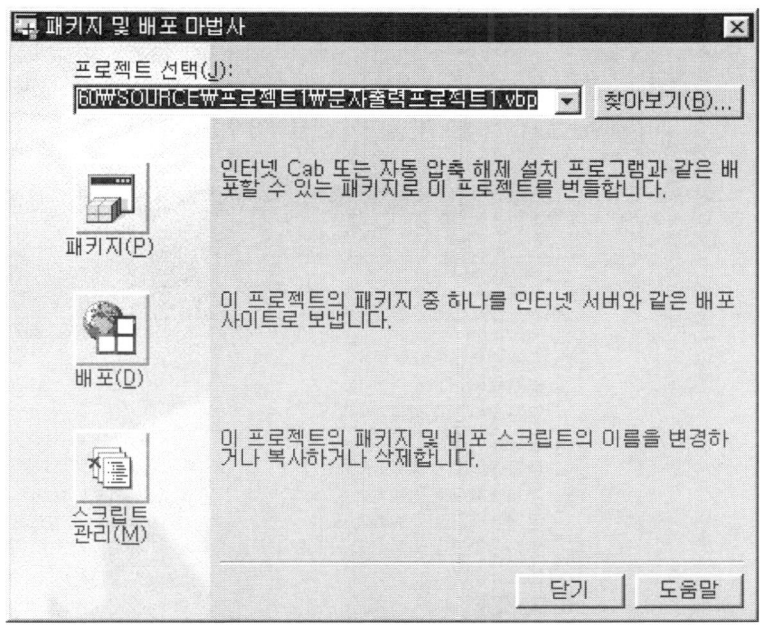

09 '스크립트 관리' 대화상자에는 '패키지 스크립트'와 '배포 스크립트'를 변경, 추가, 삭제할 수 있는 기능이 제공된다.

여기서는 두 스크립트만 확인하고, '닫기' 버튼으로 대화상자를 닫는다. 다시 '패키지 및 배포 마법사' 대화상자로 돌아오면 이 대화상자도 '닫기' 버튼을 이용하여 닫아 프로젝트를 마무리한다.

10 윈도우 탐색기에서 '배포판 만들기' 작업으로 생성된 파일들을 확인한다.
'배포보고서'와 '배포판' 폴더가 생성되어 있는 것을 확인할 수 있다.

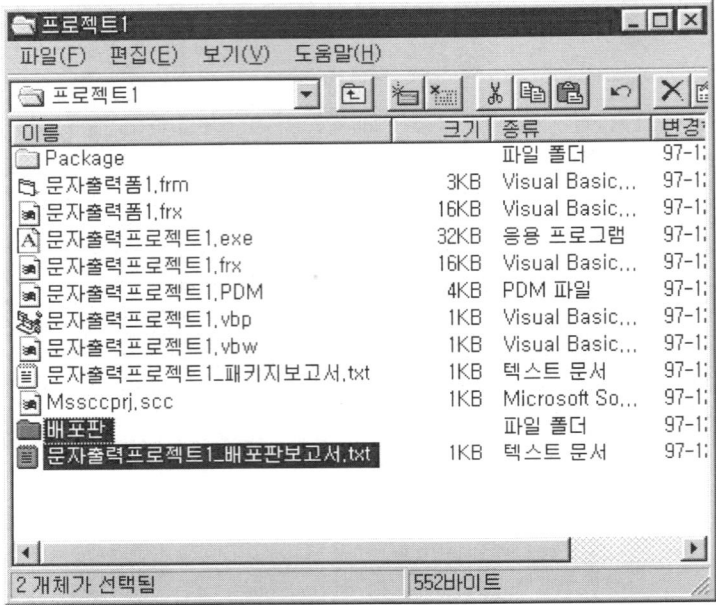

11 '배포판' 폴더로 들어가면 실제 배포에 필요한 파일들만 모여있는 것을 확인할 수 있다.

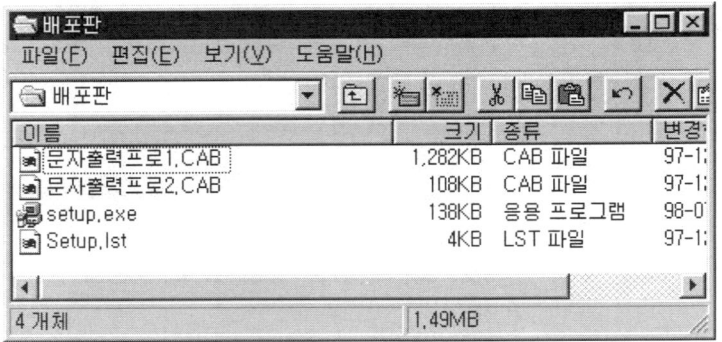

8. 문자출력프로젝트 설치해보기

지금까지 완성한 '문자출력프로젝트'를 배포판을 이용하여 설치해보자.

01 '배포판' 폴더에서 Setup.exe 파일을 더블클릭하면, 그림과 같이 설치화면이 나타난다. '설치' 버튼을 클릭해보자.

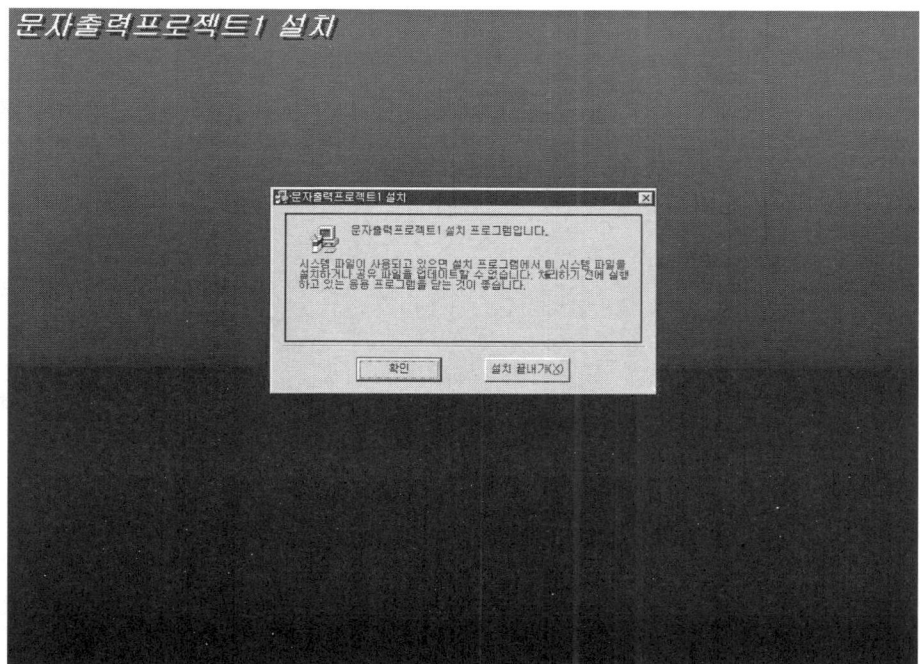

02 설치 디렉토리를 결정하고, 설치 아이콘을 클릭한다.

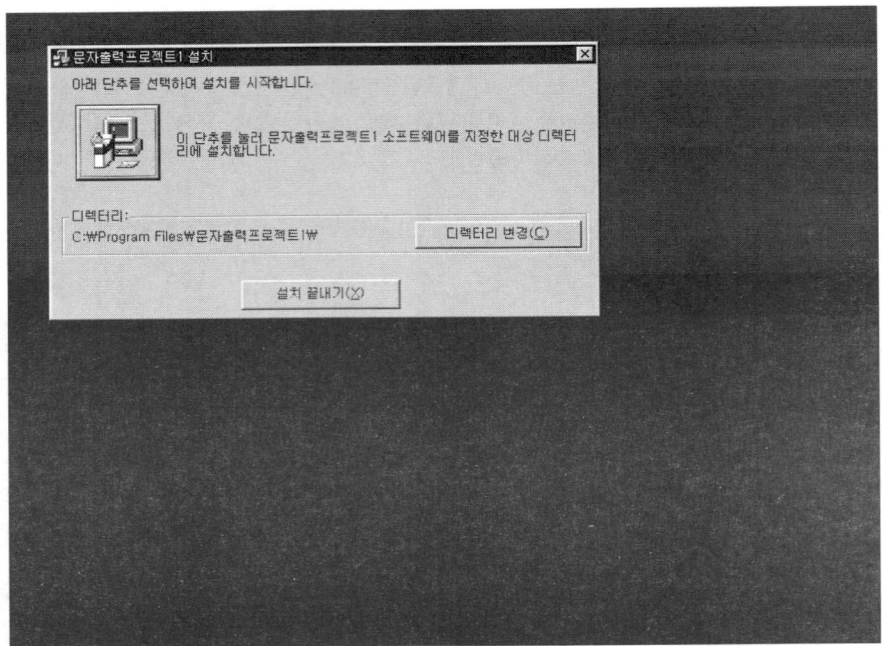

03 시작 메뉴에 등록할 파일 그룹명을 정한다.

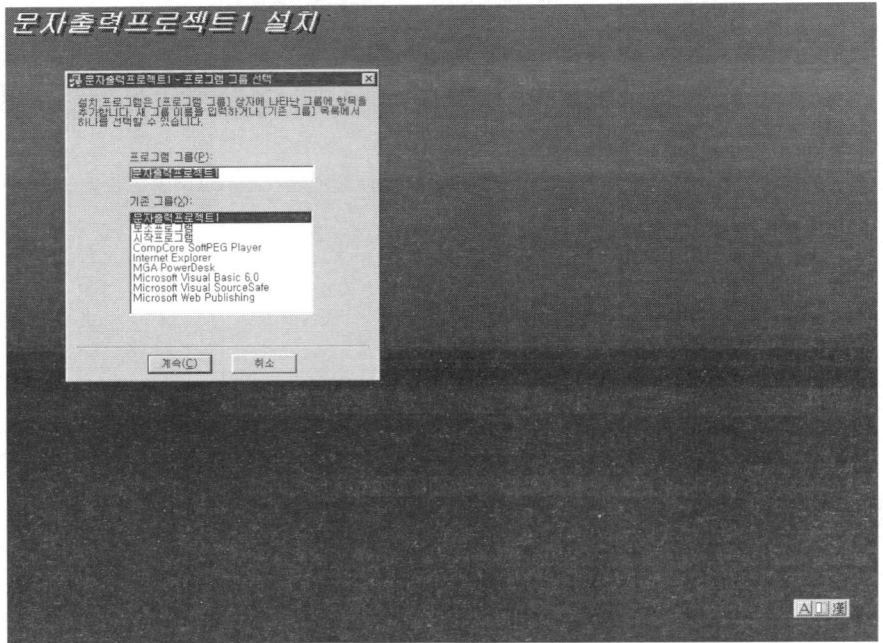

04 필요한 파일들을 지정된 경로와 윈도우 시스템 폴더에 복사한 후 설치 완료 메시지가 나타난다.

05 [시작 → 프로그램 → 문자출력프로젝트1 → 문자출력프로젝트1] 명령을 실행한다.

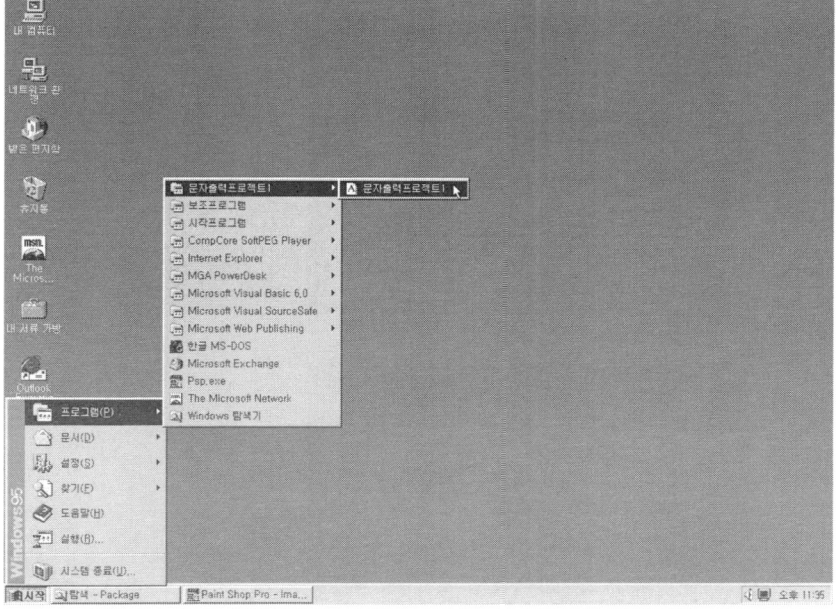

06 그림과 같이 '문자출력프로젝트' 폼이 나타난다.

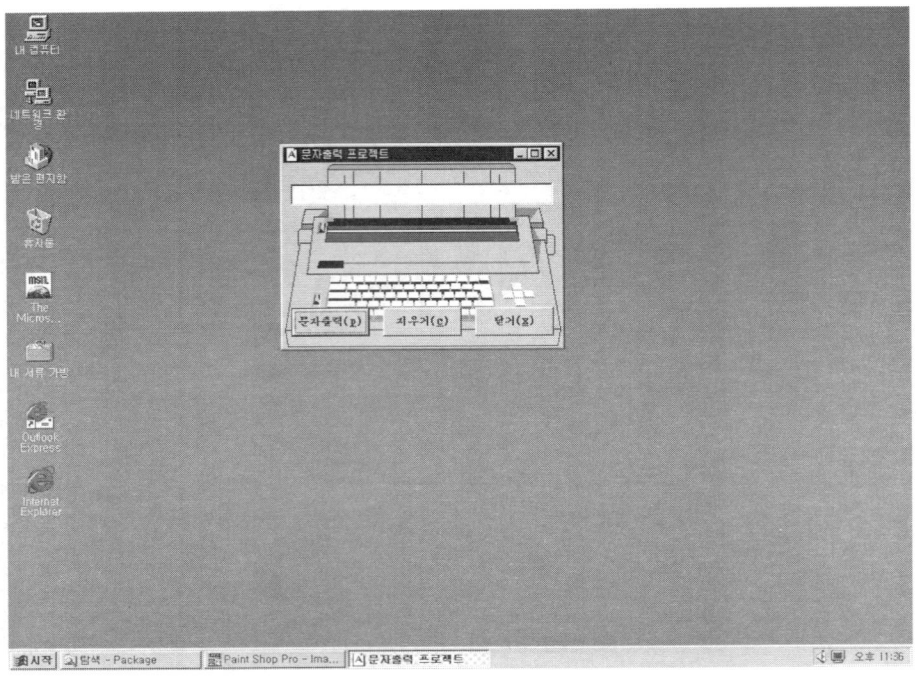

07 그림과 같이 '문자출력', '지우기', '닫기' 버튼을 클릭하여 실험해보기 바란다.

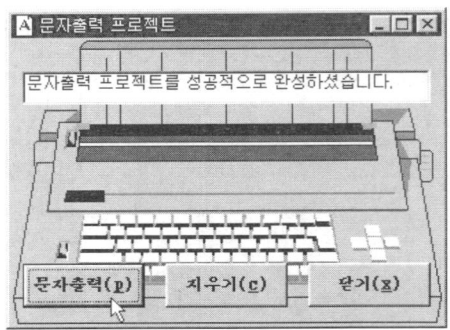
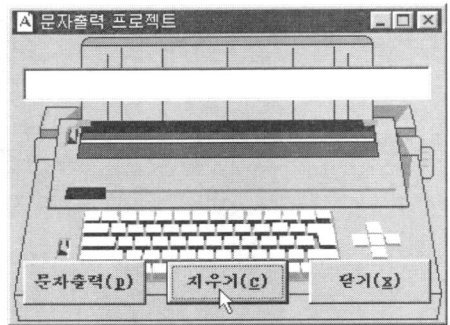

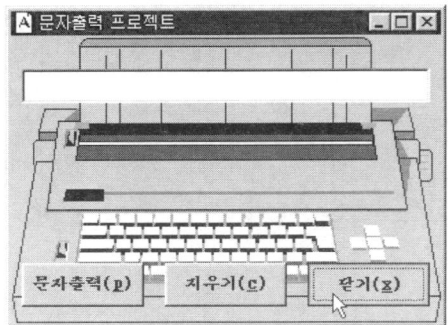

9. 문자출력 프로젝트 전체 소스코드

폼 소스코드

'폼 소스코드는 notepad..exe나 wordpad.exe에서 볼 수 있습니다.

```
VERSION 5.00
Begin VB.Form Form1
Caption = "문자출력 프로젝트"
ClientHeight = 3195
ClientLeft = 60
ClientTop = 345
ClientWidth = 4695
Icon = "문자출력폼1.frx":0000
LinkTopic = "Form1"
Picture = "문자출력폼1.frx":0742
ScaleHeight = 3195
ScaleWidth = 4695
StartUpPosition = 3 'Windows 기본값
Begin VB.CommandButton 닫기
Caption = "닫기(&x)"
BeginProperty Font
Name = "궁서체"
Size = 9
Charset = 129
Weight = 700
Underline = 0 'False
Italic = 0 'False
Strikethrough = 0 'False
EndProperty
Height = 495
Left = 3240
TabIndex = 3
Top = 2520
Width = 1335
End
Begin VB.CommandButton 지우기
Caption = "지우기(&c)"
BeginProperty Font
Name = "궁서체"
Size = 9
Charset = 129
```

```
      Weight = 700
      Underline = 0 'False
      Italic = 0 'False
      Strikethrough = 0 'False
   EndProperty
   Height = 495
   Left = 1680
   TabIndex = 2
   Top = 2520
   Width = 1335
End
Begin VB.TextBox Text1
   Height = 375
   Left = 120
   TabIndex = 1
   Top = 360
   Width = 4455
End
Begin VB.CommandButton 문자출력
   Caption = "문자출력(&p)"
   BeginProperty Font
      Name = "궁서체"
      Size = 9
      Charset = 129
      Weight = 700
      Underline = 0 'False
      Italic = 0 'False
      Strikethrough = 0 'False
   EndProperty
   Height = 495
   Left = 120
   TabIndex = 0
   Top = 2520
   Width = 1335
End
End
Attribute VB_Name = "Form1"
Attribute VB_GlobalNameSpace = False
Attribute VB_Creatable = False
Attribute VB_PredeclaredId = True
Attribute VB_Exposed = False
```

루틴 소스코드

```
Private Sub 닫기_Click()
Unload Me
End Sub
..............................................................
Private Sub 문자출력_Click()
Text1.Text = "문자출력 프로젝트를 성공적으로 완성하셨습니다."
End Sub
..............................................................
Private Sub 지우기_Click()
Text1.Text = ""
End Sub
```

Chapter 03 기초 프로젝트 2
– 선택 프로젝트

이 프로젝트에서는 프로그램에서 선택기능을 제공해 주는 객체를 활용해 보도록 한다. 선택기능을 제공해주는 도구로는 옵션버튼과 체크상자, 콤보상자, 리스트 상자 등이 있다.

1. 둘러보기

선택 프로젝트를 만들기 전에 선택 프로젝트가 어떻게 작동되는 것인지를 살펴보도록 하자.

1.1 선택프로젝트의 화면구성

선택프로젝트를 실행하면 그림과 같이 폼이 하나 나타난다.

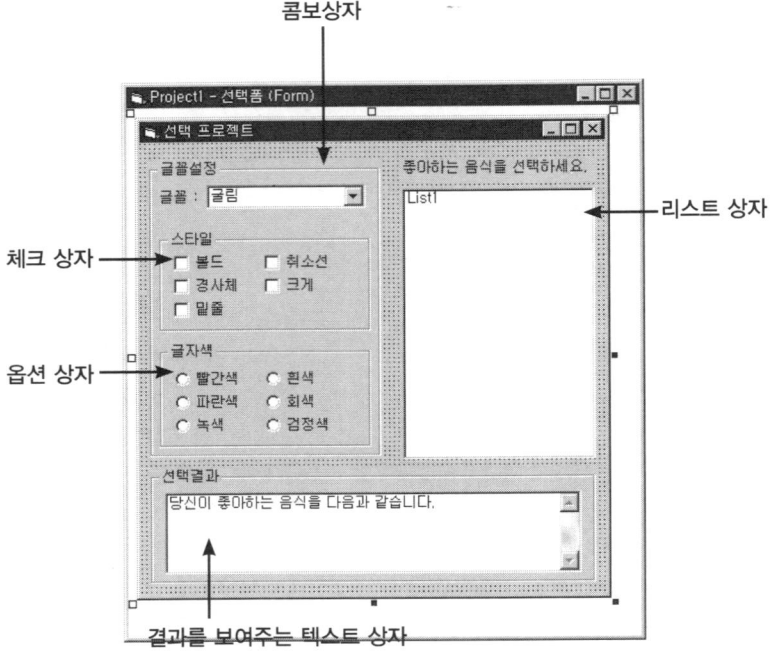

1.2 리스트 상자 실험해보기

리스트 상자에서 좋아하는 음식을 선택한다.
여기서는 "스파게티"를 클릭하였다. 그러면 텍스트상자에 "스파게티"가 출력된다.

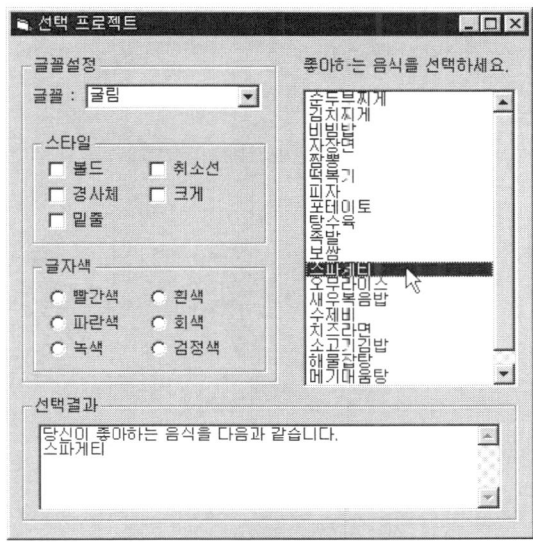

이번에는 리스트 상자에서 "새우복음밥"을 선택한다. 텍스트상자에서 "스파게티"에 이어 "새우복음밥"이 출력된다.

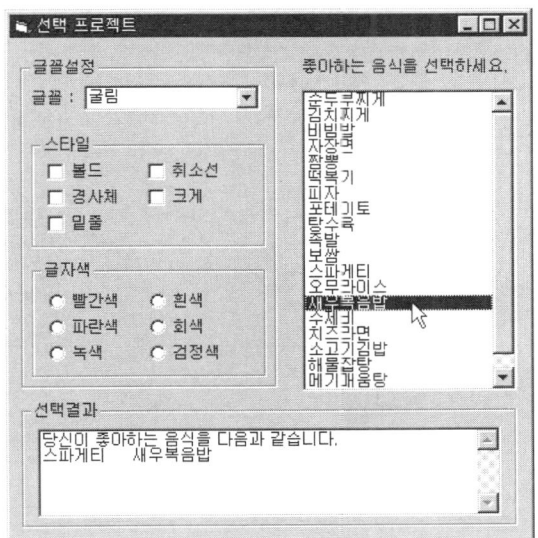

1.3 콤보상자 실험해보기

'콤보상자'를 드래그하여 "궁서체"를 선택해보자.

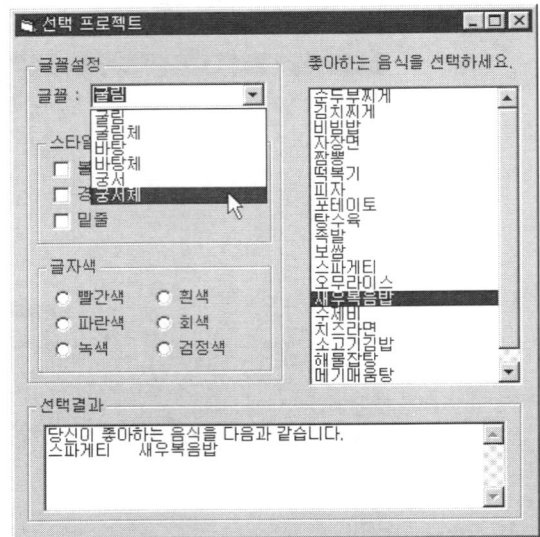

그러면 텍스트상자의 글꼴이 모두 궁서체로 나타난다.

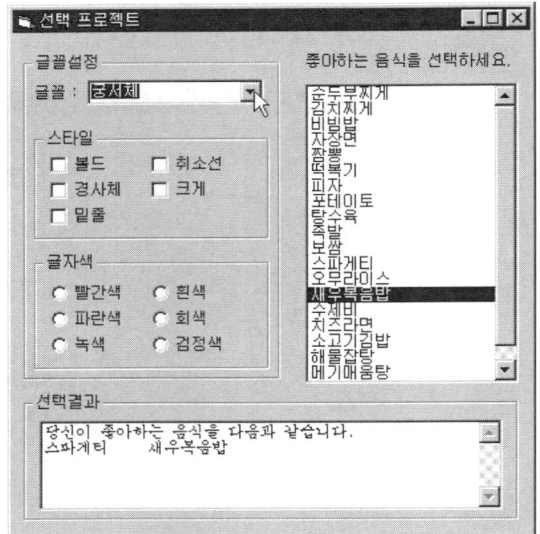

1.4 체크상자 실험해보기

스타일 항목에 있는 체크상자 중 '볼드'를 체크하면, 텍스트상자의 글꼴이 볼드처리되서 나타난다.

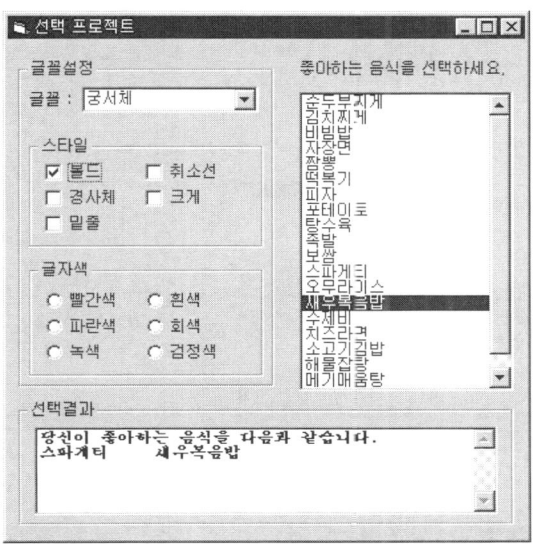

이번엔 경사체를 체크한다. 그러면 텍스트상자의 글자들이 모두 경사체로 나타난다.

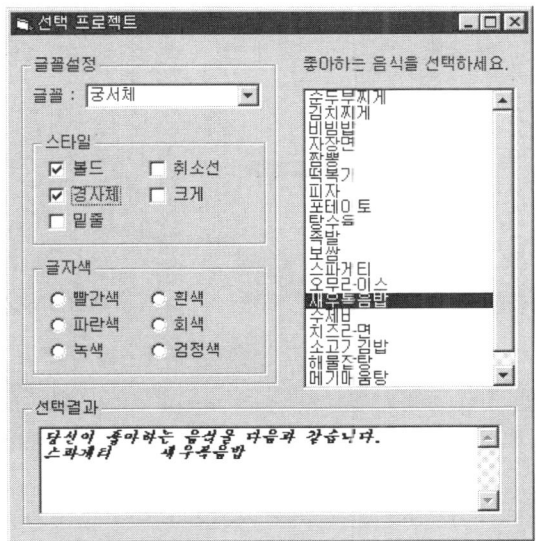

밑줄, 취소선, 크게 체크상자도 마찬가지로 실험해보기 바란다.

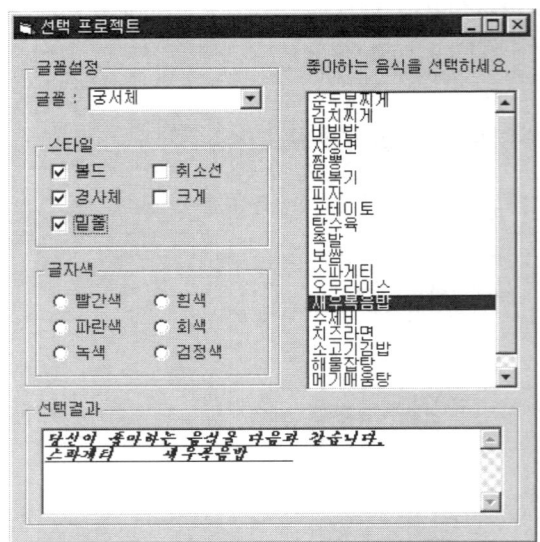 

▶ '밑줄' 체크상자를 체크했을 때   ▶ '취소선' 체크상자를 체크했을 때

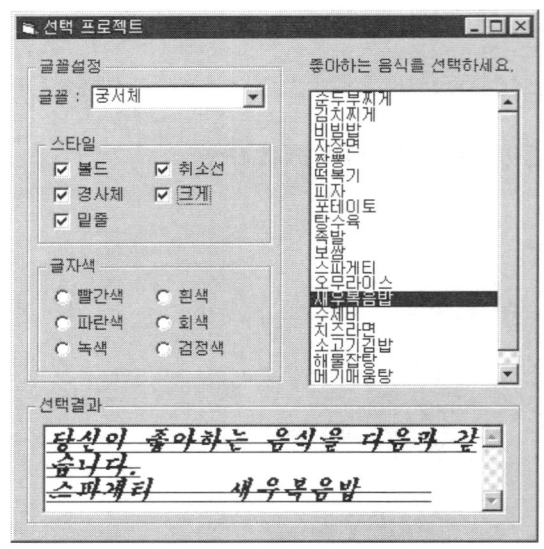 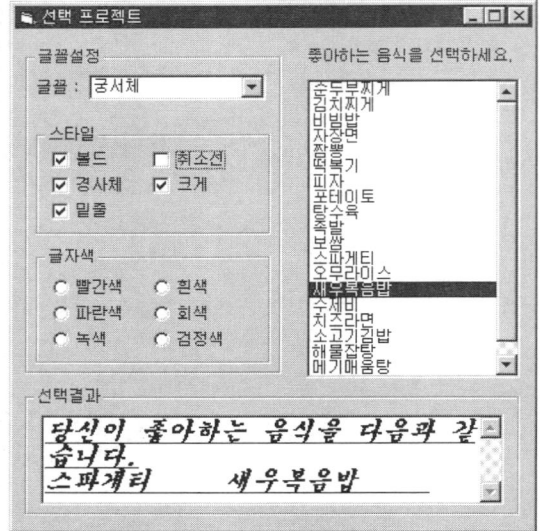

▶ '크게' 체크상자를 체크했을 때   ▶ '취소선' 체크상자를 체크해제했을 때

1.5 옵션상자 실험해보기

옵션상자는 체크상자와는 달라 동시에 두가지를 선택할 수 없다. 그래서 이 예제에서는 글자색을 소재로 옵션기능을 구성하였다. '빨간색' 옵션을 선택하면 텍스트상자의 글자 색이 모두 빨간색으로 변한다.

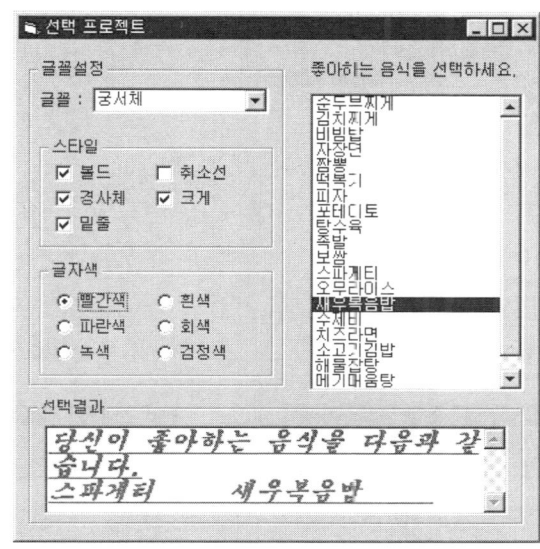

같은 방법으로 파란색, 녹색, 흰색, 회색, 검정색 옵션상자도 실험해보기 바란다.

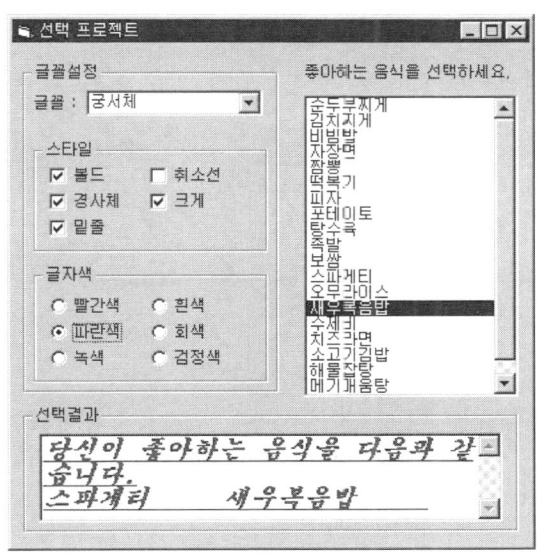

▶ 파란색 옵션을 선택했을 때

Part 1 기초 프로젝트

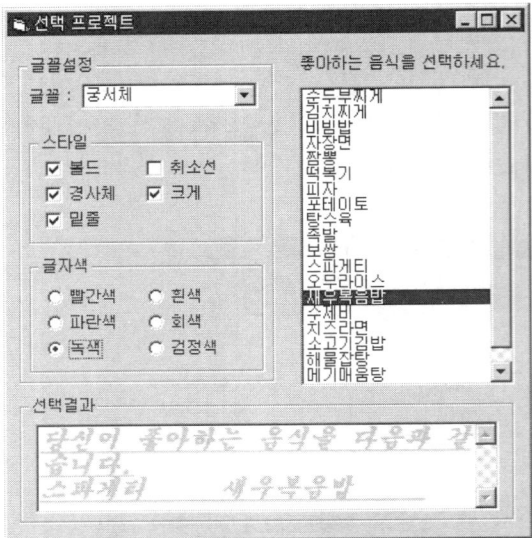

▶ 녹색 옵션을 선택했을 때

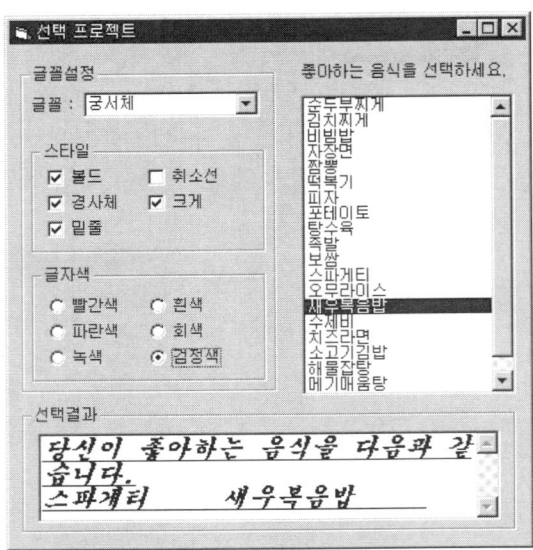

▶ 검정색 옵션을 선택했을 때

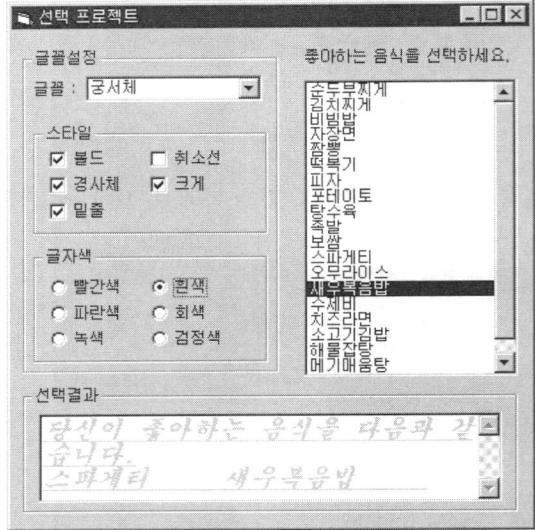

▶ 흰색 옵션을 선택했을 때

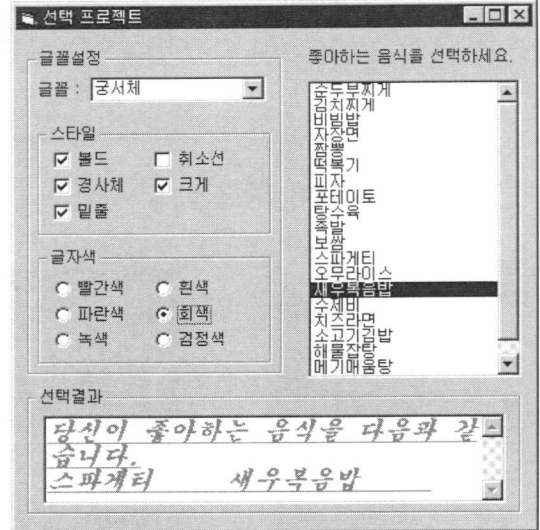

▶ 회색 옵션을 선택했을 때

© Chapter 3 기초 프로젝트 2 - 선택 프로젝트

2. 폼 만들기

2.1 새 프로젝트 시작하기

01 비주얼 베이직을 시작하고, 새 프로젝트로 "표준.exe"를 선택한다.

02 새 프로젝프가 만들어지고 기본폼으로 "Form"이 간들어진다.

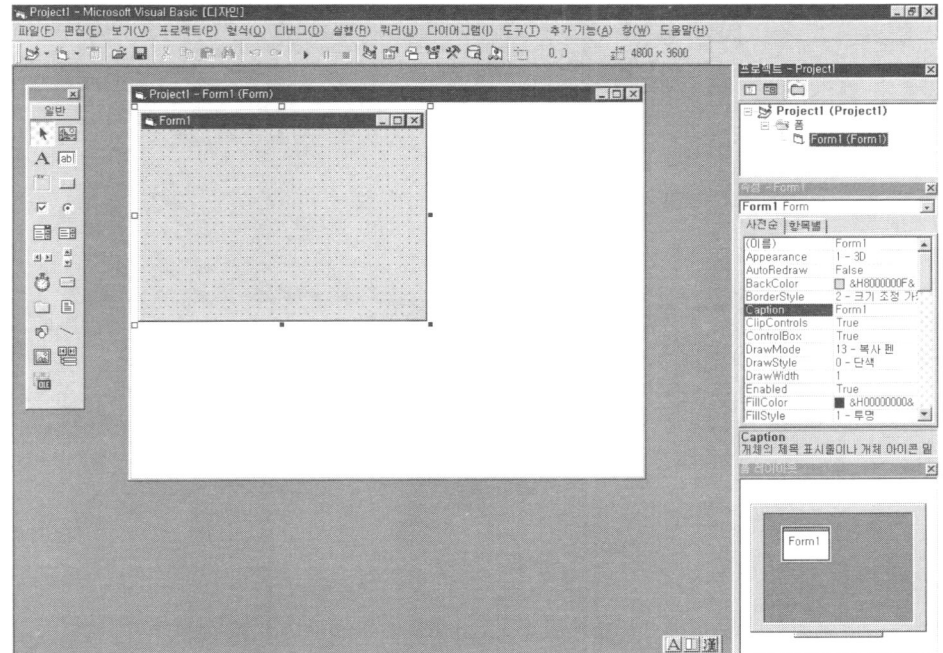

85

2.2 새 프로젝트 저장하기

03 폼 작성 작업에 들어가기에 앞서 새로 만든 프로젝트의 폼을 파일로 저장하도록 하자. [파일 → 프로젝트 저장] 명령을 실행하면 그림과 같이 새 프로젝트에 포함된 폼을 먼저 저장하도록 대화상자가 나타난다. 폼 파일 이름을 "선택폼1.frm"으로 설정하고 '저장' 버튼을 클릭한다.

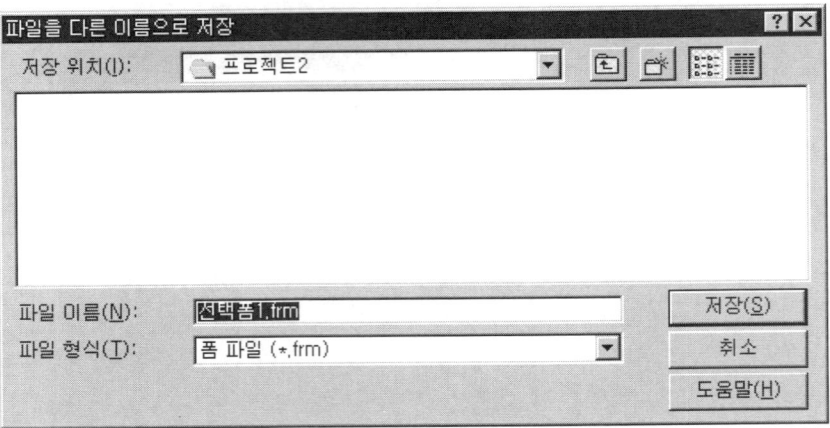

04 폼을 저장하고 나면 프로젝트를 저장할 수 있게 연이어 그림과 같은 대화상자가 나타난다. 프로젝트 파일 이름을 "선택프로젝트1.vbp"로 설정하고 '저장'버튼을 클릭한다.

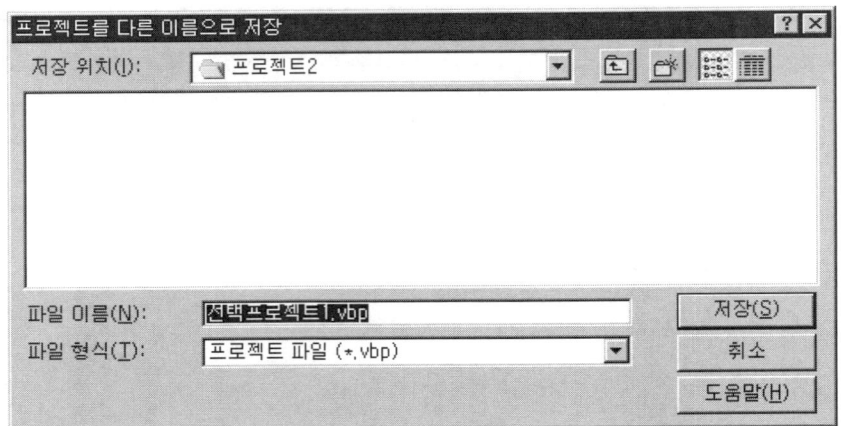

05 파일을 모두 저장하고 나면 'Source Safe'에 관한 대화상자가 나타난다. 이 프로젝트는 실험용이므로 'No'를 선택한다.

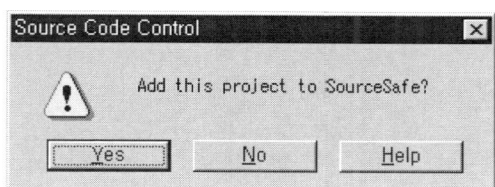

06 '프로젝트 탐색기'에서 폼을 선택한다. 속성 창에서 폼 '(이름)'을 "선택폼"으로 설정하고, Caption을 "선택 프로젝트"로 설정한다.

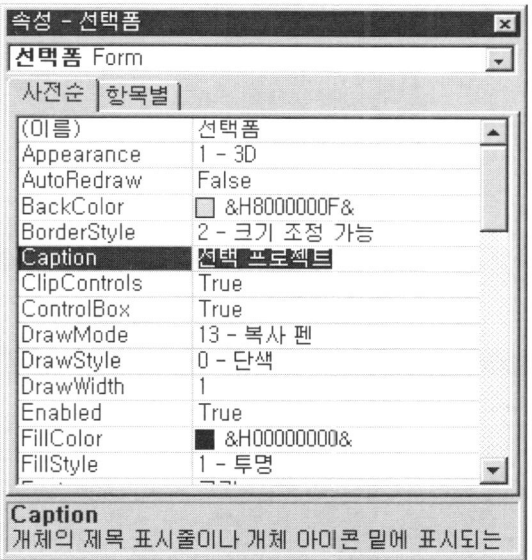

2.3 글꼴설정 프레임삽입

07 툴바에서 '프레임 툴'을 선택한다.

08 그림과 같이 폼 위에 마우스로 드래그하여 폼을 삽입한다. 속성 창의 Caption을 "글꼴설정"으로 입력한다.

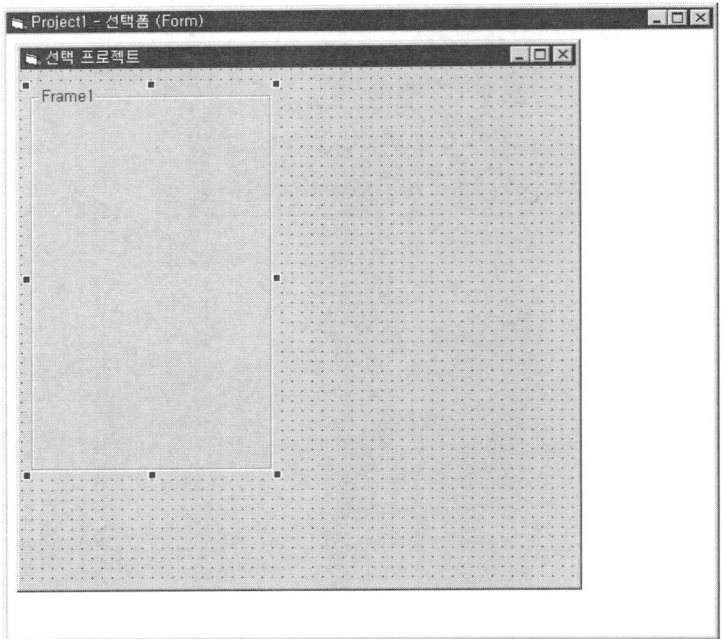

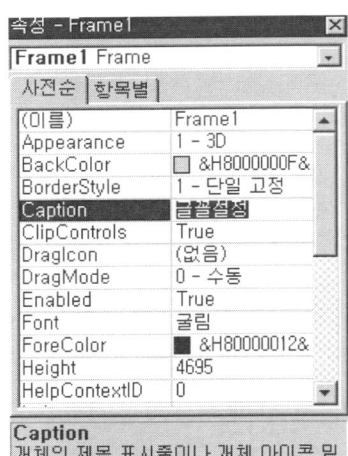

Chapter 3 기초 프로젝트 2 - 선택 프로젝트

09 툴바에서 레이블 툴을 선택한다.

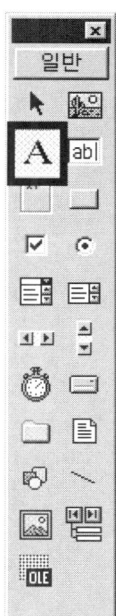

10 '글꼴설정 프레임 내에 레이블을 삽입하고, 속성 창'의 Caption을 "글꼴 :"로 설정한다.

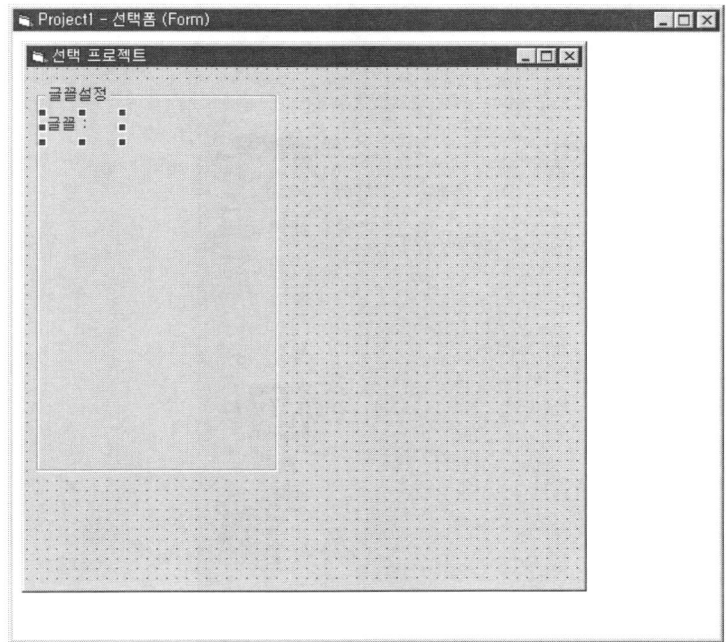

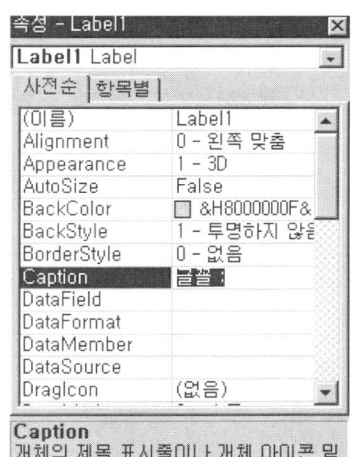

2.4 폼 모눈 크기 조절하기

11 [도구 → 옵션]명령을 실행하여 옵션 대화상자를 호출하고, '일반' 탭을 선택한다. '폼 모눈 설정'란에서 너비와 높이를 그림과 같이 60으로 설정한다.

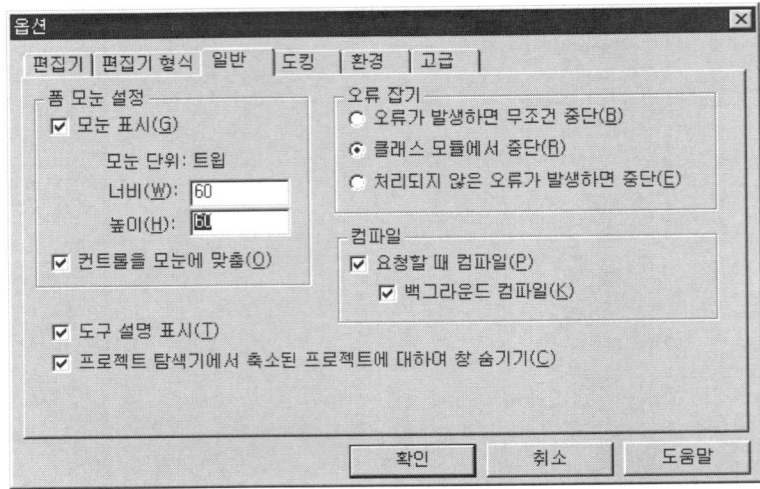

이렇게 설정하면 폼에 표시되는 모눈의 간격이 조밀해져 폼 내 에 있는 객체의 크기와 위치를 이전보다는 좀더 섬세하게 조절할 수 있게 된다.

2.5 콤보상자 삽입하기

12 툴바에서 '콤보상자'를 선택한다.

13 '마우스로 드래그하여 그림과 같이 콤보상자를 삽입시키고, 속성 창의 Text를 "굴림"으로 설정한다. 초기값을 "굴림"이라고 입력하는 이유는 앞으로 적용될 텍스상자의 초기 글꼴이 "굴림"이기 때문이다.

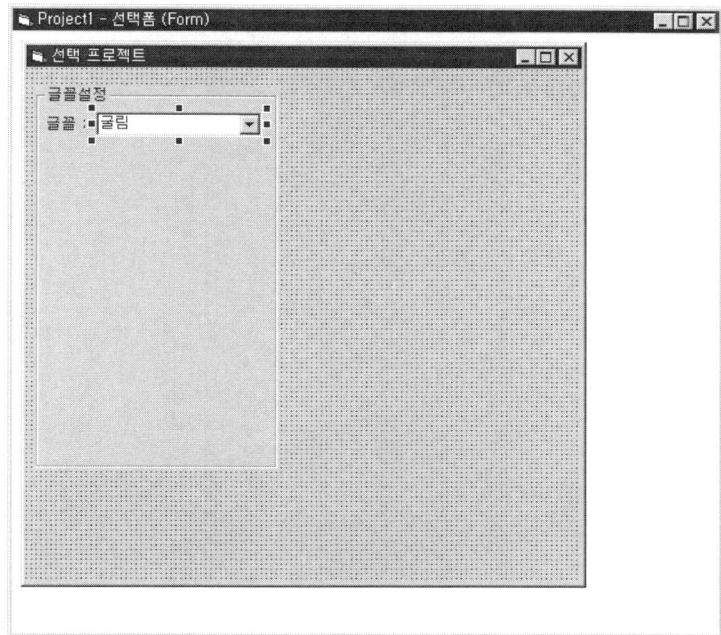

2.6 스타일 프레임 삽입

14 '글꼴설정' 프레임과 같은 방법으로 '스타일' 프레임을 그림과 같이 삽입한다. 속성 창의 Caption에는 "스타일"이라고 입력한다.

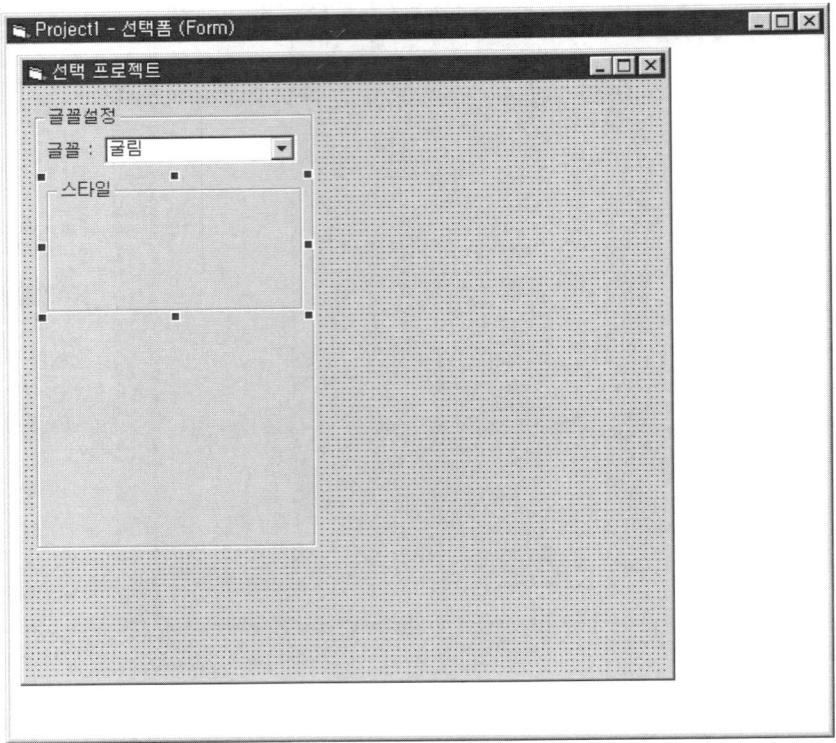

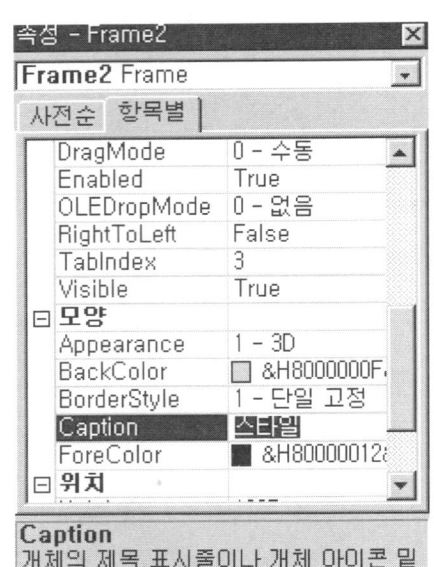

2.7 체크상자 삽입하기

15 툴바에서 체크툴을 선택한다.

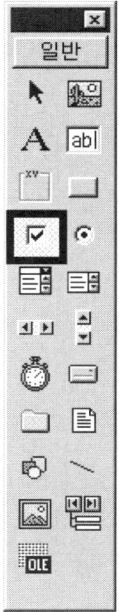

16 '마우스로 드래그하여 '스타일' 프레임 내에 체크상자를 하나 삽입한다. 속성 창의 Caption에는 "볼드"라고 입력하고, (이름)을 "볼드"로 설정하여 객체명을 볼드로 바꾼다.

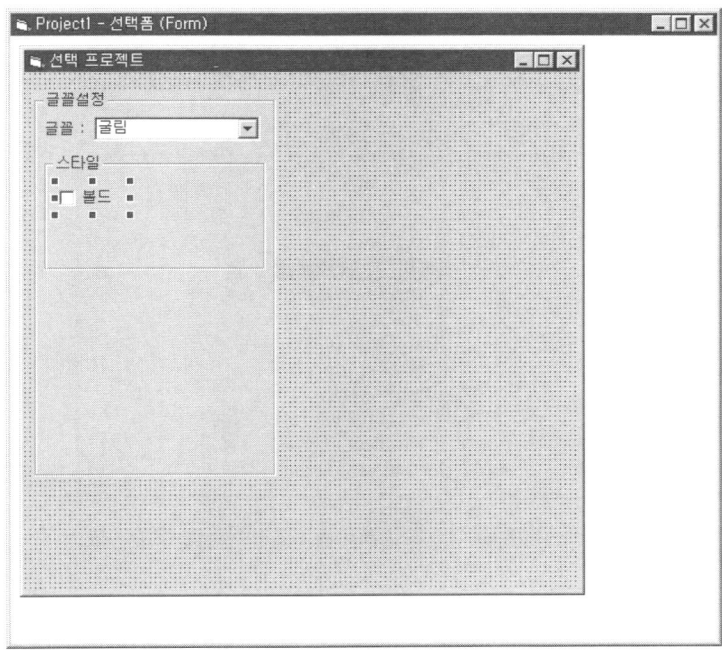

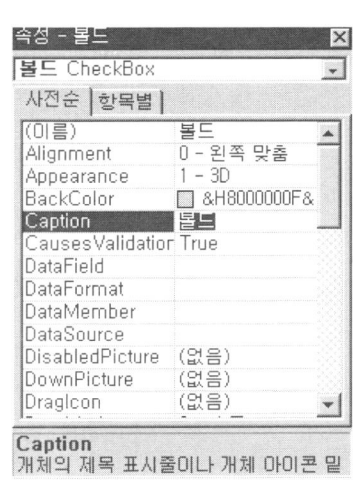

17 '같은 방법으로 4개의 체크상자를 더 만들어 넣고, 4개의 객체이름과 Caption을 각각 "경사체", "밑줄", "취소선", "크게"라고 설정한다.

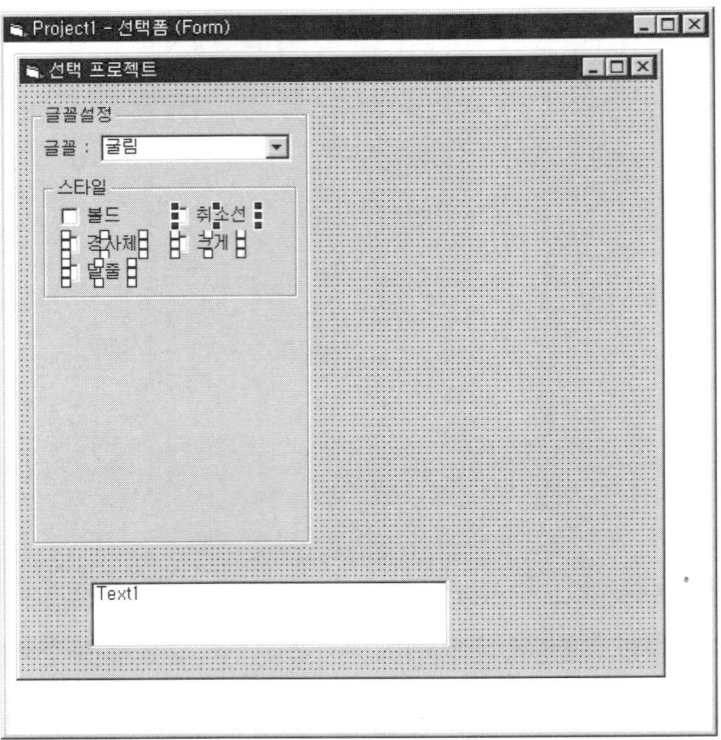

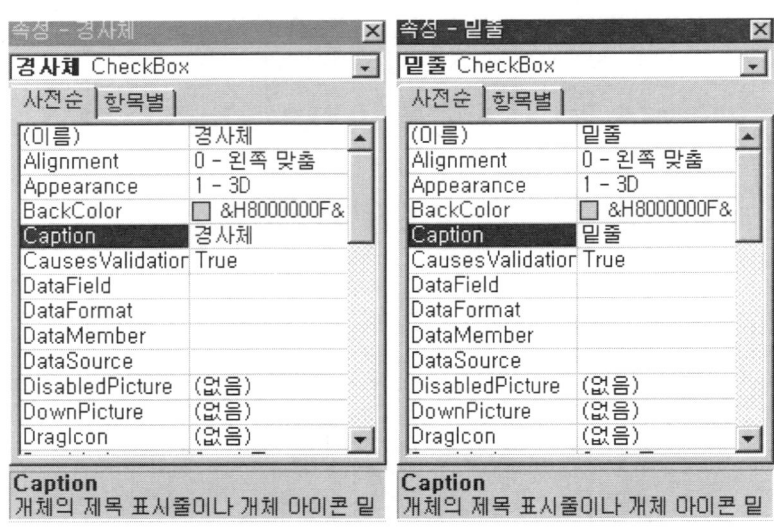

◎Chapter 3 **기초 프로젝트 2 - 선택 프로젝트**

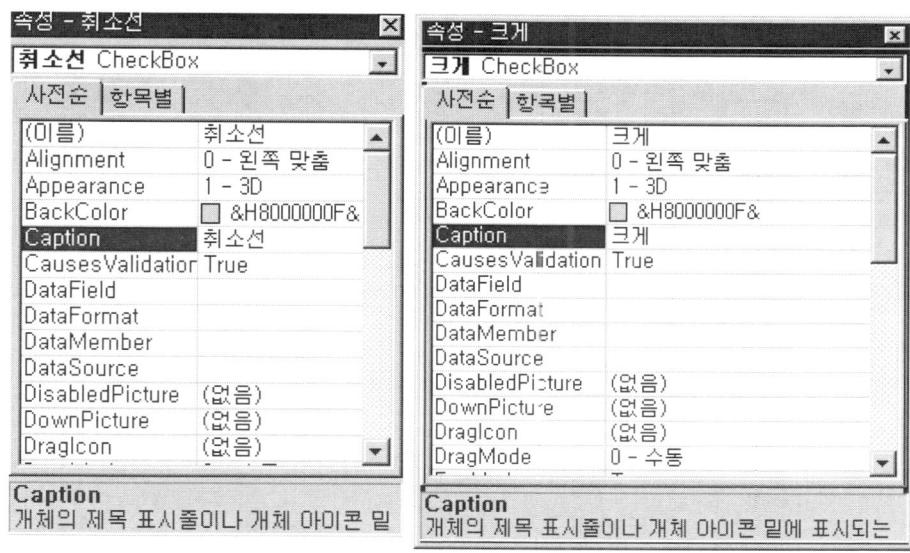

18 '스타일' 프레임과 같은 방식으로 '글자색'프레임을 만든다. 속성 창의 Caption을 "글자색"으로 설정한다.

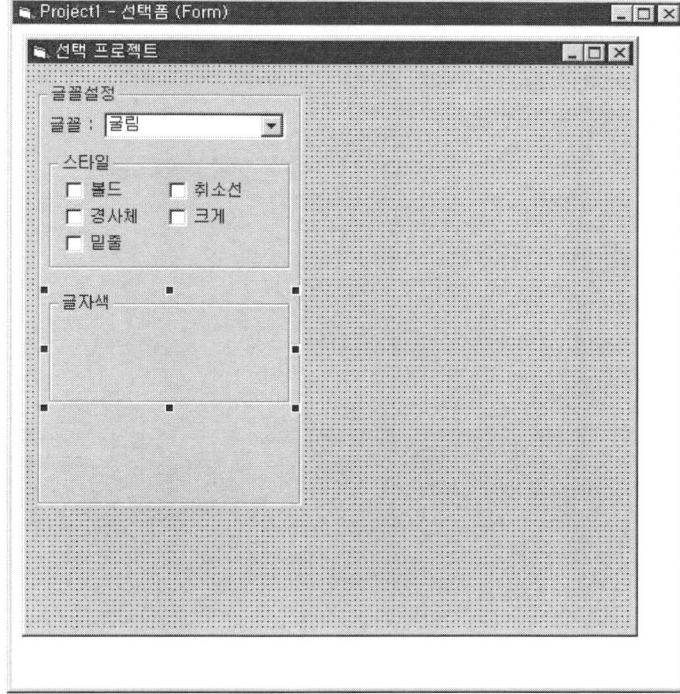

2.8 옵션버튼 삽입하기

19 툴 상자에서 옵션 툴을 선택한다.

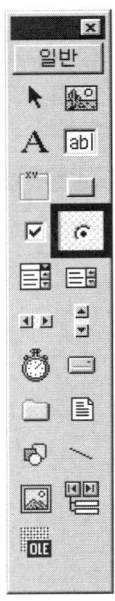

20 마우스로 드래그하여 그림과 같이 옵션버튼을 삽입해 넣는다. 속성 창에서 Caption을 "빨간색"으로 설정하고, (이름)을 "빨간색f"로 하여 객체이름을 바꾼다.

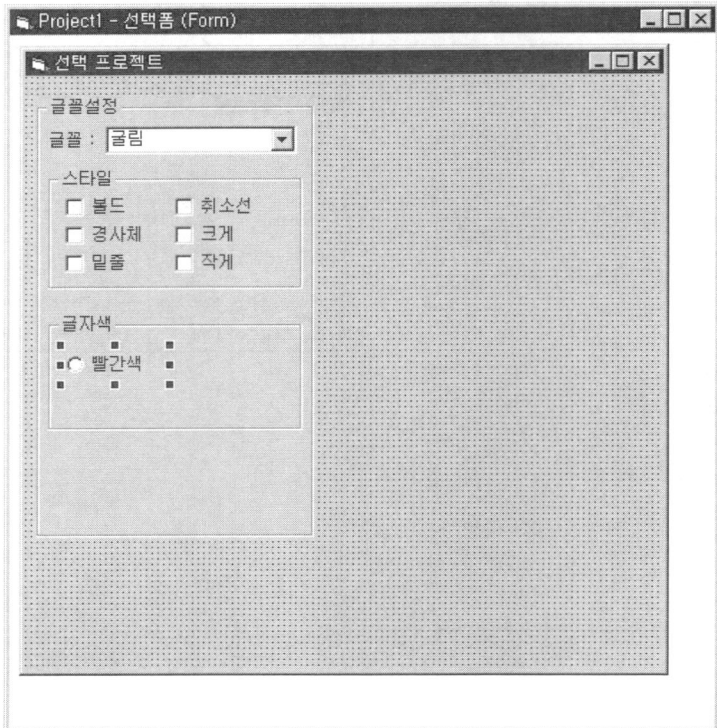

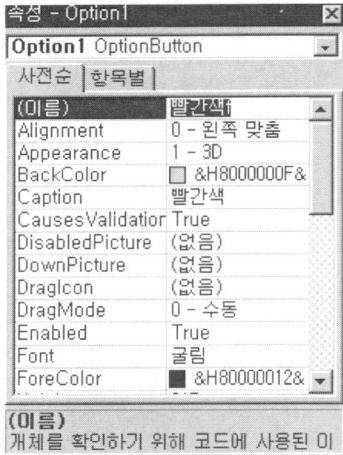

21. 같은 방법으로 "파란색", "녹색", "흰색", "회색", "검정색" 옵션버튼을 만든다.

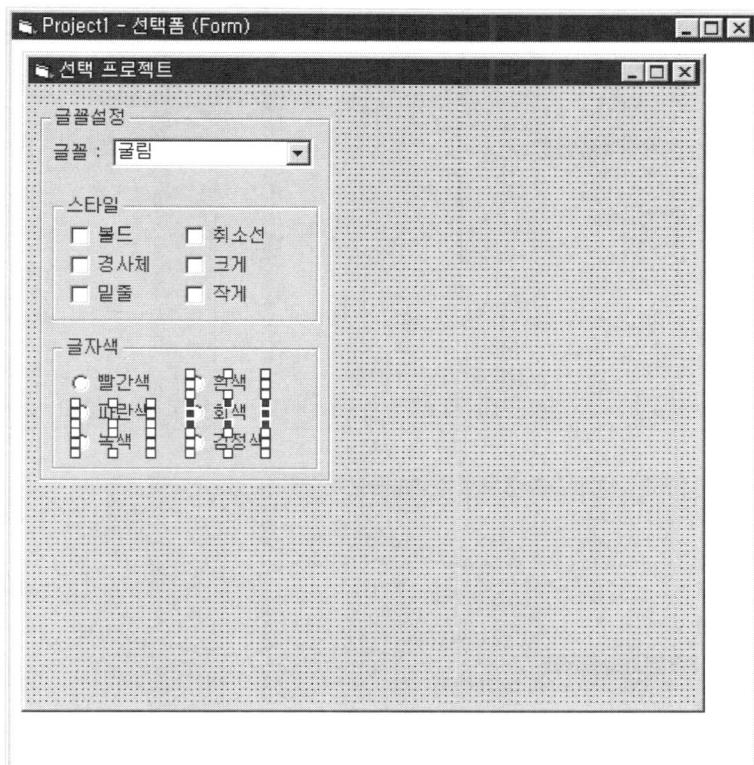

속성 창에서는 '(이름)'항목과 'Caption'항목만 설정해주면 되는데 각 옵션버튼의 속성값은 다음 그림과 같다.

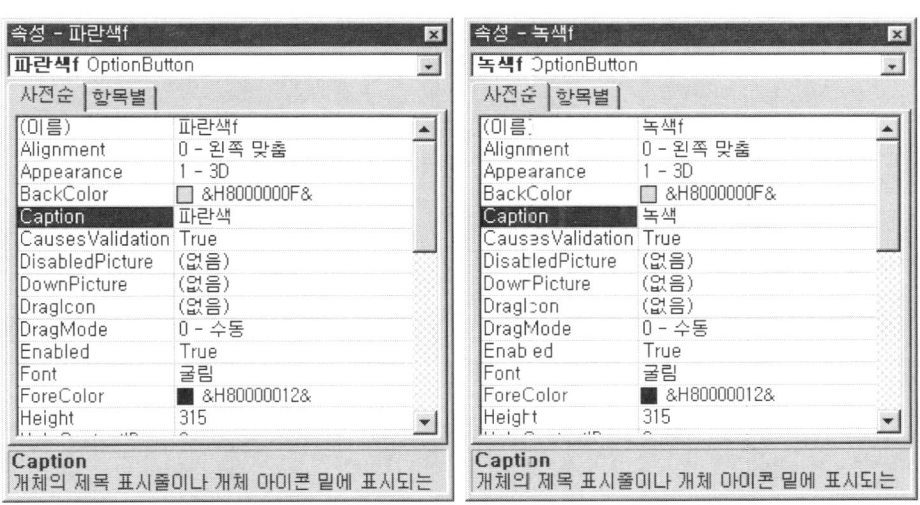

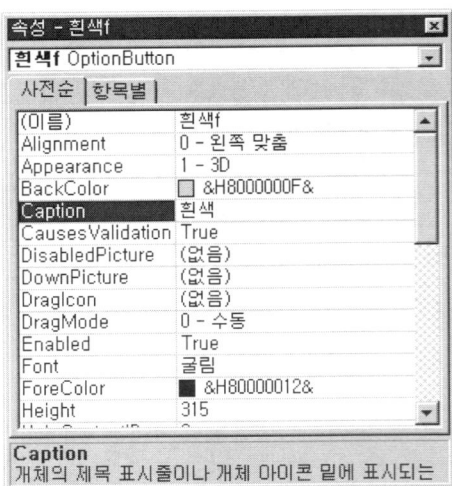
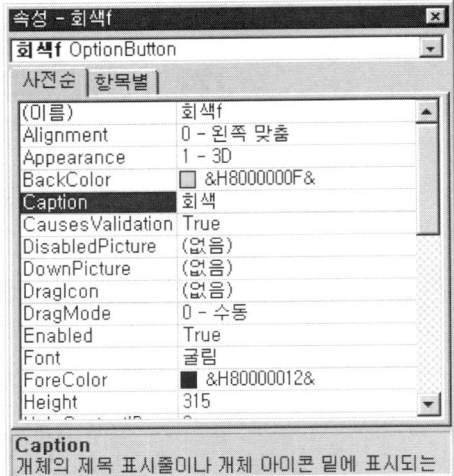
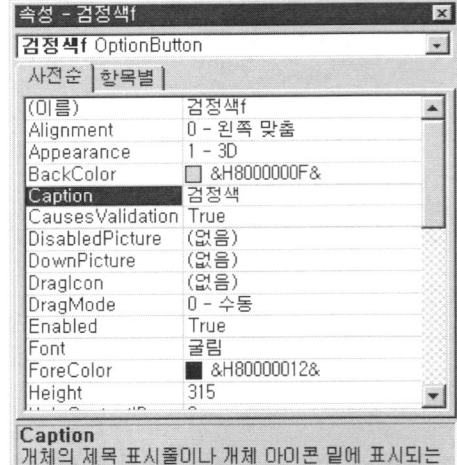

22 레이블 툴을 이용하여 그림과 같이 "좋아하는 음식을 선택하세요."라는 안내문을 삽입한다.

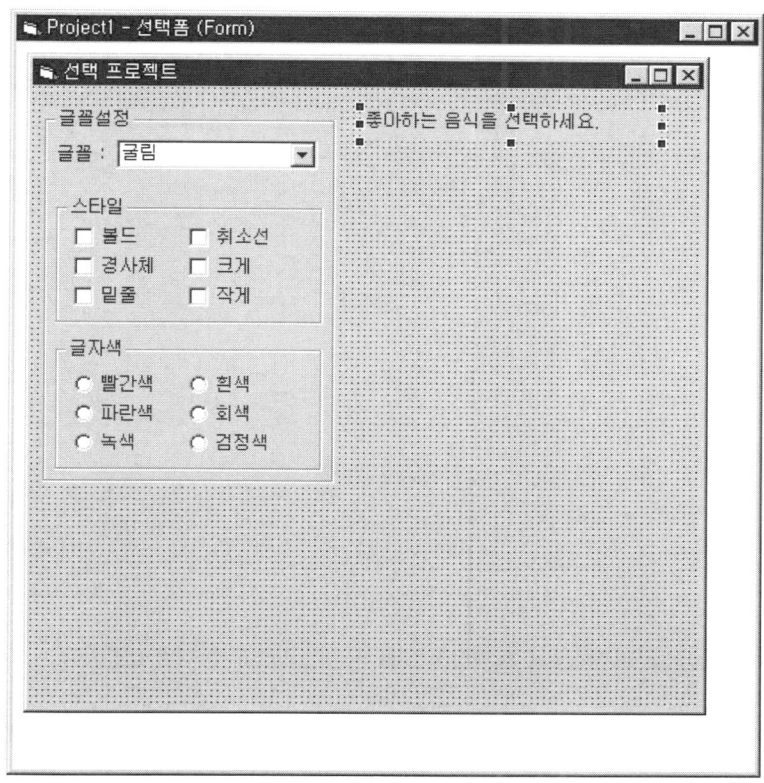

이때 삽입하고자 하는 안내문구는 속성 창의 Caption 항목에 그림과 같이 설정하면 된다.

2.9 리스트 상자 삽입하기

23 툴바에서 '리스트 툴'을 선택한다.

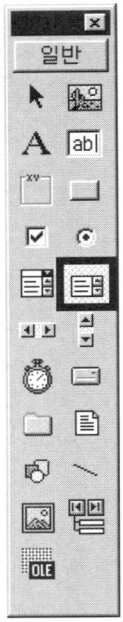

24 마우스로 드래그하여 그림과 같이 리스트 상자를 삽입한다.

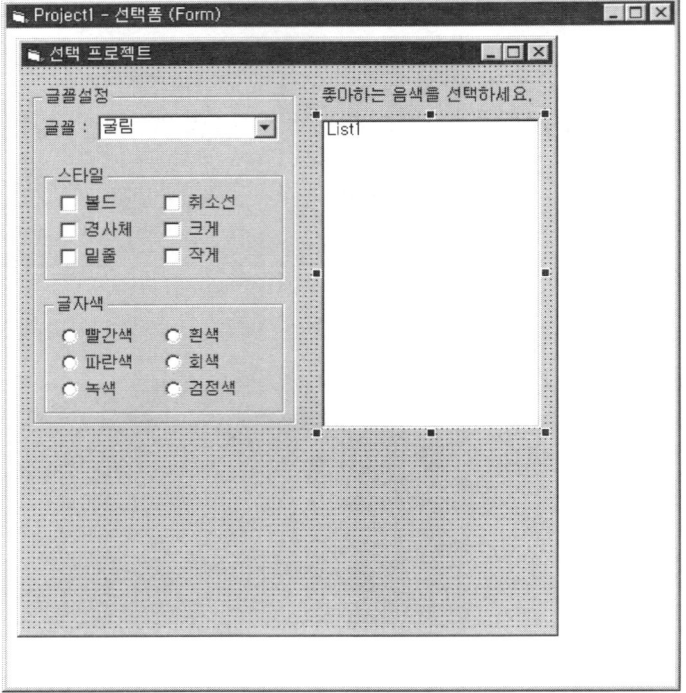

25 이 객체에 대한 속성은 특별히 설정할 것이 없다. 객체명이 "List1"이라는 것만 확인하도록 한다.

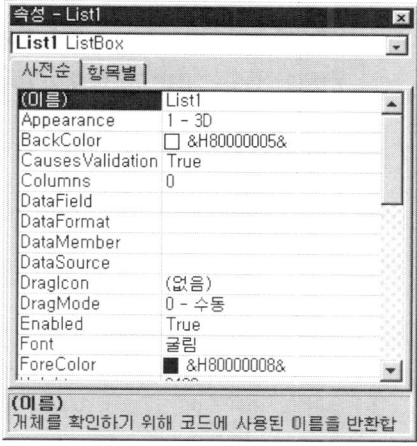

2.10 선택결과 프레임 삽입하기

26 Caption을 "선택결과"로 하는 프레임을 그림과 같이 삽입한다.

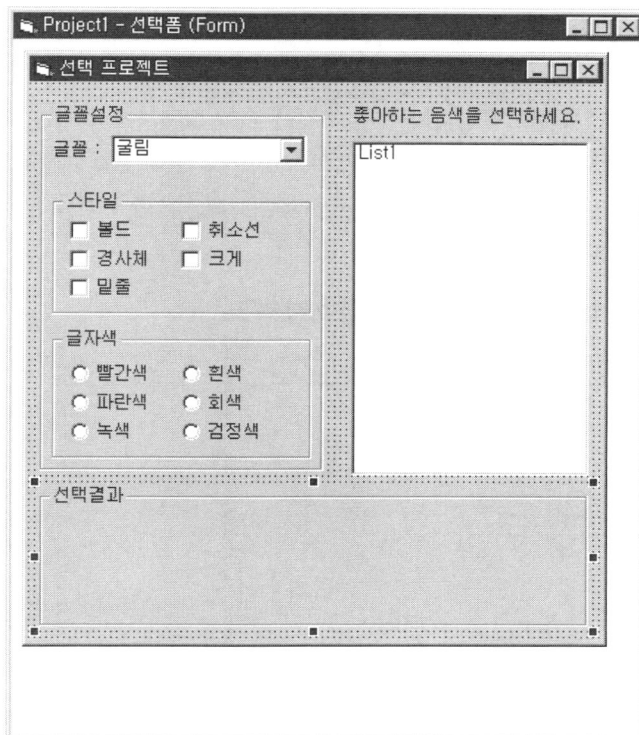
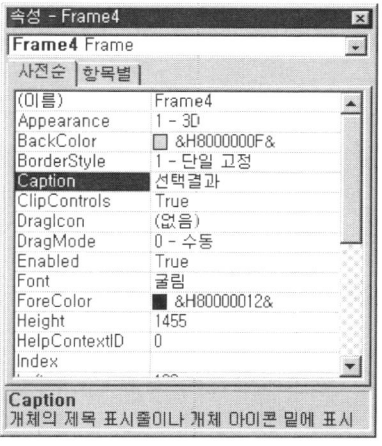

2.11 MultiLine 텍스트상자

27 텍스트상자 툴을 이용하여 그림과 같이 '선택결과' 프레임안에 삽입한다.

그림에서는 우측에 스크롤바가 나타나는데, 이것은 속성 창에서 ScrollBars의 값을 "2-수직"으로 설정하였기 때문이다. 이외에도 이 텍스트상자는 여러 줄을 입력할 수 있게 하기 위해 MultiLine의 값을 "True"로 설정하였다. MultiLine을 사용하게 되면, Text항목도 값이 '(텍스트)'로 나타난다.

Text항목을 마우스로 클릭하면 그림과 같이 여러 줄을 입력할 수 있게 텍스트상자가 나타난다. 여기에 "당신이 좋아하는 음식은 다음과 같습니다." 라고 입력한다.

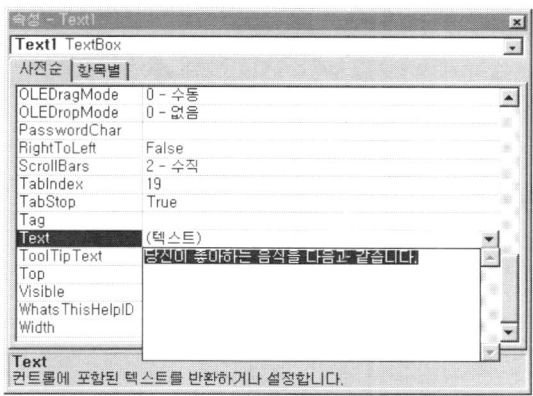

2.12 객체명 살펴보기

프로그램 코딩작업에 들어가기에 앞서 폼의 구성과 객체명을 전반적으로 확인해 보도록 한다.

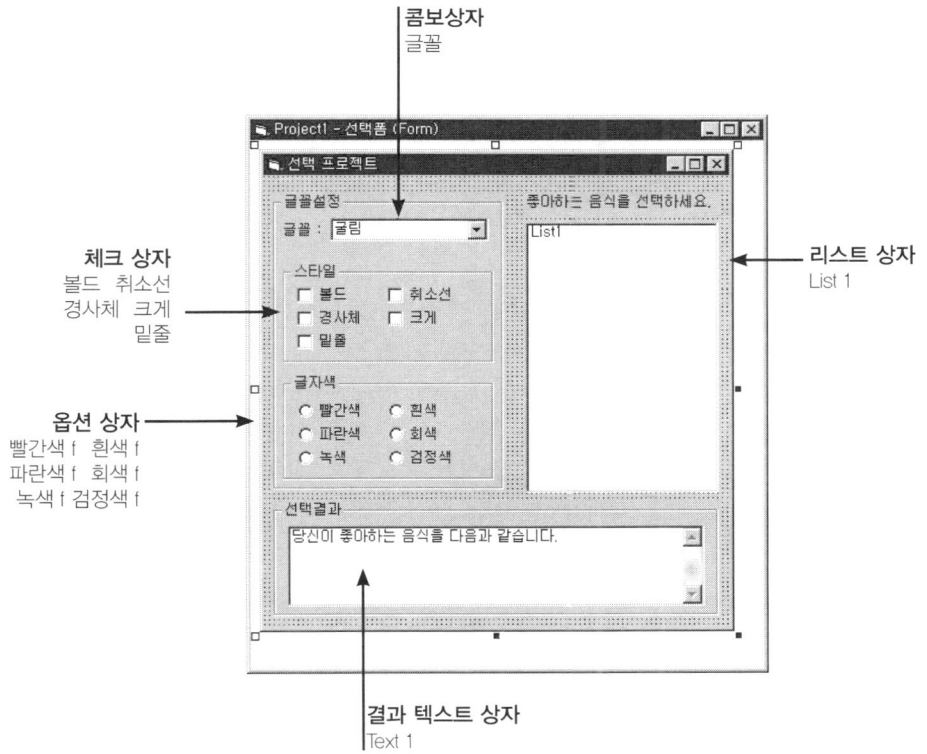

3. 코딩작업

선택 프로젝트의 전체 루틴 구성

선택 프로젝트에 사용되는 루틴은 총 14개의 루틴으로 구성되어 있다.
14개의 루틴을 정리하면 다음과 같다.

폼 처리 루틴
- 선택 프로젝트 프로그램이 실행될 때 수행되는 루틴 : Form_Load()

리스트상자 처리 루틴
- 리스트상자에서 좋아하는 음식을 선택했을 때 실행하는 루틴 : List1_Click()

콤보상자 처리 루틴
- 콤보상자에서 글꼴을 선택했을 때 실행하는 루틴 : 글꼴_Click()

체크상자 처리 루틴
- 볼드를 체크했을 때 수행하는 루틴 : 볼드_Click()
- 경사체를 체크했을 때 수행하는 루틴 : 경사체_Click()
- 밑줄를 체크했을 때 수행하는 루틴 : 밑줄_Click()
- 취소선를 체크했을 때 수행하는 루틴 : 취소선_Click()
- 크게를 체크했을 때 수행하는 루틴 : 크게_Click()

옵션버튼 처리 루틴
- 빨간색 옵션을 선택했을 때 수행하는 루틴 : 빨간색f_Click()
- 파란색 옵션을 선택했을 때 수행하는 루틴 : 파란색f_Click()
- 녹색색 옵션을 선택했을 때 수행하는 루틴 : 녹색f_Click()
- 흰색 옵션을 선택했을 때 수행하는 루틴 : 흰색f_Click()
- 회색 옵션을 선택했을 때 수행하는 루틴 : 회색f_Click()
- 검정색 옵션을 선택했을 때 수행하는 루틴 : 검정색f_Click()

3.1 폼 처리 루틴

01 폼의 바탕을 더블클릭한다.

폼 바닥을 더블클릭하면 Form_Load( ) 루틴이 자동으로 만들어지고, '코드보기' 창이 나타난다.

02 Form_Load() 루틴(폼로드 루틴)이 자동으로 만들어지고, 그림과 같이 '코드보기' 화면이 나타난다.

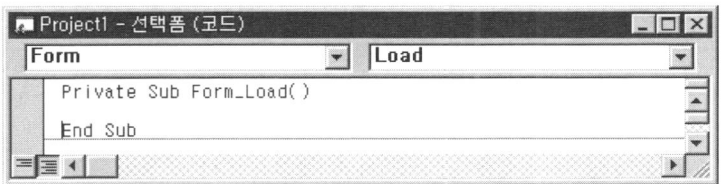

'선택폼'이 로드될 때 수행해야 할 일은 두 가지가 있다.
하나는 음식을 선택하는 리스트상자에 목록을 출력하도록 하는 일이고, 또 하나는 콤보상자에 글꼴목록을 출력하는 일이다.

3.2 리스트상자 목록 만들기

03 Form_Load() 루틴 안에 "List1"이라고 입력하고, "."을 입력하면 그림과 같이 List1 객체에 적용할 수 있는 명령들이 나타난다.

이 명령 중 'AddItem'을 선택한다.

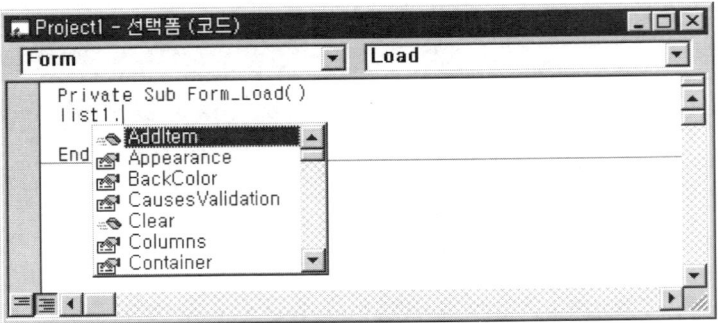

04 AddItem을 선택하고 'Space' 키를 누르면 'AddItem' 함수의 문법에 대한 주석이 그림과 같이 나타난다.

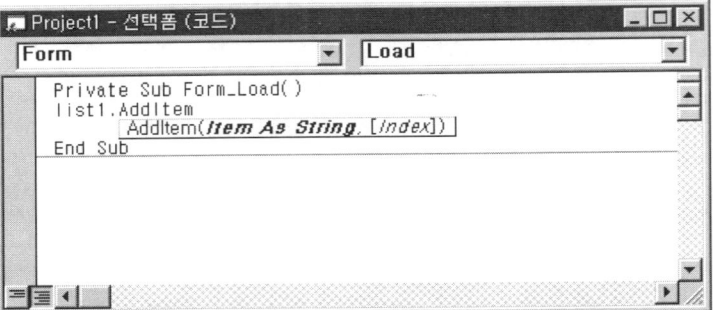

괄호생략

이 주석대로 라면 괄호 안에 추가할 Item(아이템)를 큰 따옴표와 함께 적어두면 된다. 예를들면 다음과 같다.

예) List1.AddItem("순두부찌게")

하지만, 일반적으로 괄호를 생략하는 경우가 많다. AddItem 함수 뿐아니라 MsgBox 함수의 경우도 이 경우와 같다. 여기서는 실무에서 많이 사용하는 방식을 사용하도록 하겠다.

05 AddItem에 이어 아이템으로 "순두부찌게"를 삽입하였다.

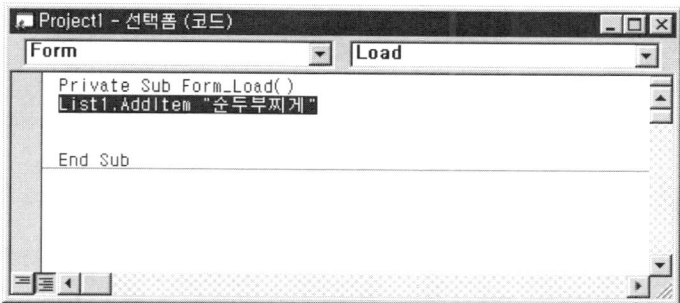

06 같은 방법으로 AddItem 함수를 이용하여 그림과 같이 음식종류를 List1의 아이템으로 삽입시킨다.

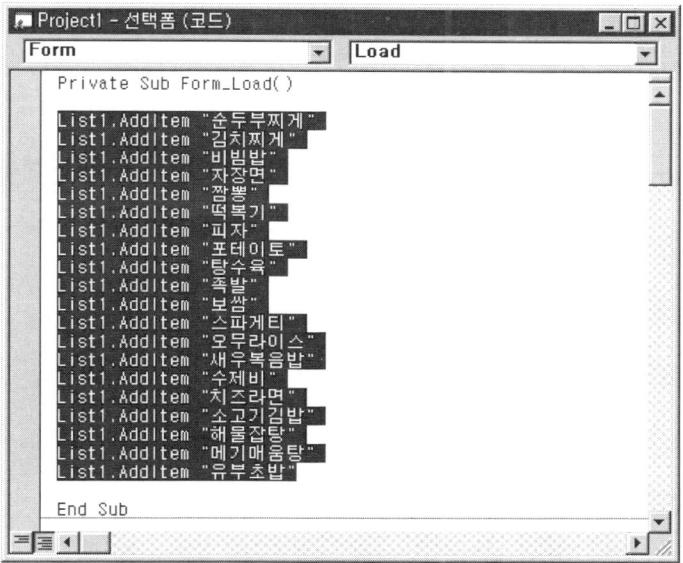

이렇게 하면 "선택폼"을 로드할 때, List1 객체에 그림과 같이 음식이름이 목록으로 나타나게 된다.

 비주얼 베이직의 아이콘 메뉴 중 "시작" 버튼을 클릭하여 직접 실험해보기 바란다. 지금까지 작성한 루틴만 가지고도 AddItem 함수에 대한 코딩결과를 볼 수 있다.

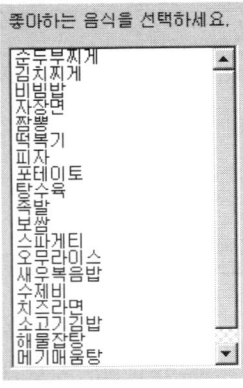

07 이번엔 콤보상자에 대한 목록을 작성한다. 리스트상자의 목록을 만드는 방법과 동일하다. 콤보상자에는 글꼴이름이 아이템으로 추가된다. 이 예제에서는 간단하게 6개의 글꼴만 아이템으로 추가하였다.

실험

'시작' 버튼을 선택 프로젝트를 실행시킨 후 콤보상자를 마우스로 클릭하면 그림과 같이 코드에서 추가한 글꼴 목록이 나타난다.

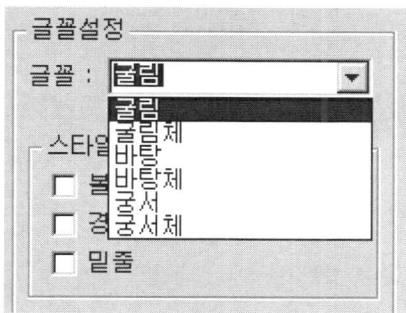

3.3 리스트상자 처리 루틴

08 폼 보기에서 리스트상자를 더블클릭하면 그림과 같이 List1_Click() 루틴이 자동으로 생성된다. 리스트상자에 나타난 음식목록 중 하나를 마우스로 클릭하면 이 루틴이 작동된다.

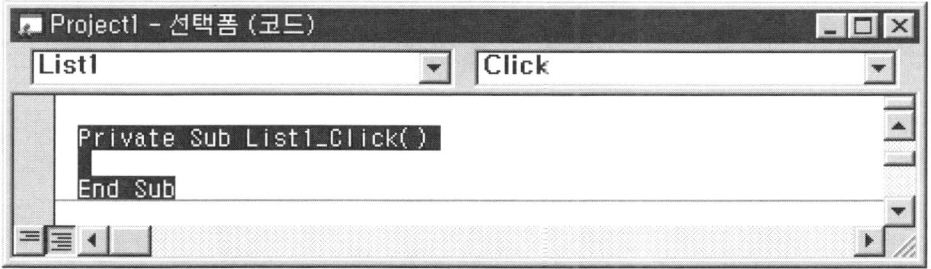

09 마우스로 선택된 음식이름을 결과 텍스트상자에 추가로 출력시켜야 하므로 '문자 (String) 누적하기' 연산을 만든다.

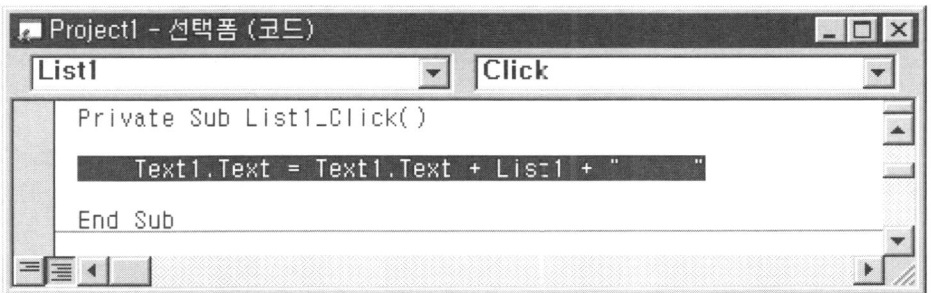

원래 있던 텍스트(Text1.Text)에 리스트상자에서 선택한 음식이름(List1)을 더하고, 약간의 스페이스(" ")를 더한 값을 다시 텍스트상자 값(Text1.Text)에 대입시킨다.
이렇게 하면 리스트상자에서 음식을 선택할 때마다 텍스트상자에 선택된 음식이름이 계속적으로 추가/누적되어 나타난다.

텍스트상자의 객체값

결과 텍스트상자의 객체명은 "Text1"인데, 텍스트상자에 들어있는 텍스트를 지칭하는 함수가 "Text"이다. 따라서, 이 객체에 들어있는 내용인 객체값은 "Text1.Text"로 표기한다.

문자(String) 합치기

두 개의 문자를 합하는 것은 숫자에서 덧셈을 하는 것과 같다.
"abc"라는 문자에 "xyz"라는 문자를 합하면 "abcxyz"가 된다. 이를 코드로 표기하면 다음과 같다.

"abc" + "xyz" = "abcxyz"

'시작' 버튼을 클릭하고, 리스트상자에서 음식을 연속적으로 선택해보자. 그러면 그림과 같이 나타날 것이다.

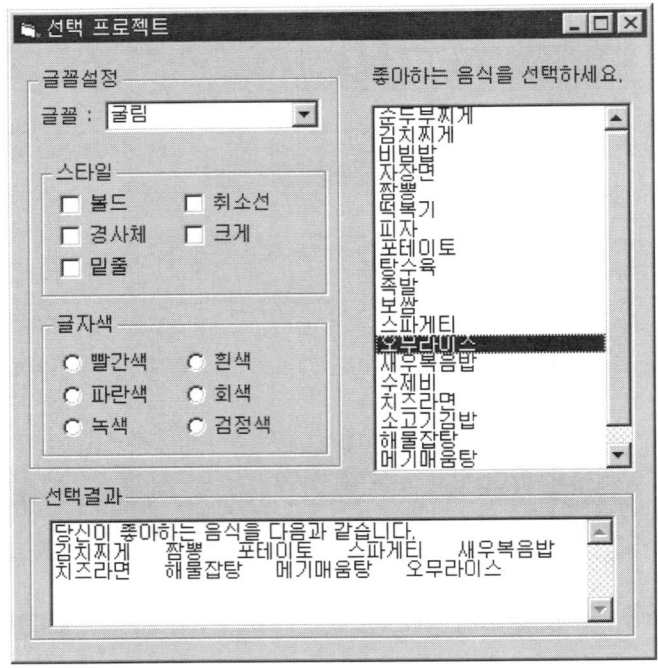

3.4 콤보상자 처리루틴

10 폼 보기 창에서 콤보상자를 더블클릭하면, 그림과 같이 '글꼴_Click()' 루틴이 만들어진다. 콤보상자의 목록에 나타나는 글꼴을 마우스로 클릭하여 선택하면, 결과 텍스트 상자의 글꼴이 선택된 글꼴로 바뀌는 루틴이다. 따라서, 이 루틴안에는 결과 텍스트 상자(Text1)의 글꼴을 바꾸는 명령구문을 구사하면 된다.

11 "Text1"을 입력하고, "."를 입력하면 그림과 같이 Text1에 적용할 수 있는 함수 목록이 나타난다. 이 함수 중 "Font"를 선택하고 다시 "."을 입력하여 "Font" 함수를 확장시킨다.

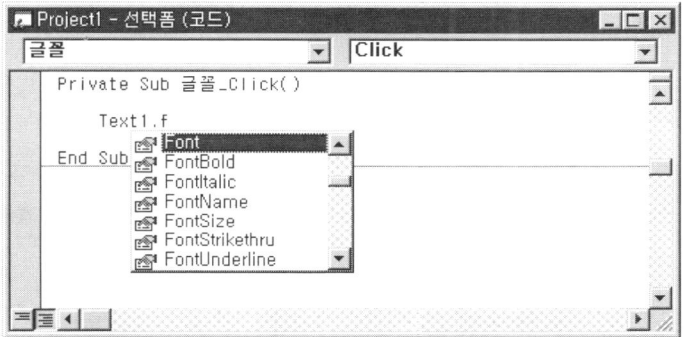

12 확장된 "Font"의 하위 함수 중 "Name"을 Space키로 선택한다.
"Text1.Font.Name"이라는 구문이 만들어지는데 이 구문의 의미는 "Text1의 글꼴 이름"이다.

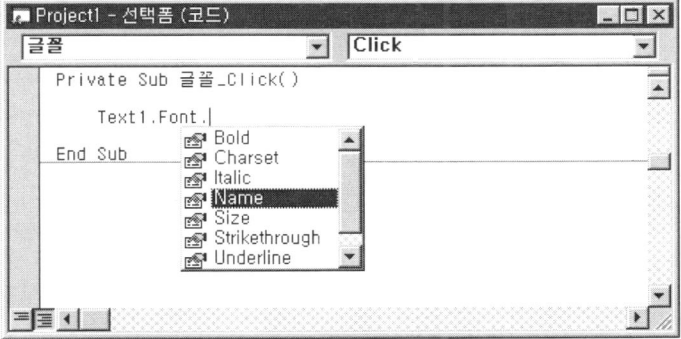

13 "Text1의 글꼴 이름"은 "글꼴" 객체(콤보상자)의 목록에서 선택된 글꼴이름이 적용되어야 하므로 그림과 같이 코딩한다. 콤보상자에서 선택된 아이템은 코드에서 객체명으로 표시한다. 만일 콤보상자에서 "궁서체"를 선택하였으면 "글꼴" 객체의 값은 "궁서체"가 되고, Text1의 글꼴은 "궁서체"로 설정된다.

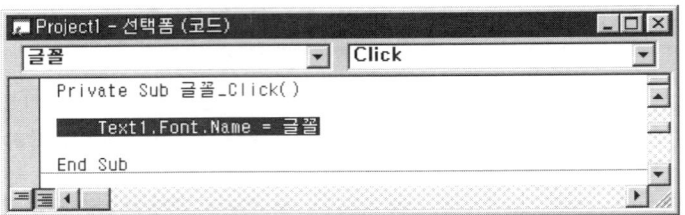

'시작' 버튼을 클릭하여 실험해 보도록 하자. 만일 콤보상자에서 "바탕체"를 선택하면, 그림과 같이 텍스트상자의 글꼴이 모두 "바탕체"로 나타날 것이다.

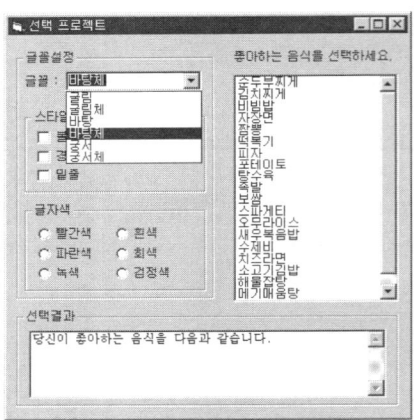

▶바탕체를 선택했을 경우   ▶굴림체를 선택했을 때

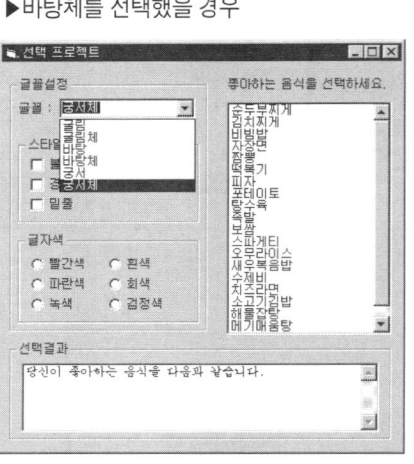

▶궁서체를 선택했을 때

3.5 체크상자 처리루틴

14 폼 보기 창에서 '볼드' 체크상자를 더블클릭하면 '볼드_Click()' 루틴이 만들어진다.

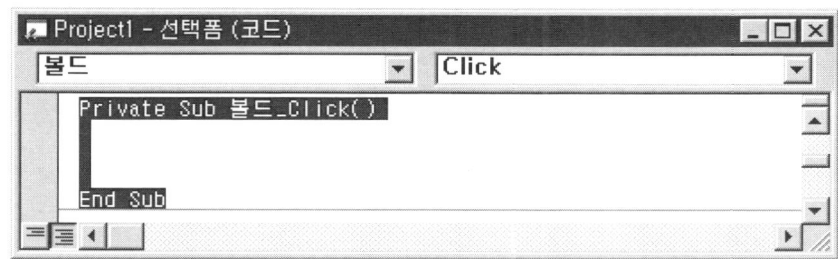

'볼드'가 체크되었을 때와 체크되지 않았을 때 수행되는 루틴이 다르므로 'If ~ Then ~ ElseIf ~ Then ~ EndIf' 구문을 사용해야 한다. 이 조건문을 정리하면 다음과 같다.

If (볼드가 체크됐을 때) Then
(Text1을 볼드처리 함)
ElseIf (볼드가 체그되지 않았을 때) Then
(Text1을 볼드처리 하지 않음)
EndIf

15 "볼드" 객체를 "."으로 확장하고, "Value"를 선택한다.

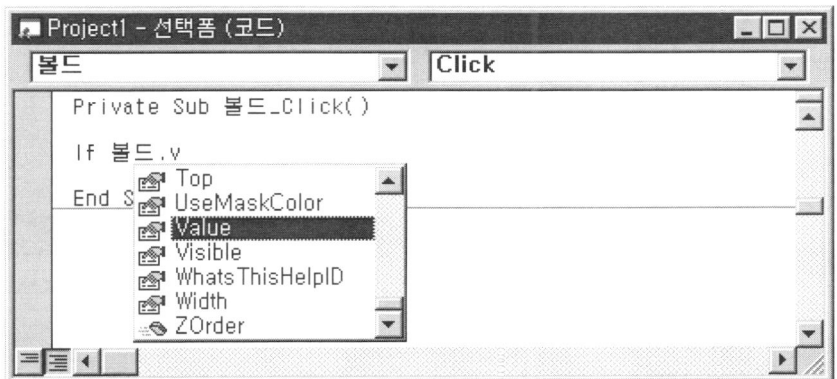

16 볼드가 체크됐으면 '볼드' 객체값이 1로 나타난다.

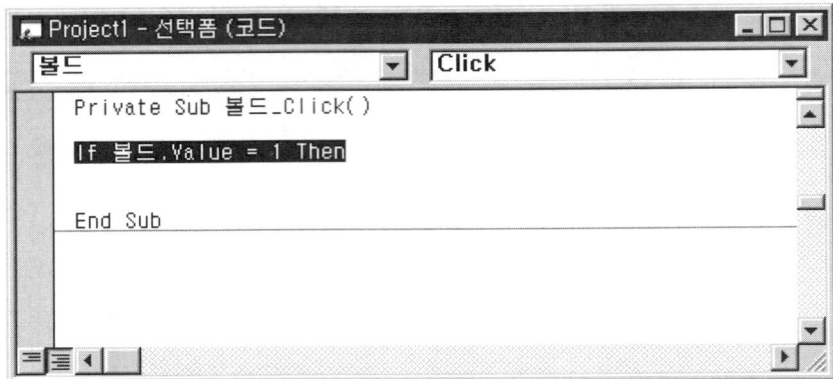

17 Text1을 확장해서 "Font"를 선택한다.

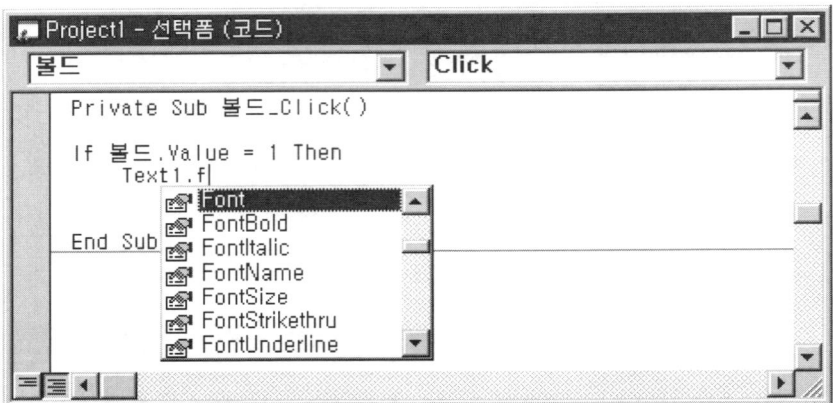

18 다시 'Font'를 확장해서 'Bold'를 선택한다.

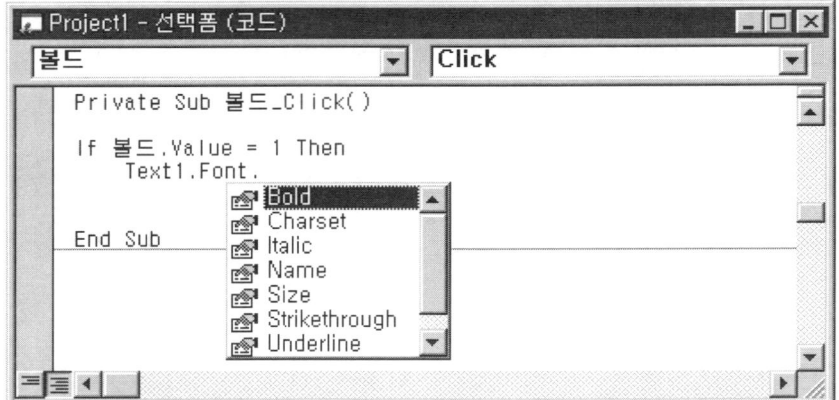

19 "="를 입력하면 목록에 "True"와 "False"가 나타나는데 Bold를 적용해야 하므로 "True"를 선택한다.

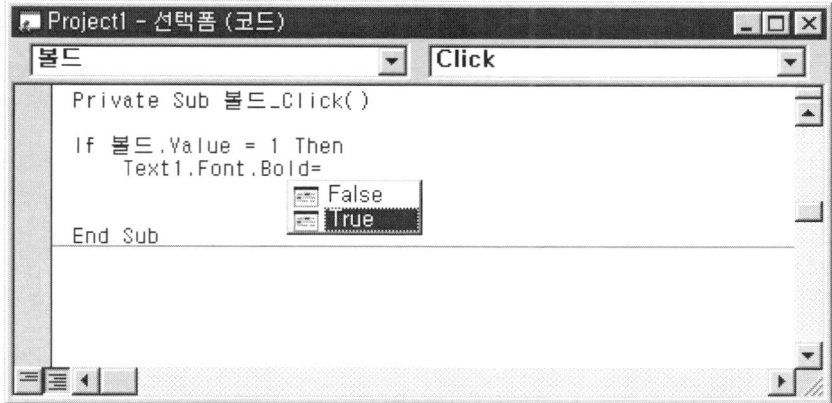

20 "Text1.Font.Bold를 "True"로 설정하면, Text1의 글꼴이 모두 볼드체로 변한다.

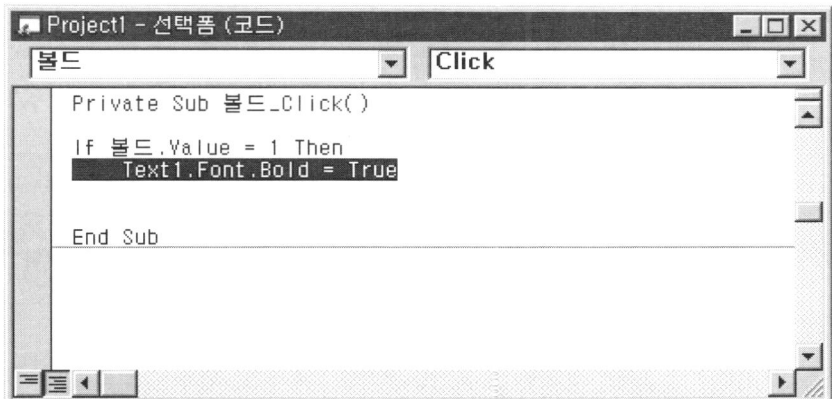

21 같은 방법으로 '볼드'가 체크상자가 선택되지 않았을 경우 코드를 작성한다. '볼드'가 체크상자가 선택되지 않았을 경우에는 볼드의 값은 0이 된다. 볼드를 Text1에 적용하지 않으려면 Bold값을 "False"로 설정하면 된다.

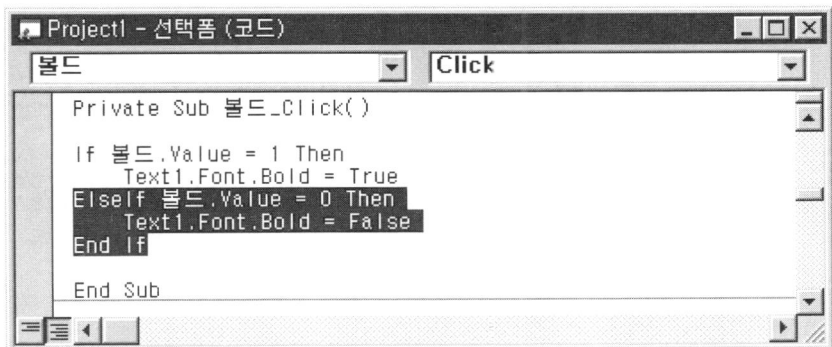

Part 1 기초 프로젝트

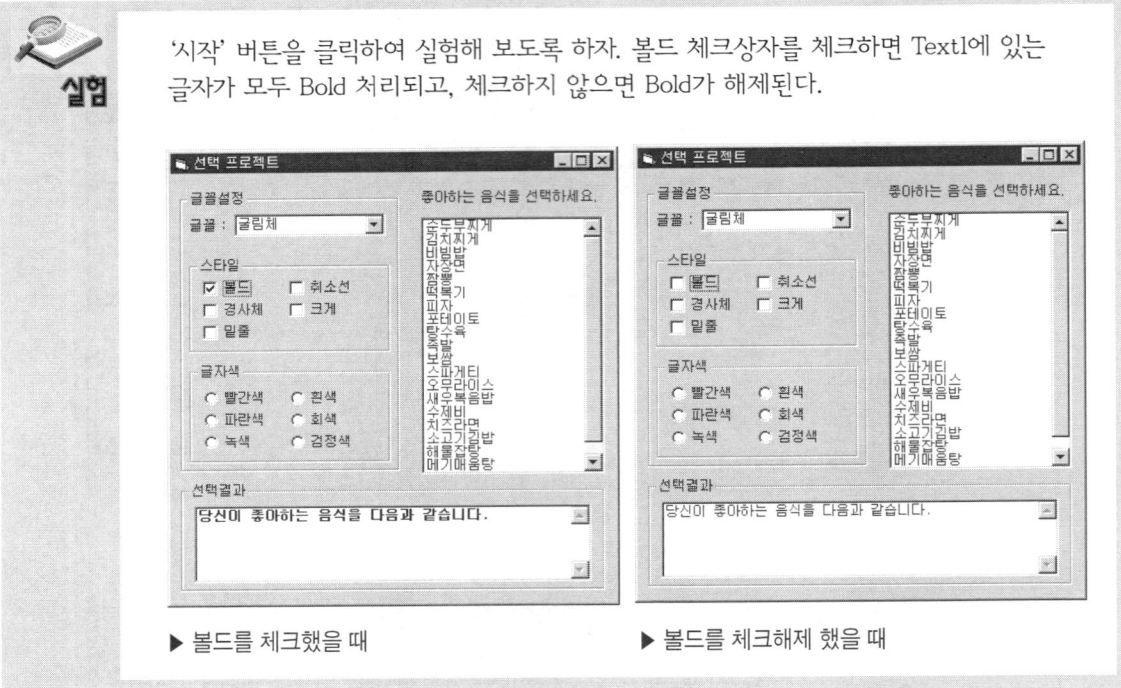

'시작' 버튼을 클릭하여 실험해 보도록 하자. 볼드 체크상자를 체크하면 Text1에 있는 글자가 모두 Bold 처리되고, 체크하지 않으면 Bold가 해제된다.

▶ 볼드를 체크했을 때   ▶ 볼드를 체크해제 했을 때

22 볼드_Click과 같은 방법으로 '경사체_Click()', '밑줄_Clink()', '취소선_Clink()', '크게_Clink()' 루틴을 작성한다. 볼드 루틴과 다른점은 Font의 확장인자가 각각 "Italic", "Underline", "Strikethrough", "Size"이라는 것이다. 특히, Size값은 크게했을 때 14포인트, 복귀했을 때 9포인트로 설정한다. 나머지 부분은 모두 같다.

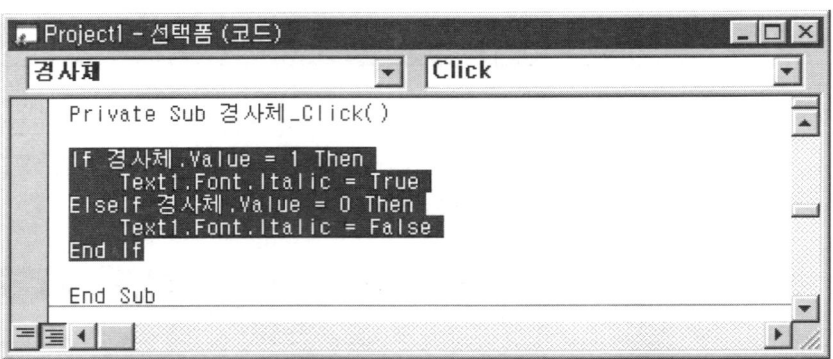

▶ 경사체 루틴

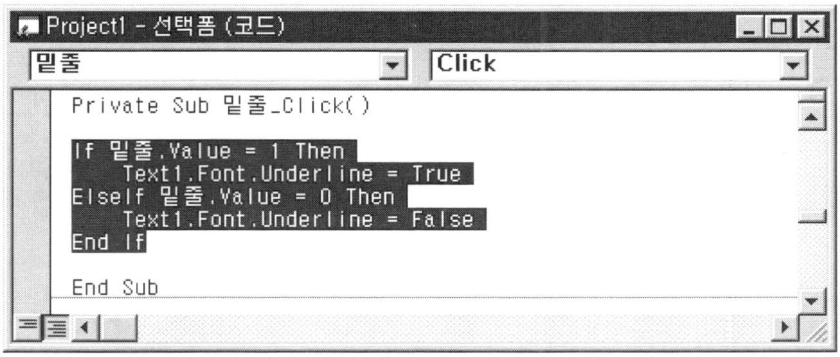
Project1 - 선택폼 (코드)
밑줄
Click
Private Sub 밑줄_Click()
If 밑줄.Value = 1 Then
Text1.Font.Underline = True
ElseIf 밑줄.Value = 0 Then
Text1.Font.Underline = False
End If
End Sub

▶밑줄 루틴

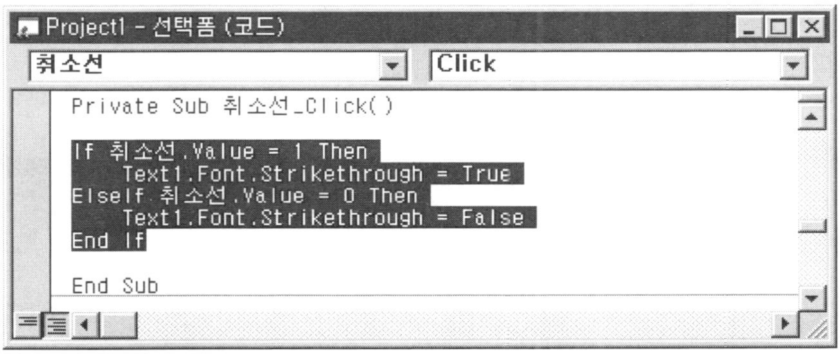
Project1 - 선택폼 (코드)
취소선
Click
Private Sub 취소선_Click()
If 취소선.Value = 1 Then
Text1.Font.Strikethrough = True
ElseIf 취소선.Value = 0 Then
Text1.Font.Strikethrough = False
End If
End Sub

▶취소선 루틴

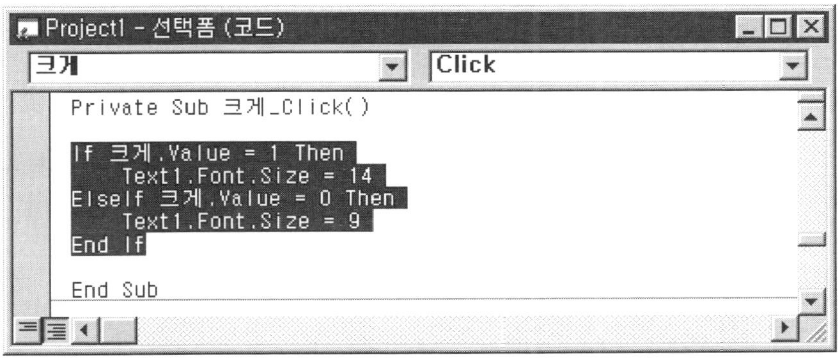
Project1 - 선택폼 (코드)
크게
Click
Private Sub 크게_Click()
If 크게.Value = 1 Then
Text1.Font.Size = 14
ElseIf 크게.Value = 0 Then
Text1.Font.Size = 9
End If
End Sub

▶크게 루틴

Part 1 기초 프로젝트

실험

'시작' 버튼을 클릭하여 실험해 보도록 하자.

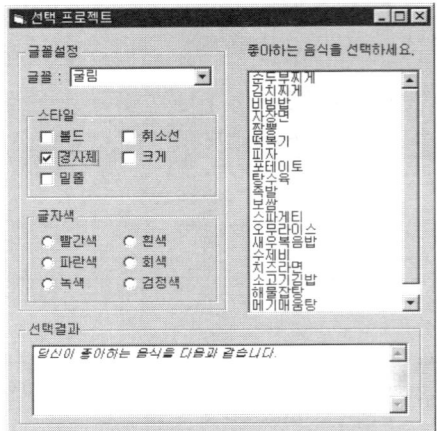
▶ 경사체를 체크했을 때

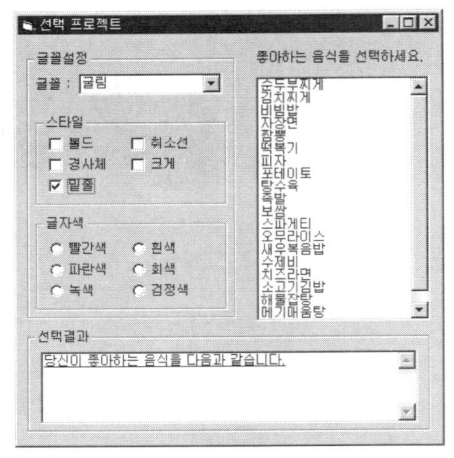
▶ 밑줄을 체크했을 때

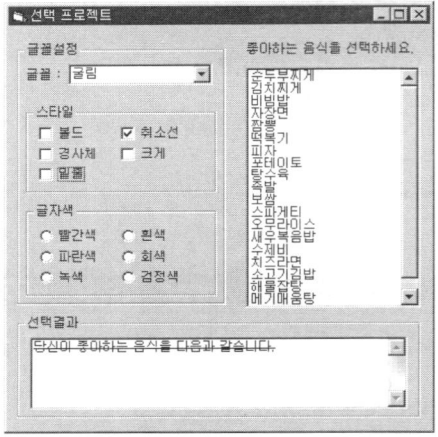
▶ 취소선을 체크했을 때

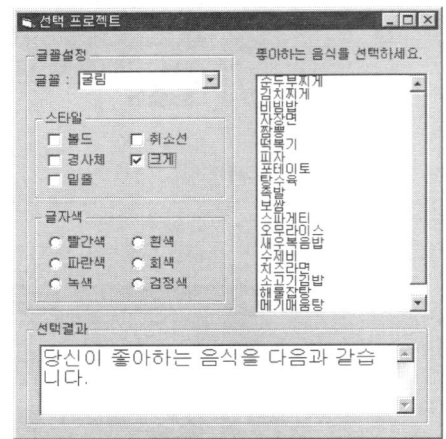
▶ 크게를 체크했을 때

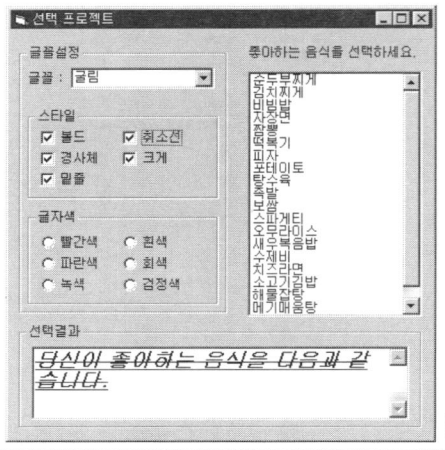
▶ 모든 체크상자를 체크했을 때

23 폼 보기 창에서 빨간색 옵션버튼를 더블클릭하면, 그림과 같이 '빨간색f_Click()' 루틴이 만들어진다. 빨간색 옵션버튼이 선택됐을 때만 Text1의 글자색(ForeColor)이 빨간색으로 바뀌면되고, 그렇지 않으면 아무런 변화가 없다. 또 체크상자처럼 선택되지 않았을 때 기본색인 검정색으로 복귀할 필요가 없다. 왜냐하면, 일단 옵션버튼이 체크되면 선택된 옵션버튼을 마우스로 다시 클릭한다고 해서 선택이 해제되지 않기 때문이다.

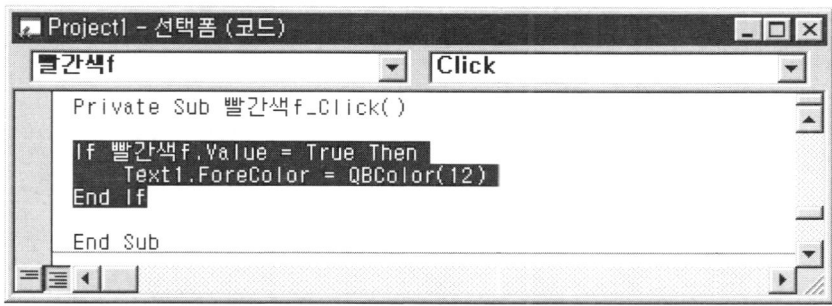

여기서 사용한 색깔 함수는 QBColor()이다.

QBColor()함수

QBColor()함수는 16컬러를 기준으로 한 함수이다.
이 함수로 적용할 수 컬러는 다음과 같다.

        QBColor(0) = 검정색(Black)
        QBColor(1) = 어두운 파란색(Dark Blue)
        QBColor(2) = 어두운 녹색(Dark Green)
        QBColor(3) = 어두운 하늘색(Dark Cyan)
        QBColor(4) = 어두운 빨간색(Dark Red)
        QBColor(5) = 어두운 분홍색(Dark Magenta)
        QBColor(6) = 어두운 노란색(Dark Yellow)
        QBColor(7) = 밝은 회색(Light Gray)
        QBColor(8) = 어두운 회색(Dark Gray)
        QBColor(9) = 파란색(Blue)
        QBColor(10) = 녹색(Green)
        QBColor(11) = 하늘색(Cyan)
        QBColor(12) = 빨간색(Red)
        QBColor(13) = 분홍색(Magenta)
        QBColor(14) = 노란색(Yollow)
        QBColor(15) = 흰색(White)

24 파란색 옵션버튼을 선택하면 Text1의 ForeColor에 QBColor(9)를 적용한다.

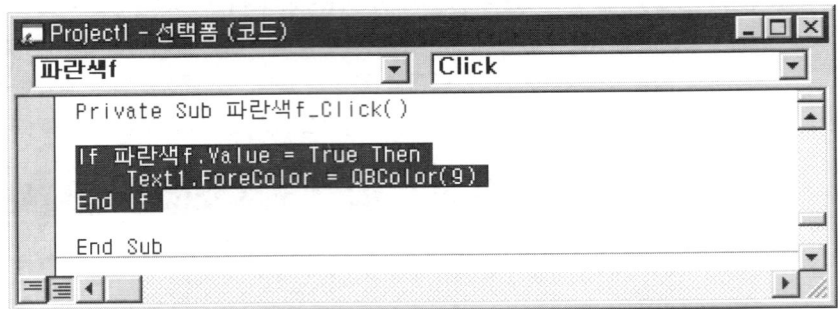

25 녹색 옵션버튼을 선택하면 Text1의 ForeColor에 QBColor(10)를 적용한다.

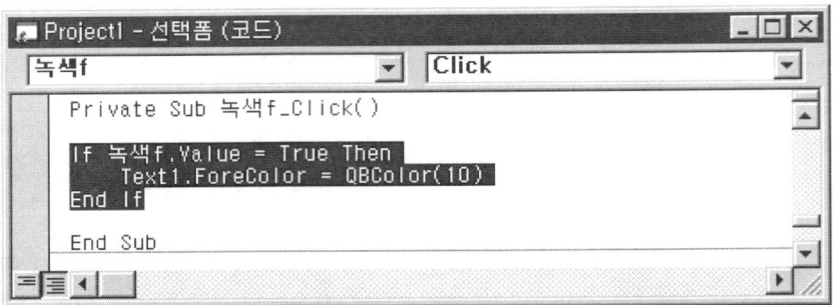

26 흰색 옵션버튼을 선택하면 Text1의 ForeColor에 QBColor(7)를 적용한다. 원래 흰색은 QBColor(15) 이지만 글자가 보이지 않기 때문에 여기서는 밝은 회색값인 QBColor(7)를 적용했다.

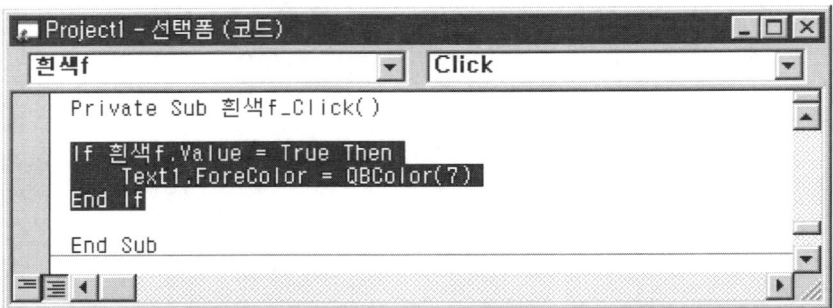

27 회색 옵션버튼을 선택하면 Text1의 ForeColor에 QBColor(8)를 적용한다.

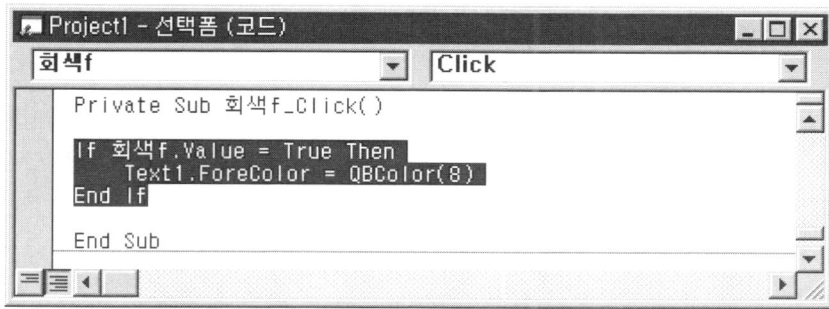

28 검정색 옵션버튼을 선택하면 Text1의 ForeColor에 QBColor(0)를 적용한다.

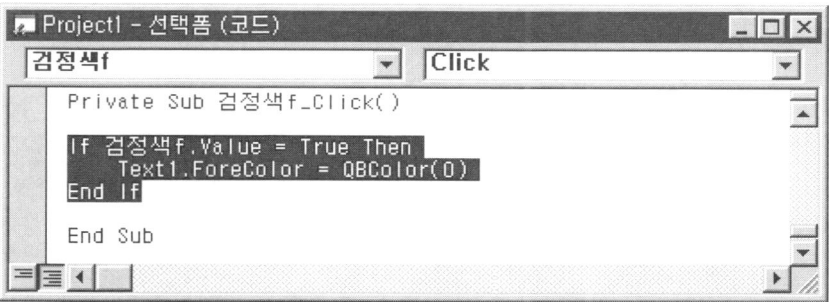

여기까지 작업했으면 "선택 프로젝트" 프로그램 코딩 작업이 마무리 된 것이다.
프로젝트 파일을 저장하고, 제2장의 컴파일 과정과 패키지화 과정을 참고하여 완제품을 만들어 보기 바란다.

4. 선택 프로젝트 전체 소스 코드

폼 소스코드

```
VERSION 5.00
Begin VB.Form 선택폼
Caption = "선택 프로젝트"
ClientHeight = 5805
ClientLeft = 60
ClientTop = 345
ClientWidth = 5850
LinkTopic = "Form1"
ScaleHeight = 5805
ScaleWidth = 5850
StartUpPosition = 3 'Windows 기본값
Begin VB.Frame Frame4
Caption = "선택결과"
Height = 1455
Left = 120
TabIndex = 18
Top = 4200
Width = 5595
Begin VB.TextBox Text1
Height = 1035
IMEMode = 1 '입력 상태 설정
Left = 180
MultiLine = -1 'True
ScrollBars = 2 '수직
TabIndex = 19
Text = "선택폼1.frx":0000
Top = 300
Width = 5235
End
End
Begin VB.ListBox List1
Height = 3480
Left = 3300
TabIndex = 17
Top = 600
```

```
         Width = 2415
      End
      Begin VB.Frame Frame1
         Caption = "글꼴설정"
         Height = 3795
         Left = 120
         TabIndex = 0
         Top = 240
         Width = 2895
         Begin VB.Frame Frame3
            Caption = "글자색"
            Height = 1335
            Left = 120
            TabIndex = 9
            Top = 2340
            Width = 2655
            Begin VB.OptionButton 검정색f
               Caption = "검정색"
               Height = 315
               Left = 1320
               TabIndex = 15
               Top = 900
               Width = 855
            End
            Begin VB.OptionButton 파란색f
               Caption = "파란색"
               Height = 315
               Left = 180
               TabIndex = 14
               Top = 600
               Width = 855
            End
            Begin VB.OptionButton 흰색f
               Caption = "흰색"
               Height = 315
               Left = 1320
               TabIndex = 13
               Top = 300
               Width = 855
```

```
         End
         Begin VB.OptionButton 회색f
            Caption = "회색"
            Height = 315
            Left = 1320
            TabIndex = 12
            Top = 600
            Width = 855
         End
         Begin VB.OptionButton 녹색f
            Caption = "녹색"
            Height = 315
            Left = 180
            TabIndex = 11
            Top = 900
            Width = 855
         End
         Begin VB.OptionButton 빨간색f
            Caption = "빨간색"
            Height = 315
            Left = 180
            TabIndex = 10
            Top = 300
            Width = 855
         End
      End
      Begin VB.Frame Frame2
         Caption = "스타일"
         Height = 1275
         Left = 120
         TabIndex = 3
         Top = 900
         Width = 2655
         Begin VB.CheckBox 취소선
            Caption = "취소선"
            Height = 315
            Left = 1320
            TabIndex = 8
            Top = 240
            Width = 975
         End
         Begin VB.CheckBox 크게
```

```
         Caption = "크게"
         Height = 315
         Left = 1320
         TabIndex = 7
         Top = 540
         Width = 795
      End
      Begin VB.CheckBox 밑줄
         Caption = "밑줄"
         Height = 315
         Left = 180
         TabIndex = 6
         Top = 840
         Width = 795
      End
      Begin VB.CheckBox 경사체
         Caption = "경사체"
         Height = 315
         Left = 180
         TabIndex = 5
         Top = 540
         Width = 915
      End
      Begin VB.CheckBox 볼드
         Caption = "볼드"
         Height = 315
         Left = 180
         TabIndex = 4
         Top = 240
         Width = 795
      End
   End
   Begin VB.ComboBox 글꼴
      Height = 300
      Left = 720

      TabIndex = 2
      Text = "굴림"
      Top = 300
      Width = 1995
   End
   Begin VB.Label Label1
```

```
         Caption = "글꼴 :"
         Height = 255
         Left = 120
         TabIndex = 1
         Top = 360
         Width = 615
      End
   End
   Begin VB.Label Label2
      Caption = "좋아하는 음식을 선택하세요."
      Height = 255
      Left = 3300
      TabIndex = 16
      Top = 240
      Width = 2415
   End
End
Attribute VB_Name = "선택폼"
Attribute VB_GlobalNameSpace = False
Attribute VB_Creatable = False
Attribute VB_PredeclaredId = True
Attribute VB_Exposed = False
```

루틴 소스코드

```
Private Sub Form_Load()

List1.AddItem "순두부찌게"
List1.AddItem "김치찌게"
List1.AddItem "비빔밥"
List1.AddItem "자장면"
List1.AddItem "짬뽕"
List1.AddItem "떡복기"
List1.AddItem "피자"
List1.AddItem "포테이토"
List1.AddItem "탕수육"
List1.AddItem "족발"
List1.AddItem "보쌈"
List1.AddItem "스파게티"
List1.AddItem "오무라이스"
List1.AddItem "새우복음밥"
List1.AddItem "수제비"
List1.AddItem "치즈라면"
List1.AddItem "소고기김밥"
List1.AddItem "해물잡탕"
List1.AddItem "메기매운탕"
List1.AddItem "유부초밥"


글꼴.AddItem "굴림"
글꼴.AddItem "굴림체"
글꼴.AddItem "바탕"
글꼴.AddItem "바탕체"
글꼴.AddItem "궁서"
글꼴.AddItem "궁서체"

End Sub

·················································
Private Sub List1_Click()
Text1.Text = Text1.Text + List1 + " "

End Sub

·················································

Private Sub 글꼴_Click()
Text1.Font.Name = 글꼴
End Sub

·················································

Private Sub 볼드_Click()
```

```
If 볼드.Value = 1 Then
Text1.Font.Bold = True
ElseIf 볼드.Value = 0 Then
Text1.Font.Bold = False
End If

End Sub
```
....

```
Private Sub 경사체_Click()

If 경사체.Value = 1 Then
Text1.Font.Italic = True
ElseIf 경사체.Value = 0 Then
Text1.Font.Italic = False
End If

End Sub
```
....
```
Private Sub 밑줄_Click()
If 밑줄.Value = 1 Then
Text1.Font.Underline = True
ElseIf 밑줄.Value = 0 Then
Text1.Font.Underline = False
End If

End Sub
```
....
```
Private Sub 취소선_Click()

If 취소선.Value = 1 Then
Text1.Font.Strikethrough = True
ElseIf 취소선.Value = 0 Then
Text1.Font.Strikethrough = False
End If

End Sub
```
....
```
Private Sub 크게_Click()

If 크게.Value = 1 Then
Text1.Font.Size = 14
ElseIf 크게.Value = 0 Then
Text1.Font.Size = 9
End If
```

End Sub

....

```
Private Sub 빨간색f_Click()
If 빨간색f.Value = True Then
Text1.ForeColor = QBColor(12)
End If
End Sub
```

....

```
Private Sub 파란색f_Click()
If 파란색f.Value = True Then
Text1.ForeColor = QBColor(9)
End If
End Sub
```

....

```
Private Sub 녹색f_Click()
If 녹색f.Value = True Then
Text1.ForeColor = QBColor(10)
End If
End Sub
```

....

```
Private Sub 흰색f_Click()
If 흰색f.Value = True Then
Text1.ForeColor = QBColor(7)
End If
End Sub
```

....

```
Private Sub 회색f_Click()
If 회색f.Value = True Then
Text1.ForeColor = QBColor(8)
End If
End Sub
```

....

```
Private Sub 검정색f_Click()
If 검정색f.Value = True Then
Text1.ForeColor = QBColor(0)
End If
End Sub
```

Chapter 04 기초 프로젝트 3
– 사칙연산 프로젝트

이 장에서는 비주얼 베이직으로 사칙연산을 어떻게 수행하는가를 이해하기에 목적을 둔다.

그 예로 '사칙연산 프로젝트'를 만들어 보도록 한다.

1. 둘러보기

이 장에서 만들어 볼 '사칙연산 프로젝트'의 구성을 살펴보도록 하자.
사칙연산을 하기 위해서는 두 개의 수가 필요하고, 이 두 수를 사칙연산할 연산자가 있어야 한다.
두 수와 연산자가 결정되면 이 식을 실행시킬 실행버튼이 필요하고, 사칙연산을 수행한 후 그 결과값을 출력할 텍스트상자가 필요하다.

사칙연산 프로젝트에서 필요한 폼 객체들을 정리하면 그림과 같다.

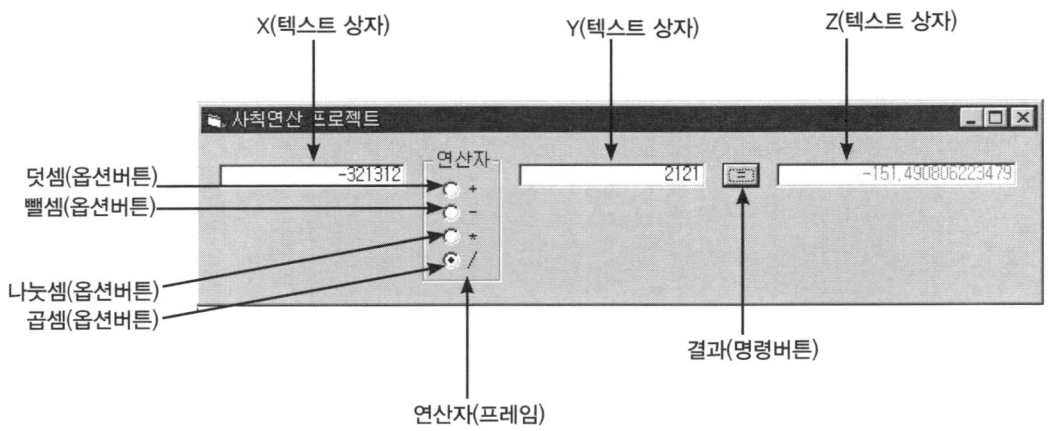

2. 폼 만들기

01 '표준.EXE'로 새 프로젝트를 만들고, 폼 파일과 프로젝트 파일을 저장한다. 폼 파일의 이름은 "사칙연산폼1.frm"으로 하고, 프로젝트 파일의 이름은 "사칙연산 프로젝트1.vbp"로 한다.

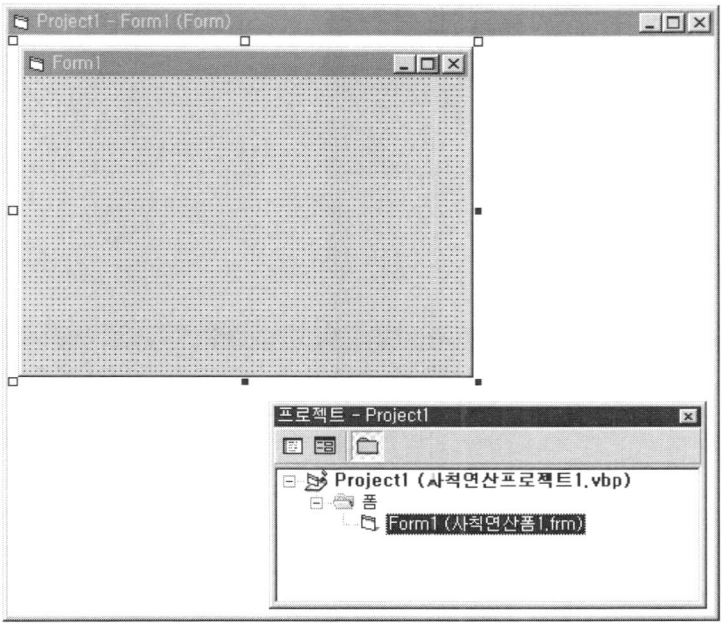

02 폼을 선택하고, 속성창에서 Caption을 "사칙연산 프로젝트"라고 입력한다.

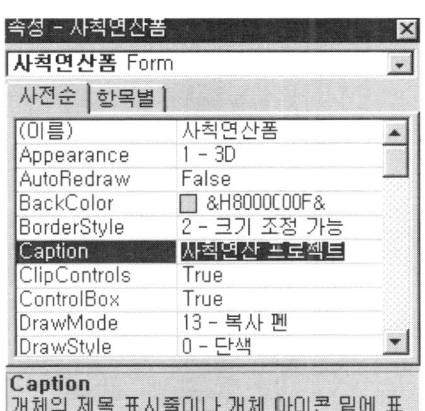

03 폼의 우측에 있는 제어점을 드래그하여 폼의 크기를 그림과 같이 늘린다.

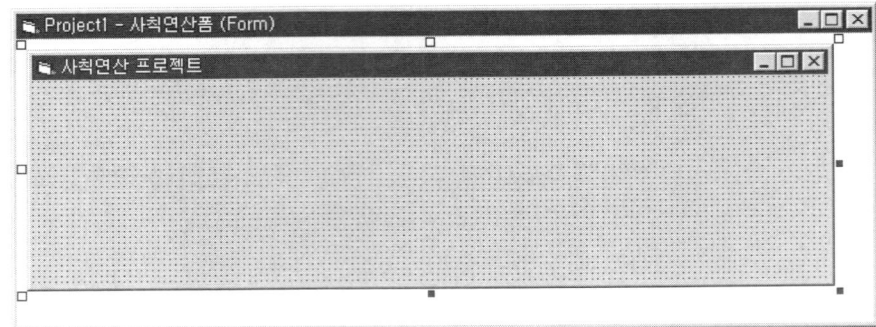

04 텍스트상자툴을 이용하여 텍스트상자를 그림과 같이 삽입한다.

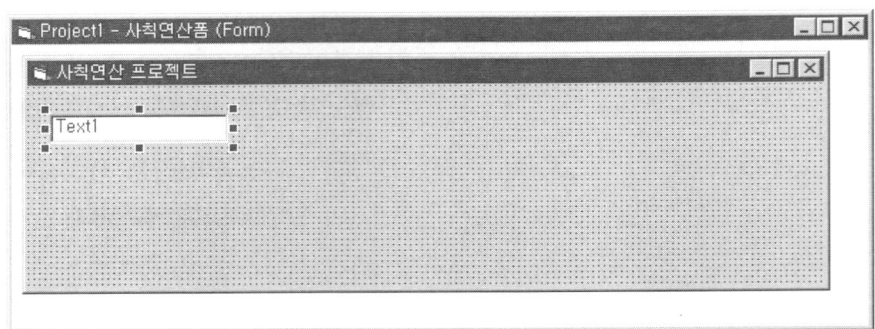

05 이 텍스트상자의 객체명을 "X"로 하고, Text항목을 0으로 설정하여 기본값으로 0이 출력되게 한다. 또한, 이 텍스트상자에는 숫자가 입력될 것이므로 Alignment를 "1-오른쪽 맞춤"으로 설정한다.

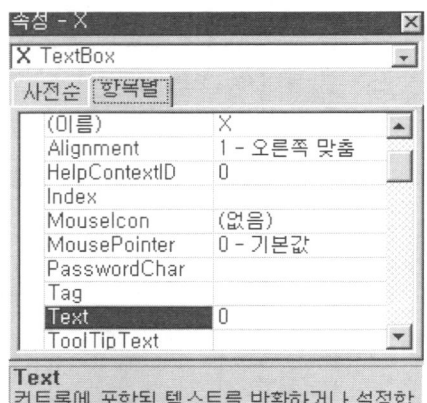

06 같은 방법으로 텍스트상자를 두 개 더 만들고, 하나는 객체명을 "Y"로 하고 나머지 하나는 "Z"로 한다. 이 두 텍스트상자도 Alignment 값은 "1 - 오른쪽 맞춤"으로 하고, Text 값은 0으로 설정한다. 특히, Z 텍스트상자의 경우에는 연산 결과만 출력하는 기능을 하므로 입력할 수 없게 Enabled 값을 "False"로 설정한다.

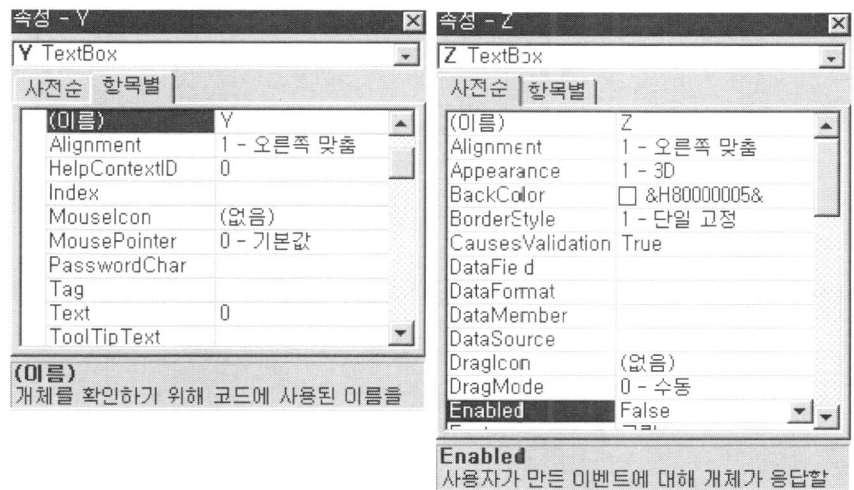

05 프레임 툴을 이용하여 그림과 같이 프레임을 사용한다.

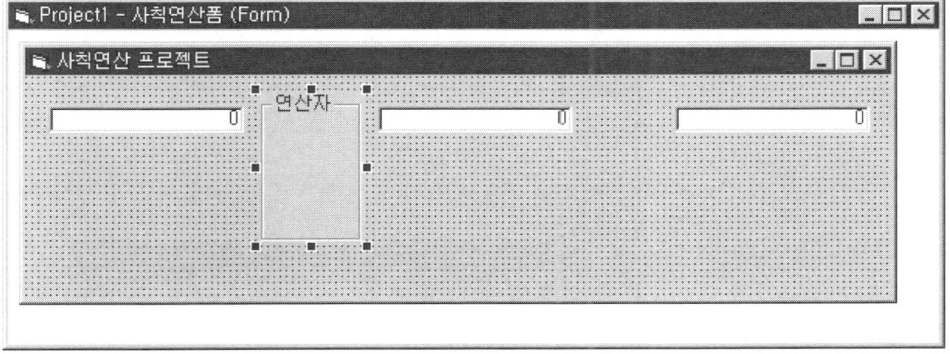

08 속성 창에서 프레임 객체 이름을 "연산자"로 하고, Caption을 "연산자"로 설정한다.

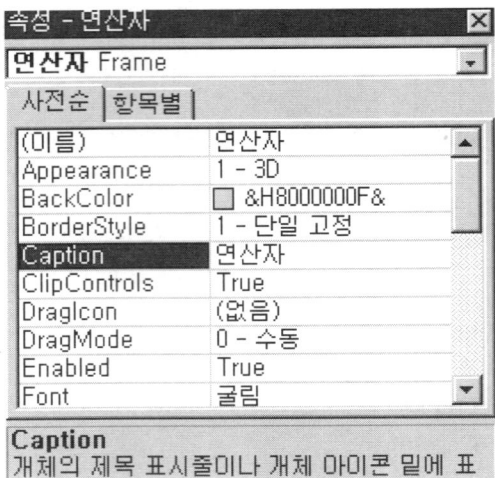

09 옵션 툴을 이용하여 연산자 프레임안에 옵션버튼을 삽입한다.

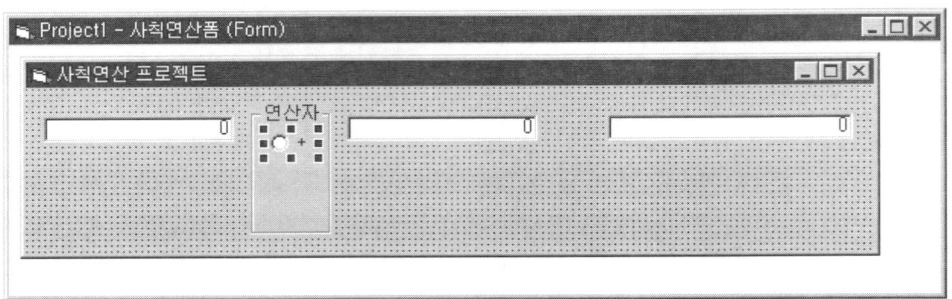

10 이 옵션버튼의 객체 이름을 "덧셈"으로 하고, Caption을 "+"으로 설정한다.

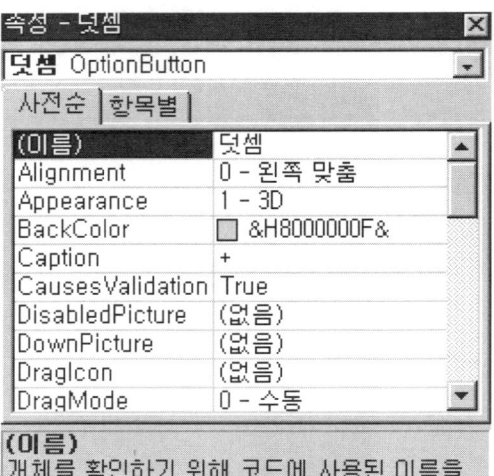

11 같은 방법으로 옵션버튼 세개를 연산자 프레임 안에 삽입시킨다.

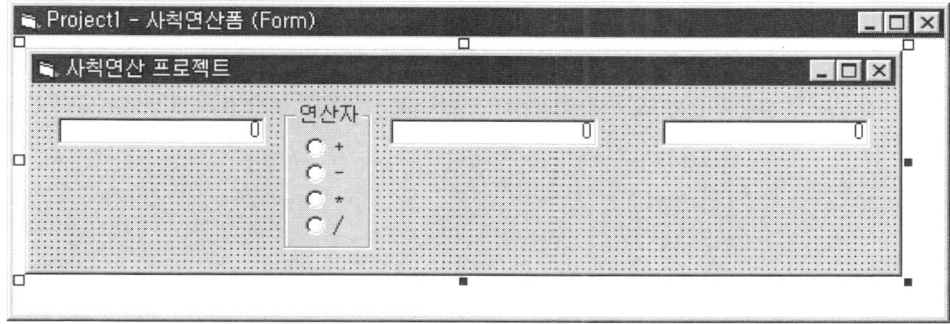

12 세 옵션버튼의 객체 이름을 각각 "뺄셈", "곱셈", '나눗셈"으로 설정한다. Caption은 "-", "*", "/"로 설정한다.

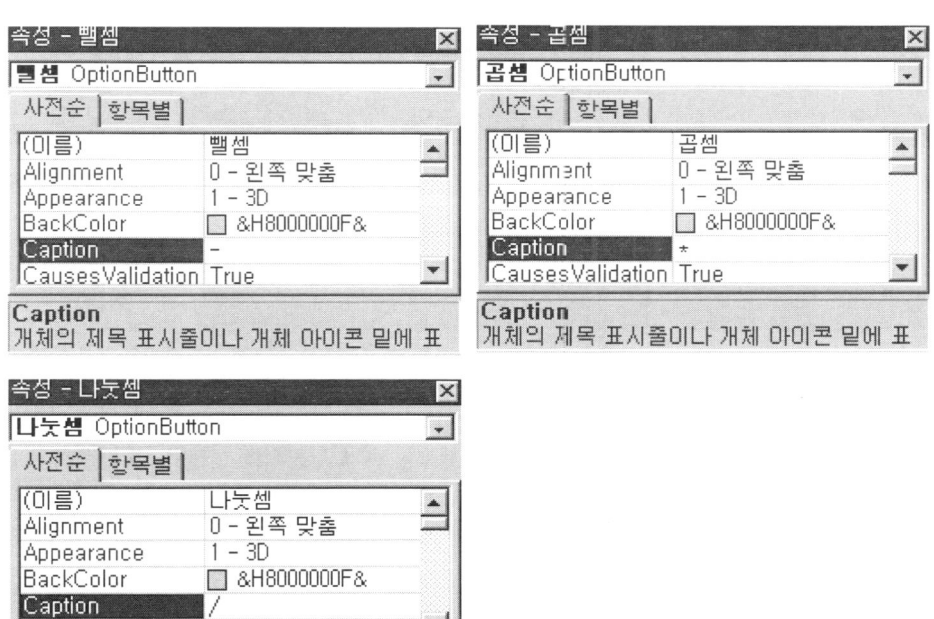

13 그림과 같이 명령버튼을 하나 삽입한다. 이 명령버튼은 사칙연산을 실행시키는 결과버튼이다.

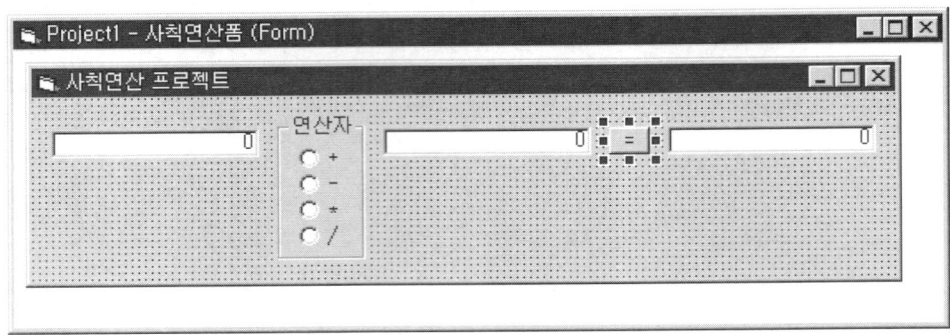

14 이 명령버튼의 객체 이름을 "결과"로 설정하고, Caption은 "="로 설정한다.

15 사칙연산 폼이 실행될 때 선택되는 객체의 순서를 정해야 한다. 객체의 순서를 설정하는 속성 항목은 TabIndex 이다. 폼에서 X 객체를 선택하고 속성 창의 TabIndex 값을 0으로 설정한다. "덧셈" 객체를 선택하고 TabIndex 값을 1로 설정한다. 같은 방법으로 TabIndex 값을, "뺄셈"은 2, "곱셈"은 3, "나눗셈" 4, "Y" 객체는 5, "결과" 객체는 6, "Z" 객체는 7로 설정한다.

이렇게 하면 사칙연산 폼이 실행되었을 때 "X" 값을 입력할 수 있게 커서가 "X" 객체에 위치하고, "X" 값을 입력한 후 Tab 키를 누르면 커서가 "덧셈" 옵션 버튼으로 이동된다. 연산자를 선택한 후 Tab 키를 누르면, "Y" 텍스트 상자로 커서가 이동되고, "Y" 값을 입력한 후 Tab 키를 누르면 "결과" 버튼으로 커서가 이동된다.

결과 명령 버튼을 마우스로 클릭하면, 사칙연산이 수행되고 그 결과 값이 "Z" 객체에 출력된다. "Z" 객체는 입력할 수 없는 텍스트 상자이므로 Tab 키를 누르면 "Z" 객체로 커서가 이동되지 않고 처음 과정인 "X" 입력상자로 커서가 이동된다.

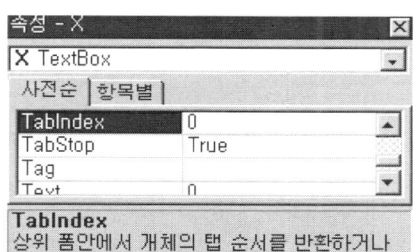

3. 코드 작성하기

3.1 결과 실행 루틴

01 폼 보기 창에서 결과 명령버튼을 더블클릭하면, 그림과 같이 코드 보기 창이 나타나고 "결과_Click(( )" 루틴이 만들어진다.

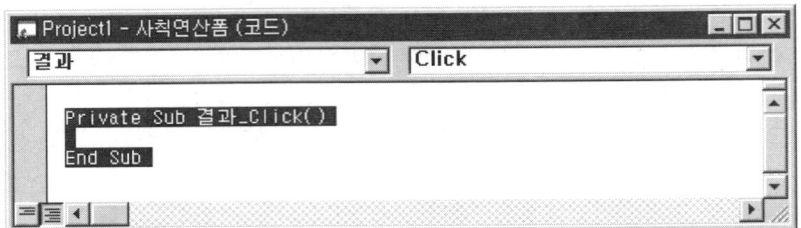

02 결과 버튼이 클릭되면, 사칙연산이 수행되어야 한다. 연산자 중 "덧셈", "뺄셈", "곱셈", "나눗셈"이 각각 선택되었을 경우를 생각해야 한다. 이 네 가지 경우를 구분하기 위해서는 "If ~ Then ~ End If"를 사용해야 한다. 덧셈이 선택되었을 경우는 그림과 같이 조건문을 작성한다. 옵션버튼이 선택되었을 경우는 해당 옵션버튼의 값이 "True"로 리턴된다.

3.2 문자 덧셈

03 "덧셈"이 선택되었을 경우는 "X" 텍스트 상자의 입력된 값과 "Y" 텍스트 상자의 입력된 값을 더하여 "Z" 텍스트 상자의 결과값을 출력하면 된다. 이를 비주얼 베이직 코드로 표기하면 그림과 같다.

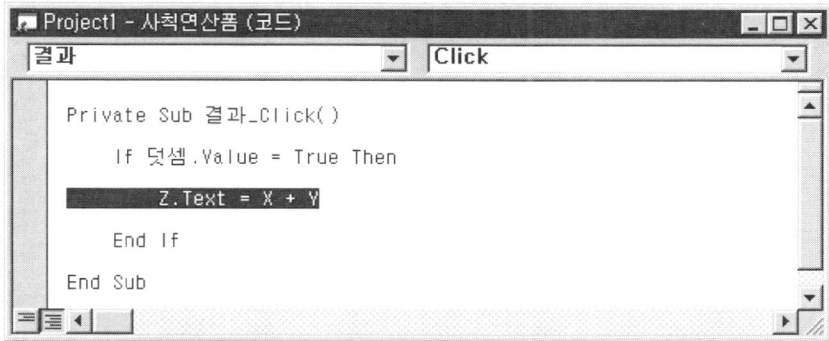

텍스트 상자에 입력된 값을 코드로 표현할 때는 "객체명.Text"로 표현하기도 하고 "객체명"으로 표현하기도 한다.

04 [실행 → 시작] 명령을 실행하여 보자. 그림과 같이 "X"에 120을, "Y"에 230을 각각 입력하고, 연산자는 덧셈을 선택한다. 결과 버튼(=)을 클릭하면, 120과 230을 더한 값이 나타나지 않고 결과값이 120230으로 출력된다. 이는 "X"와 "Y"에 입력된 값이 숫자로 입력되지 않고 문자로 입력되었기 때문이다.

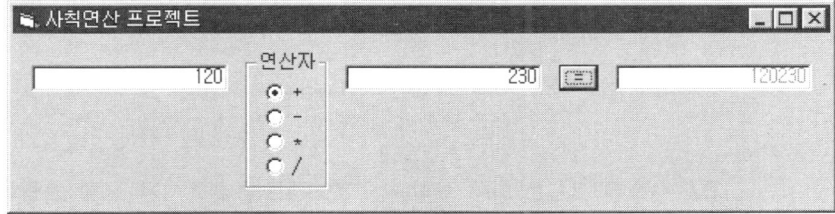

이 문제를 해결하는 방법에는 여러가지가 있겠지만 여기서는 Val() 함수를 이용해 보도록 한다.

Val( ) 함수
Val( ) 함수는 문자를 숫자로 변환해 주는 기능을 한다.

3.3 Val 함수와 덧셈연산

05 "X" 앞에 "Val"을 입력한 후 "("를 입력하면, 그림과 같이 주석으로 Val() 함수에 대한 사용법이 나타난다.

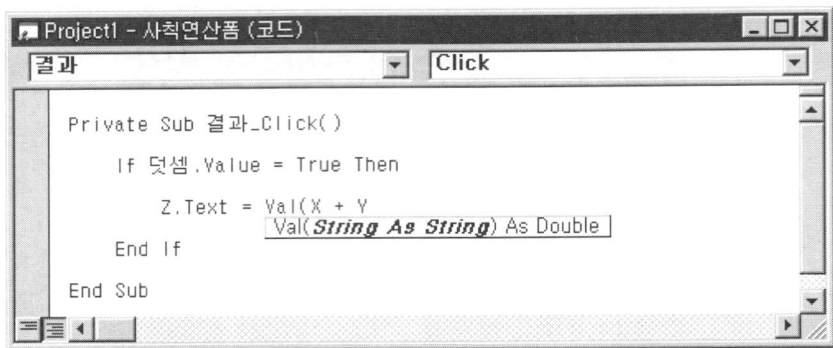

06 그림과 같이 "X"를 Val(X)로 코드를 수정한다.

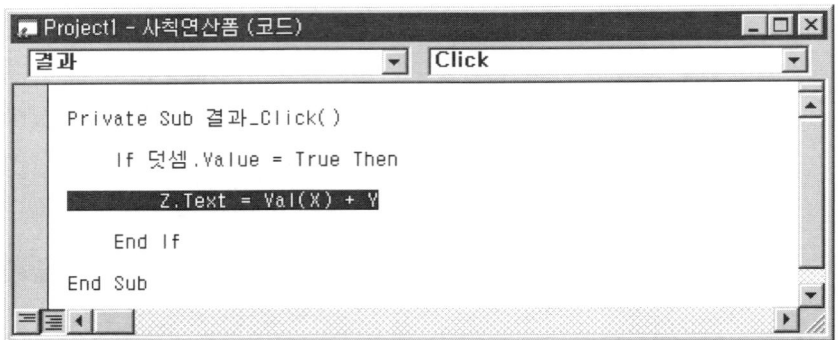

07 수정된 코드로 다시 사칙연산 프로젝트를 실행시켜 보자. 그림과 같이 "덧셈" 연산에 대해서는 올바른 결과값이 나타날 것이다.

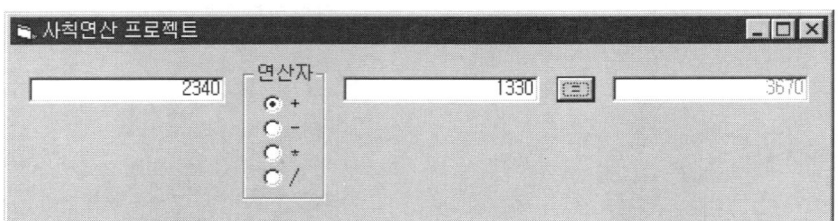

08 앞에서 실험한 바와 같이 "X"와 "Y" 중 "X" 부분만 Val() 함수를 적용하여 숫자로 인식하게 하면 나머지 "Y"도 숫자로 인식된다. 여기서는 예기치 않은 에러 방지를 위하여 다음과 같이 코드를 정리하였다.

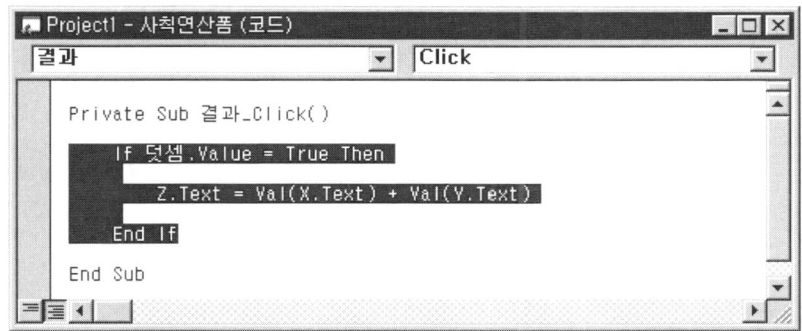

09 정리된 코드로 다시한번 사칙연산 프로젝트를 "덧셈"에 대하여 실험해 보자. 그림과 같이 "X"와 "Y" 값이 양음으로 표기되어도 이상 없이 "덧셈"에 대한 연산을 올바르게 수행해낸다.

3.4 8진수와 16진수 연산

10 Val() 함수를 사용하면 십진수 이외에 8진수와 16진수도 연산해 낸다. "X" 텍스트 입력상자에 "&h"로 시작하면 16진수로 인식하고, "&o"로 시작하면 8진수로 인식한다. "X"에 "&hf", "Y"에 0을 입력하고 덧셈연산을 수행하면 결과값이 15가 된다. 이는 16진수인 f를 10진수인 15로 변환하여 덧셈연산을 수행했기 때문이다.

이번엔 "&o12"를 "X"에 대입하여 그림과 같이 연산하면 8진수 12를 10진수로 변환하여 덧셈연산을 수행한다.

3.5 뺄셈, 곱셈, 나눗셈 처리루틴

11 덧셈연산 루틴과 같은 방식으로 뺄셈, 곱셈, 나눗셈도 각각 연산 루틴을 그림과 같이 작성한다.

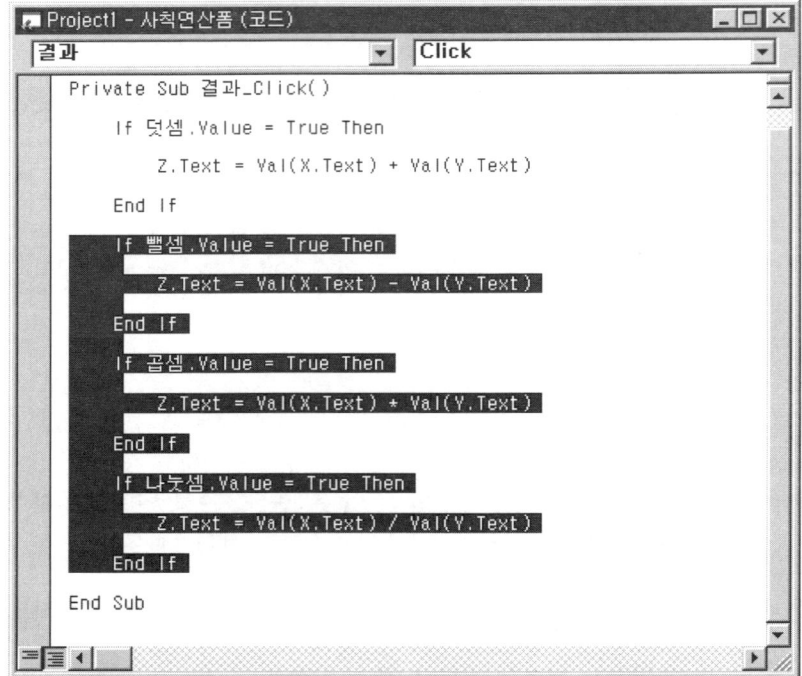

12 [도구 → 시작] 명령을 실행하여 지금까지 작성한 사칙연산 루틴을 실험해보자. 그림과 같이 뺄셈, 곱셈, 나눗셈 연산을 모두 실험해보면 이상없이 실행될 것이다.

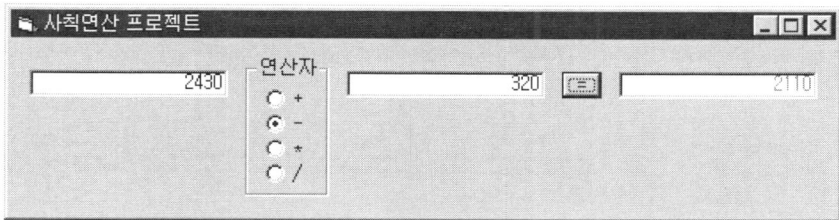

▶ 뺄셈 연산을 수행했을 때

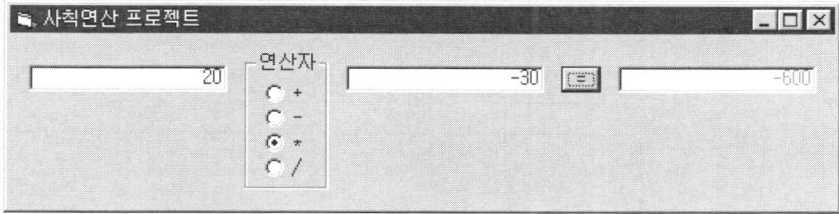

▶ 곱셈 연산을 수행했을 때

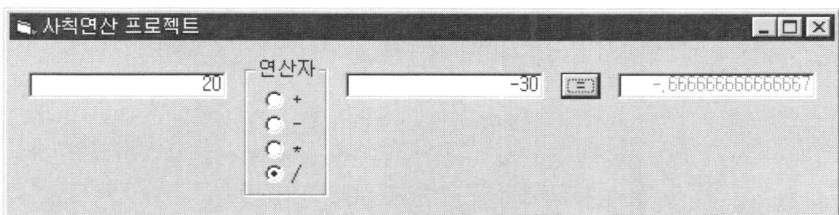

▶ 나눗셈 연산을 수행했을 때

3.6 디버깅

13 하지만 나눗셈의 경우에는 0으로 나눌 경우를 주의해야 한다. 그림과 같이 나누는 수 Y값을 0으로 하여 연산을 수행하면 에러 메시지가 나타난다.

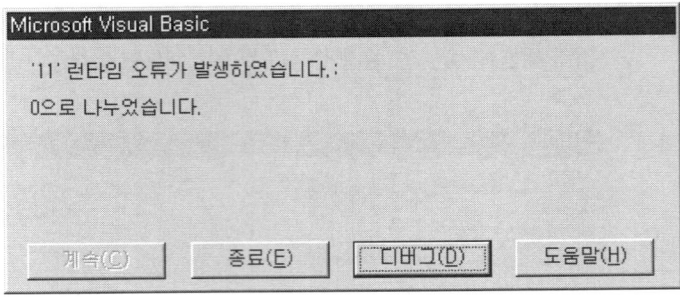

14 에러 대화상자에서 "디버그" 버튼을 클릭해보자. 그러면 그림과 같이 에러가 발생한 부분의 코드가 노란색으로 반전표시 된다.

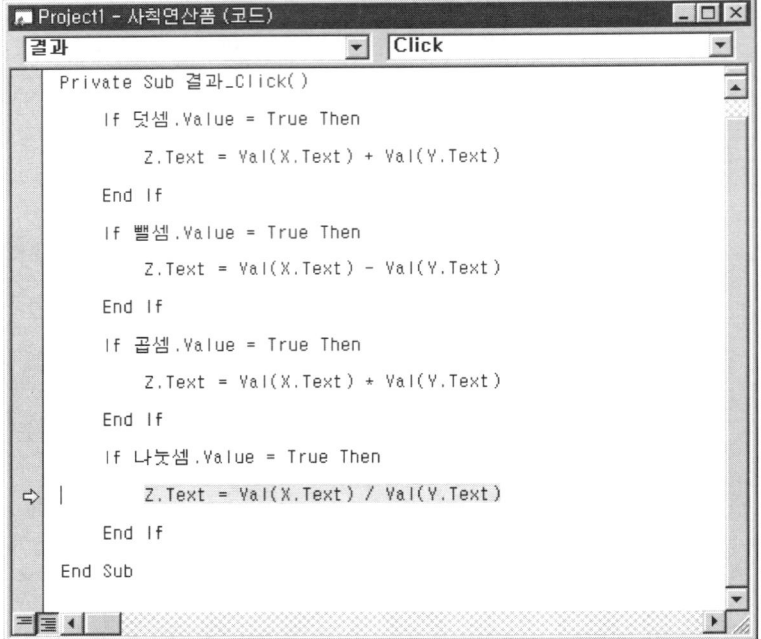

15 마우스를 Val(Y.Text) 부분으로 가져가면 그림과 같이 Y.Text에 현재 0이 대입되었다는 주석이 나타난다. 이렇게 디버그 상태에서 소스코드에서는 현재 변수에 대입된 값을 확인할 수 있게 에러가 발생한 이유를 쉽게 파악할 수 있도록 해준다.

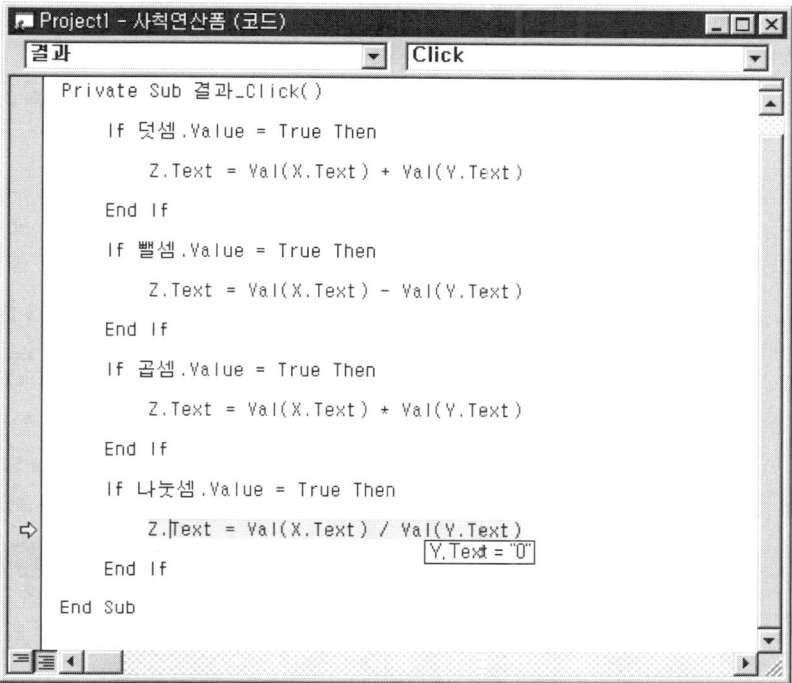

16 0으로 나누는 경우에 대한 에러를 방지하려면, 나눗셈에 대한 조건문 안에 Y에 0이 입력됐을 경우에 대한 조건문을 삽입해야 한다. Y에 0이 입력됐을 경우에 대한 조건문은 다음과 같이 생각할 수 있다.

> If Y.Text=0 Then
> ~~~~~~~~~~
> End If

그러나, 만일 Y에 문자를 입력하면 "If Y.Text=0 Then"부분에서 "형식이 일치하지 않는다"는 에러메시지가 나타난다. 따라서 조건문을 Val()함수로 다음과 같이 보정해야 한다.

> If Val(Y.Text)=0 Then
> ~~~~~~~~~~
> End If

이렇게 하면 Y에 문자를 입력했을 때의 에러를 방지할 수 있다.

17. Y에 0이 입력됐을 때는 수행해야 하는 명령은 다음과 같다.
명령1. Z에 "0으로 나눌 수 없습니다."라는 메시지를 출력하고,
명령2. Y값을 다시 입력하도록 커서를 Y입력상자에 위치하도록 한다.
명령3. 결과_Click( )루틴을 빠져나온다.

명령1은 Z.Text에 "0으로 나눌 수 없습니다."를 대입시키면 되므로 다음과 같이 작성하면 된다.

> Z.Text = "0으로 나눌 수 없습니다."

명령2는 커서를 특정 객체에 위치시키는 함수 SetFocus를 활용한다.
Y를 입력하고 "."을 입력하여 확장 개체목록을 열고, 그림과 같이 SetFocus를 선택한다.

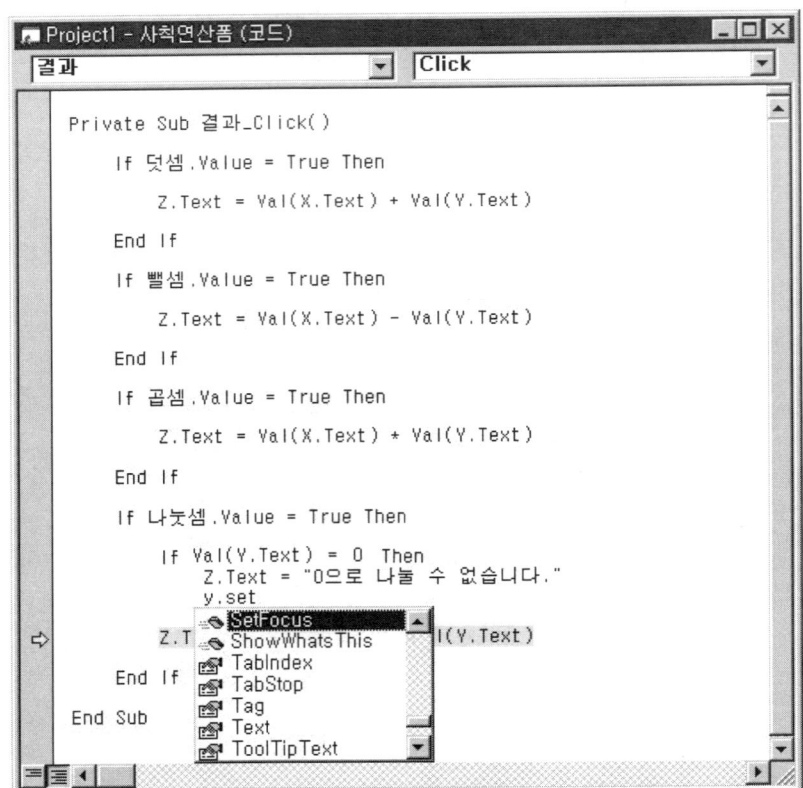

명령3은 "Exit Sub" 명령구문을 사용하면 된다. 이 명령구문은 이하의 나머지 명령을 수행하지 않고 루틴을 종료하는 기능을 한다.

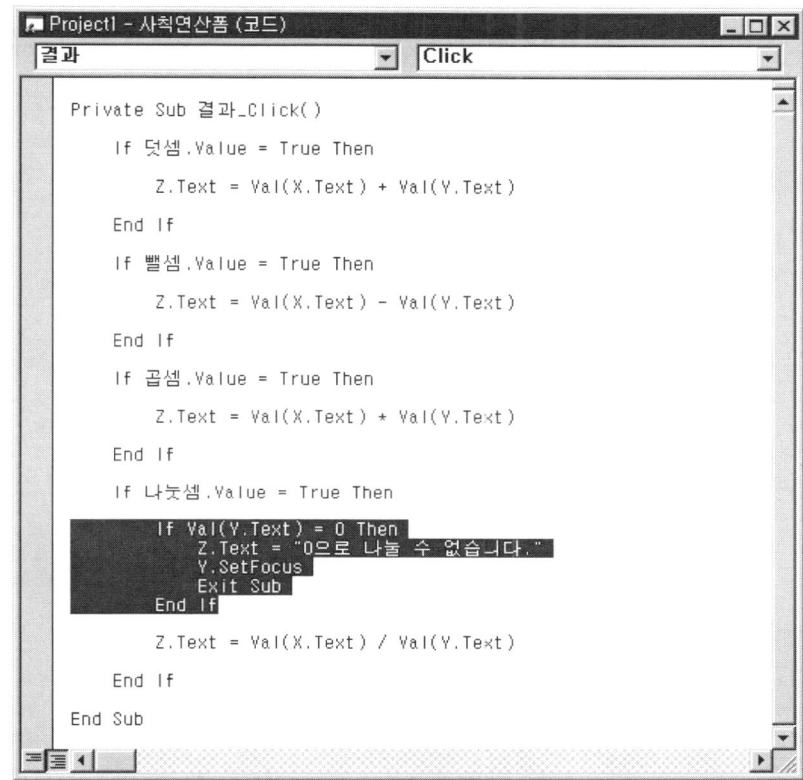

18 노란색 화살표를 그림과 같이 나눗셈이 처음 시작되는 루틴으로 이동시킨다. 이렇게 하고 시작버튼을 클릭하여 사칙연산 프로젝트를 계속 수행시키면 노란색 화살표가 있는 곳부터 수정된 코드로 명령을 재실행한다.

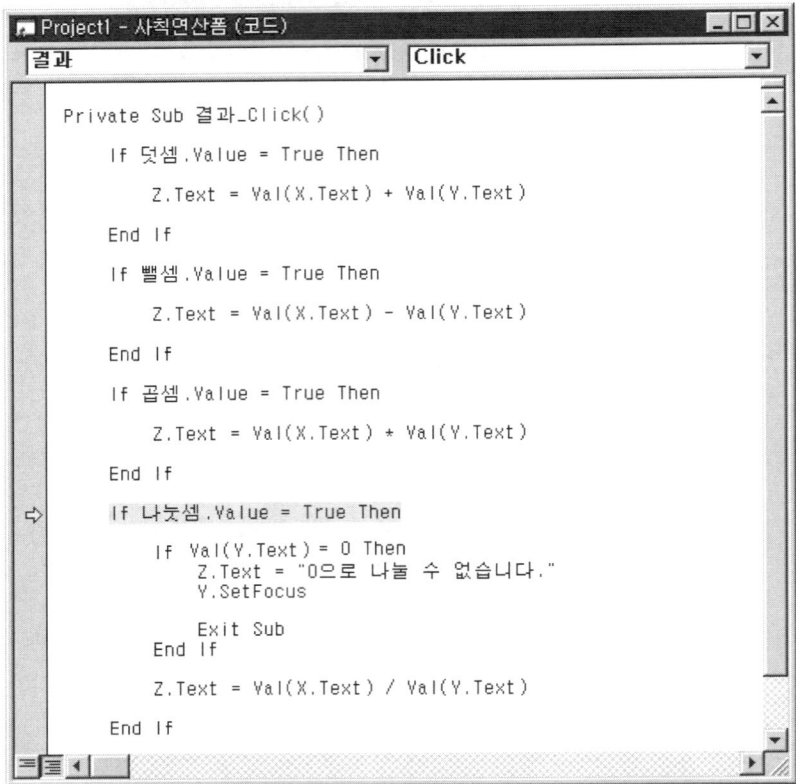

19 디버그를 마치고 계속 연산을 수행시키면 그림과 같이 에러가 발생하지 않고 디버그한 대로 Z 입력상자에 "0으로 나눌 수 없습니다." 라는 메시지가 나타난다.

3.7 개체 찾아보기

20 이 프로젝트에서 사용한 Val() 함수같이 자신이 처음 접하는 함수에 대한 정보를 보려면, "개체 찾아보기"를 이용하면 된다. [보기 → 개처 찾아보기]명령을 실행하면 그림과 같이 "개체 찾아보기" 대화상자가 나타난다. 이 대화상자는 현재의 프로젝트에서 사용할 수 있는 모든 함수를 열람할 수 있다. VBA함수중 "Conversion"를 선택해보자. 그러면 Coversion 구성원 중 Val 함수를 찾을 수 있을 것이다.

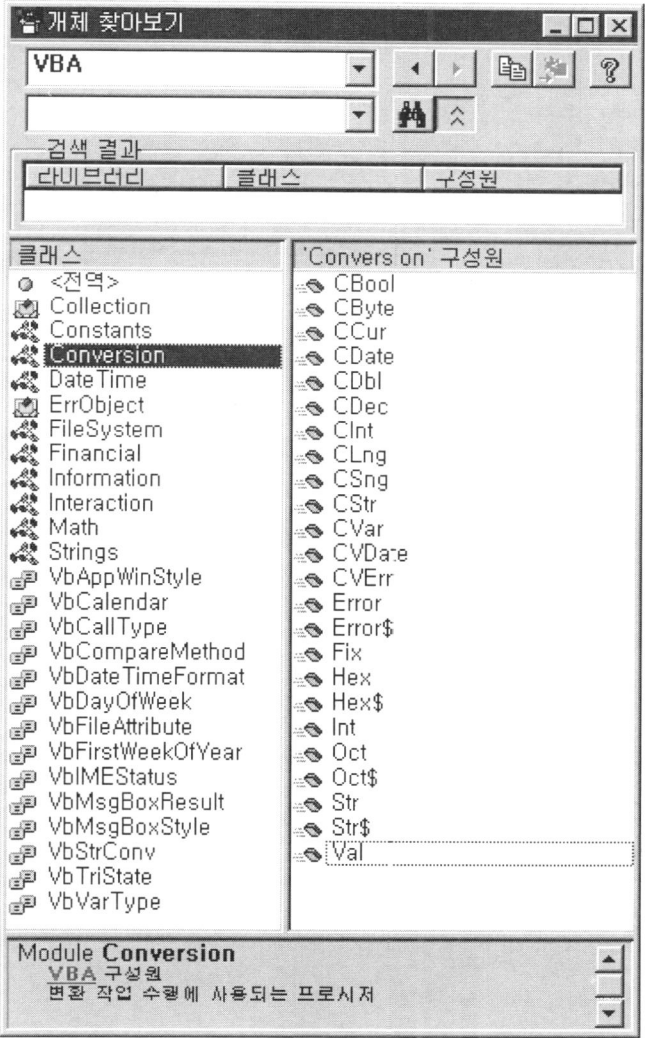

개체 찾아보기에서 Val 함수에 대한 자세한 정보를 보려면, 그림과 같이 마우스 오른쪽 버튼을 클릭하여 "도움말"을 실행 하면 된다.

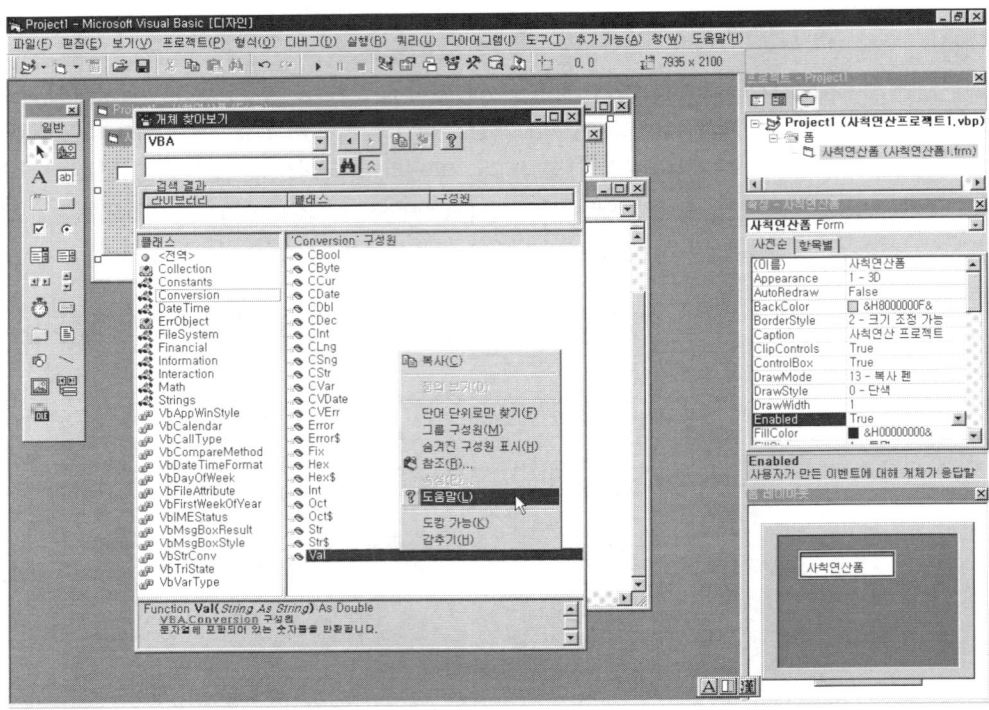

그러면 MSDN에서 Val 함수에 대한 자세한 설명이 나타난다.

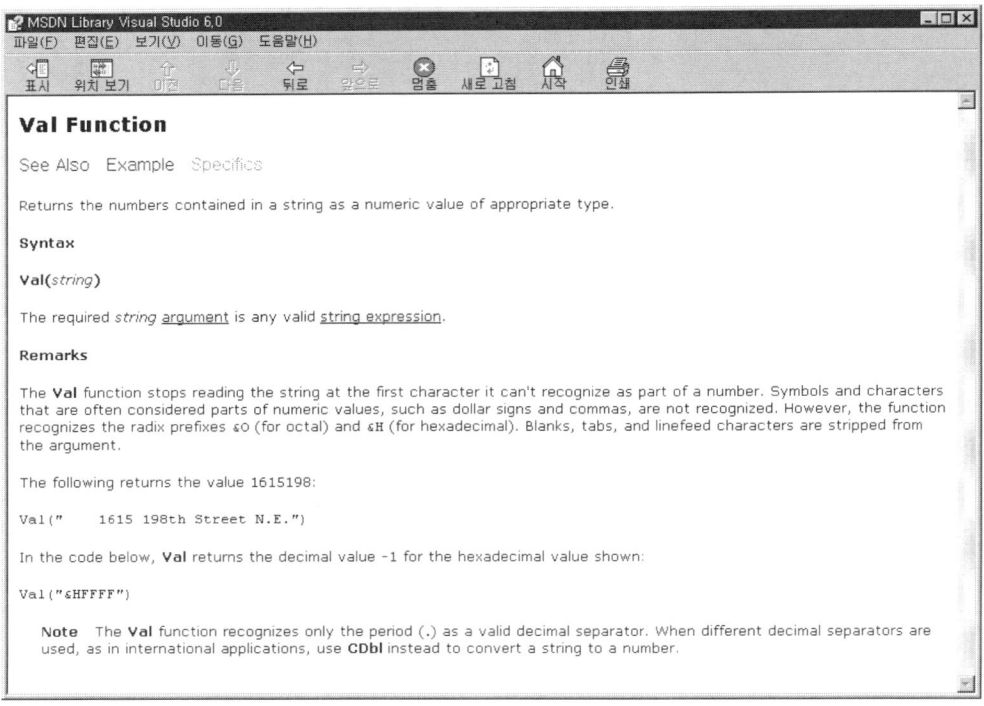

만일 Val 함수에 대한 사용 예를 보려면 Example을 클릭한다. 그러면 그림과 같이 활용 사례를 열람할 수 있다.

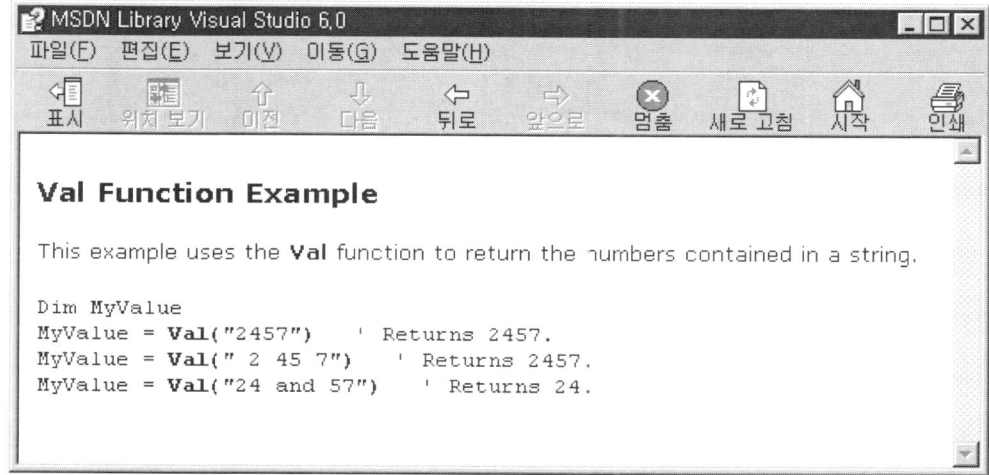

4. 사칙연산 프로젝트 전체 소스 코드

폼 소스코드

```
VERSION 5.00
Begin VB.Form 사칙연산폼
Caption = "사칙연산 프로젝트"
ClientHeight = 1695
ClientLeft = 60
ClientTop = 345
ClientWidth = 8385
LinkTopic = "Form1"
ScaleHeight = 1695
ScaleWidth = 8385
StartUpPosition = 3 'Windows 기본값
Begin VB.CommandButton 결과
Caption = "="
Height = 255
Left = 5220
TabIndex = 6
Top = 300
Width = 375
End
Begin VB.Frame 연산자
Caption = "연산자"
Height = 1335
Left = 2220
TabIndex = 8
Top = 180
Width = 795
Begin VB.OptionButton 뺄셈
Caption = "-"
Height = 195
Left = 180
TabIndex = 2
Top = 540
Width = 435
End
Begin VB.OptionButton 곱셈
Caption = "*"
Height = 195
```

```
      Left = 180
      TabIndex = 3
      Top = 780
      Width = 435
   End
   Begin VB.OptionButton 나눗셈
      Caption = "/"
      Height = 195
      Left = 180
      TabIndex = 4
      Top = 1020
      Width = 435
   End
   Begin VB.OptionButton 덧셈
      Caption = "+"
      Height = 195
      Left = 180
      TabIndex = 1
      Top = 300
      Width = 435
   End
End
Begin VB.TextBox Z
   Alignment = 1 '오른쪽 맞춤
   Enabled = 0 'False
   Height = 255
   Left = 5760
   TabIndex = 7
   Text = "0"
   Top = 300
   Width = 2415
End
Begin VB.TextBox Y
   Alignment = 1 '오른쪽 맞춤
   Height = 255
   Left = 3180
   TabIndex = 5
   Text = "0"
   Top = 300
   Width = 1875
```

```
End
Begin VB.TextBox X
   Alignment   =   1   '오른쪽 맞춤
   Height      =   255
   Left        =   180
   TabIndex    =   0
   Text        =   "0"
   Top         =   300
   Width       =   1875
End
End
Attribute VB_Name = "사칙연산폼"
Attribute VB_GlobalNameSpace = False
Attribute VB_Creatable = False
Attribute VB_PredeclaredId = True
Attribute VB_Exposed = False
```

루틴 소스코드

```
Private Sub 결과_Click()

If 덧셈.Value = True Then
Z.Text = Val(X.Text) + Val(Y.Text)
End If

If 뺄셈.Value = True Then
Z.Text = Val(X.Text) - Val(Y.Text)
End If

If 곱셈.Value = True Then
Z.Text = Val(X.Text) * Val(Y.Text)
End If

If 나눗셈.Value = True Then
If Val(Y.Text) = 0 Then
Z.Text = "0으로 나눌 수 없습니다."
Y.SetFocus
Exit Sub
End If
Z.Text = Val(X.Text) / Val(Y.Text)
End If

End Sub
```

Chapter 05 기초 프로젝트 4
– 인터페이스 프로젝트

컴퓨터에 명령을 전달하는 인터페이스 중 프로그래밍에 중요한 몫을 차지하는 것은 키보드와 마우스이다. 이 장에서 만들 프로젝트는 키보드와 마우스에서 사용하는 전달변수와 전달값을 이해할 수 있는 좋은 사례가 될 것이다.

1. 폼 만들기

1.1 프로젝트 시작하기

01 새 프로젝트로 "표준.EXE"를 선택한다. 그림과 같이 폼은 "인터페이스폼1.frm"으로 저장하고, 프로젝트는 "인터페이스프로젝트1.vbp"로 저장한다.

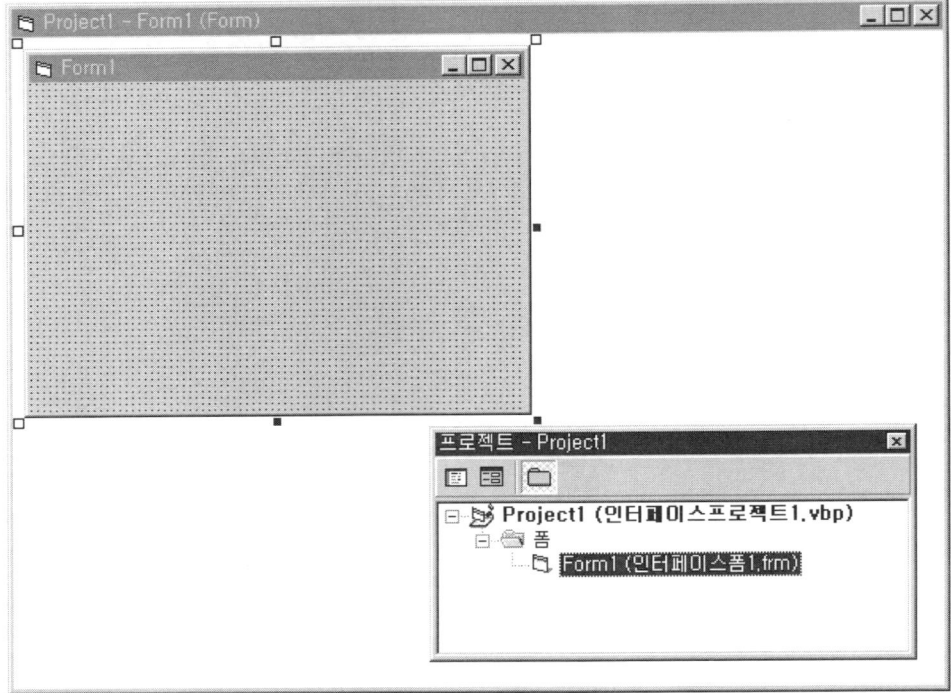

1.2 폼의 전체틀 만들기

02 툴바에서 "Shape"툴과 "Line"툴을 이용하여 그림과 같이 전체폼의 틀을 잡는다.

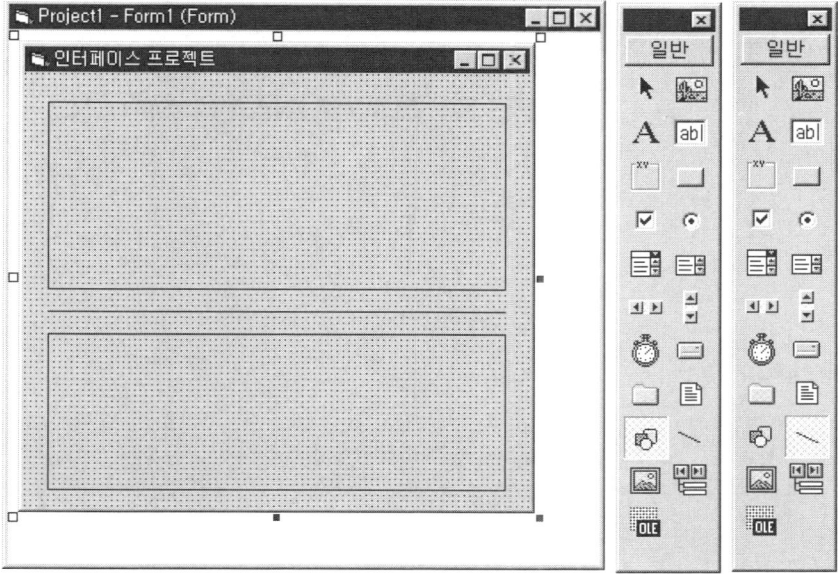

1.3 Label 삽입

03 Label 툴로 그림과 같이 "마우스 실험실", "키보드 실험실"을 삽입하고, "키보드 실험실"내에 "키보드 입력값", "특수키 입력값", "키보드 입력 결과"를 삽입한다.

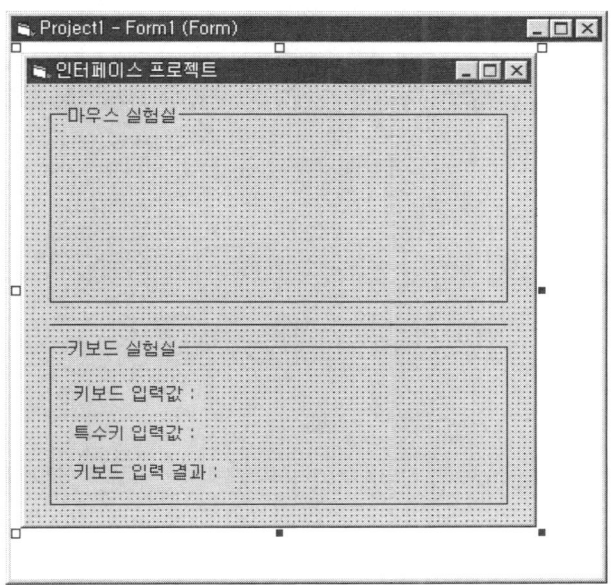

1.4 체크상자 삽입

04 체크상자 툴을 이용하여 마우스 버튼을 눌렀을 때, 눌려진 마우스 버튼이 체크되도록 3개의 체크상자를 만든다.

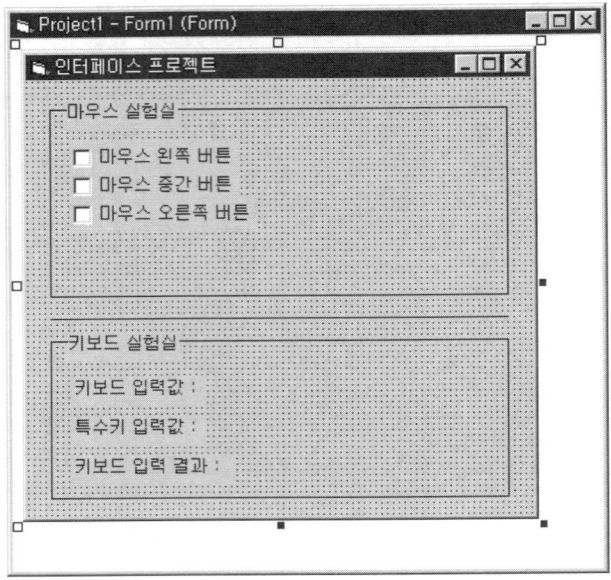

3개의 체크상자의 객체명은 "왼쪽", "중간", "오른쪽"으로 각각 정의한다. 특히 이 체크상자에서는 "Enabled" 속성을 "False"로 설정하여 직접 체크하지 못하도록 하였다.

1.5 입력 결과를 출력할 텍스트상자 삽입

05 그림과 같이 마우스와 키보드의 입력 결과를 출력할 텍스트상자를 삽입한다.

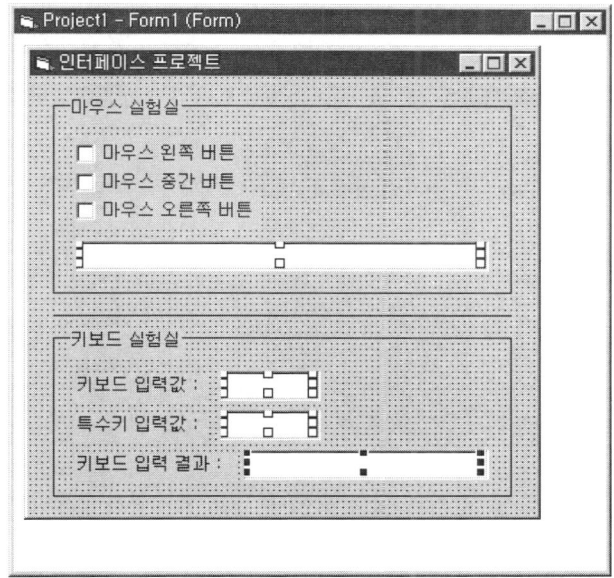

마우스 결과를 출력할 텍스트 상자의 객체명은 "마우스결과"로 설정한다.

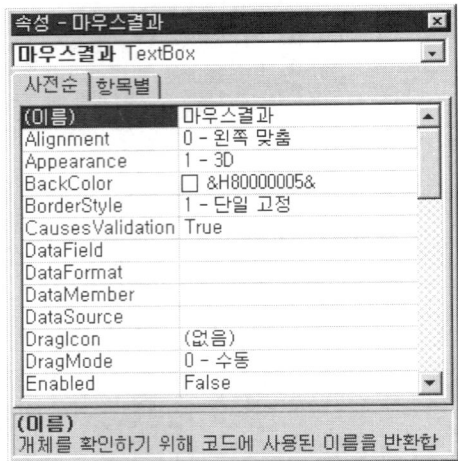

"키보드 입력값"을 출력할 텍스트상자의 객체명은 "key1"으로 설정하고, "특수키 입력값"은 객체명을 "key2"로 설정한다.

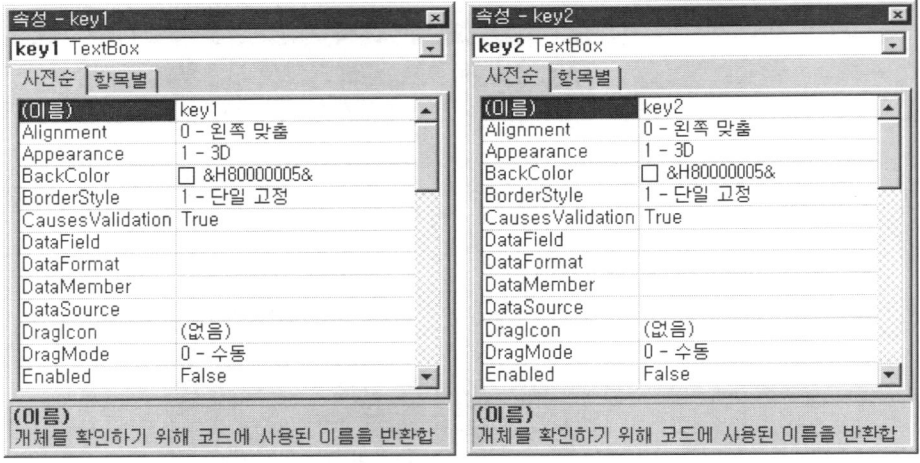

키보드 입력에 대한 최종 결과를 출력하는 입력상자는 "키보드결과"라고 객체명을 설정한다.

© Chapter 5 기초 프로젝트 4 - 인터페이스 프로젝트

이 과정에서 삽입한 텍스트상자 역시 체크상자와 같이 "Enabled" 속성을 "False"로 설정하여 직접 이 텍스트 상자에 값을 입력하지 못하도록 하였다.

1.6 마우스 위치를 출력할 프레임 삽입

03 "마우스 실험실" 내에 "마우스 위치"를 Caption으로 하는 프래임을 삽입하고, 그림과 같이 6개의 Label을 삽입한다. Label의 Caption을 각각 "X:", "X좌표", "(Pixels)", "Y:", "Y좌표, "(Pixels)"로 설정한다.

특히, "X좌표", "Y좌표"는 "Alignment"를 "1-오른쪽 맞춤"으로 설정하고, 객체명을 각각 "X좌표", "Y좌표"로 설정하였음을 유의한다. 이 두 Label은 나중에 코딩 작업에서 마우스의 현재 위치를 출력하는 객체명으로 사용되기 때문이다.

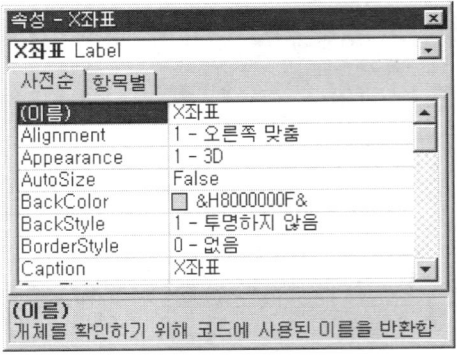 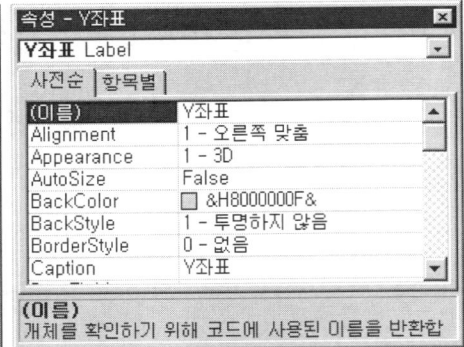

2. 코딩작업

01 폼 보기 창에서 폼 바탕을 더블클릭하면 Form_Load()루틴이 만들어진다. 이 프로젝트에서는 Form이 로드될 때 특별히 수행해야할 루틴이 없으므로 Form_Load() 루틴을 작성할 필요는 없다. 하지만 폼이 로드된 후 키를 누르거나 마우스를 누르는 등에 대한 수행 루틴을 작성해야 한다.

폼에서 수행해야 할 루틴을 정리하면 다음과 같다.

① 일반키와 특수키의 키코드를 받아올 때 : Form_KeyDown()
② 눌려진 키의 Ascii코드를 받아올 때 : Form_KeyPress()
③ 키를 놓았을 때 : Form_KeyUp()
④ 마우스를 움직일 때 : Form_MouseMove()
⑤ 마우스 버튼을 눌렀을 때 : Form_MouseDown()
⑥ 마우스 버튼을 놓았을 때 : Form_MouseUp()

2.1 키보드 입력 루틴

02 코드 보기 창에서 "프로시저" 콤보상자를 클릭하면 그림과 같이 Form에 적용할 수 있는 "프로시저" 목록을 볼 수 있다. 이 목록 중 "KeyDown"을 선택한다.

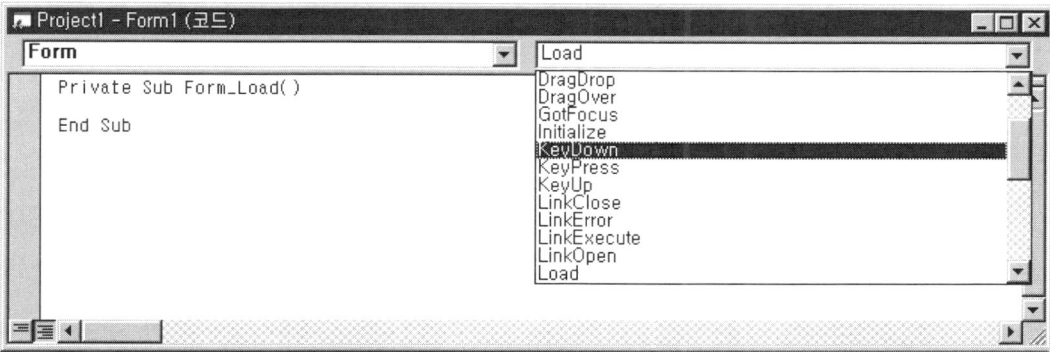

03 키보드를 눌렀을 때 적용할 수 있는 프로시저는 KeyDown과 KeyPress가 있는데 이 두 프로시저 사이에는 약간의 차이가 있다. KeyDown의 경우에는 그림에서와 같이 전달 변수가 KeyCode와 Shift이지만 KeyPress의 경우에는 눌려진 키에 대한 아스키값을 받아오는 KeyAscii가 전달 매개변수이다.

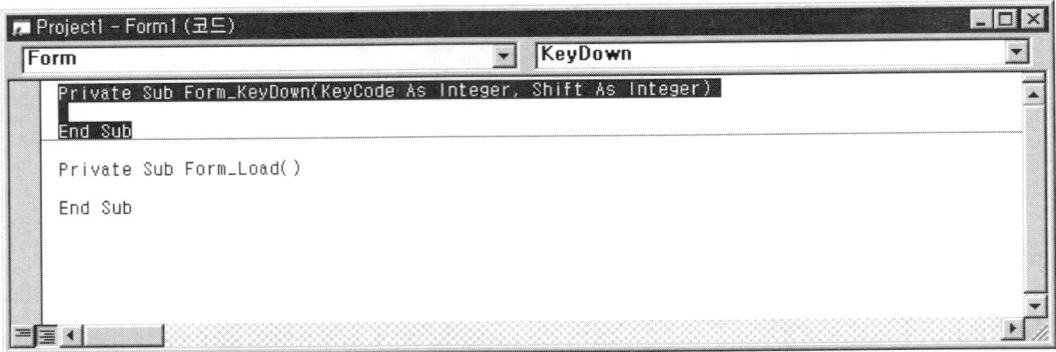

04 일반키를 눌렀을 때는 전달된 KeyCode를 받아 "key1"에 대입시키고, 특수키(Ctrl, Alt, Shift키 등)를 눌렀을 때는 전달된 Shift값을 "key2"에 대입시킨다. 이 때 주의할 것은 전달된 KeyCode값과 Shift값은 정수(Integer)로 되어 있다. 따라서 이 변수값을 문자(String)로 변환시킬 필요가 있다. 숫자를 문자로 변환시키는 함수는 Str()이다.

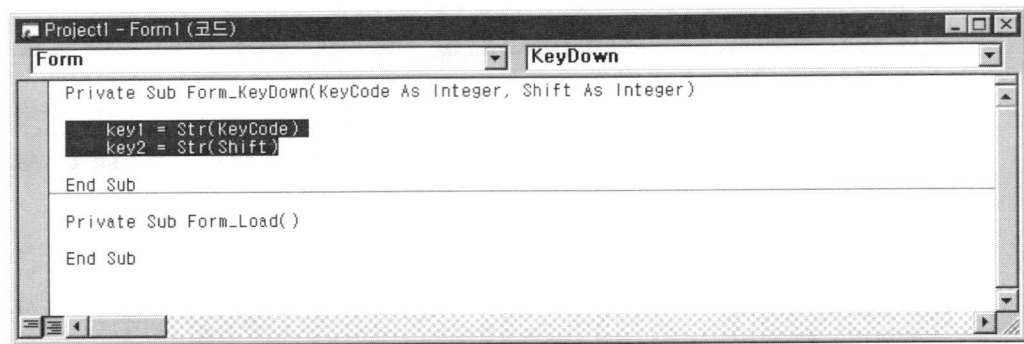

05 "프로시저"에서 "KeyPress"를 선택한다.

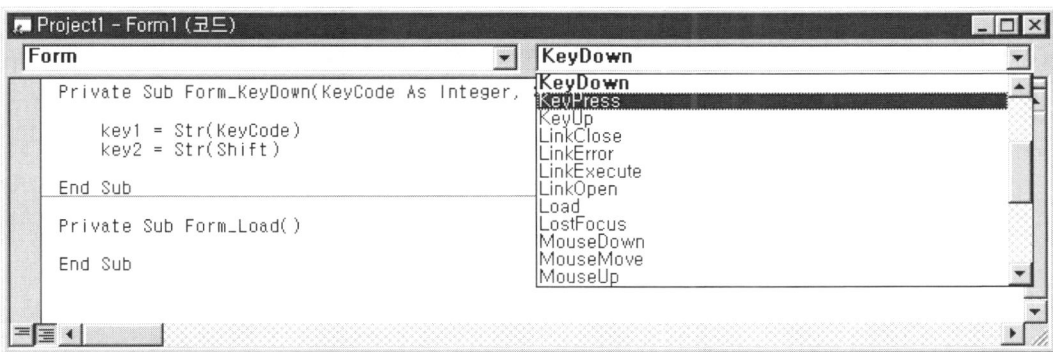

Form_KeyPress()루틴이 만들어진다.

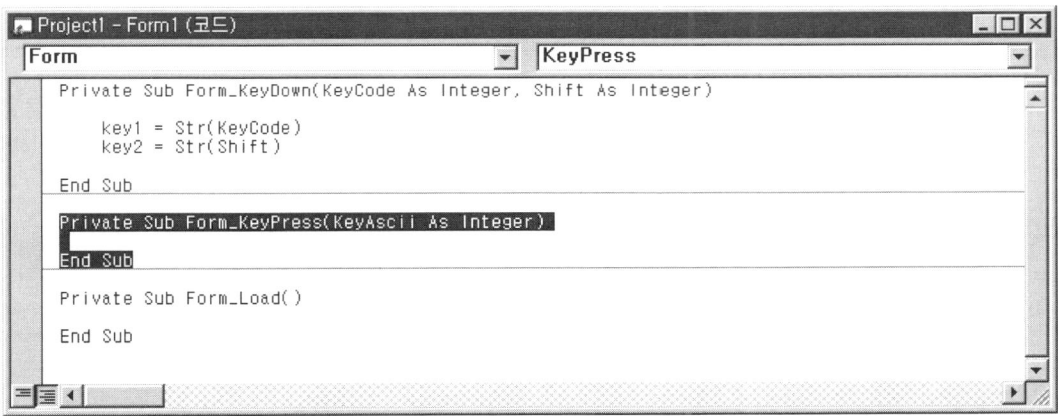

06 "키보드결과" 텍스트상자에 "가 눌려졌습니다."와 함께 눌려진 키를 대입시킨다. 눌려진 KeyAscii값을 받아 이 키값을 다시 Chr()함수에 대입시면 눌려진 키가 출력된다.

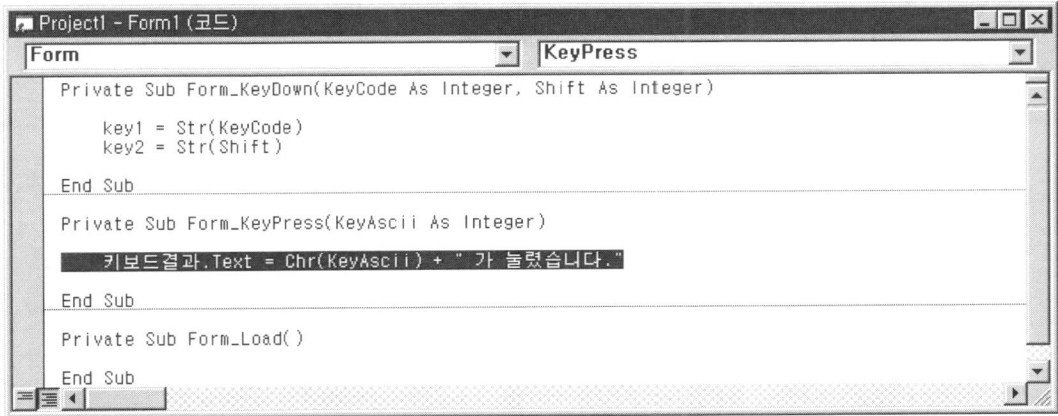

07 프로시저에서 KeyUp을 선택하여 Form_KeyUp( ) 루틴을 만든다.

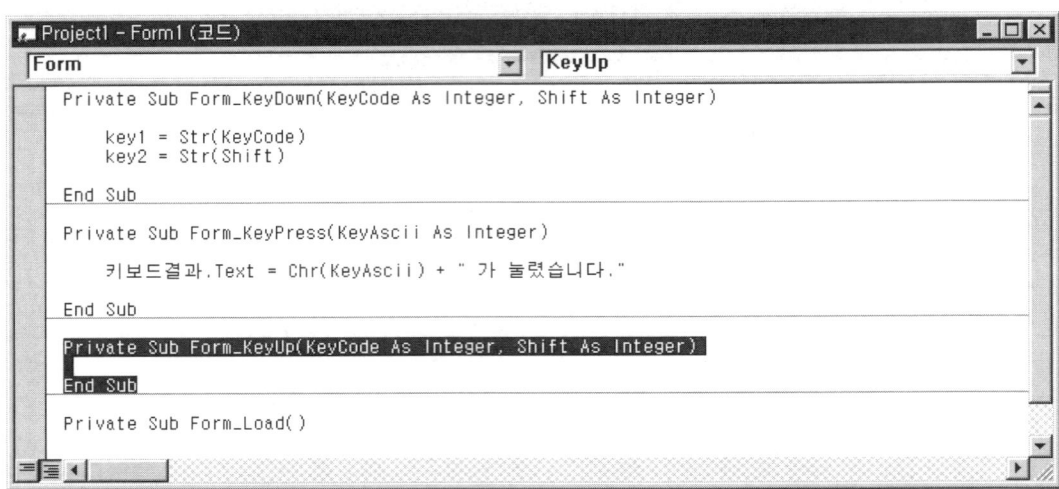

08 눌렀던 키를 놓았을 때는 키보드에 대한 결과를 출력하는 텍스트상자들을 모두 초기화시키는 루틴을 수행하도록 한다. "키보드결과"와 "key1", "key2"에 Null 값을 대입시킨다.

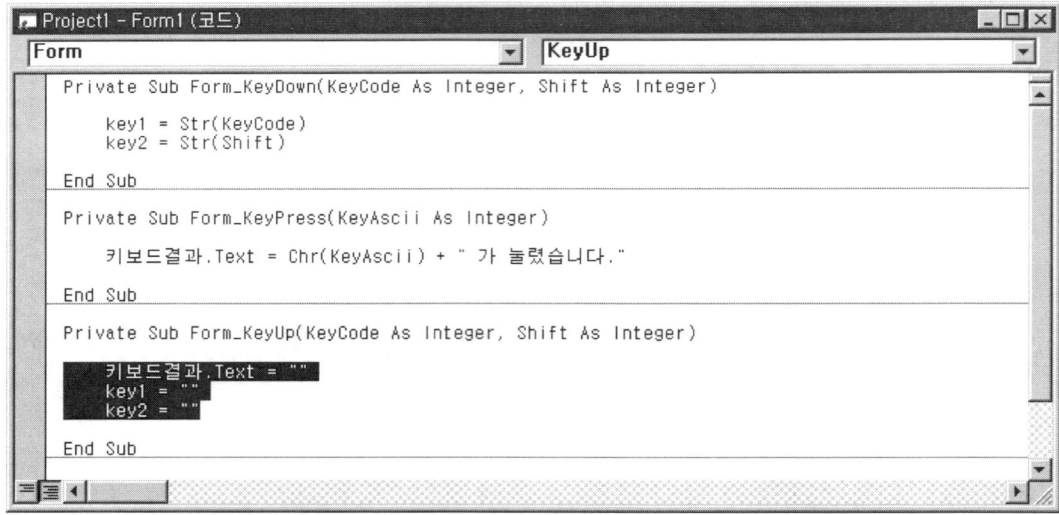

2.2 마우스 입력 루틴

09 프로시저에서 "MouseMove"를 선택한다.

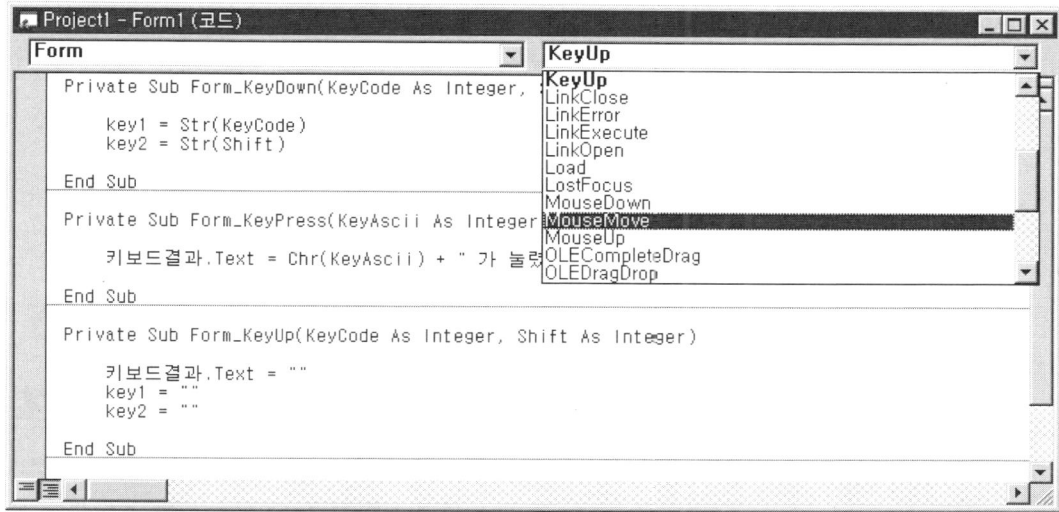

10 Form_MouseMove()루틴에서는 마우스가 움직일 때 마우스의 현재 위치를 출력해주는 코드를 작성한다. 이 루틴에는 기본 매개변수로 Button, Shift, X, Y가 지원되는데, 이 중 X와 Y는 마우스의 위치를 좌표값으로 전달하는 기능을 한다.

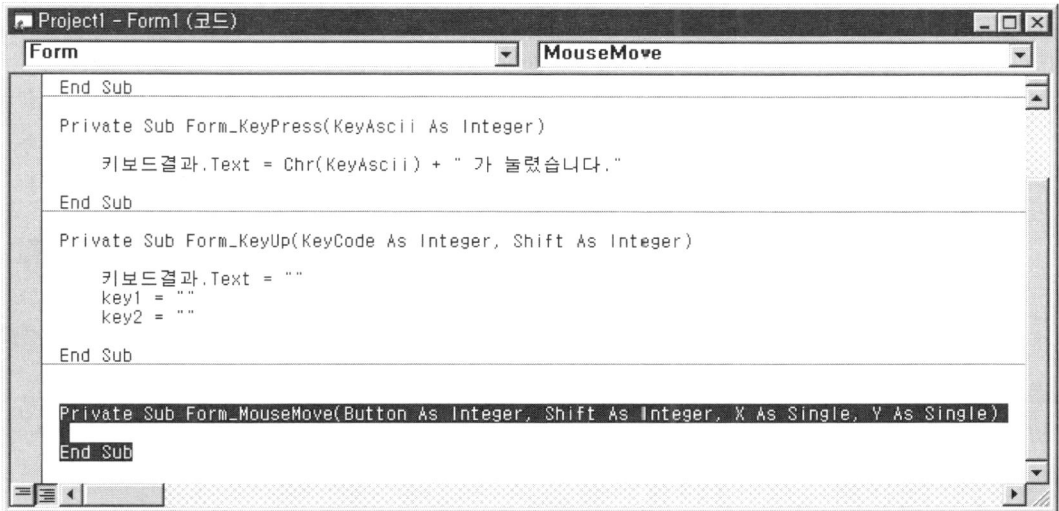

11 마우스의 X, Y좌표값을 문자로 변환하여 각각 "X좌표", "Y좌표"한다.

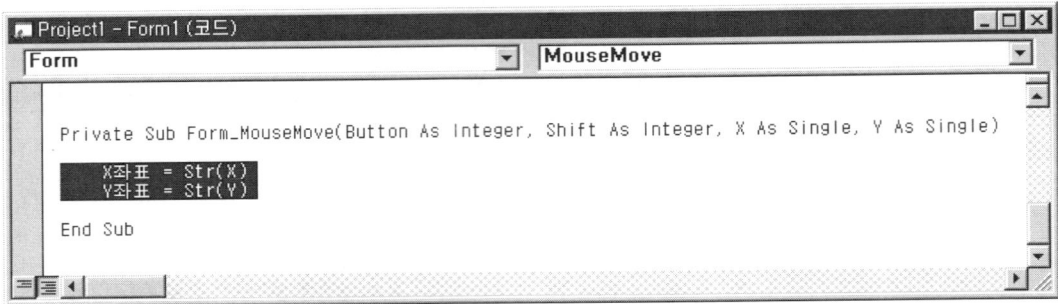

12 프로시저에서 "MouseDown"을 선택한다.

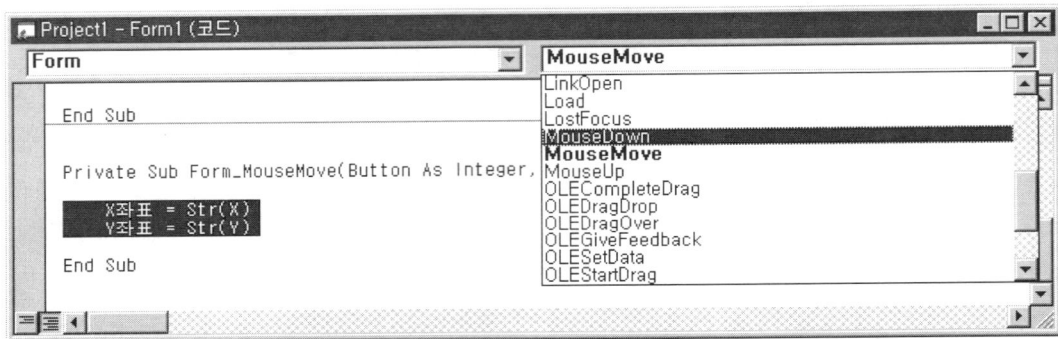

13 MouseDown의 경우도 MouseMove와 같은 매개변수가 지원된다. 이 루틴에서는 마우스 버튼이 눌려졌을 때 수행된다. 만일 왼쪽 버튼을 클릭하면 매개변수 Button에 1이 리턴되고, 오른쪽 버튼을 클릭하면 매개변수 Button에 2가 리턴된다. 중간 버튼의 경우는 Button값으로 4가 리턴된다.

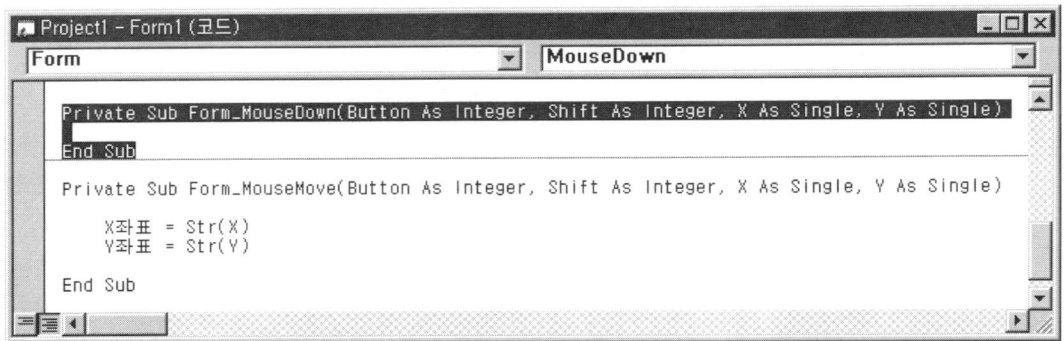

14 3가지 버튼에 대한 조건문을 구성한다. 왼쪽 버튼이 클릭되면(Buuton=1) "마우스결과" 텍스트상자에 "마우스 왼쪽버튼이 눌려짐"이라는 메시지를 출력한다. 같은 방법으로 오른쪽 버튼과 중간 버튼이 눌러졌을 때에 대한 조건문을 그림과 같이 코딩한다.

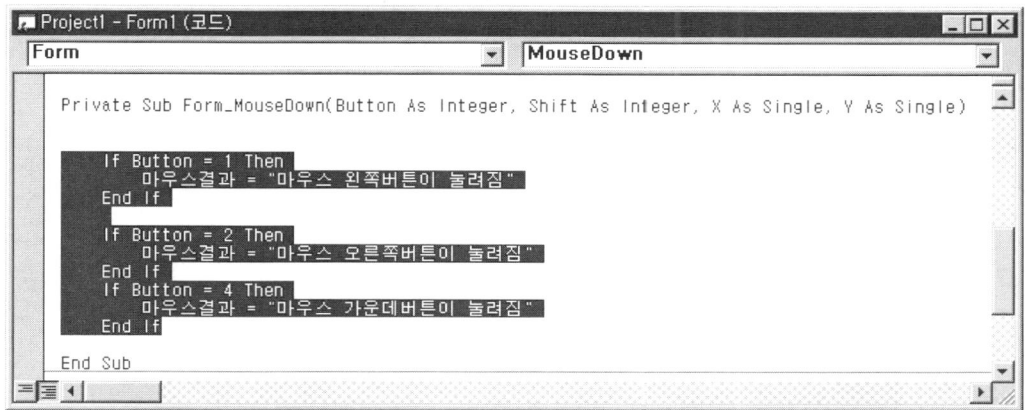

15 이번에는 조건문을 "If ~ Then ~ ElseIf ~ Then ~ End If"로 구성하여 3개의 체크상자에 대한 루틴을 작성한다. 만일 클릭된 마우스 버튼이 왼쪽 버튼이면(Button=1) 객체명이 "왼쪽"인 체크상자가 체크되고, 오른쪽 버튼이면(Button=2) "오른쪽" 체크상자가, 중간 버튼이면(Button=4) "중간" 체크상자가 체크된다. 나머지 Button값에 대해서는 체크상자를 체크 해제시킨다. 체크상자의 경우 1값이 리턴되면 체크 상태가 되고, 0값이 리턴되면 체크 해제상태가 된다.

16 프로시저에서 MouseUp을 선택한다.

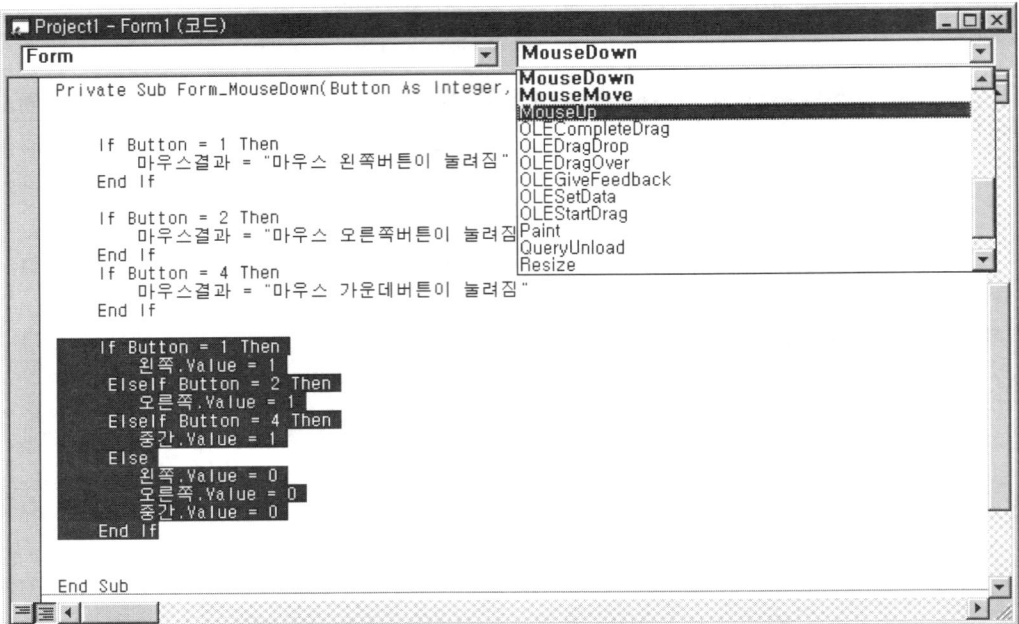

17 마우스 버튼을 눌렀다가 버튼을 떼면 수행되는 루틴이다.

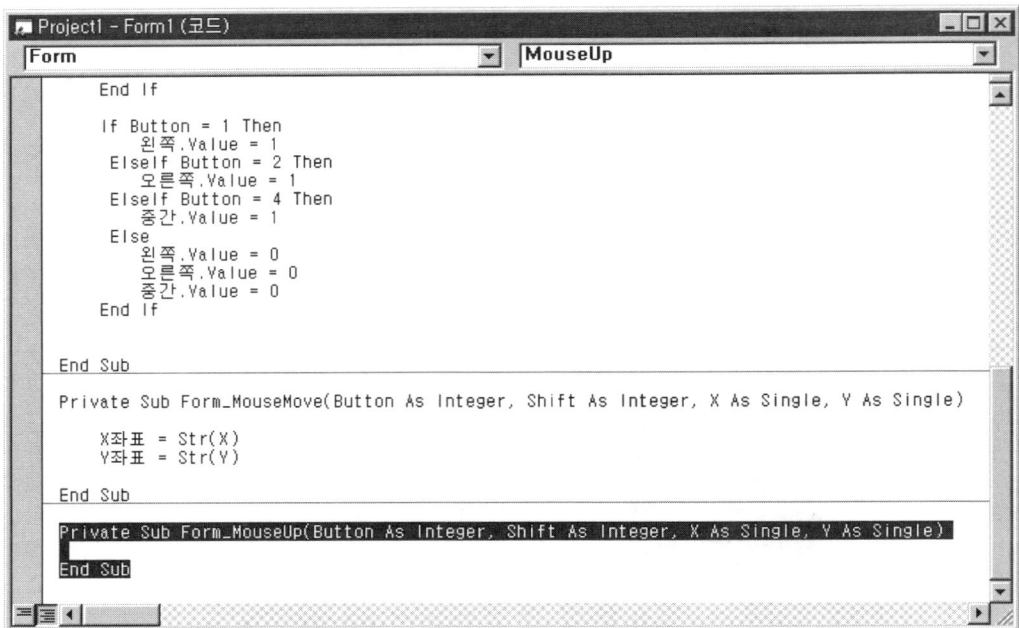

18 3개의 체크상자를 모두 초기상태인 체크 해제상태로 만든다. "마우스결과" 텍스트 상자도 Null 상태로 초기화시킨다.

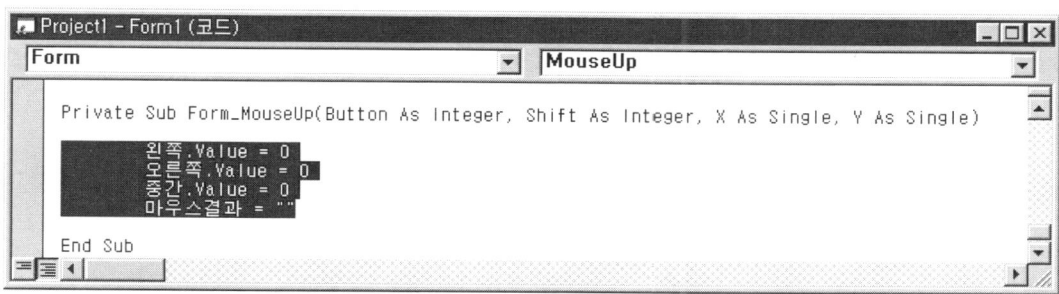

19 마우스의 좌표값을 출력할 때 그 단위는 기본값인 "1-트윕"으로 설정되어 있다. 이 단위를 픽셀로 바꾸려면, 폼의 속성에서 ScaleMode를 "3-픽셀"로 설정하면 된다.

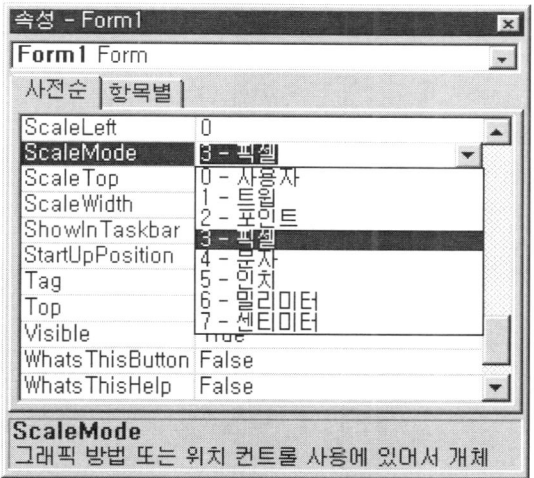

3. 인터페이스 프로젝트 실험하기

01 [실행→ 시작] 명령을 실행하고, 폼위에서 마우스를 움직이면 "마우스 위치" 프레임에서 현재의 마우스 위치를 X/Y 좌표값으로 출력한다.

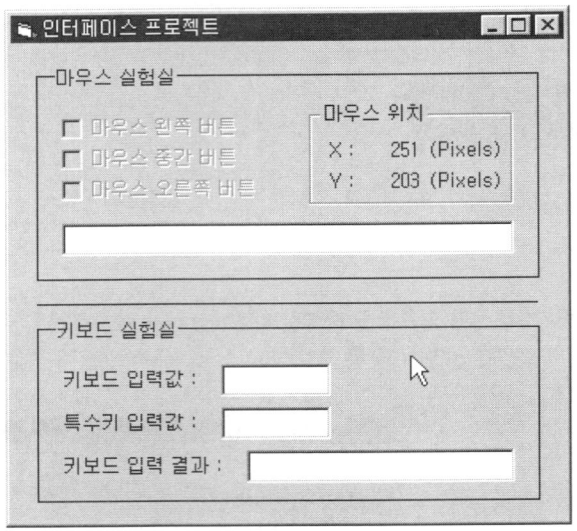

02 마우스 왼쪽 버튼을 클릭하면 객체명이 "왼쪽"인 체크상자가 체크 상태가 되고, "마우스결과" 텍스트상자에서는 "마우스 왼쪽버튼이 눌려짐" 메시지가 출력된다.

© Chapter 5 기초 프로젝트 4 - 인터페이스 프로젝트

03 마우스 오른쪽 버튼과 마우스 중간 버튼도 실험해보기 바란다. 그림과 같은 결과가 나타날 것이다.

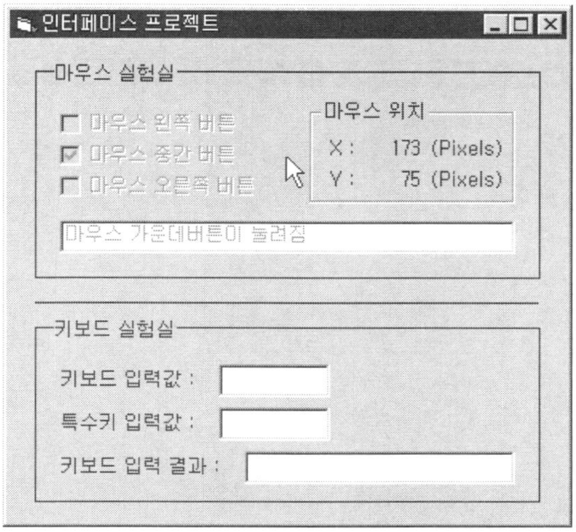

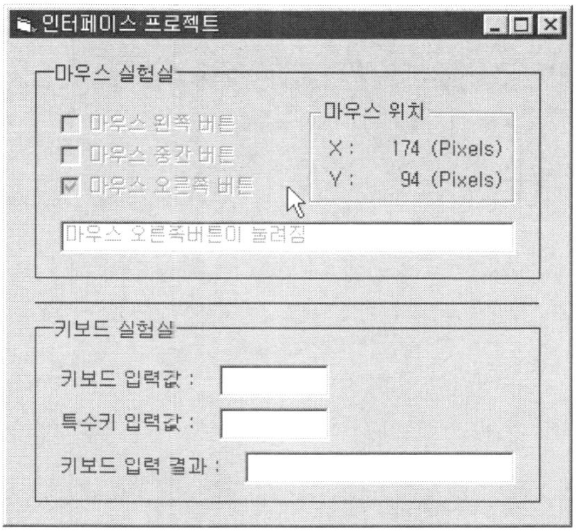

04 이번엔 마우스 왼쪽 버튼을 누른 상태에서 "d"키를 눌러보자. 그러면 마우스 입력결과와 키보트 입력결과가 동시에 나타날 것이다. 키보드 입력값은 "68"이 출력 되고, 특수키 입력값은 "0"으로 출력된다. 특수키 입력값의 경우는 특수키가 눌려지지 않았기 때문이다.

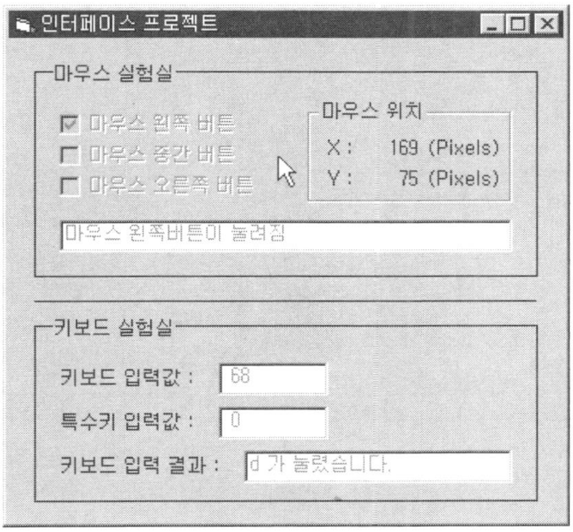

05. Shift키를 누르면 특수키 입력값이 "1"이 출력되고, Ctrl키를 누르면 "2"가, Shift키와 Ctrl키를 함께 누르면 "3"이 출력된다. Shift키와 Ctrl키를 누른상태에서 "n"키를 누르면 그림과 같이 출력된다.

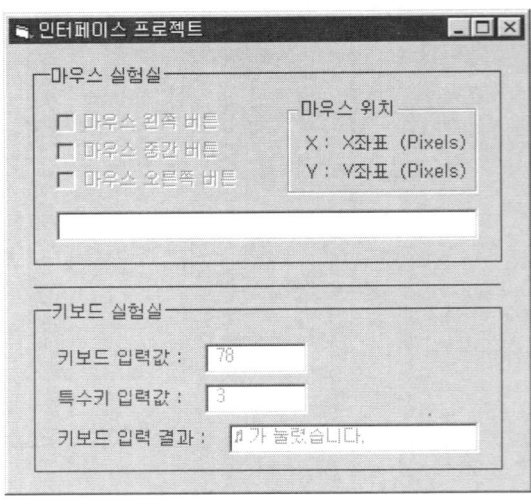

▶ Ctrl+Shift+n키를 눌렀을 때   ▶ Shift키만 눌렀을 때

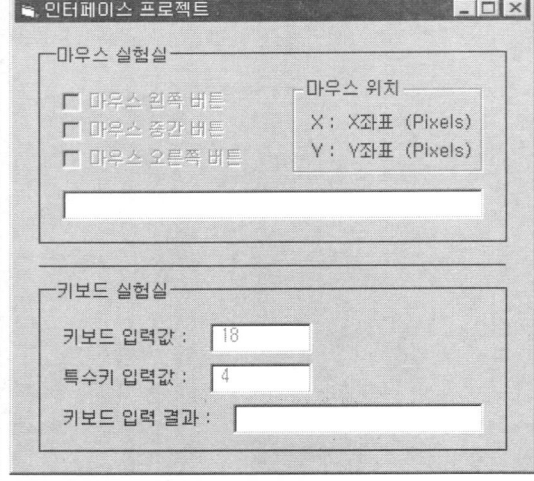

▶ Ctrl키만 눌렀을 때   ▶ Alt키만 눌렀을 때

4. 인터페이스 프로젝트 전체 소스 코드

폼 소스코드

```
VERSION 5.00
Begin VB.Form Form1
Caption = "인터페이스 프로젝트"
ClientHeight = 4635
ClientLeft = 60
ClientTop = 345
ClientWidth = 5235
LinkTopic = "Form1"
ScaleHeight = 309
ScaleMode = 3 '픽셀
ScaleWidth = 349
StartUpPosition = 3 'Windows 기본값
Begin VB.Frame Frame4
Caption = "마우스 위치"
Height = 975
Left = 2820
TabIndex = 12
Top = 600
Width = 1935
Begin VB.Label Y좌표
Alignment = 1 '오른쪽 맞춤
Caption = "Y좌표"
Height = 195
Left = 420
TabIndex = 18
Top = 660
Width = 615
End
Begin VB.Label X좌표
Alignment = 1 '오른쪽 맞춤
Caption = "X좌표"
Height = 195
Left = 420
TabIndex = 17
Top = 360
Width = 615
End
```

```
         Begin VB.Label Label9
            Caption = "(Pixels)"
            Height = 255
            Left = 1140
            TabIndex = 16
            Top = 660
            Width = 675
         End
         Begin VB.Label Label8
            Caption = "(Pixels)"
            Height = 255
            Left = 1140
            TabIndex = 15
            Top = 360
            Width = 675
         End
         Begin VB.Label Label7
            Caption = "Y :"
            Height = 195
            Left = 180
            TabIndex = 14
            Top = 660
            Width = 315
         End
         Begin VB.Label Label6
            Caption = "X :"
            Height = 195
            Left = 180
            TabIndex = 13
            Top = 360
            Width = 315
         End
      End
      Begin VB.TextBox key1
         Enabled = 0 'False
         Height = 315
         Left = 1980
         TabIndex = 11
         Top = 3120
         Width = 1035
```

```
      End
      Begin VB.TextBox key2
         Enabled    =   0   'False
         Height     =   315
         Left       =   1980
         TabIndex   =   10
         Top        =   3540
         Width      =   1035
      End
      Begin VB.TextBox 키보드결과
         Enabled    =   0   'False
         Height     =   315
         Left       =   2220
         TabIndex   =   9
         Top        =   3960
         Width      =   2535
      End
      Begin VB.TextBox 마우스결과
         Enabled    =   0   'False
         Height     =   315
         Left       =   480
         TabIndex   =   8
         Top        =   1740
         Width      =   4275
      End
      Begin VB.CheckBox 중간
         Caption    =   "마우스 중간 버튼"
         Enabled    =   0   'False
         Height     =   315
         Left       =   480
         TabIndex   =   7
         Top        =   960
         Width      =   1695
      End
      Begin VB.CheckBox 오른쪽
         Caption    =   "마우스 오른쪽 버튼"
         Enabled    =   0   'False
         Height     =   315
         Left       =   480
         TabIndex   =   6
```

```
         Top = 1260
         Width = 1875
      End
      Begin VB.CheckBox 왼쪽
         Caption = "마우스 왼쪽 버튼"
         Enabled = 0 'False
         Height = 315
         Left = 480
         TabIndex = 5
         Top = 660
         Width = 1695
      End
      Begin VB.Label Label1
         Caption = "키보드 실험실"
         Height = 255
         Left = 420
         TabIndex = 4
         Top = 2700
         Width = 1155
      End
      Begin VB.Label Label2
         Caption = "키보드 입력값 :"
         Height = 255
         Left = 480
         TabIndex = 3
         Top = 3180
         Width = 1335
      End
      Begin VB.Label Label3
         Caption = "키보드 입력 결과 :"
         Height = 255
         Left = 480
         TabIndex = 2
         Top = 4020
         Width = 1635
      End
      Begin VB.Label Label4
         Caption = "특수키 입력값 :"
         Height = 255
         Left = 480
```

```
         TabIndex = 1
         Top = 3600
         Width = 1335
      End
      Begin VB.Label Label5
         Caption = "마우스 실험실"
         Height = 255
         Left = 420
         TabIndex = 0
         Top = 240
         Width = 1155
      End
      Begin VB.Shape Shape2
         Height = 1995
         Left = 240
         Top = 300
         Width = 4755
      End
      Begin VB.Shape Shape1
         Height = 1695
         Left = 240
         Top = 2760
         Width = 4755
      End
      Begin VB.Line Line1
         X1 = 16
         X2 = 332
         Y1 = 168
         Y2 = 168
      End
   End
Attribute VB_Name = "Form1"
Attribute VB_GlobalNameSpace = False
Attribute VB_Creatable = False
Attribute VB_PredeclaredId = True
Attribute VB_Exposed = False
```

루틴 소스코드

```
Private Sub Form_KeyDown(KeyCode As Integer, Shift As Integer)
key1 = Str(KeyCode)
key2 = Str(Shift)
End Sub

Private Sub Form_KeyPress(KeyAscii As Integer)
키보드결과.Text = Chr(KeyAscii) + "가 눌렸습니다."
End Sub

Private Sub Form_KeyUp(KeyCode As Integer, Shift As Integer)
키보드결과.Text = ""
key1 = ""
key2 = ""
End Sub

Private Sub Form_MouseDown(Button As Integer, Shift As Integer, X As Single, Y As Single)
If Button = 1 Then
마우스결과 = "마우스 왼쪽버튼이 눌려짐"
End If
If Button = 2 Then
마우스결과 = "마우스 오른쪽버튼이 눌려짐"
End If
If Button = 4 Then
마우스결과 = "마우스 가운데버튼이 눌려짐"
End If
If Button = 1 Then
왼쪽.Value = 1
ElseIf Button = 2 Then
오른쪽.Value = 1
ElseIf Button = 4 Then
중간.Value = 1
Else
왼쪽.Value = 0
오른쪽.Value = 0
중간.Value = 0
End If
End Sub
```

```
Private Sub Form_MouseMove(Button As Integer, Shift As Integer, X As Single, Y As Single)
X좌표 = Str(X)
Y좌표 = Str(Y)
End Sub


Private Sub Form_MouseUp(Button As Integer, Shift As Integer, X As Single, Y As Single)
왼쪽.Value = 0
오른쪽.Value = 0
중간.Value = 0
마우스결과 = ""
End Sub
```

Chapter 06 기초 프로젝트 5 – 컬러 프로젝트

이 장에서는 스크롤바와 메뉴를 활용하여 RGB Color에 관한 프로젝트를 만들어 보기로 한다. 컬러 프로젝트는 스크롤바나 텍스트상자를 이용하여 RGB값을 지정하고, 이렇게 만들어진 컬러가 "색깔지정"버튼의 배경색으로 출력된다. "색깔지정"버튼을 클릭하면 지정된 컬러로 글자색이 변경된다. 메뉴를 통해 폼의 배경색을 변경할 수도 있다.

1. 폼 만들기

01 새 프로젝트로 "표준.EXE"를 선택한다. 폼 파일은 "컬러폼1.frm"으로 저장하고, 프로젝트 파일은 "컬러프로젝트1.vbp"로 저장한다.

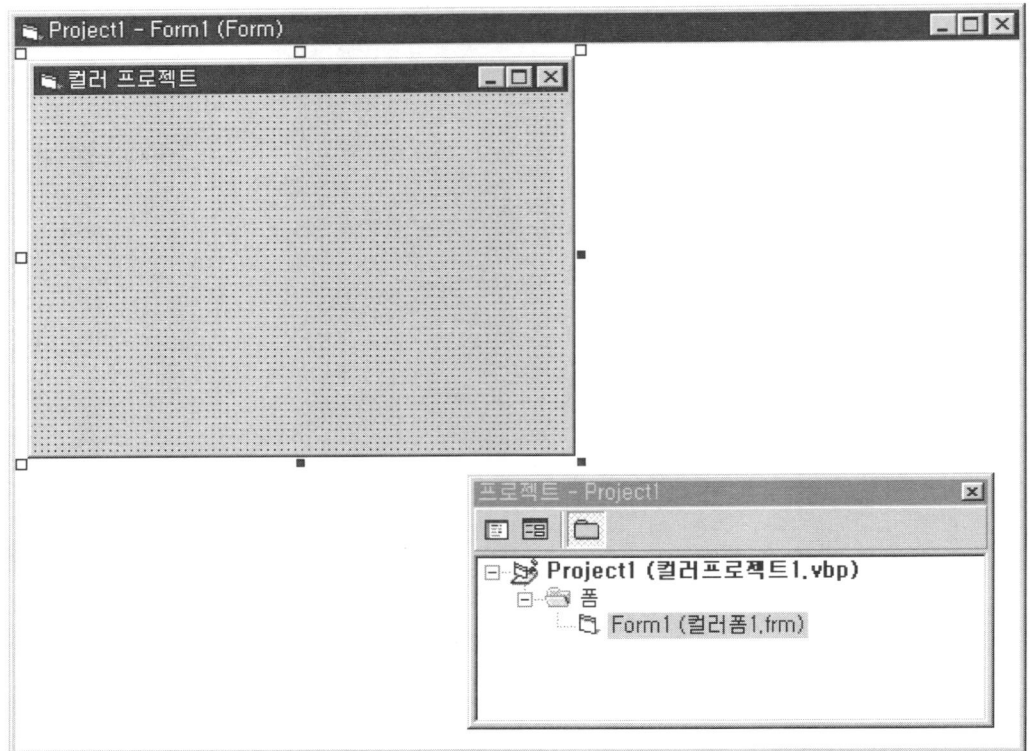

02 Label을 이용하여 그림과 같이 "지정한 색으로 글자색이 바뀝니다."를 삽입한다.

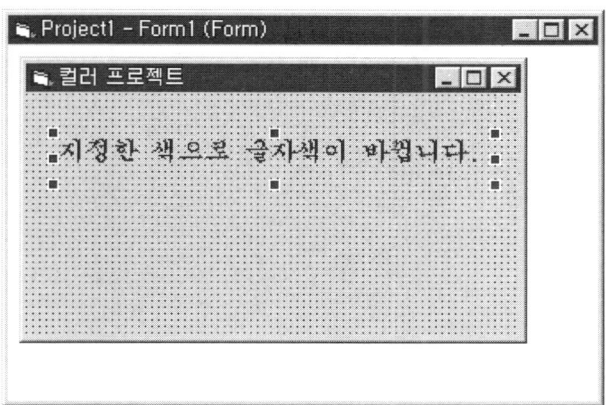

여기서는 Font 속성을 "궁서체"로 하고, 크기를 14로 하였다. 특히, BackStyle을 "0-투명"으로 설정하여 폼 바탕의 색깔이 바뀔 때 Label 바탕이 투명하게 하여 폼 바탕색이 그대로 비치게 한다.

03 텍스트상자를 그림과 같이 삽입한다.

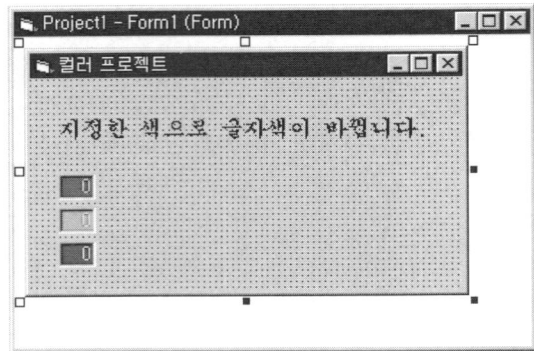

첫 번째 텍스트상자는 객체명을 "r"로 설정하고, BackColor를 빨간색으로 지정한다.

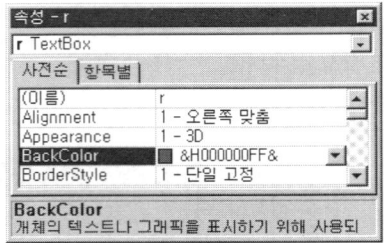

두 번째 텍스트상자는 객체명을 "g"로 설정하고, BackColor를 녹색으로 지정한다.

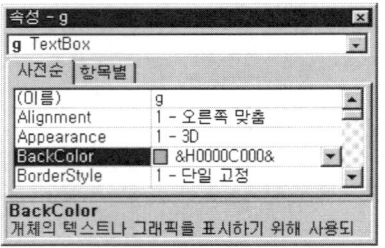

세 번째 텍스트상자는 객체명을 "b"로 설정하고, BackColor를 파란색으로 지정한다.

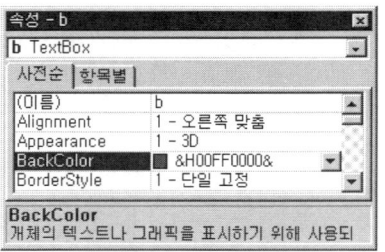

04 HScrollBar 툴을 이용하여 그림과 같이 3개의 스크롤바를 삽입한다.

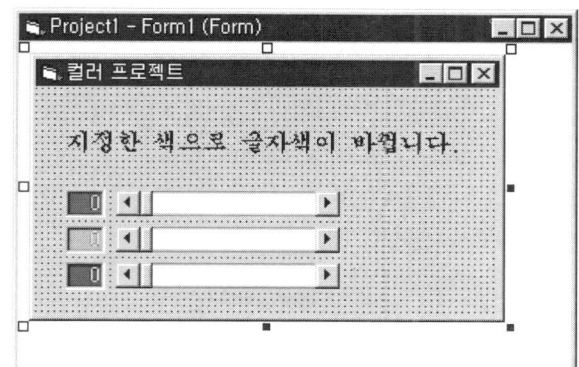

05 스크롤바의 객체명을 각각 "rscroll", "gscroll", "bscroll"로 설정한다. 속성에서는 Max를 255로, LargeChange를 10으로 Min은 0으로 각각 설정한다. 나중에 이 스크롤바들은 왼쪽에 있는 텍스트상자와 유기적으로 작동되게 된다. 스크롤바를 움직이면 텍스트상자의 값도 같이 변한다. 반대로 텍스트상자에 값을 입력하면 이 값에 맞추어 스크롤바도 움직인다.

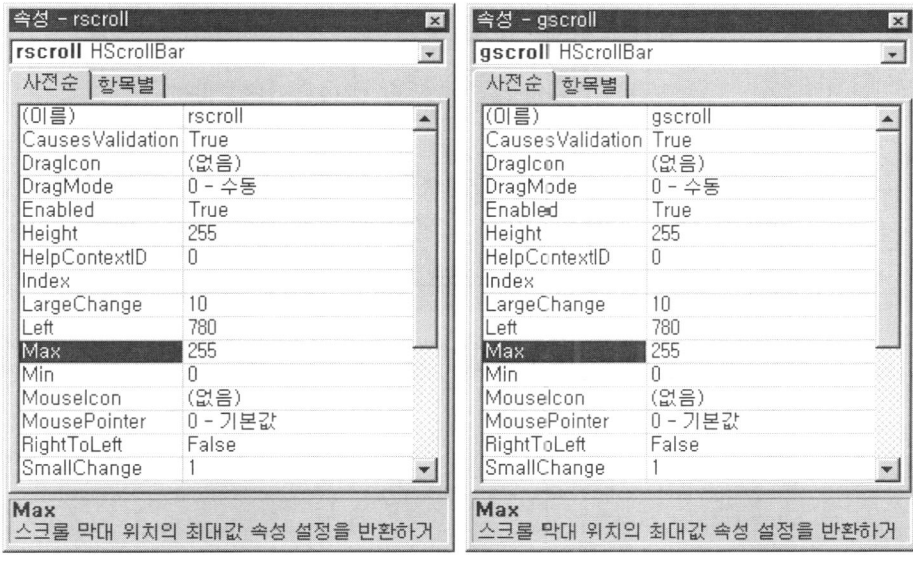

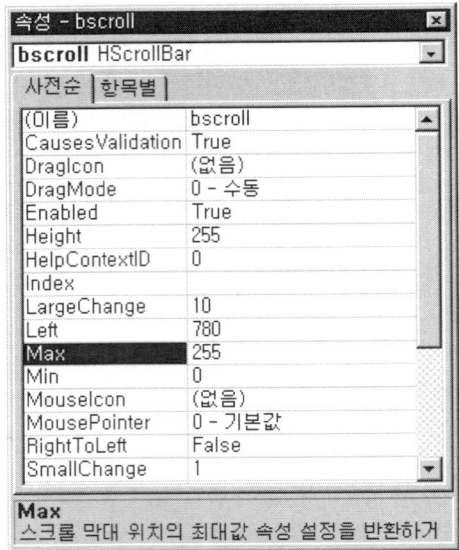

06 명령버튼 툴을 이용하여 그림과 같이 버튼을 하나 삽입한다.

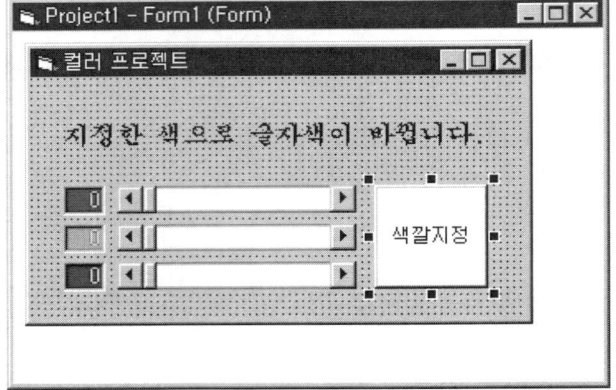

07 이 버튼의 객체명을 "색깔지정"으로 하고, Caption도 "색깔지정"으로 설정한다.
BackColor은 흰색으로 지정한다. 이 때 유의할 것은 반드시 Style을 "1-그래픽"으로
설정하여야 한다는 점이다. 그렇지 않으면 지정한 BackColor가 나타나지 않는다.

2. 코드 작성하기(스크롤바와 컬러)

컬러 프로젝트가 수행되어야할 루틴을 정리하면 다음과 같다.

① 텍스트상자나 스크롤바로 빛의 3원색인 R(Red), G(Green), B(Blue)값을 각각 지정한다.
② 지정된 RGB컬러는 "색깔지정"버튼의 배경색으로 출력된다.
③ "색깔지정"버튼을 클릭하면, 버튼의 배경색이 폼 상단에 있는 글자에 적용된다.
④ 텍스트에 값을 입력하면 스크롤바가 해당값으로 자동으로 움직이고, 스크롤바를 움직이면 현재의 스크롤바값이 텍스트상자에 출력된다.

2.1 스크롤바 처리루틴

01 폼 보기 창에서 맨 위에 있는 스크롤바(rscroll)를 더블클릭한다. 그림과 같이 rscroll_Change() 루틴이 만들어진다.

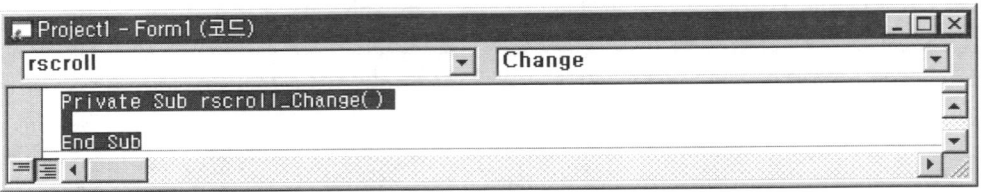

02 첫 번째 스크롤바(rscroll)가 움직여 값이 변하면, 현재의 스크롤바 값을 r 텍스트상자에 대입시킨다. 그리고 palette1 루틴을 수행한다. 참고로 palette1루틴은 별도로 작성되며, 스크롤바나 텍스트상자에 입력된 RGB값을 연산하여 "색깔지정" 버튼의 배경색으로 설정되는 루틴이다.

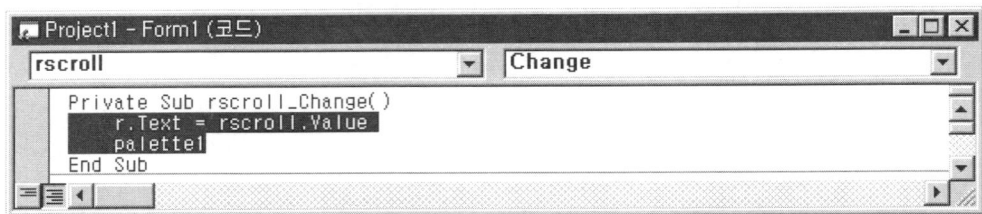

03 같은 방법으로 두 번째 스크롤바(gscroll)와 세 번째 스크롤바(bscroll)에 대한 루틴을 작성한다.

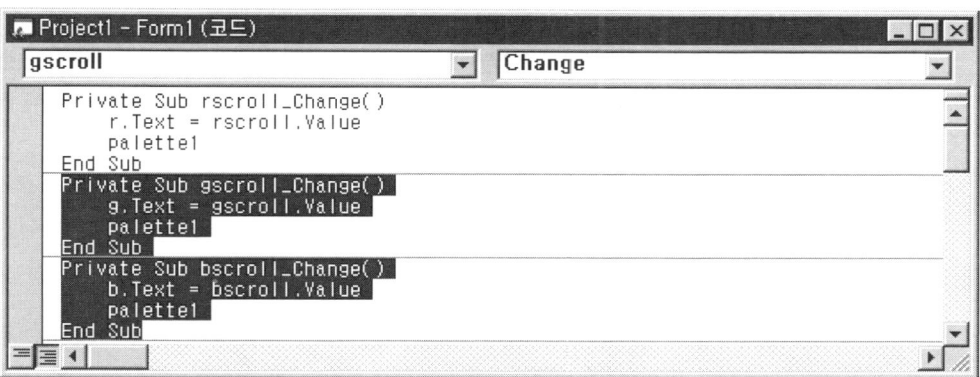

2.2 RGB 컬러 처리루틴

04 palette1()을 루틴명으로 하는 Plublic Sub을 만들고, palette1루틴을 작성한다. palette1루틴은 스크롤바에서 지정된 RGB값을 가지고 "색깔지정" 버튼의 배경색을 만드는 루틴이다. RGB로 객체의 색을 만들때는 RGB(Red값, Green값, Blue값) 함수를 사용한다. "색깔지정" 객체의 인자로 BackColor를 사용하면 "색깔지정" 버튼의 배경색을 설정할 수 있다.

```
Private Sub rscroll_Change()
    r.Text = rscroll.Value
    palette1
End Sub
Private Sub gscroll_Change()
    g.Text = gscroll.Value
    palette1
End Sub
Private Sub bscroll_Change()
    b.Text = bscroll.Value
    palette1
End Sub

Public Sub palette1()
    색깔지정.BackColor = RGB(rscroll.Value, gscroll.Value, bscroll.Value)
End Sub
```

2.3 텍스트 상자 처리루틴

05 첫 번째 텍스트 입력상자(r)을 더블클릭하여, r_Change()루틴을 만든다.

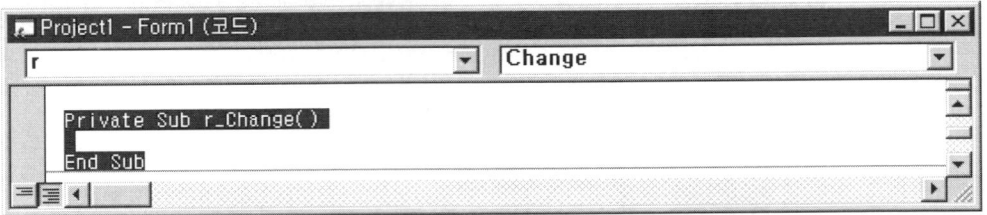

06 이 입력상자에는 R(Red) 값이 들어가야 하므로 0에서 255사이의 정수값만 입력되여야 한다. 따라서 r에 입력된 값이 255보다 크면 r값을 255로 출력시키고, r에 입력된 값이 0보다 작은 음수이면 r에 0을 대입시킨다.

> 주의할 것은 r 문자가 입력되는 경우에 발생하는 에러에 대한 대책을 세워야 한다는 점이다.
> 이러한 에러를 방지하기 위해 여기서는 Val( ) 함수를 사용하였다.
>
>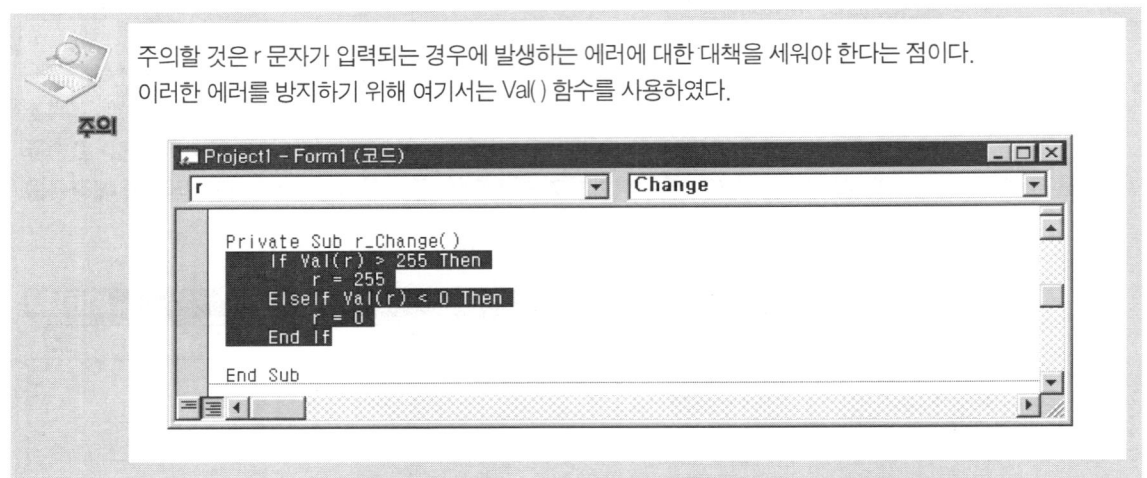

07 r에 컬러값이 입력되면, 이 값을 스크롤바값에 대입시킨다. 그리고, palette1 루틴을 수행시켜 "색깔지정" 버튼의 색을 변경시킨다.

Project1 - Form1 (코드)

r | Change

```
Private Sub r_Change()
    If Val(r) > 255 Then
        r = 255
    ElseIf Val(r) < 0 Then
        r = 0
    End If
     rscroll.Value = Val(r.Text)
     palette1
End Sub
```

08 같은 방법으로 그림과 같이 두 번째 텍스트상자의 g_Change() 루틴과 세 번째 텍스트상자의 b_Change( ) 루틴을 작성한다.

Project1 - Form1 (코드)

g | Change

```
Private Sub r_Change()
    If Val(r) > 255 Then
        r = 255
    ElseIf Val(r) < 0 Then
        r = 0
    End If
     rscroll.Value = Val(r.Text)
     palette1
End Sub
Private Sub g_Change()
    If Val(g) > 255 Then
        g = 255
    ElseIf Val(g) < 0 Then
        g = 0
    End If
     gscroll.Value = Val(g.Text)
     palette1
End Sub
Private Sub b_Change()
    If Val(b) > 255 Then
        b = 255
    ElseIf Val(b) < 0 Then
        b = 0
    End If
     bscroll.Value = Val(b.Text)
     palette1
End Sub
```

2.4 색깔지정 버튼 처리루틴

09. 폼 보기 창에서 "색깔지정" 버튼을 클릭하여 색깔지정_Click( ) 루틴을 만든다.

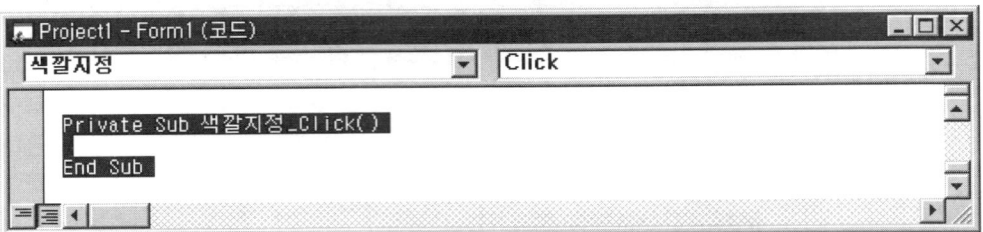

10. 색깔지정 버튼을 클릭하면 색깔지정 버튼의 BackColor를 Label1의 ForeColor에 대입시킨다. 이렇게 하면 색깔 지정 버튼의 배경색이 글자색에 적용된다.

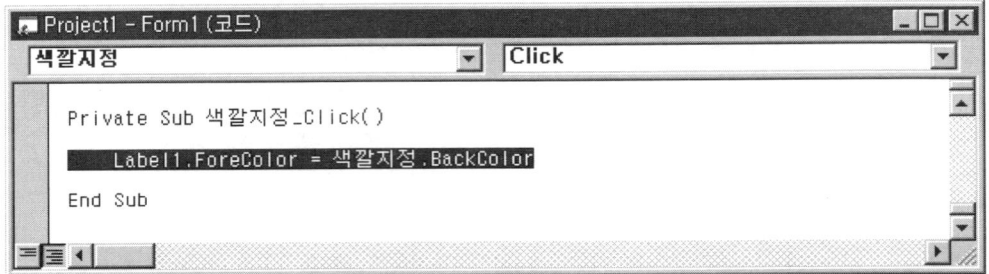

3. 메뉴만들기

메뉴는 프로젝트에 대한 완성도를 높이는 중요한 요소이다.
메뉴는 명령버튼과 같은 기능을 하면서도 공간을 효율적으로 활용할 수 있게 한다.
또한 단축키 기능이 명령버튼보다 탁월하다.

01 [도구 → 메뉴 편집기] 명령을 실행한다.

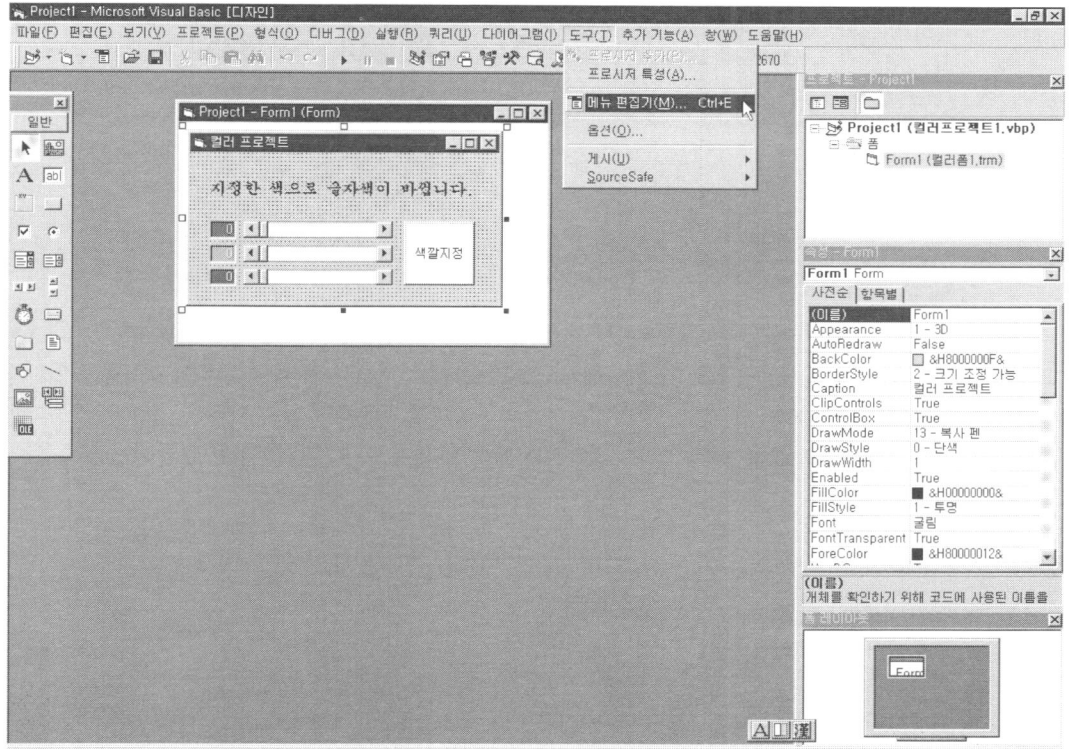

02 '메뉴 편집기' 대화상자가 나타난다.

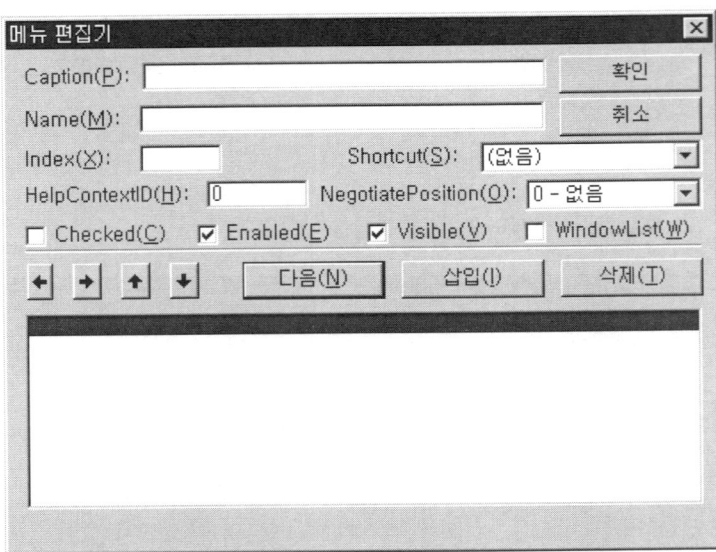

03 Caption에는 폼에 출력될 메뉴이름을 입력하고, Name에는 이 메뉴의 객체명을 입력한다. 이 예제에서는 가능한 한 Caption과 Name을 동일하게 구성하였다. Caption과 Name을 그림과 같이 "파일"이라고 입력하고, Enter키를 누르거나 "다음" 버튼을 클릭한다.

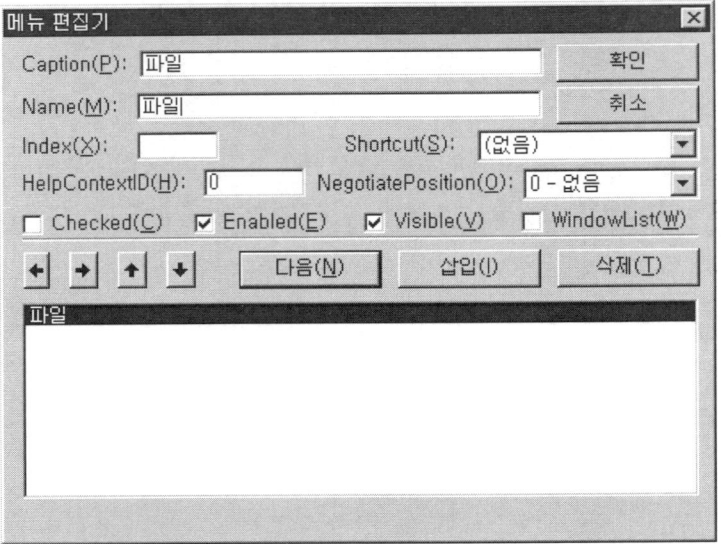

©Chapter 6 기초 프로젝트 5 - 컬러 프로젝트

04 "종료" 메뉴를 만들고, Shortcut 항목의 콤보상자를 클릭하여 이 메뉴에 대한 단축키로 "Ctrl+X"를 선택한다.

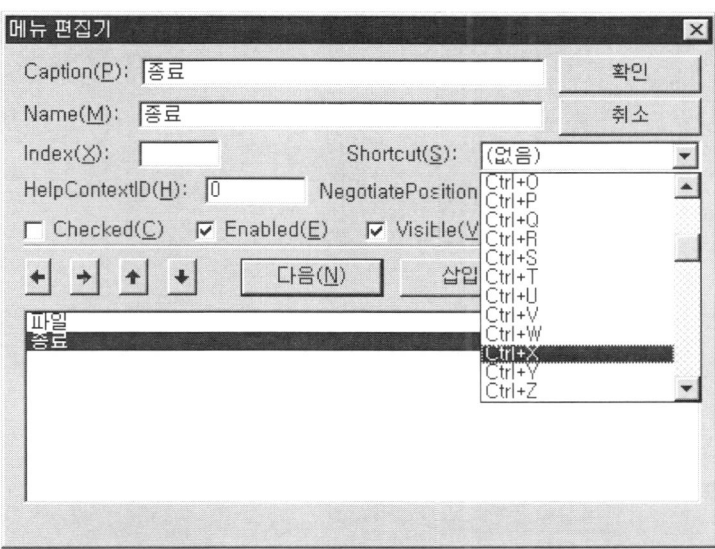

05 "→" 버튼을 클릭하여, "종료" 메뉴를 "파일" 메뉴의 하위에 위치시킨다.

06 "다음" 버튼을 클릭하면, 그림과 같이 "파일" 메뉴의 하위 메뉴를 계속 작성할 수 있게 나타난다.

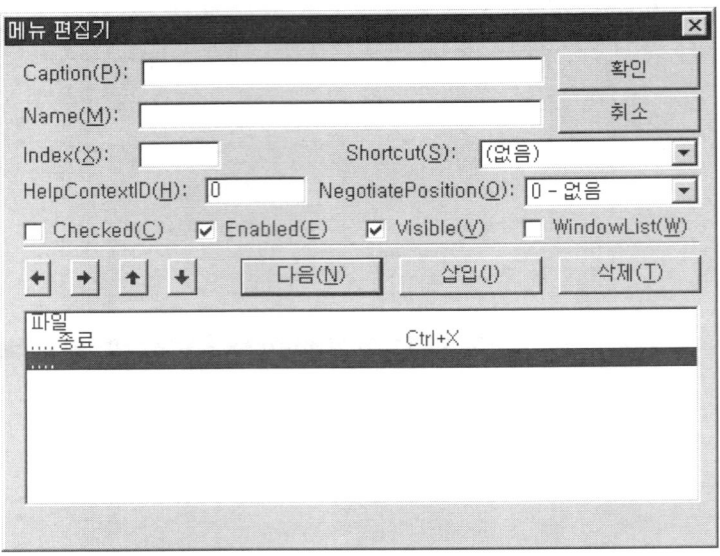

07 "파일" 메뉴의 하위메뉴는 "종료" 하나뿐이므로 상위메뉴로 되돌리는 " ← " 버튼을 클릭한다.

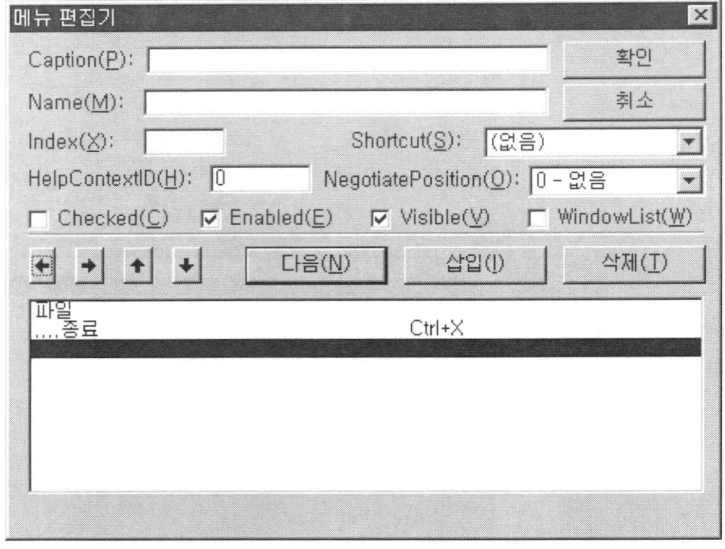

08 그림과 같이 "색지정" 메뉴를 만들고 "Enter"키를 누른다. 참고로 최상위 메뉴의 경우에는 단축키를 사용할 수 없다.

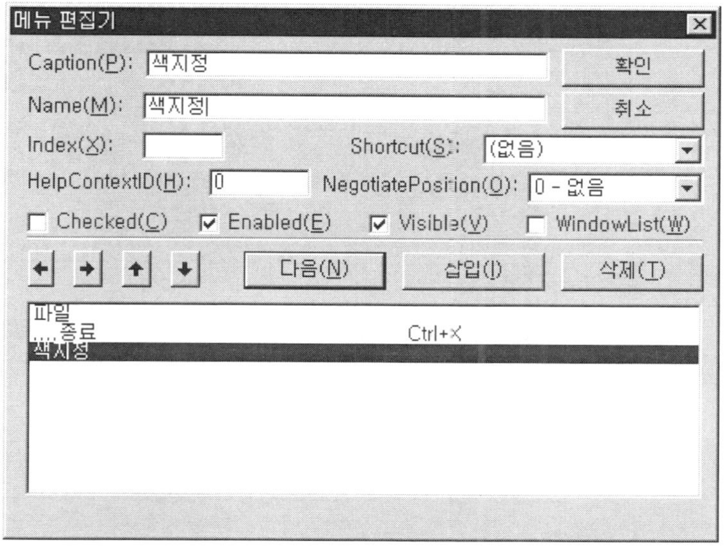

09 "→" 버튼을 클릭하여 "색지정" 메뉴의 하위메뉴를 작성할 수 있게 한다.

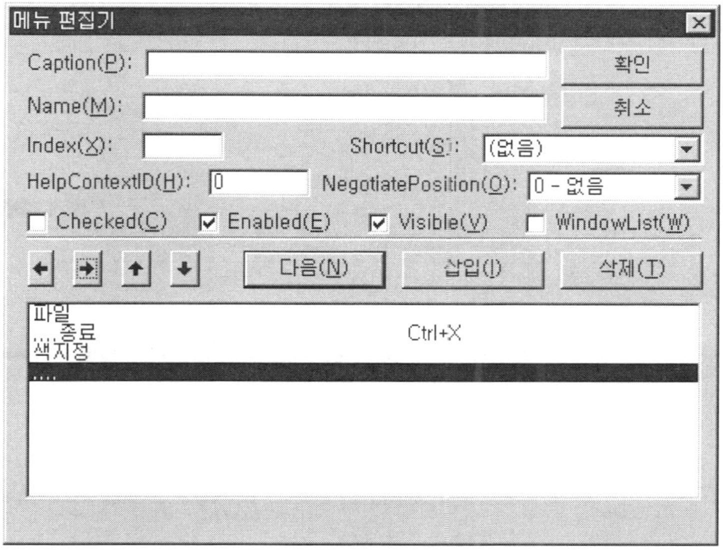

10 "바탕색" 메뉴를 만들고, "다음" 버튼을 클릭한다.

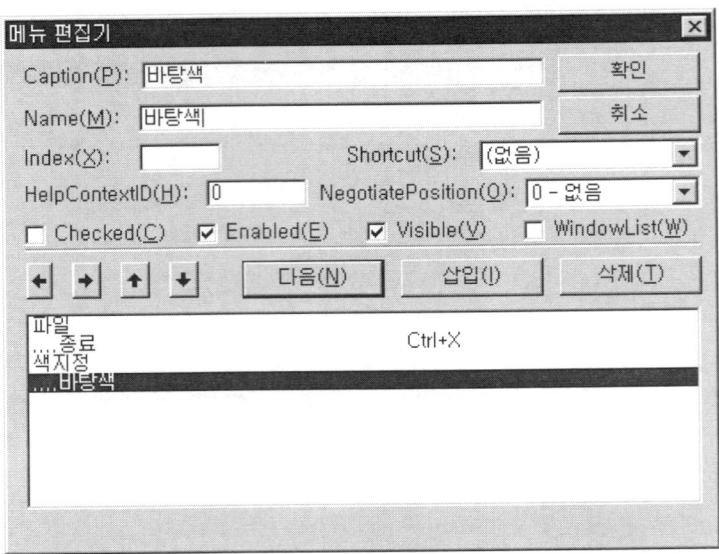

11 "→" 버튼을 클릭하고, "빨간색" 메뉴를 만든다. 이 메뉴의 단축키는 "Ctrl+R"로 지정 하였다.

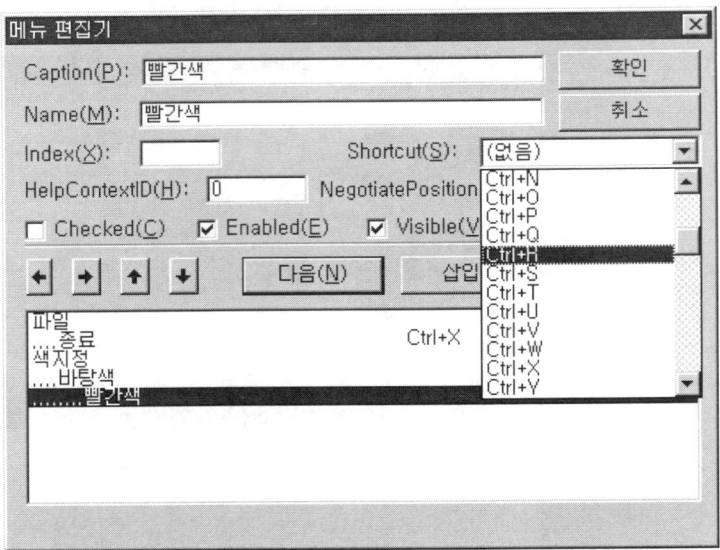

12 같은 방법으로 그림과 같이 "파란색", "녹색", "회색", "검정색" 메뉴를 만들고 각각 단축키를 지정한다.

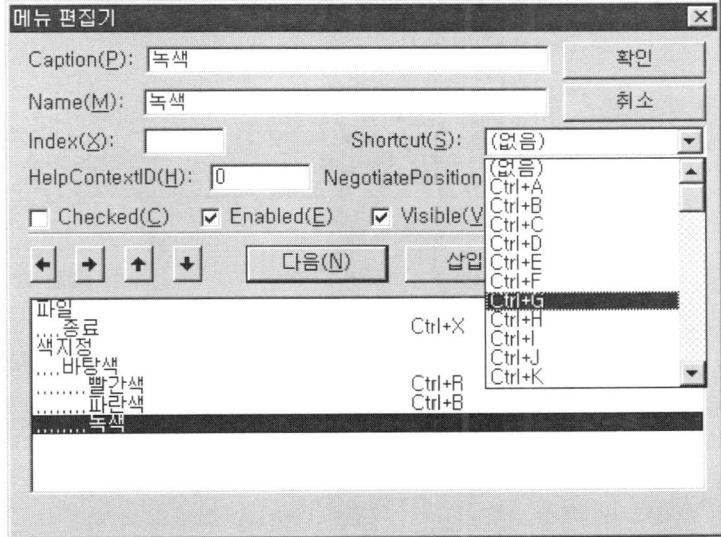

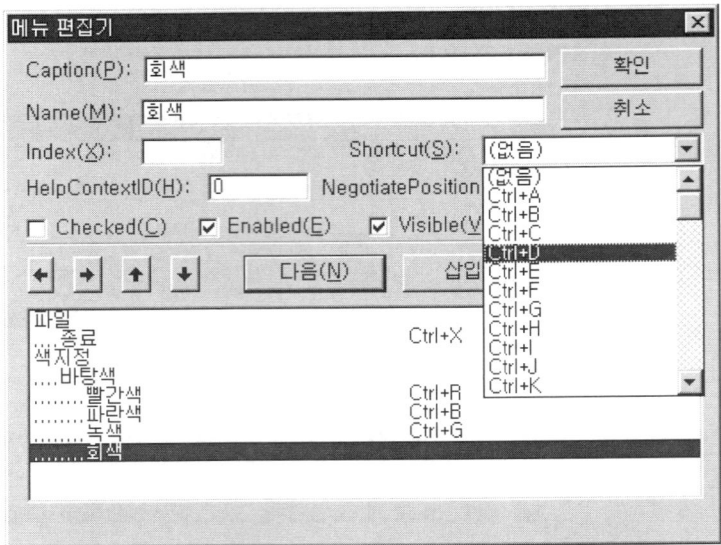

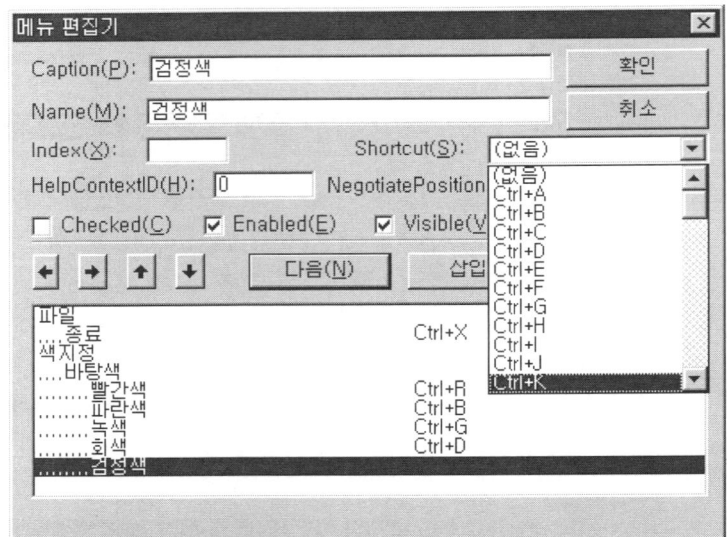

13 "←" 버튼을 이용하여 최상위 메뉴 상태로 하고, "창" 메뉴를 만든다.

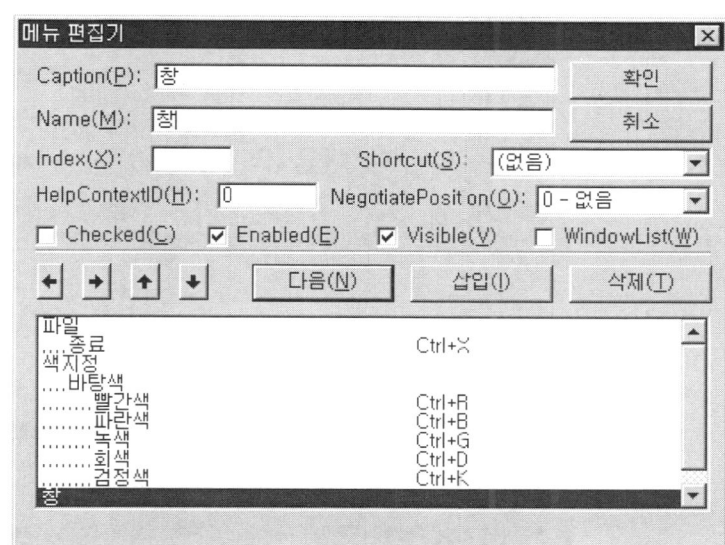

14 그림과 같이 "창" 메뉴의 하위 메뉴로 "아이콘", "전체화면", "화면복귀" 메뉴를 각각 만든다.

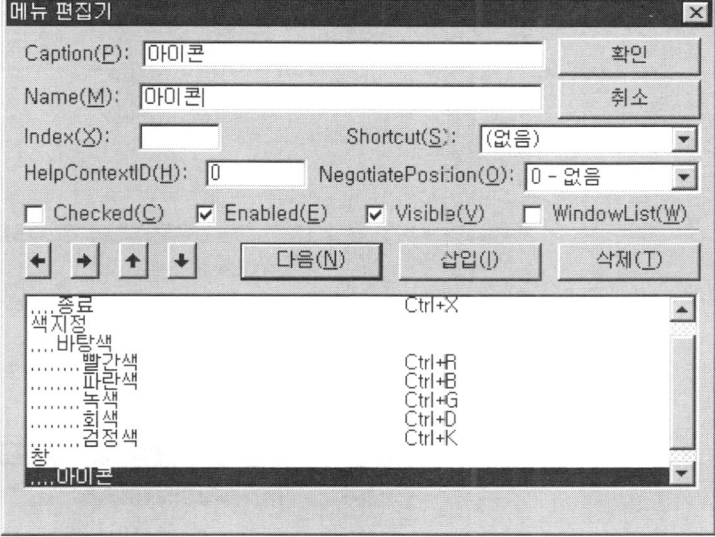

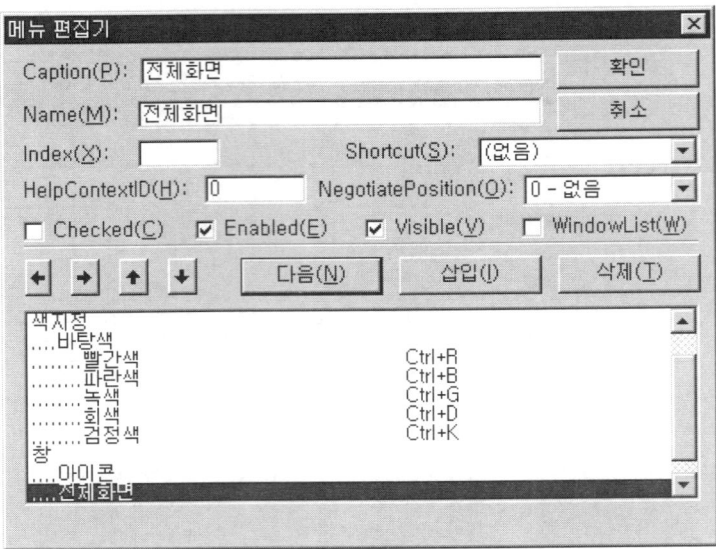

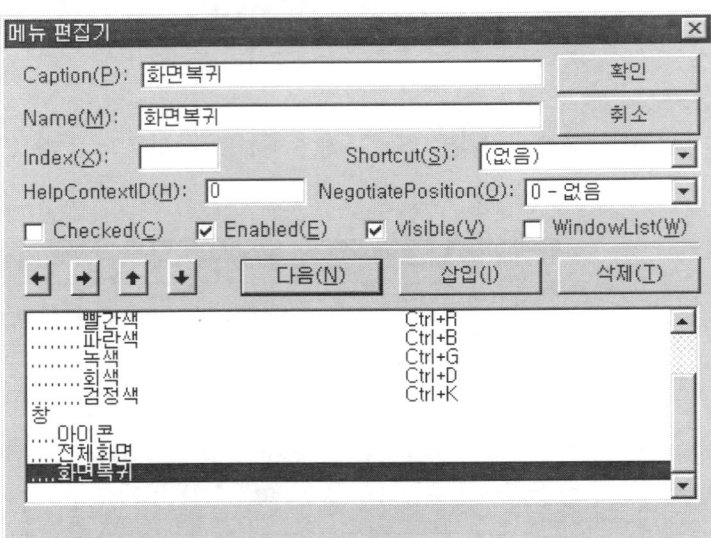

15 메뉴 편집기에서 "확인" 버튼을 클릭하면 그림과 같이 폼 보기 창에서 메뉴가 만들어진 것을 확인할 수 있다.

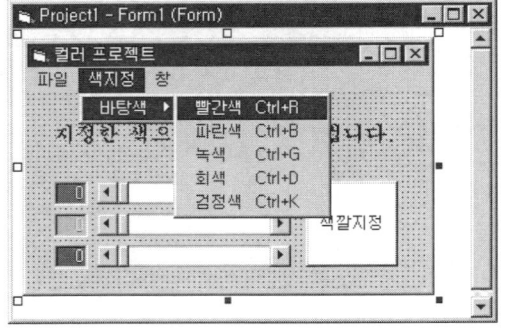

4. 메뉴 코딩하기

01 폼 보기 창에서 [파일 → 종료]를 클릭하면 종료_Click() 루틴이 만들어진다. "종료" 명령을 실행하면 폼이 닫히도록 Uload Me 명령을 삽입한다.

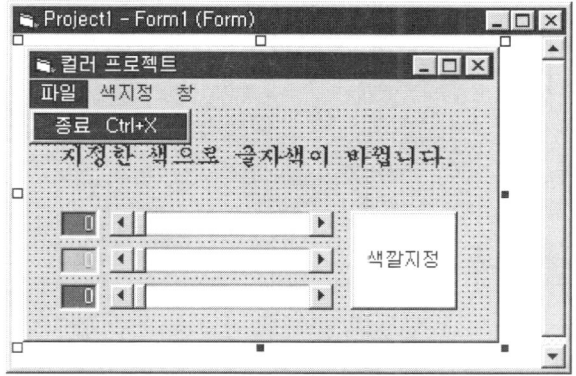

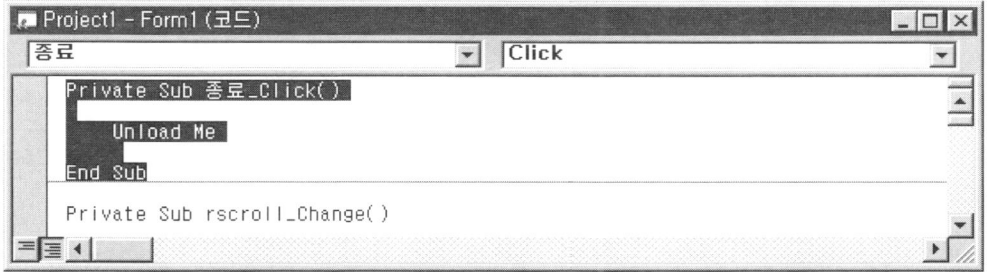

02 폼 보기 창에서 [색지정 → 바탕색 → 빨간색]을 클릭하여 빨간색_Click() 루틴을 만든다.

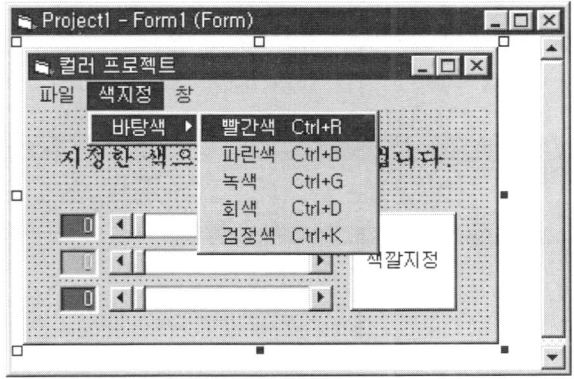

03 "form1" 객체를 확장하여 그림과 같이 "BackColor"를 선택한다.

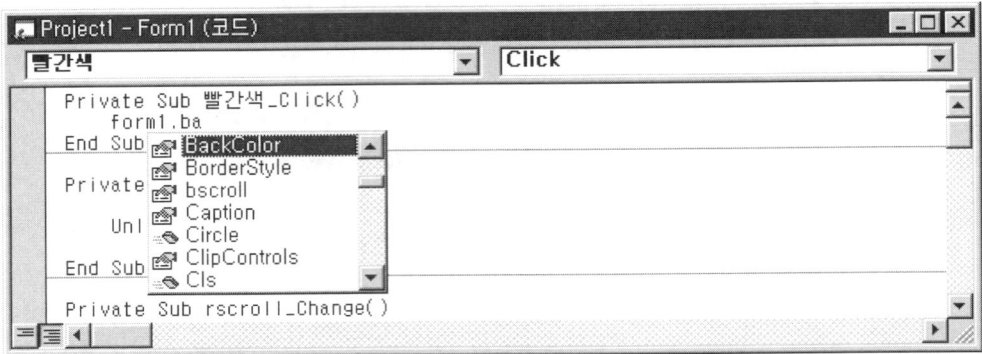

04 폼의 배경색에 빨간색을 대입시키기 위해 RGB() 함수를 사용한다.

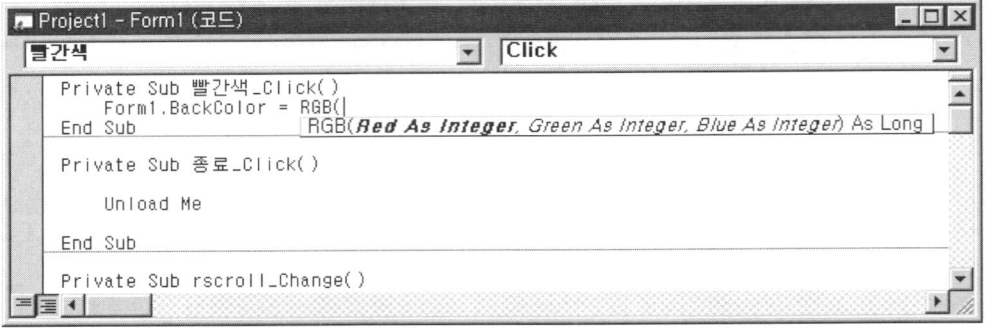

05 빨간색의 경우 Red가 255이고 나머지 Green과 Blue는 모두 0이므로 그림과 같이 코딩한다.

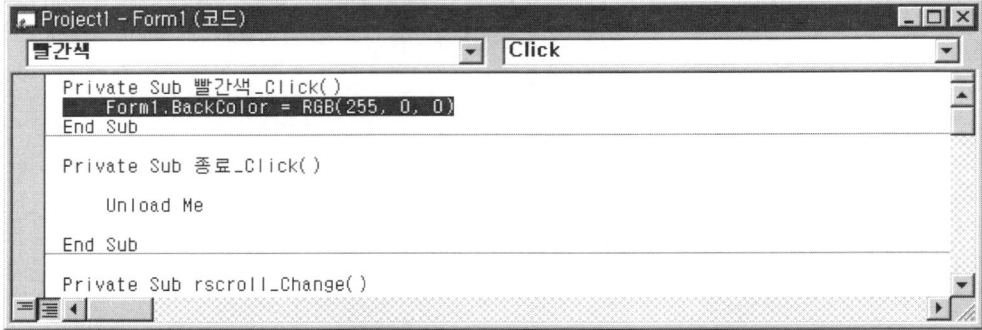

06 같은 방법으로 파란색_Click() 루틴을 작성한다.

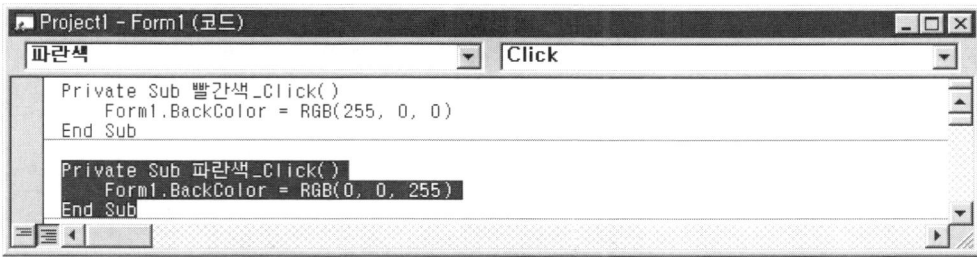

07 같은 방법으로 녹색_Click() 루틴을 작성한다.

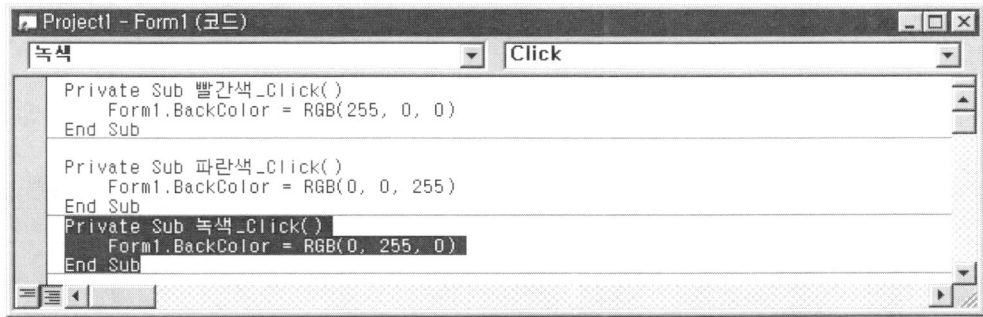

08 같은 방법으로 그림과 같이 "회색", "검정색"에 대한 루틴을 작성한다.

09 폼 보기 창에서 [창 → 아이콘]을 클릭하여 아이콘_Click() 루틴을 작성한다.

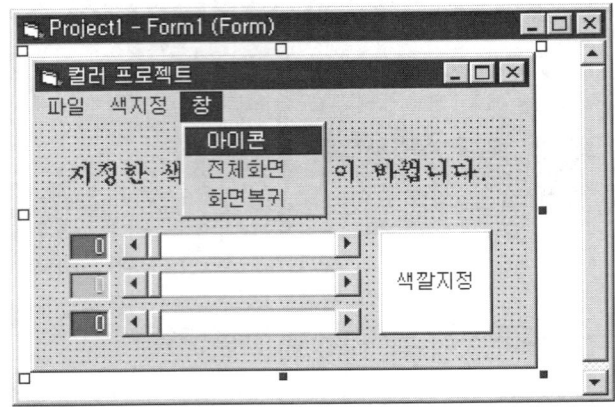

10 Form1을 확장하여 WindowSafe를 선택한다.

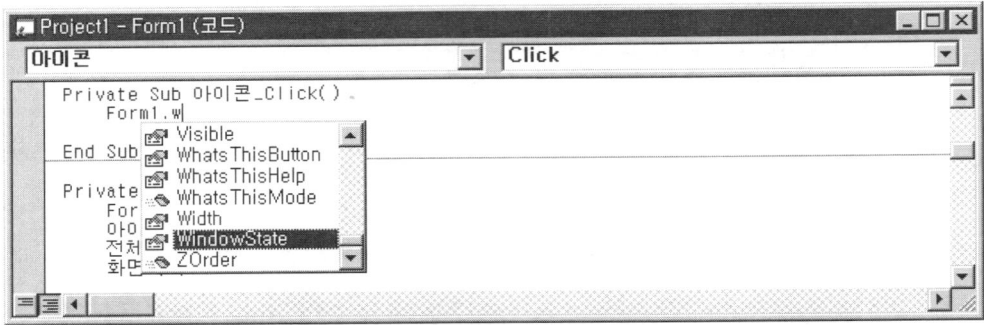

11 윈도우 창을 아이콘화할 때는 WindowState 값이 1일 때이다.

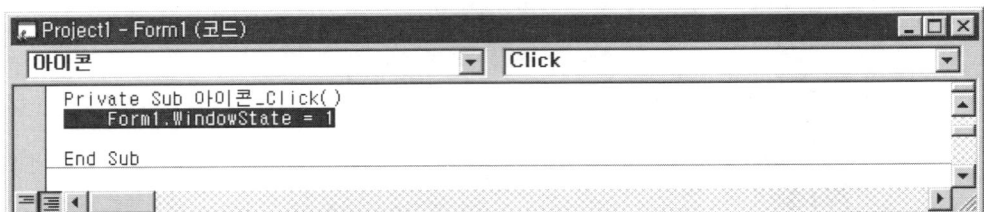

12 아이콘화되면 아이콘 명령을 실행할 수 없게 아이콘의 Enabled값을 False로 설정하고 나머지는 True로 설정한다.

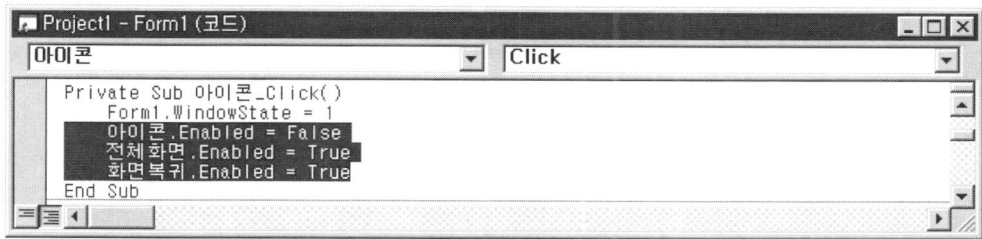

13 같은 방법으로 전체화면_Clik₩ck() 루틴과 화면복귀_Click() 루틴을 그림과 같이 작성한다. 전체화면 상태는 WindowState값이 2일 때이고, 화면복귀 상태는 WindowState 값이 0일 때이다.

14 지금까지 작업한 프로젝트와 폼을 저장한다.

5. 실험하기

01 [실행 → 시작] 명령을 실행하여 컬러 프로젝트를 실험해보자.

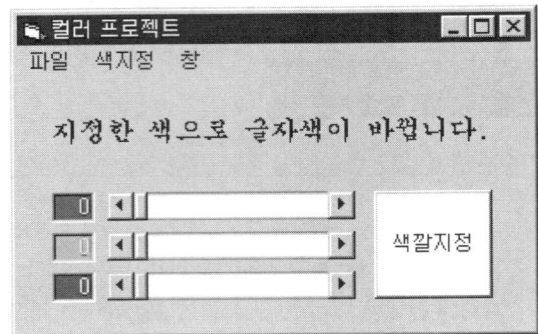

02 스크롤바나 입력상자를 이용하여 그림과 같이 RGB 값을 설정한다. 그러면 그림과 같이 색깔지정 버튼의 바탕색이 지정한 색깔로 바뀔 것이다.

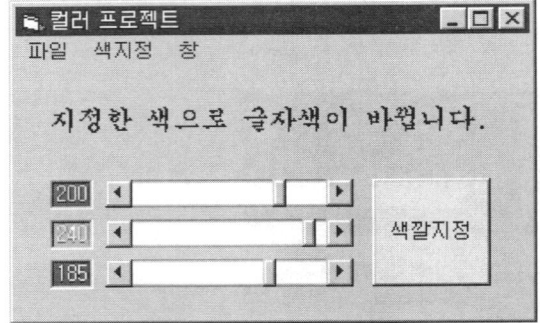

03 "색깔지정" 버튼을 클릭하면 색깔지정 버튼의 바탕색이 Label로 된 글자색에 적용 된다.

04 이번에 메뉴에서 [색지정 → 바탕색 → 빨간색]명령을 실행해보자.

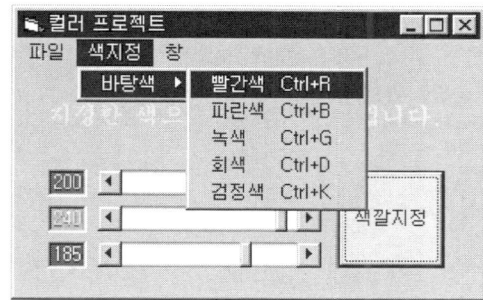

05 폼의 바탕색이 빨간색으로 변한다.

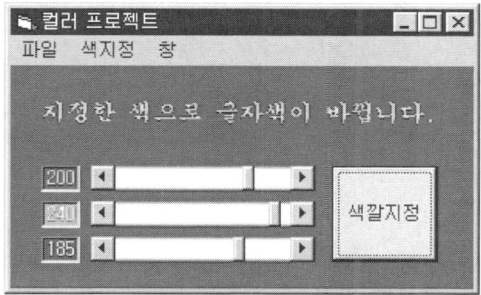

06 [창 → 전체화면] 명령을 실행하면 그림과 같이 폼이 Full Screen 상태로 바뀐다.

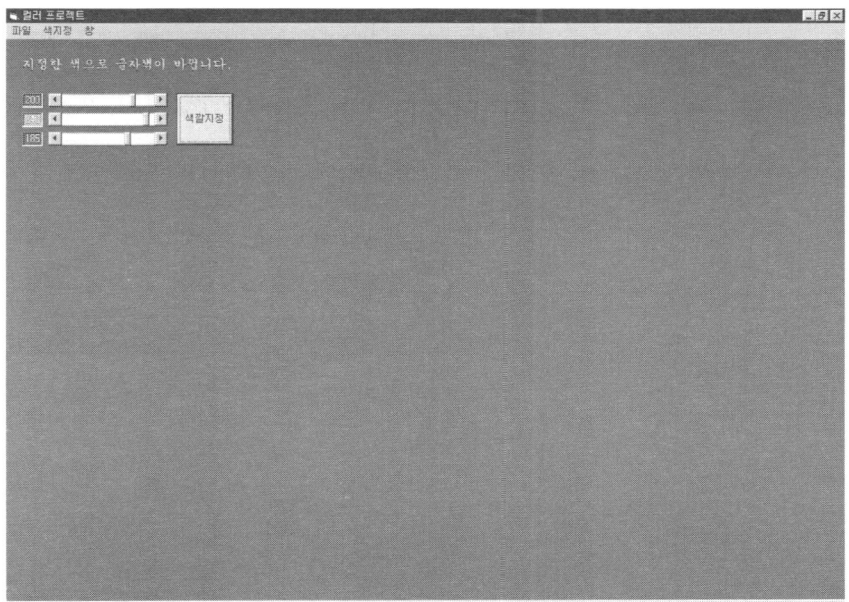

07 [창 → 화면복귀] 명령을 실행해보자.

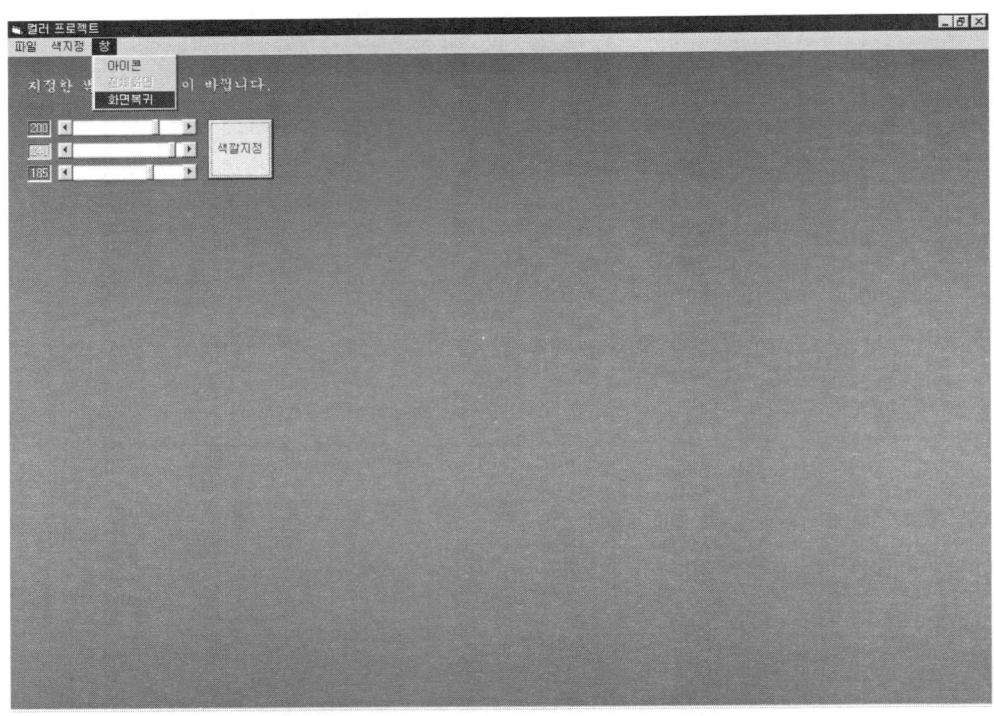

08 끝으로 [파일 → 종료] 명령을 실행하거나 단축키 [Ctrl+X]를 실행하면 컬러 프로젝트가 종료된다.

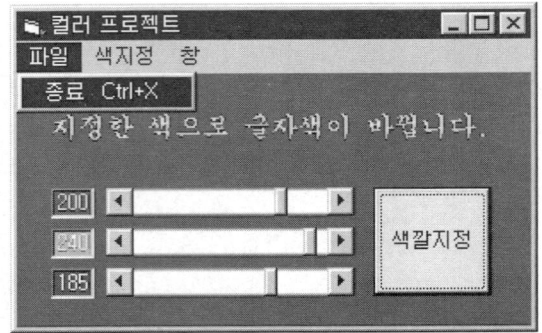

6. 컬러 프로젝트 전체 소스코드

폼 소스코드

```
VERSION 5.00
Begin VB.Form Form1
Caption = "컬러 프로젝트"
ClientHeight = 2265
ClientLeft = 165
ClientTop = 735
ClientWidth = 4500
LinkTopic = "Form1"
ScaleHeight = 2265
ScaleWidth = 4500
StartUpPosition = 3 'Windows 기본값
Begin VB.CommandButton 색깔지정
BackColor = &H00FFFFFF&
Caption = "색깔지정"
Height = 975
Left = 3120
Style = 1 '그래픽
TabIndex = 7
Top = 1020
Width = 1035
End
Begin VB.HScrollBar bscroll
Height = 255
LargeChange = 10
Left = 780
Max = 255
TabIndex = 6
Top = 1740
Width = 2175
End
Begin VB.HScrollBar gscroll
Height = 255
LargeChange = 10
Left = 780
Max = 255
TabIndex = 5
Top = 1380
Width = 2175
End
```

```
Begin VB.HScrollBar rscroll
   Height = 255
   LargeChange = 10
   Left = 780
   Max = 255
   TabIndex = 4
   Top = 1020
   Width = 2175
End
Begin VB.TextBox b
   Alignment = 1 '오른쪽 맞춤
   BackColor = &H00FF0000&
   ForeColor = &H00FFFFFF&
   Height = 270
   Left = 300
   TabIndex = 3
   Text = "0"
   Top = 1740
   Width = 375
End
Begin VB.TextBox g
   Alignment = 1 '오른쪽 맞춤
   BackColor = &H0000C000&
   ForeColor = &H00FFFFFF&
   Height = 270
   Left = 300
   TabIndex = 2
   Text = "0"
   Top = 1380
   Width = 375
End
Begin VB.TextBox r
   Alignment = 1 '오른쪽 맞춤
   BackColor = &H000000FF&
   ForeColor = &H00FFFFFF&
   Height = 270
   Left = 300
   TabIndex = 1
   Text = "0"
   Top = 1020
```

```
      Width = 375
   End
   Begin VB.Label Label1
      BackStyle = 0 '투명
      Caption = "지정한 색으로 글자색이 바뀝니다."
      BeginProperty Font
         Name = "궁서체"
         Size = 12
         Charset = 129
         Weight = 400
         Underline = 0 'False
         Italic = 0 'False
         Strikethrough = 0 'False
      EndProperty
      Height = 375
      Left = 300
      TabIndex = 0
      Top = 360
      Width = 3915
   End
   Begin VB.Menu 파일
      Caption = "파일"
      Begin VB.Menu 종료
         Caption = "종료"
         Shortcut = ^X
      End
   End
   Begin VB.Menu 색지정
      Caption = "색지정"
      Begin VB.Menu 바탕색
         Caption = "바탕색"
         Begin VB.Menu 빨간색
            Caption = "빨간색"
            Shortcut = ^R
         End
         Begin VB.Menu 파란색
            Caption = "파란색"
            Shortcut = ^B
         End
         Begin VB.Menu 녹색
```

```
         Caption = "녹색"
         Shortcut = ^G
      End
      Begin VB.Menu 회색
         Caption = "회색"
         Shortcut = ^D
      End
      Begin VB.Menu 검정색
         Caption = "검정색"
         Shortcut = ^K
      End
   End
End
Begin VB.Menu 창
   Caption = "창"
   Begin VB.Menu 아이콘
      Caption = "아이콘"
   End
   Begin VB.Menu 전체화면
      Caption = "전체화면"
   End
   Begin VB.Menu 화면복귀
      Caption = "화면복귀"
   End
End
End
Attribute VB_Name = "Form1"
Attribute VB_GlobalNameSpace = False
Attribute VB_Creatable = False
Attribute VB_PredeclaredId = True
Attribute VB_Exposed = False
```

루틴 소스코드

```
Private Sub 빨간색_Click()
Form1.BackColor = RGB(255, 0, 0)
End Sub
Private Sub 파란색_Click()
Form1.BackColor = RGB(0, 0, 255)
End Sub
Private Sub 녹색_Click()
Form1.BackColor = RGB(0, 255, 0)
End Sub
Private Sub 회색_Click()
Form1.BackColor = RGB(200, 200, 200)
End Sub
Private Sub 검정색_Click()
Form1.BackColor = RGB(0, 0, 0)
End Sub
Private Sub 종료_Click()
Unload Me
End Sub
Private Sub 아이콘_Click()
Form1.WindowState = 1
아이콘.Enabled = False
전체화면.Enabled = True
화면복귀.Enabled = True
End Sub
Private Sub 전체화면_Click()
Form1.WindowState = 2
아이콘.Enabled = True
전체화면.Enabled = False
화면복귀.Enabled = True
End Sub
Private Sub 화면복귀_Click()
Form1.WindowState = 0
아이콘.Enabled = True
전체화면.Enabled = True
화면복귀.Enabled = False
End Sub
Private Sub rscroll_Change()
r.Text = rscroll.Value
palette1
End Sub
```

```
Private Sub gscroll_Change()
g.Text = gscroll.Value
palette1
End Sub
Private Sub bscroll_Change()
b.Text = bscroll.Value
palette1
End Sub
Public Sub palette1()
색깔지정.BackColor = RGB(rscroll.Value, gscroll.Value, bscroll.Value)
End Sub

Private Sub r_Change()
If Val(r) > 255 Then
r = 255
ElseIf Val(r) < 0 Then
r = 0
End If
rscroll.Value = Val(r.Text)
palette1
End Sub
Private Sub g_Change()
If Val(g) > 255 Then
g = 255
ElseIf Val(g) < 0 Then
g = 0
End If
gscroll.Value = Val(g.Text)
palette1
End Sub
Private Sub b_Change()
If Val(b) > 255 Then
b = 255
ElseIf Val(b) < 0 Then
b = 0
End If
bscroll.Value = Val(b.Text)
palette1
End Sub
Private Sub 색깔지정_Click()
Label1.ForeColor = 색깔지정.BackColor

End Sub
```

비주얼 베이직 초보 탈출하기

Part 02 DB 프로젝트

비주얼 베이직으로 DB를 만드는 방법은 매우 다양하다.
비주얼 베이직을 이용하여 DB 프로그램을 만드는 방법을 크게 두 가지로 나누어 볼 수 있는데 Data나 Adodc같은 DBControl을 사용하는 방법과 DBControl없이 SQL언어를 사용하는 방법이 있다.
위의 두가지 방법 중 명함관리 프로젝트에서는 DB 프로젝트의 입문이라는 의미에서 DBControl을 활용하는 방법을 사용한다.
DBControl을 사용하는 방밭에서도 다양한 방법론이 있다. 그 중에서도 일반 실무에서 가장 빠르고, 가장 쉬운 방법으로는 "자동화 폼" 방식이다.
이 방식을 사용하면 굳이 뛰어난 프로그래머가 아니더라도, 비주얼 베이직 언어를 많이 알지 못해도, 쉽게 폼을 작성하여 실무에 활용할 수 있다.
이 방식을 익히고 나면 어떤 DB이건 10분 이내에 자동으로 입력, 수정, 삭제 기능이 있는 DB 프로그램을 만들 수 있다.

Chapter 07 DB 프로젝트 – 명함관리 프로젝트

1. DB 프로젝트 시작하기

01 새 프로젝트로 "데이터 프로젝트"를 선택하고 "열기" 버튼을 클릭한다.

02 툴바를 살펴보면 "표준.EXE"와는 달리 데이터어 관한 툴들이 추가되어 있음을 알 수 있다.

03 [파일 → 프로젝트 저장] 명령을 실행하면, 폼 파일을 저장하는 대화상자가 나타난다. 그림과 같이 파일을 저장할 폴더를 만들고, 폼 파일명을 "명함관리폼1.frm"으로 저장한다.

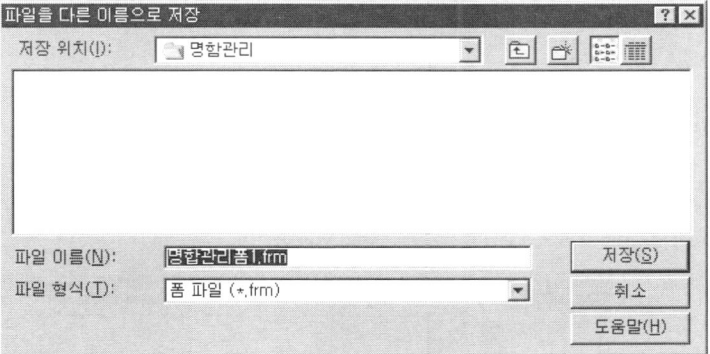

04 폼 파일을 저장하고 나면, DataEnvironment1.Dsr이라는 디자이너 파일을 저장한다. 이 파일을 저장된 데이터에 대한 리포터를 작성할 때 사용하는 DB 환경 파일이다.

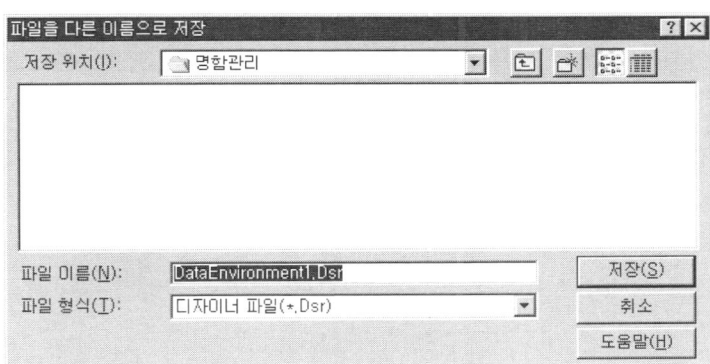

05 리포터 파일인 DataReport1.Dsr 파일을 저장한다.

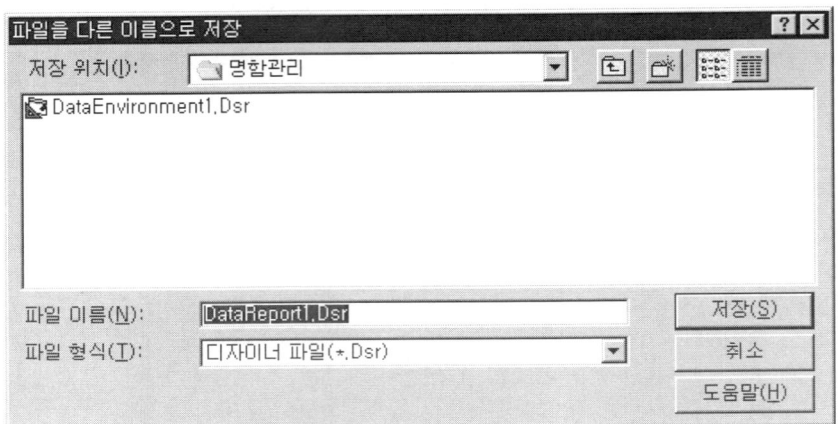

 데이터 리포트와 크리스털 리포트

비주얼 베이직 6.0 이상에서는 과거의 "크리스털 리포트" 대신에 "데이터 리포트"를 제공한다.
그렇다고해서 크리스털 리포트를 전혀 사용하지 못하는 것은 아니다. 하지만 크리스털 리포트를
사용하려면 독립 프로그램처럼 별도로 환경설정을 하거나 설치할 필요가 있다. 물론 크리스털 리포트보다
데이터 리포트가 훨씬 더 진보적이다. 리포트 폼을 작성하는 방법도 깔끔하고, 편리하다.

06 마지막으로 프로젝트 파일을 저장하는데, 파일 이름을 "명함관리프로젝트1.vbp"로 한다.

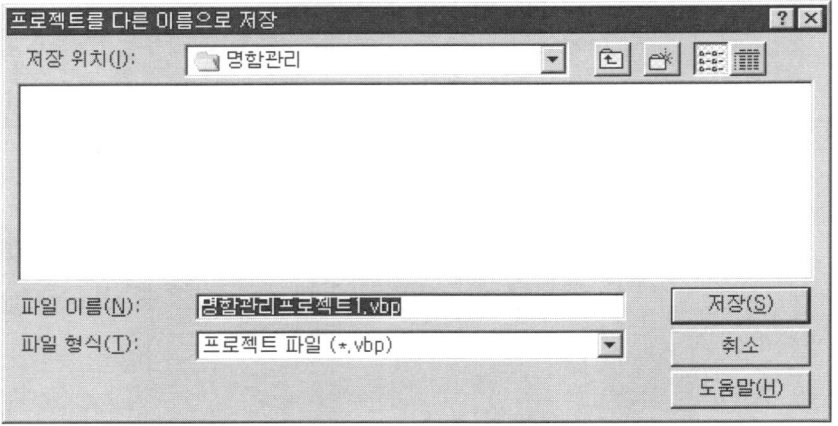

07 파일을 모두 저장하고 나면, 그림과 같이 폼 하나와 두 개의 디자이너로 프로젝트가 구성된다.

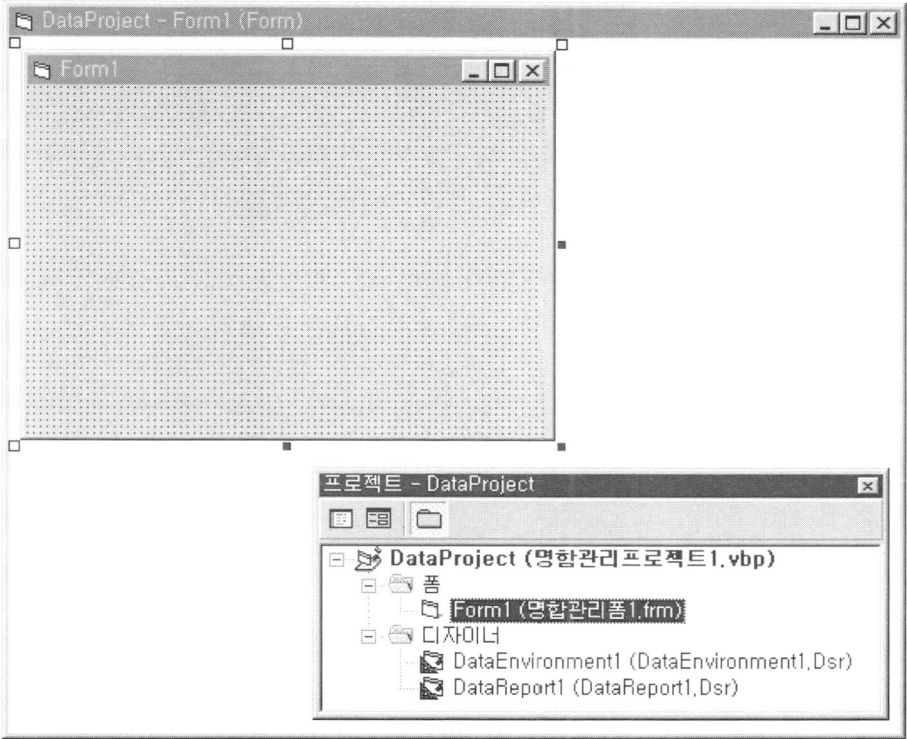

2. 테이블 만들기 - 비주얼 데이터 관리자(VisData)

일반적으로 대형 RDBMS가 요구되는 대형 프로젝트가 아닌 이상, 오피스 정도의 규모에서는 Access DB를 DB 파일로 가장 많이 사용한다.
오피스정도의 규모라 하면 약3만여건의 레코드이면 충분하다고 판단되는 프로젝트를 말한다. 예를들어 명함관리, 인사관리, 물류관리, 회원관리 등을 들 수 있는데 이들 프로젝트로 경우에 따라서는 그 규모가 달라질 수도 있다. 대부분 지역 네트워크에서 이루어지는 경우는 오피스 정도의 규모로 보면된다.

윈도우 시스템이 발달하기 이전에는 마땅한 DB 파일을 선택하기가 어려웠다. 그래서 대부분 텍스트나 인덱스 파일 방식을 많이 사용해 왔다.
그러나 최근 몇 년동안 급속한 컴퓨터의 성장으로 더이상 비효율적인 텍스트 방식의 DB를 사용할 이유가 없어졌다. 그 대표적인 등장이 MS Access이다. MS Access DB를 사용하면 개발당시에도 편리하지만, 무엇보다도 MS Office와의 연동이 부드러워 개발후에도 최종 사용자가 손쉽게 DB 파일을 확장사용할 수 있어 호환성이 월등하다. 이러한 이유로 이제는 MS Access가 DB 프로젝트의 표준 DB처럼 되어가고 있다.

MS Access를 DB로 하여 DB 파일을 만드는 방법으로는 두 가지를 생각할 수 있다. 하나는 MS Access 프로그램을 이용하는 방법이 있고, 또 하나는 비주얼 베이직에서 제공하는 "비주얼 데이터 관자자(VisData)"를 이용하는 방법이다.

이 두 방법 중 "비주얼 데이터 관자자(VisData)"를 사용하여 DB를 만들어 보도록 한다.

© Chapter 7 명함 관리 프로젝트

01 [추가기능 → 비주얼 데이터 관리자] 명령을 실행한다.

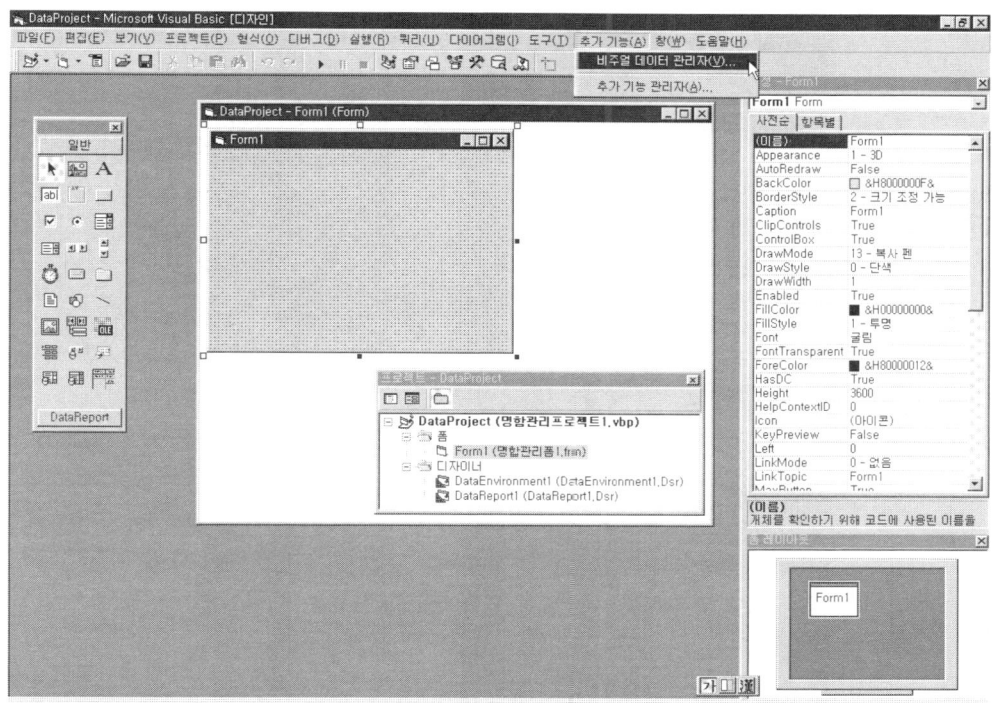

02 VisData 윈도우가 나타난다.

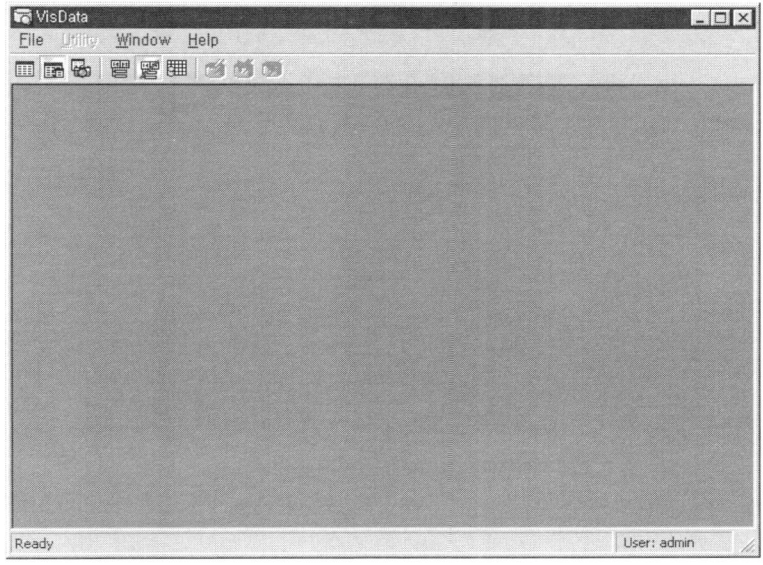

03 [File → New → Microsoft Access → Version 7.0 MDB]를 실행한다.

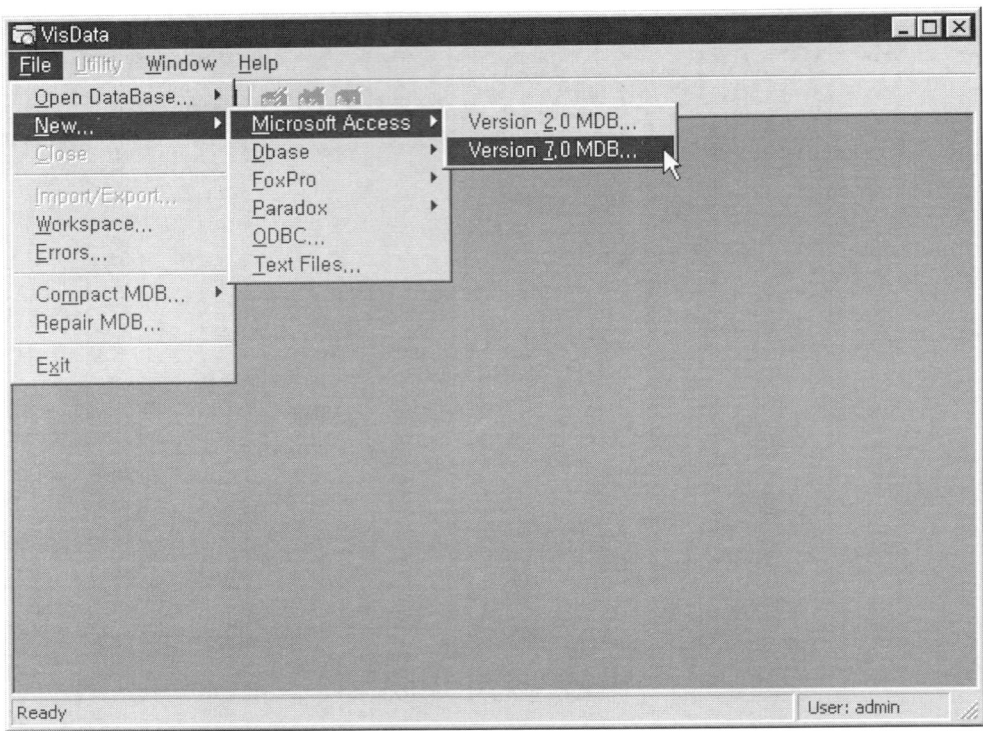

04 DB 파일 이름을 "명함1.mdb"로 데이터베이스 파일을 저장하여 만든다.

05 명함1 데이터베이스를 만들고 나면 그림과 같이 "Database Window"와 "SQL Statement" 창이 나타난다.

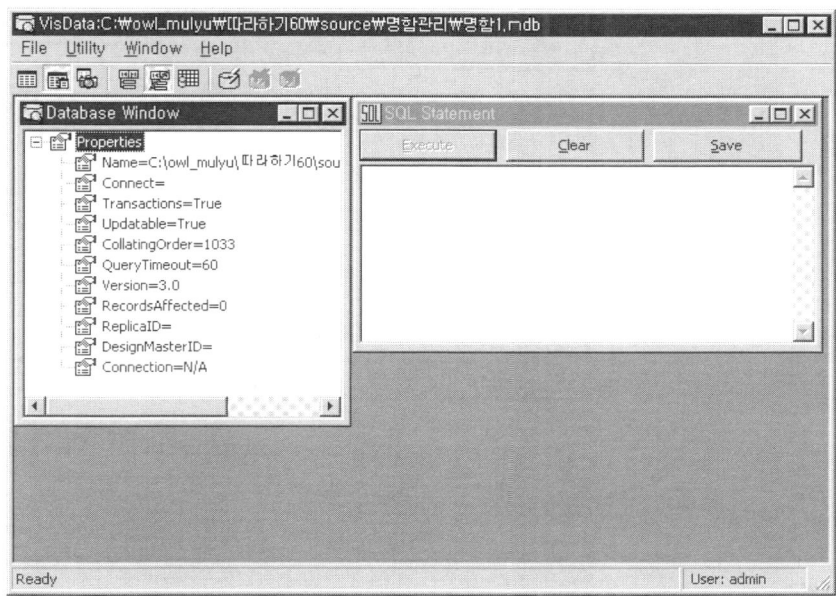

06 Database Window의 Properties에서 마우스 오른쪽 버튼을 클릭하고, New Table 명령을 실행한다.

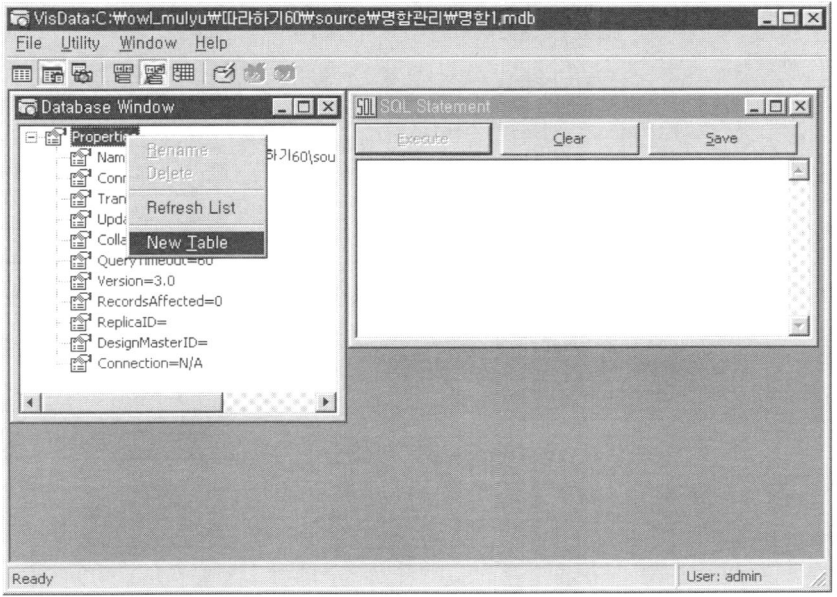

07 Table Structure 창이 나타난다. 이 창에서 테이블을 만든다.

08 Table Name을 "명함"이라고 입력한다.

09 그림과 같이 "Add Field" 버튼을 클릭한다.

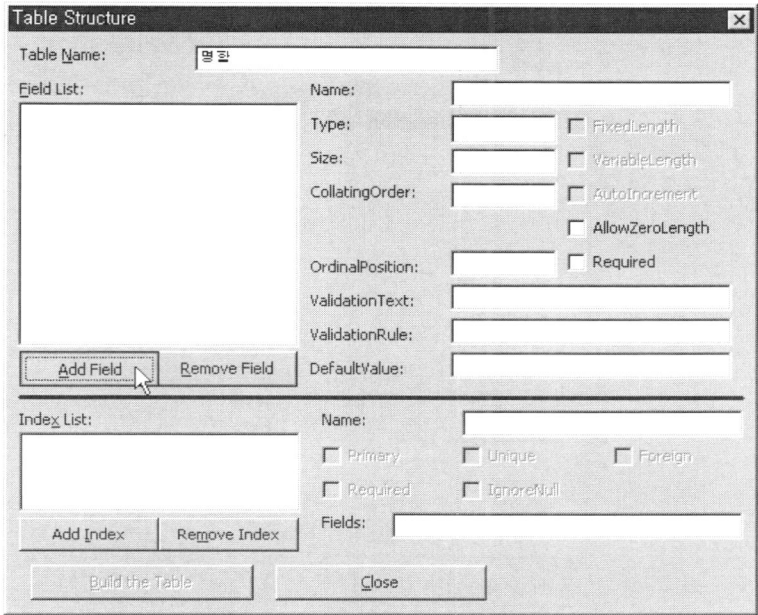

10 Add Field 대화상자가 나타나면, Name에 "이름"이라고 입력하고 Enter 키나 OK 버튼을 클릭한다.

11. Table Structure 창을 확인해보면 "이름"이라는 필드가 삽입되었음을 볼 수 있다.

12. 같은 방법으로 Add Field 대화상자에서 "생년월일", "성별", "전화번호1", "전화번호2", "주소", "소속", "직책", "나이", "비고"를 필드로 삽입한다. 원하는 필드를 모두 삽입하고 나면 Add Field 대화상자에서 Close 버튼을 클릭한다.

13 테이블을 모두 작성하였으면, 그림과 같이 "Build the Table" 버튼을 클릭하여 테이블을 생성시킨다. Table Structure에서는 필드를 삽입시키는 기능는 이외에 인덱스, Primary Key, Sequence 등 많은 기능들이 있다. 하지만 가능하면 비주얼 베이직에서 이러한 기능을 코딩으로 제어해주는 것이 좋다. 작업상의 능률이기도 하고, 예기치못한 에러가 DB에서 발생하면 최종 사용자나 개발자 모두 난감해지기 때문이다.

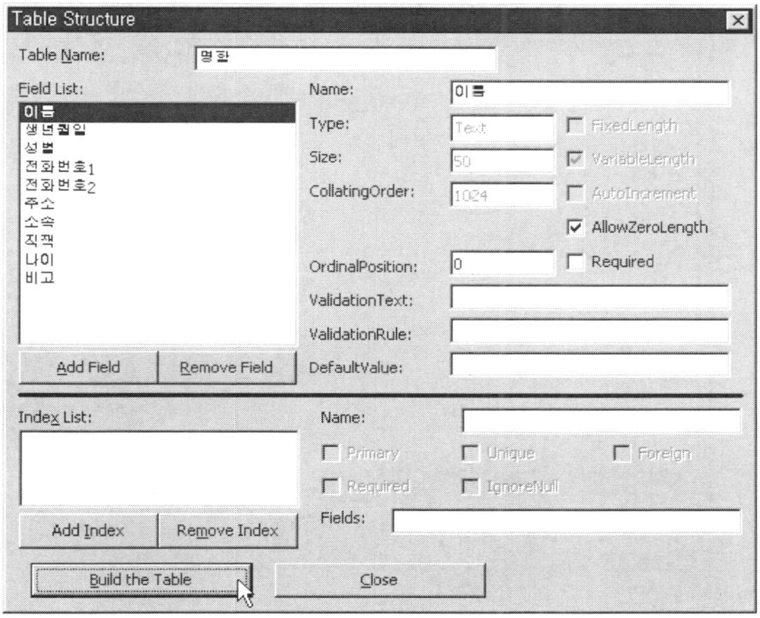

14 테이블을 모두 만든 후 Table Structure 창에서 Close 버튼을 클릭하면 그림과 같이 새로 만들어진 명함 테이블을 확인할 수 있다.

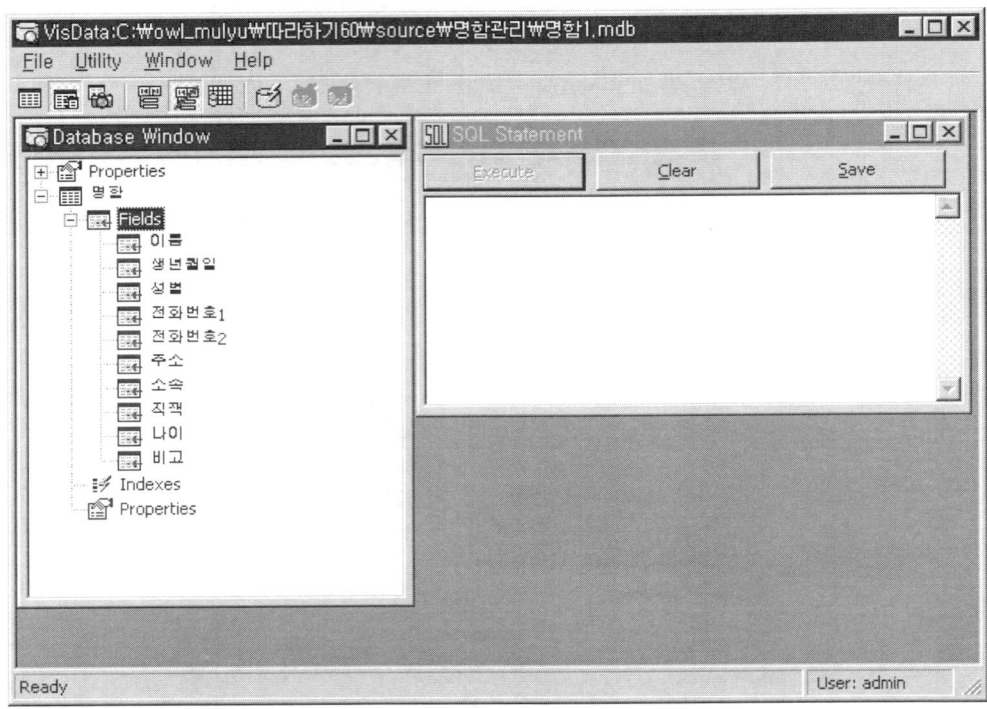

© Chapter 7 명함 관리 프로젝트

3. 테이블 열기

01 그림과 같이 Dynaset과 Data Control 사용안함 상태에서 명함 테이블을 연다.

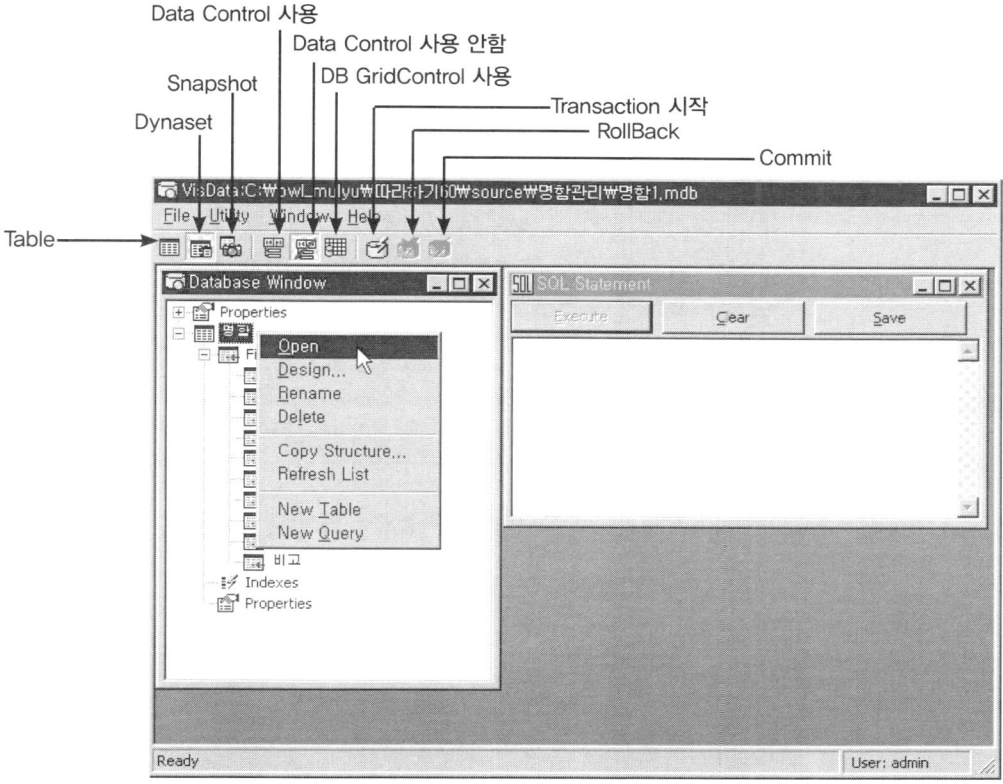

02 명함 테이블에 대한 폼이 그림과 같이 나타난다. 이 폼을 이용하면 데이터를 추가 삭제, 수정, 분류, 필터, 이동, 찾기 등 다양한 데이터 작업을 수행할 수 있다.

03 Add 버튼을 클릭하면 그림과 같이 데이터를 입력할 수 있게 된다.

F4 키를 누르면 현재 커서가 위치한 필드에 대해 자세히 볼 수 있는 대화상자가 나타난다.

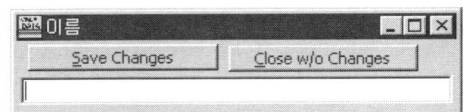

◎ Chapter 7 명함 관리 프로젝트

04 데이터를 입력하고 Update 버튼을 클릭하면, 그림과 같이 데이터가 등록된다. Data Control을 사용하지 않을 때는 하단에 있는 스크롤바로 레코드를 이동한다.

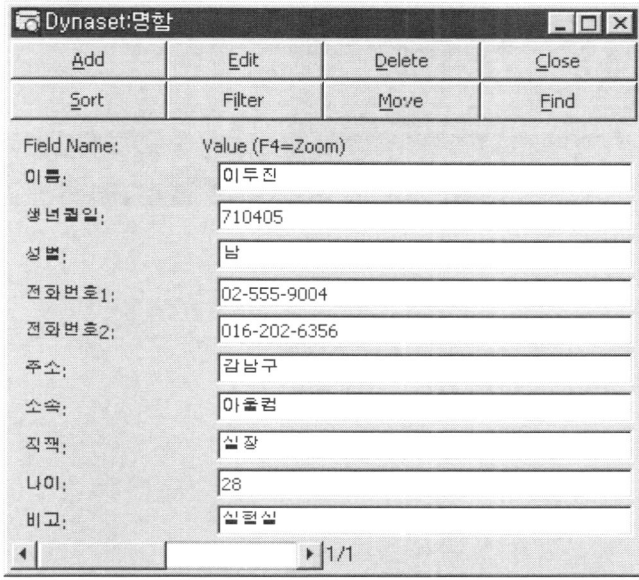

05 Data Control을 사용하여 테이블을 열면, 그림과 같이 하단에 Data Control이 있는 것을 볼 수 있다. 이 경우 이 Data Control을 이용해서 레코드를 이동할 수 있다.

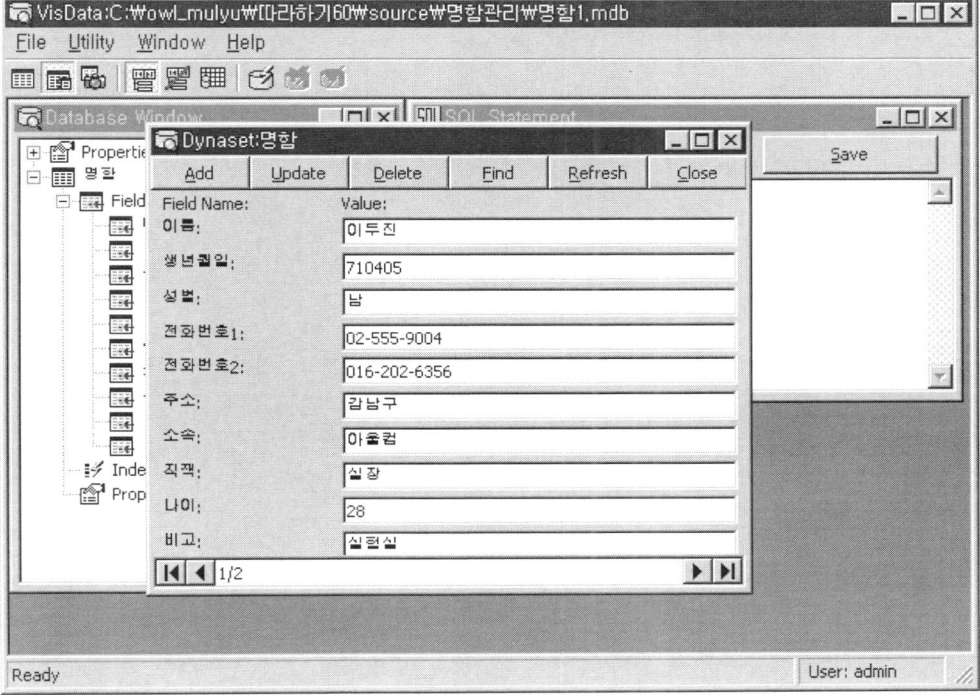

06 DBGrid를 사용하여 테이블을 열면, 테이블 방식으로 여러 개의 레코드를 동시에 열람할 수 있다. 하단에는 Data Grid Control이 있는 것을 확인할 수 있다.

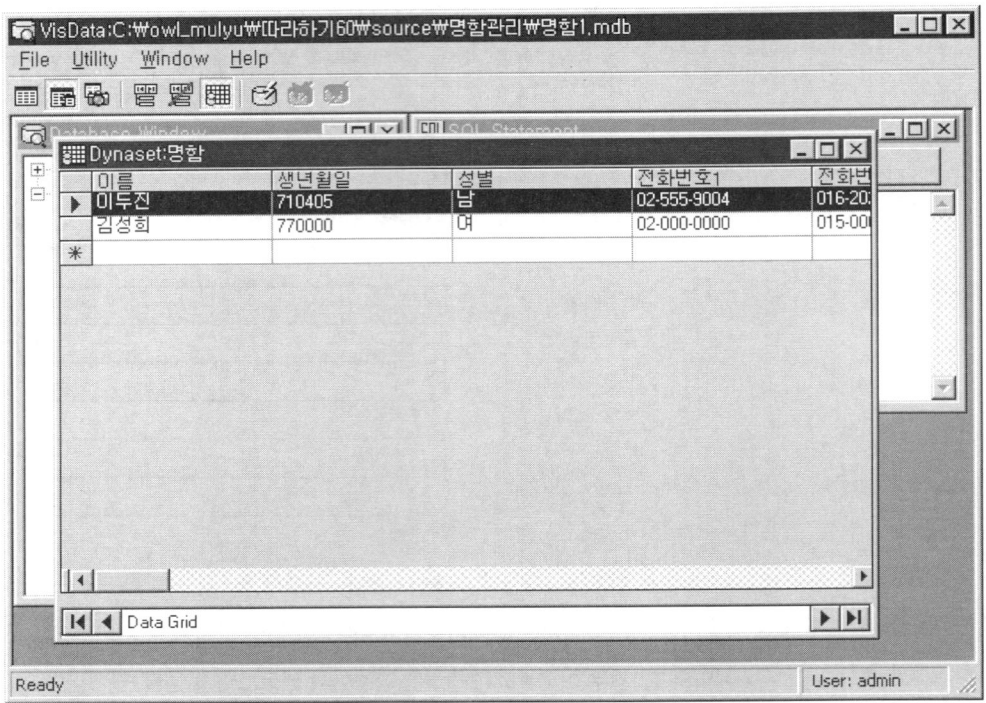

© Chapter 7 명함 관리 프로젝트

4. 자동화 폼 만들기

자동화 폼은 비주얼 데이터 관리자에서 Data Control을 사용하여 테이블을 열었을 때와 같은 폼이 만든다.
이 폼은 추가(Add), 수정(Update), 삭제(Delete), 최근정보로 고침(Refresh), 닫기(Close) 등 데이터 관리 폼에 필요한 기본 기능을 모두 갖추고 있다.

4.1 자동화 폼 시작

01 [Utility → Data Form Designer] 명령을 실행하여 자동화 폼을 시작한다.

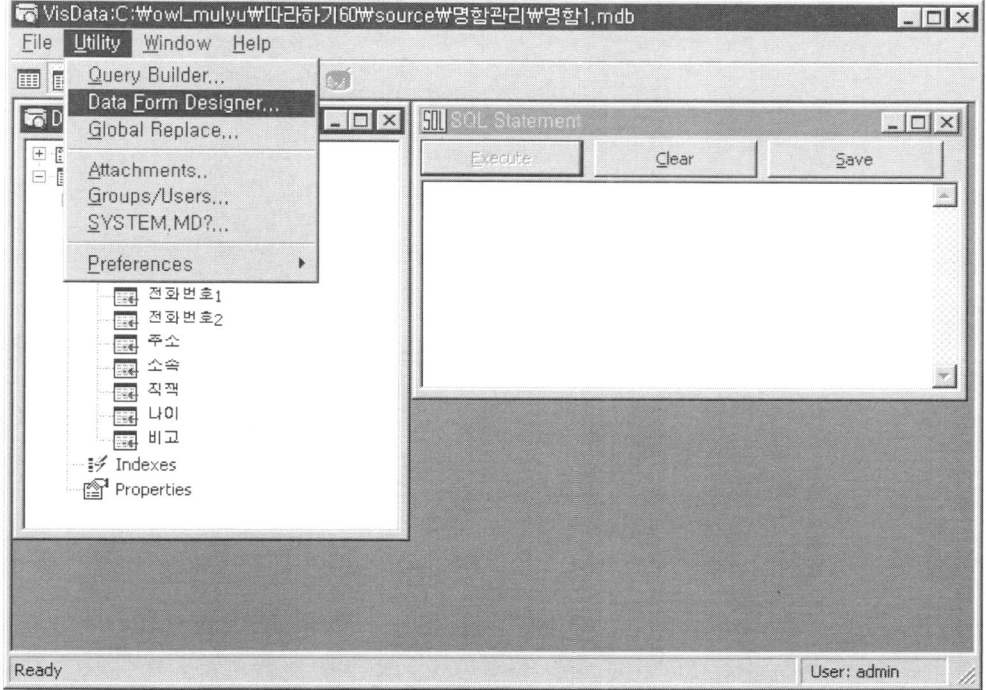

235

02 Data Form Designer 대화상자가 나타난다.

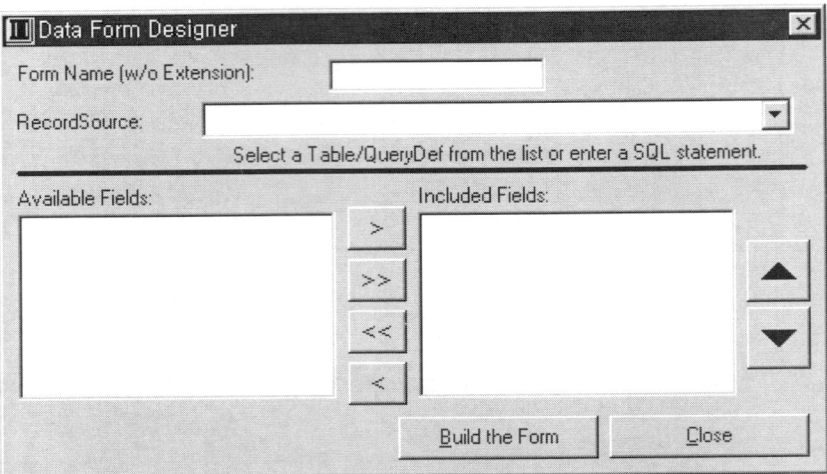

4.2 자동화 폼 이름 지정

03 Form Name으로 "명함관리"라고 입력한다.

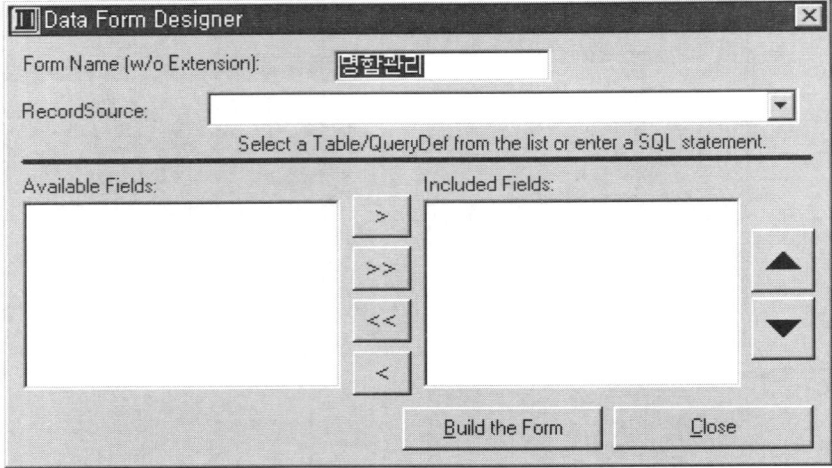

4.3 사용할 테이블 선택

04 RecordSource의 콤보상자를 클릭하면 사용할 수 있는 테이블 목록이 나타난다. 이 예제에서는 "명함" 테이블 하나를 만들었으므로 그림과 같이 나타난다. "명함" 테이블을 선택한다.

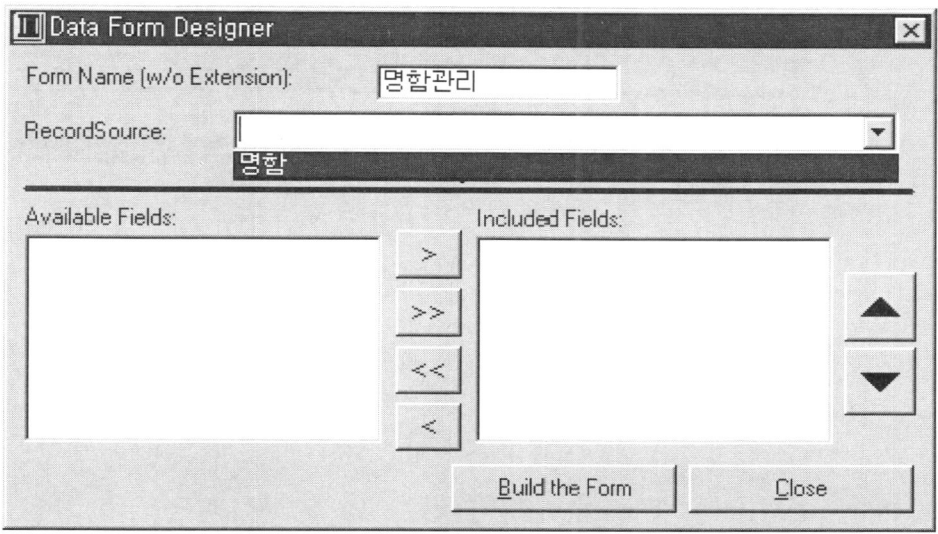

4.4 사용할 필드 추가

05 명함 테이블을 선택하면, 명함 테이블에 등록되어 있는 필드목록이 Available Fields 항목에 나타난다.

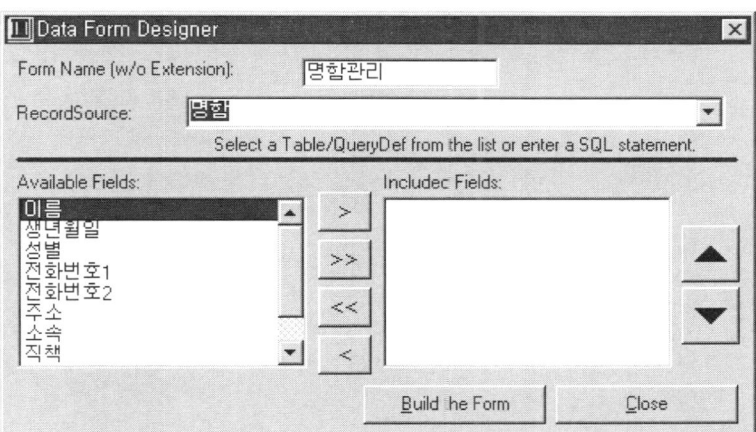

06 ">>"버튼을 클릭하면 모든 필드가 오른쪽에 있는 Included Fields로 이동된다. 경우에 따라서는 필요한 필드만 골라서 폼에 포함시킬 수도 있다.

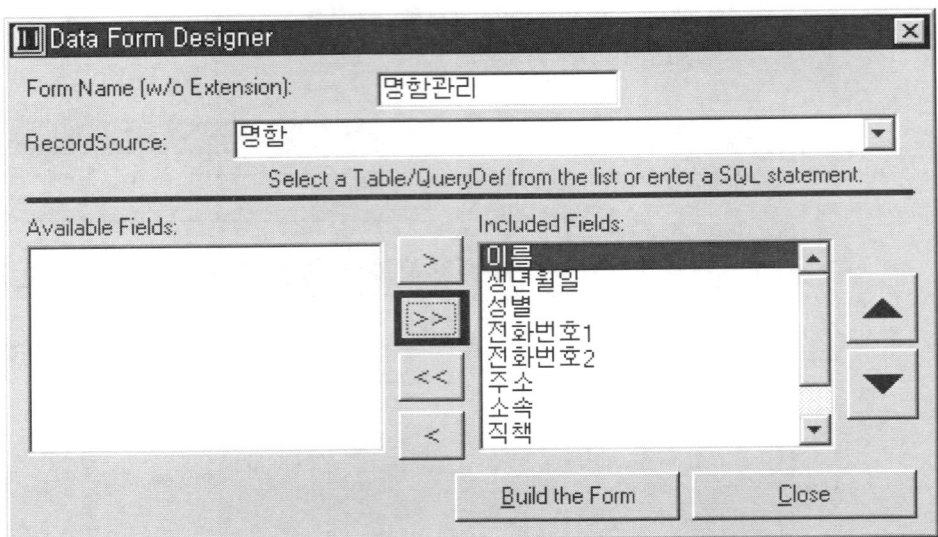

4.5 자동화 폼 개체명 변경

01 Data Form Designer 대화상자에서 "Build the Form" 버튼을 클릭하면 "frm명함관리"이라는 폼이 자동으로 만들어지고, 이 폼에 필요한 코딩도 자동으로 작성된다. 자동화폼이 다 작성되면, "Close" 버튼을 클릭하여 Data Form Designer 대화상자를 닫는다.

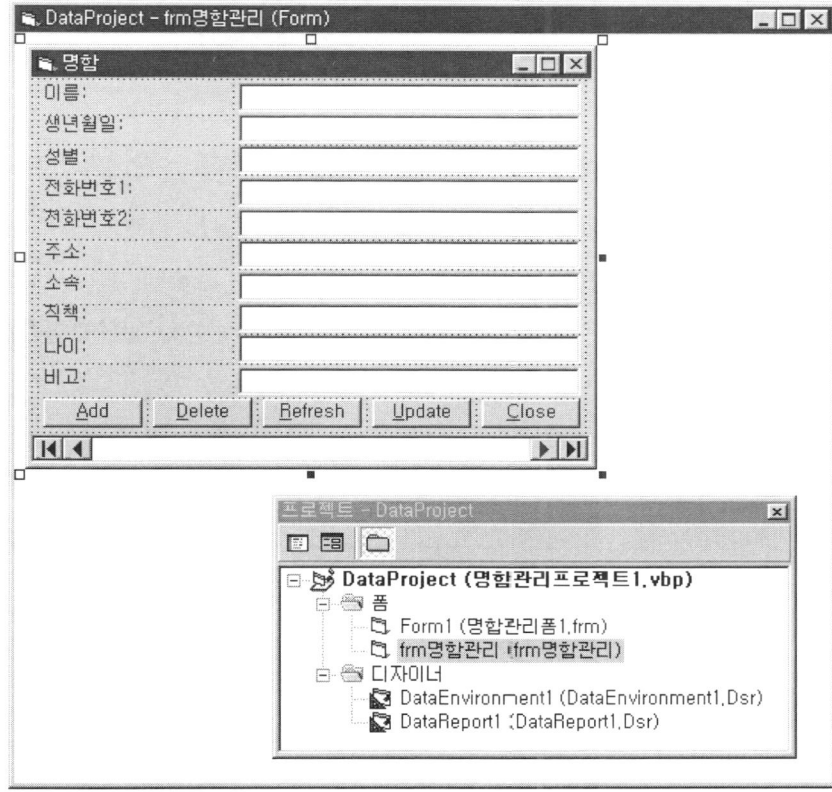

08 frm명함관리 폼을 선택하고, 폼 이름을 "명함관리'로 바꾼다.

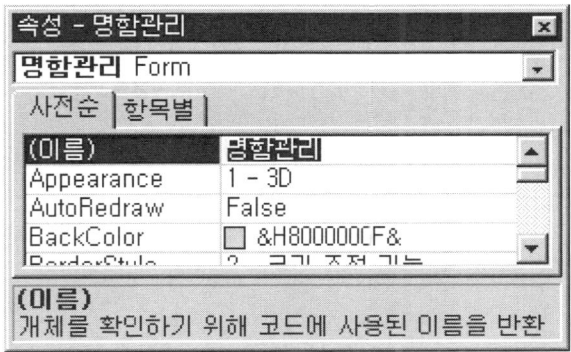

4.6 필요없는 폼 제거

09 "명함관리" 폼이 자동화로 만들어졌으므로 기존에 기본폼으로 만들어 놓았던 Firm1은 필요가 없게 되었다. 그림과 같이 마우스 오른쪽 버튼을 이용하여 "명함관리폼1.frm 제거" 명령을 실행한다.

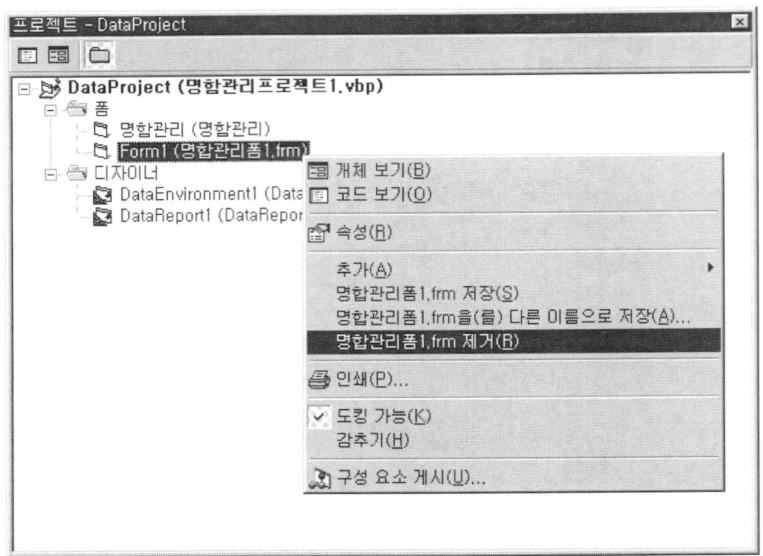

4.7 프로젝트 시작 개체 지정

10 DataProject에서 마우스 오른쪽 버튼을 클릭한다. "DataProject 속성" 명령을 실행 한다.

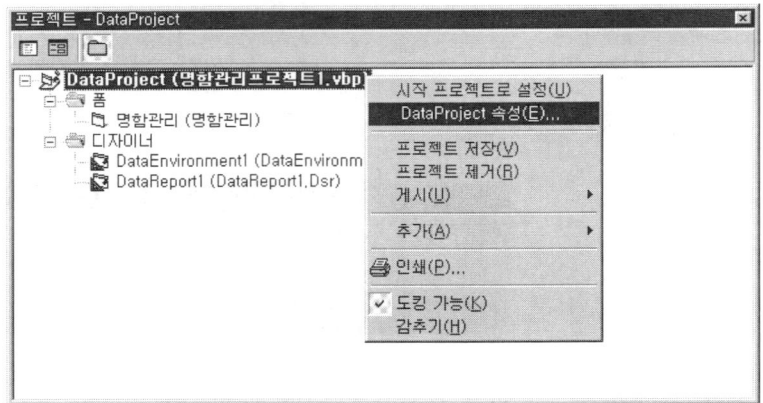

11 이 프로젝트를 컴파일하여 실행할 때, 가장 먼저 시작할 개체로 "명함관리" 폼을 선택한다. "확인" 버튼을 클릭한다.

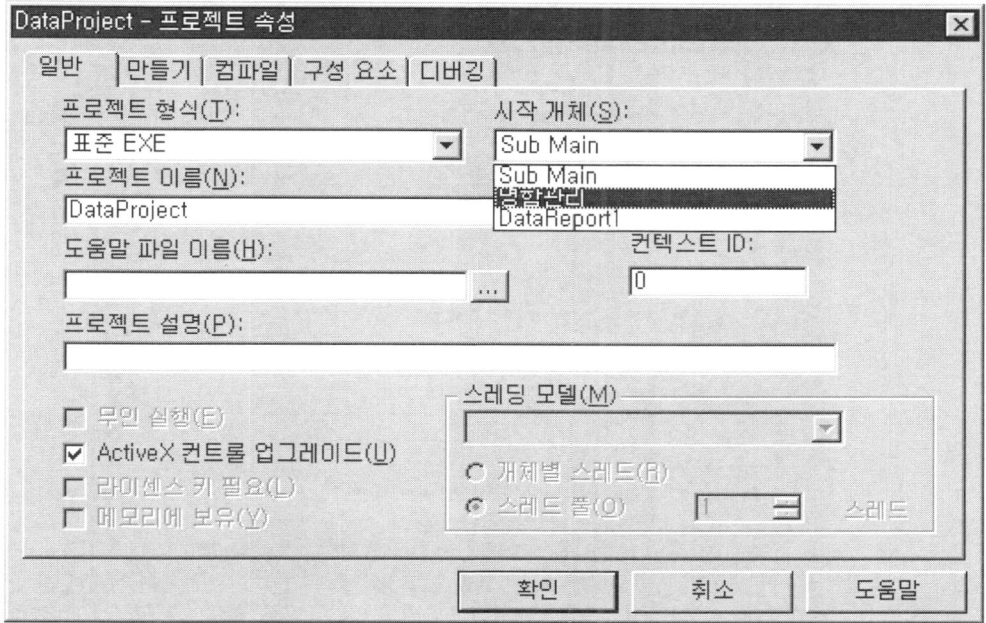

4.8 자동화 폼 저장

12 자동화 폼이 저장되어 있지 않으므로 그림과 같이 자동화 폼을 "명함관리.frm"으로 저장한다.

4.9 자동화 폼 실험하기

13 [실행 → 시작] 명령을 실행하여 지금까지 만든 명함관리 프로젝트를 실험해보자.

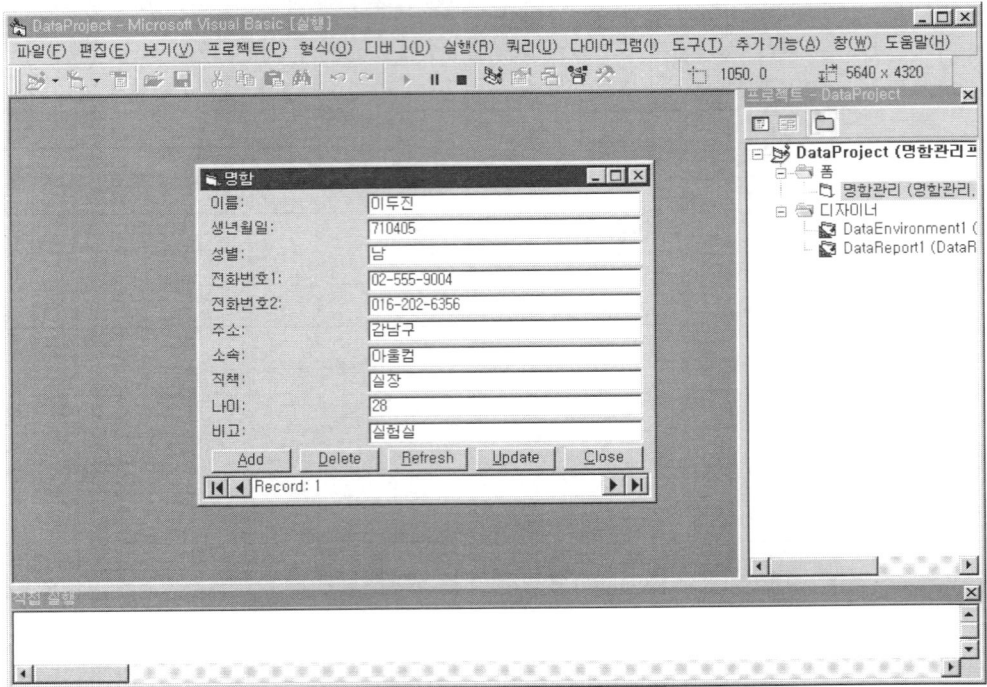

5. 데이터 리포트 작성하기

데이터베이스에 관련된 프로젝트는 입력에서 출력까지 자유롭게 작동되어야 데이터베이스 프로그램으로 사용할 가치가 있다. 출력에 해당하는 "데이터 리포트"작업은 데이터 프로젝트의 마무리 작업이라고도 볼 수 있다. 데이터 리포트를 과정의 크리스털 리포트와는 달리 "디자이너"라는 거체를 사용한다.

데이터와의 연동은 DataEnvironment에서 담당하고, 리포트 폼은 DataReport에서 담당한다. 따라서 DataEnvironment에 등록된 테이블만 DataReport에서 사용할 수 있다. 뿐만아니라 DataEnvironment에는 테이블 이외에도 SQL명령 등을 마치 테이블인 것처럼 사용할 수 있어 리포트를 위한 코딩과정을 상당부분 단축시켰다.

01 프로젝트 창에서 DataEnvironment를 마우스로 더블클릭한다.

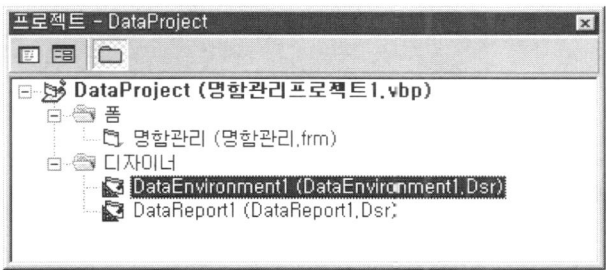

02 DataEnvironment(데이터환경) 창이 나타난다.

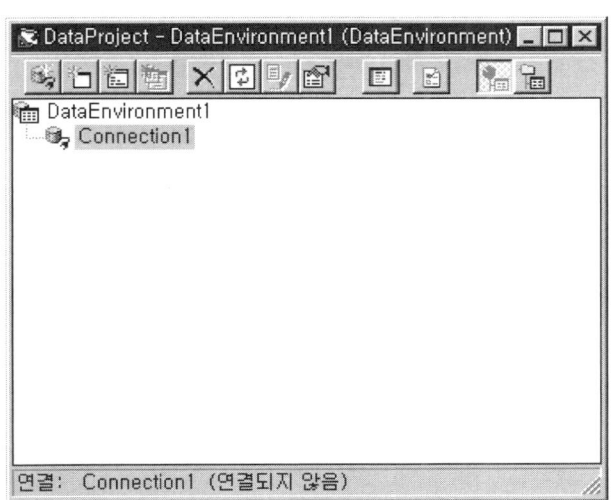

5.1 Jet로 DB연결

03 Connection에서 마우스 오른쪽 버튼으로 "속성" 명령을 선택한다.

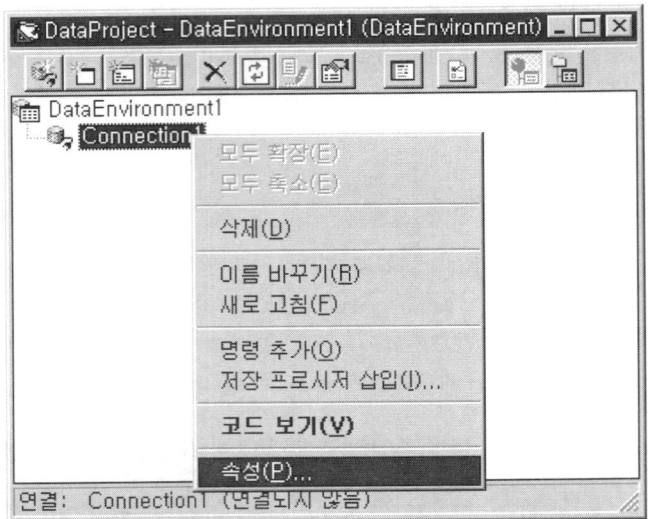

04 "데이터 링크 등록정보" 대화상자가 나타나는데, 여기서 사용하는 데이터 연동방식을 "Microsoft Jet 3.51 OLE DB Provider"이다.

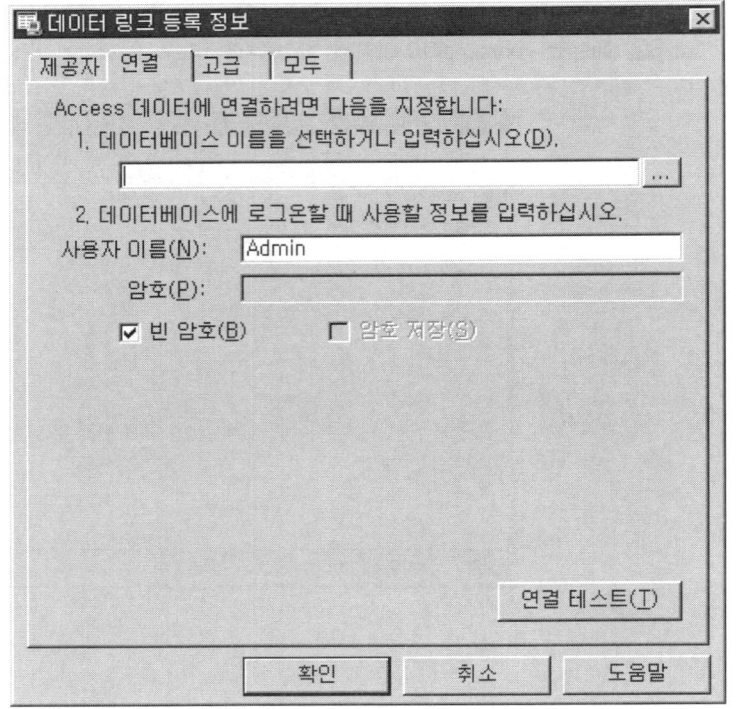

05 1번 항목에서 그림과 같이 "..." 버튼을 클릭한다.

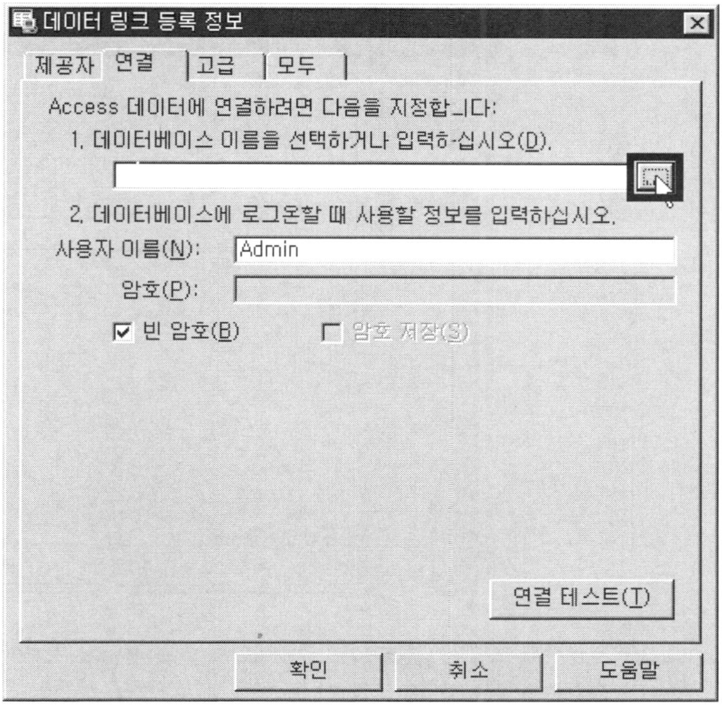

06 DB 파일로 "명함1.mdb"를 선택한다.

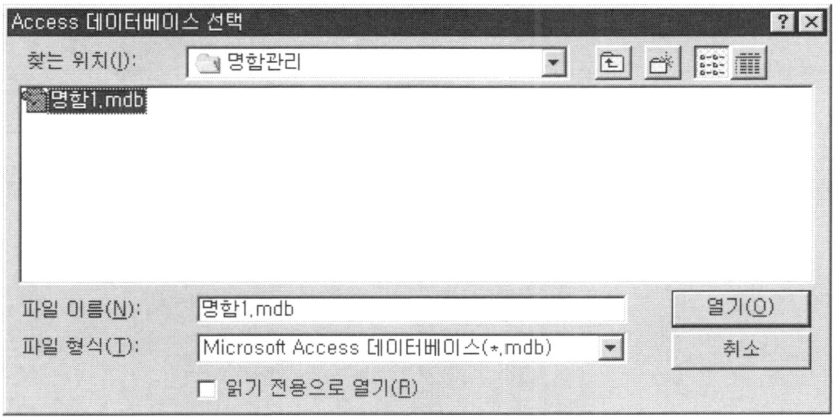

07 선택된 DB 파일의 경로가 나타난다. 하지만, 이 경로는 절대 경로이므로 다른 컴퓨터에 설치하여 이 프로젝트를 사용하면 DB 파일을 찾지 못하는 위험성이 있다.

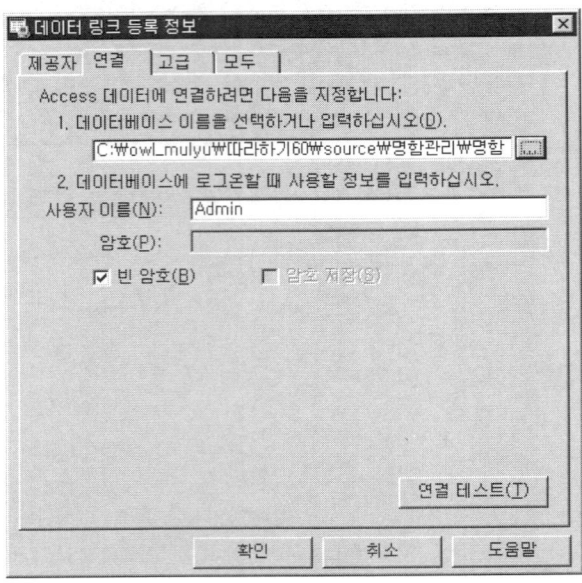

08 프로젝트 파일과 실행파일은 일반적으로 같은 폴더에 위치한다. 따라서 프로젝트 파일을 기준으로 DB 파일이 어디에 있는지 상대경로로 바꾸어 주어야 한다. 이 예제에서는 프로젝트 파일과 DB 파일의 위치가 동일하므로 그림과 같이 상대경로를 지정하였다.

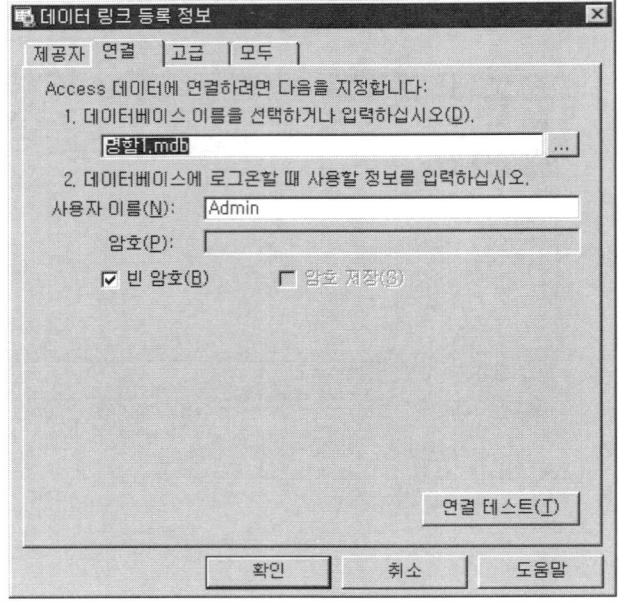

09 "연결 테스트" 버튼을 클릭하여 DB의 연결상태를 실험해보자. "연결성공"이라는 메시지가 나타나면 정상적이라고 판단하고, "확인" 버튼을 클릭한다.

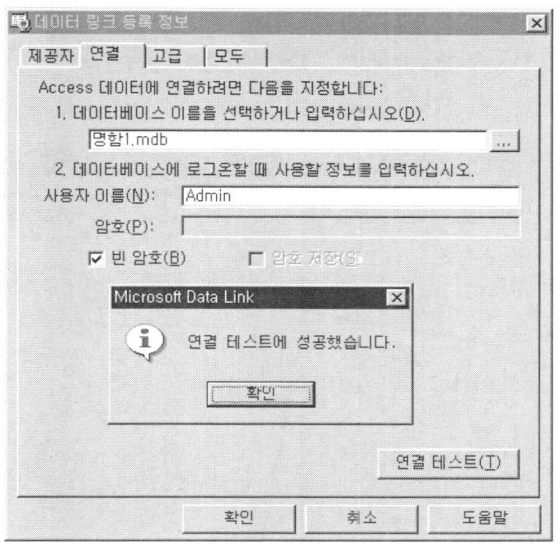

10 데이터 환경(DataEnvironment) 창에서는 특별한 변화를 볼 수 없을 것이다. [보기 → Data View 창] 명령을 실행하면 그림과 같이 "Data View" 창이 나타난다. 이 창에서는 데이터의 연결상태를 자세히 볼 수 있다. 이렇듯 DataEnvironment에서는 초기에 연결되 테이블이 나타나지 않고, Data View창에서만 나타나는 것은 DataEnvironment은 DataReport에서 사용할 테이블이나 SQL명령만들 등록하기 때문이다.

5.2 DataEnvironment에 테이블 등록

11 Data View 창과 DataEnvironment 창을 모두 열어놓고, Data View에 있는 "명함" 테이블을 마우스로 드래그하여 DataEnvironment 창의 Connection 아래에 놓으면 그림과 같이 DataEnvironment에 "명함" 테이블이 등록된다.

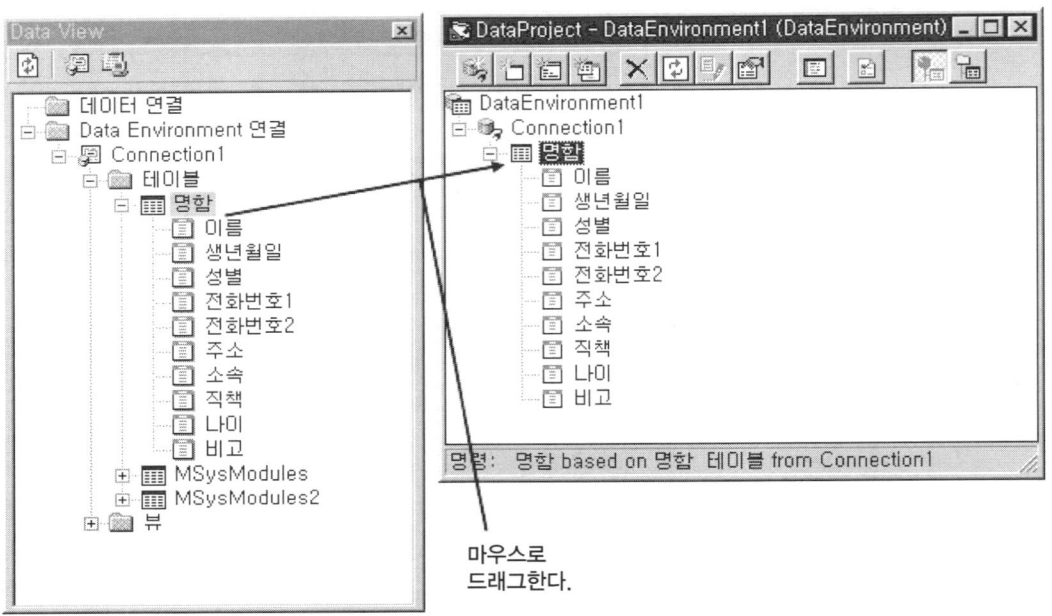

마우스로 드래그한다.

12 DataReport를 더블클릭하여 폼 보기 창을 연다.

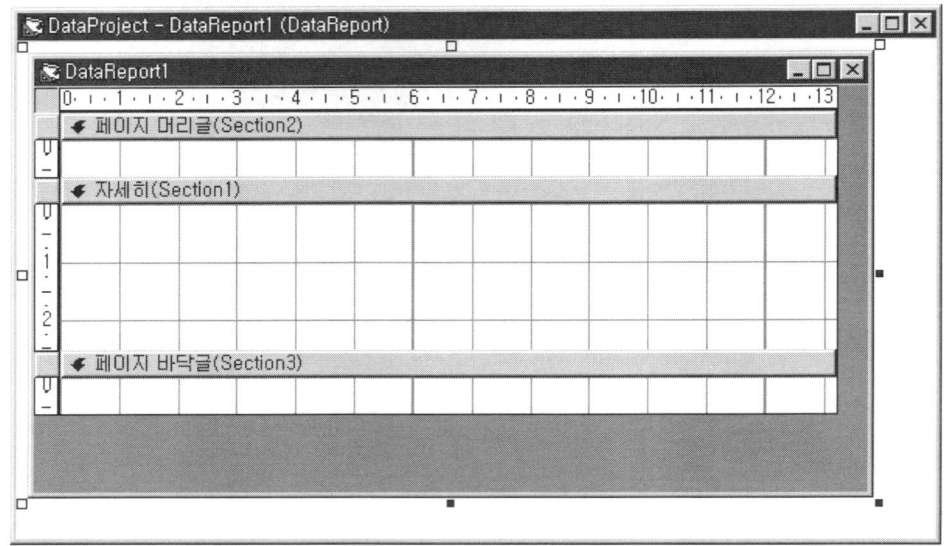

5.3 필드 삽입

13 DataEnvironment에 등록된 테이블의 필드 중 "이름"을 마우스로 드래그하여 "자세히(Section1)"에 놓으면 그림과 같이 "이름:"이라는 레이블과 "이름[명함]"이라고 나타난 텍스트상자가 동시에 만들어진다.

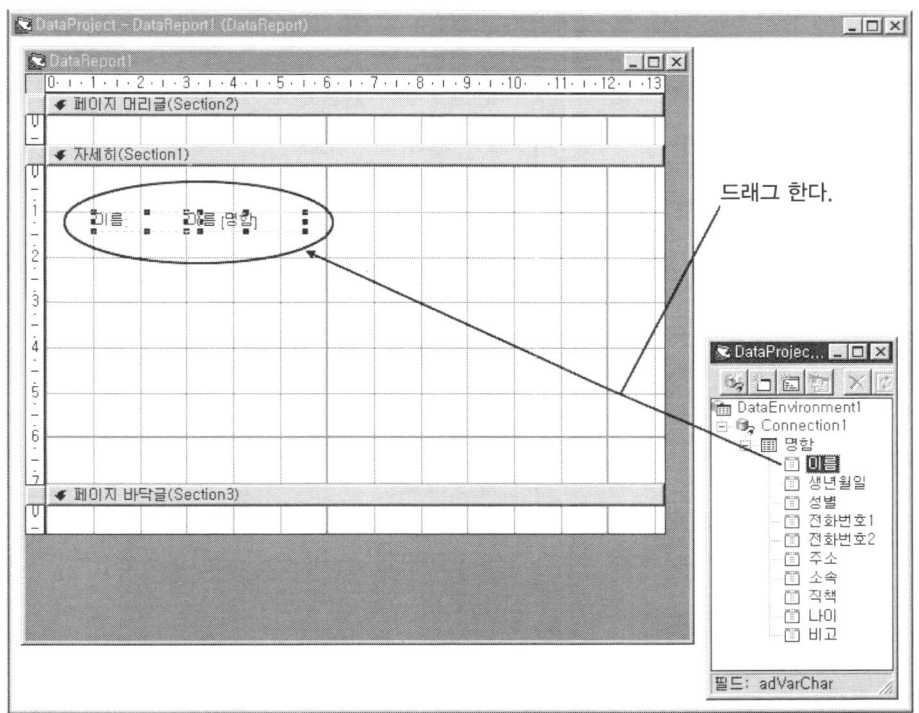

드래그 한다.

레이블과 텍스트상자의 속성을 확인해보면 더 명확하게 DataReort의 구조를 직감할 수 있을 것이다.

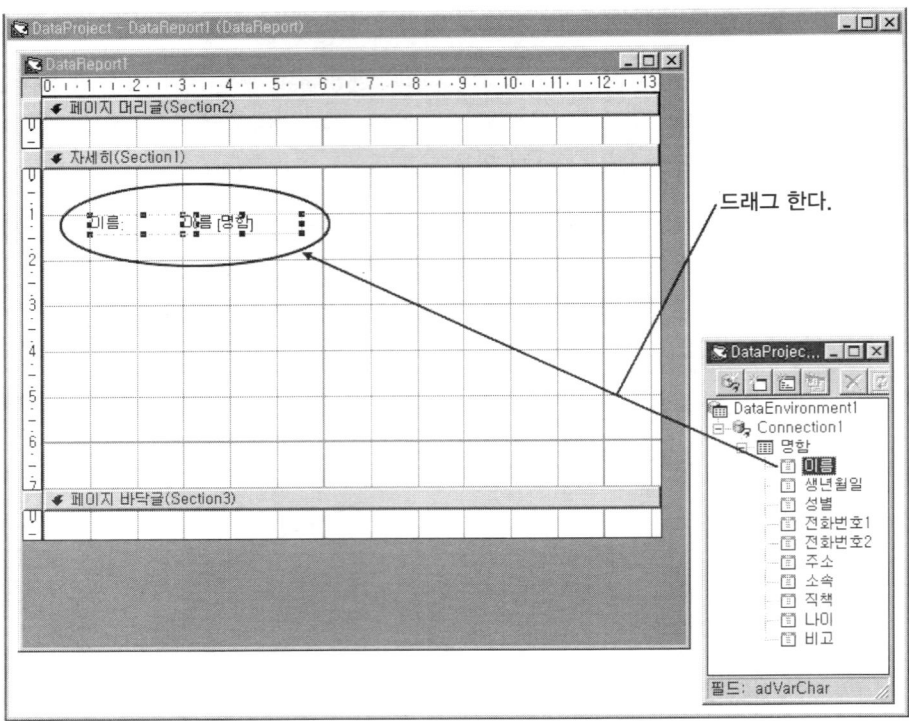

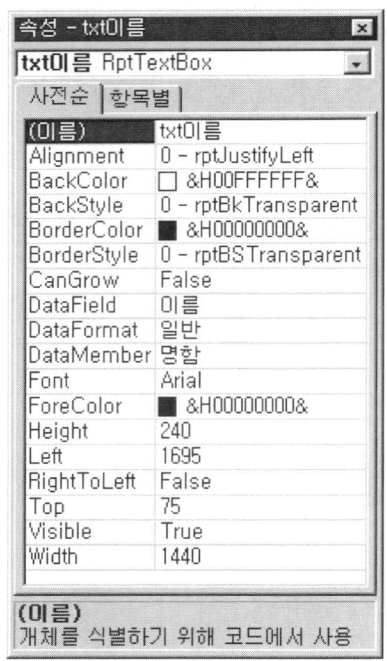

5.4 모눈 활용

14 DataReport 폼에서 마우스 오른쪽 버튼을 클릭하면 그룹/보고서/페이지에 대한 머리글과 바닥글에 대한 옵션이 있다. 특히 그룹 방식을 사용하면 여러 계층으로 구성된 복잡한 리포터도 손쉽게 구현할 수 있다. 모눈 옵션에서는 폼을 편집할 때 모눈을 사용할 것인지에 대한 선택기능을 제공한다. "모눈에 맞춤"을 해제시키면 개체를 자유롭게 이동시킬 수 있고, 이 옵션을 활성시키면 모눈크기 단위로 개체가 움직인다.

5.5 테이블 전체 필드 삽입

15 DataReport에 있는 모든 개체를 삭제하고, 이번에는 "명함" 테이블을 마우스로 드래그하여 폼 위에 드롭시켜 보자. 그러면 그림과 같이 "명함" 테이블에 속한 모든 필드가 나타난다.

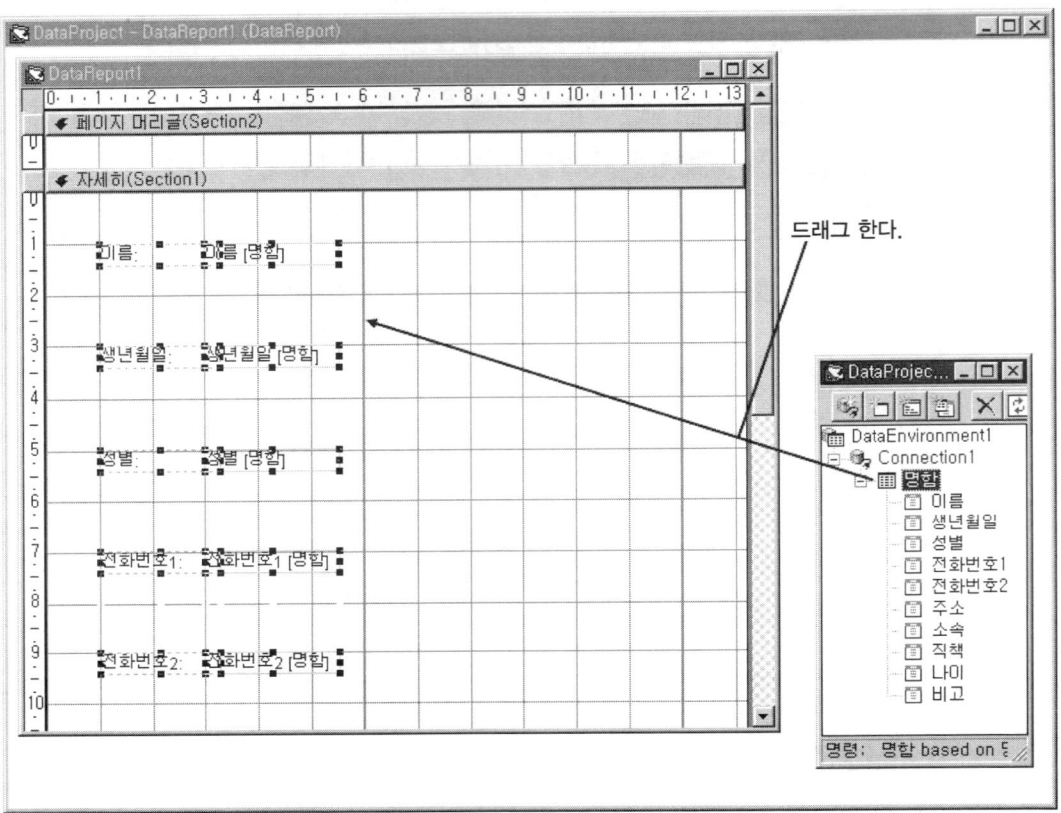

드래그 한다.

5.6 개체 이동 및 재배열

16 "모눈에 맞춤" 옵션을 해제시키고, 그림과 같이 개체를 재배열해보자. 키보드를 이용하여 개체를 이동시키려면 [Ctrl+방향키]를 사용하고, 개체의 크기를 조절하려면 [Shift+방향키]를 사용하면 된다.

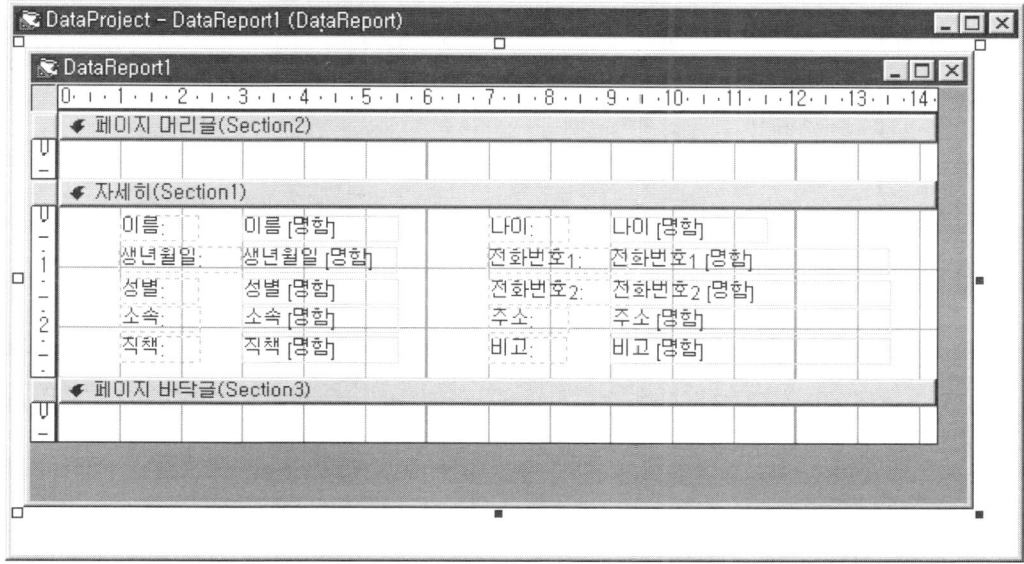

5.7 레코드 구분 라인 삽입

17 DataReport툴바에서 RptLine툴을 선택한다.

18 그림과 같이 자세히 섹션에 라인을 삽입한다.

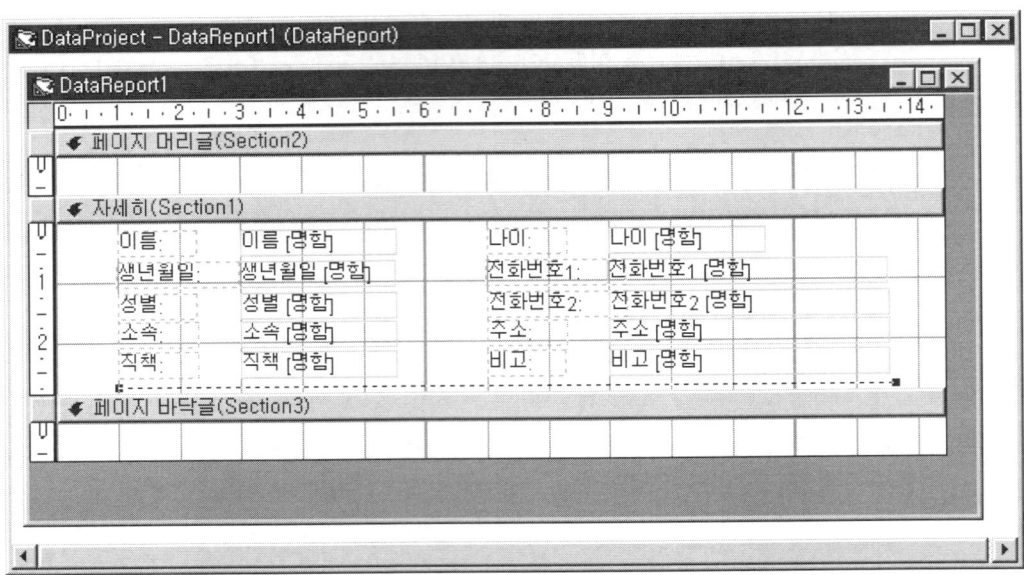

라인의 수평이 잘 맞이 않을 때는 속성 창에서 Height를 0으로 설정하면 된다. 특히 BorderStyle은 점선인 "3-rptBSDots"로 설정한다.

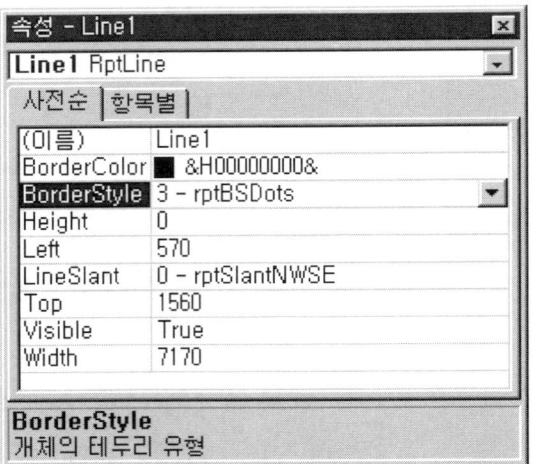

5.8 DataReport의 DB연동

19 DataReport 폼의 속성 중 DataSource는 'DataEnvironment1"으로 설정하고, DataMember는 "명함" 테이블로 선택한다. Caption은 "명함 목록"이라고 입력하자.

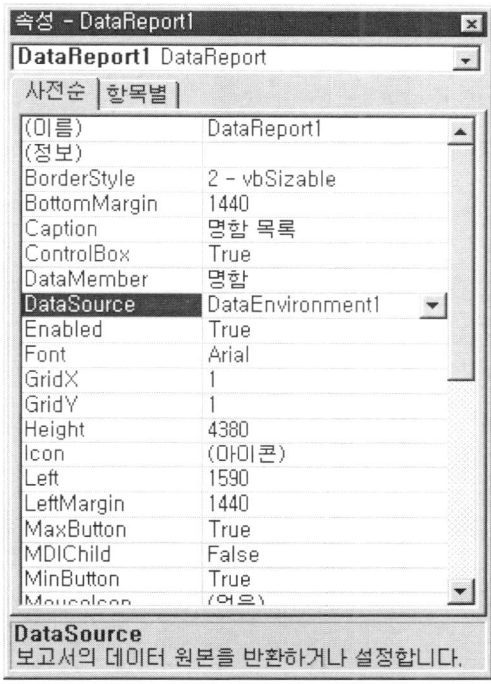

5.9 페이지 머리글 작성

20 DataReport 툴 상자에서 RptLabel 툴을 선택한다.

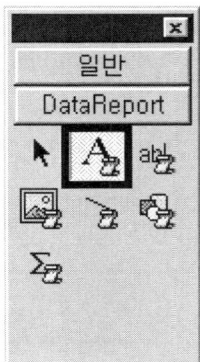

21 "페이지 머리글" 섹션에 그림과 같이 "명함 목록"이라는 레이블을 삽입시킨다.

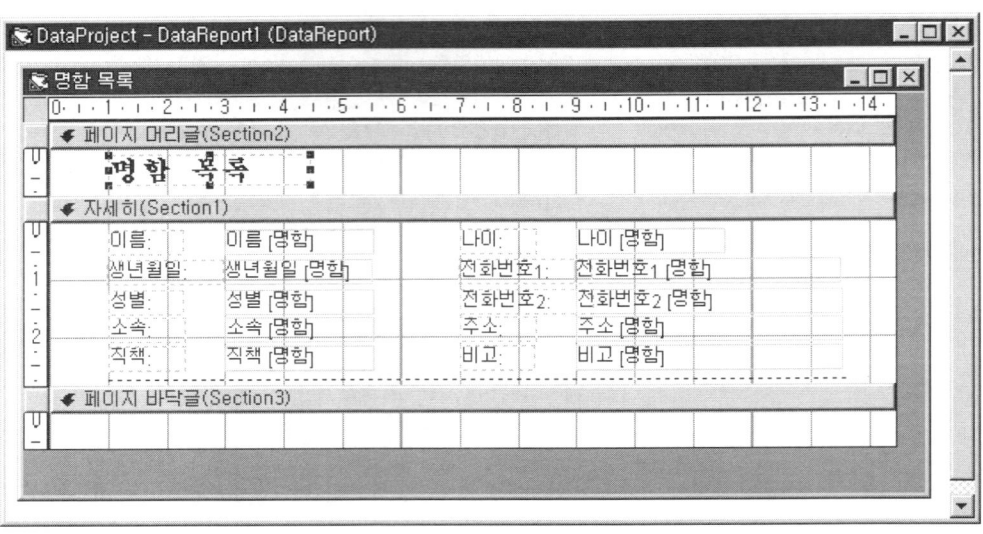

Caption은 "명함 목록", Font는 "궁서체"로 폰트의 크기를 14정도로 한다.

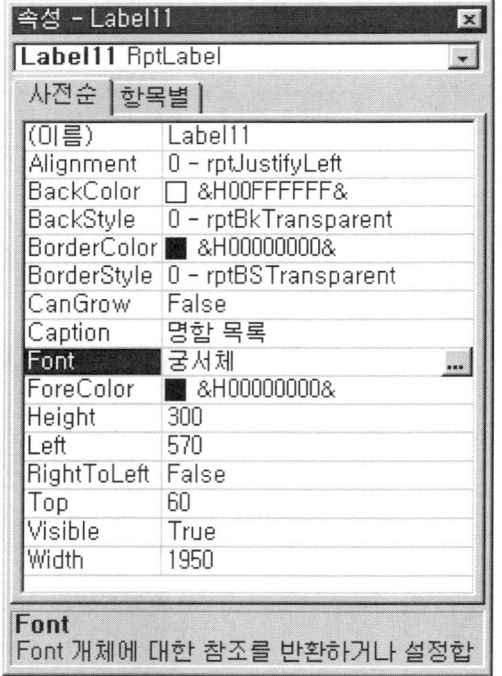

5.10 출력 메뉴 만들기

22 프로젝트를 컴파일하여 실행하면 "명함관리" 폼이 먼저 시작된다. 따라서, 이 폼에서 DataRepot를 호출하는 명령버튼이나 메뉴가 있어야 한다. 여기서는 메뉴를 이용해서 DataReport를 호출해 보도록 한다.

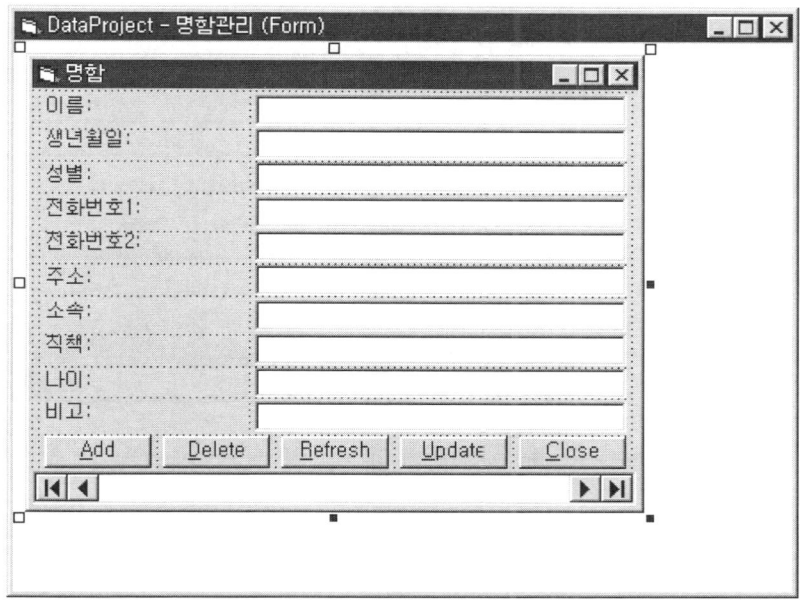

23 [도구 → 메뉴 편집기] 명령을 실행하고, 그림과 같이 메뉴를 만든다. "명함목록 출력" 명령에 대한 단축키로 Ctrl+P를 사용하였다.

24 "명함관리" 폼 보기 창에서 [출력 → 명함목록출력]을 클릭한다.

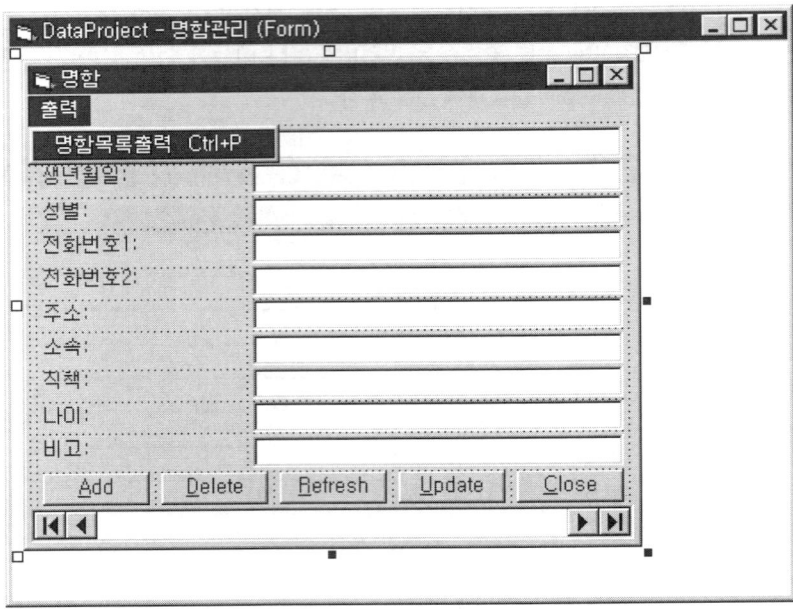

5.11 출력메뉴 코딩

25 명함목록출력_Click() 루틴이 만들어진다.

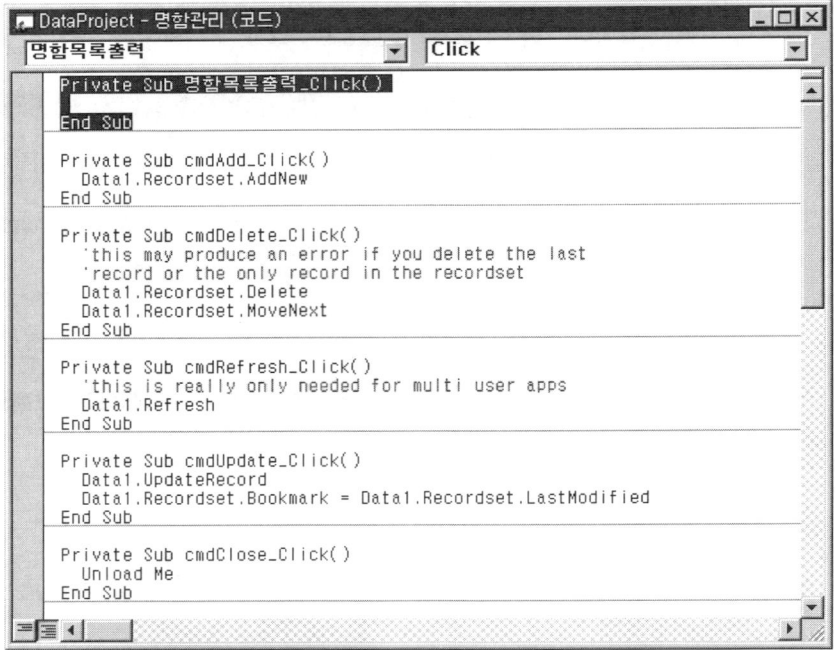

26 DataReport1을 확장시키고, Show를 선택한다.

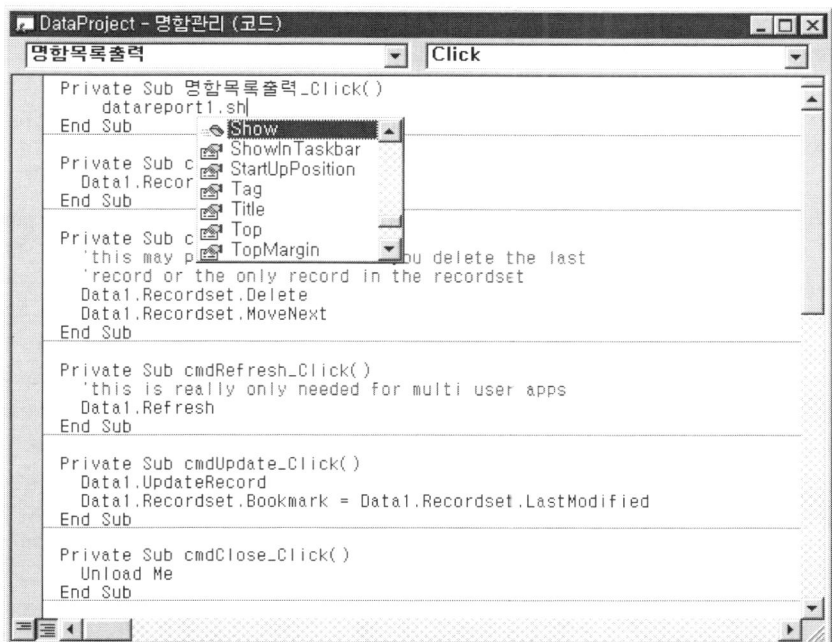

27 그림과 같이 명함목록출력 루틴을 작성하면 된다.

6. 데이터 리포트 실험하기

6.1 출력 메뉴 실험

01 [실행 → 시작] 명령을 실행하여 명함관리 프로젝트를 실험해보자. 명함관리 프로젝트가 시작되면 [출력 → 명함목록출력] 명령을 실행해보자.

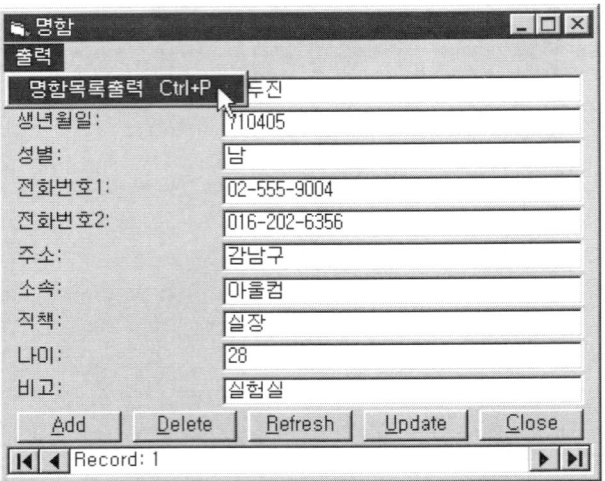

02 그림과 같이 데이터 리포트 창이 나타난다.

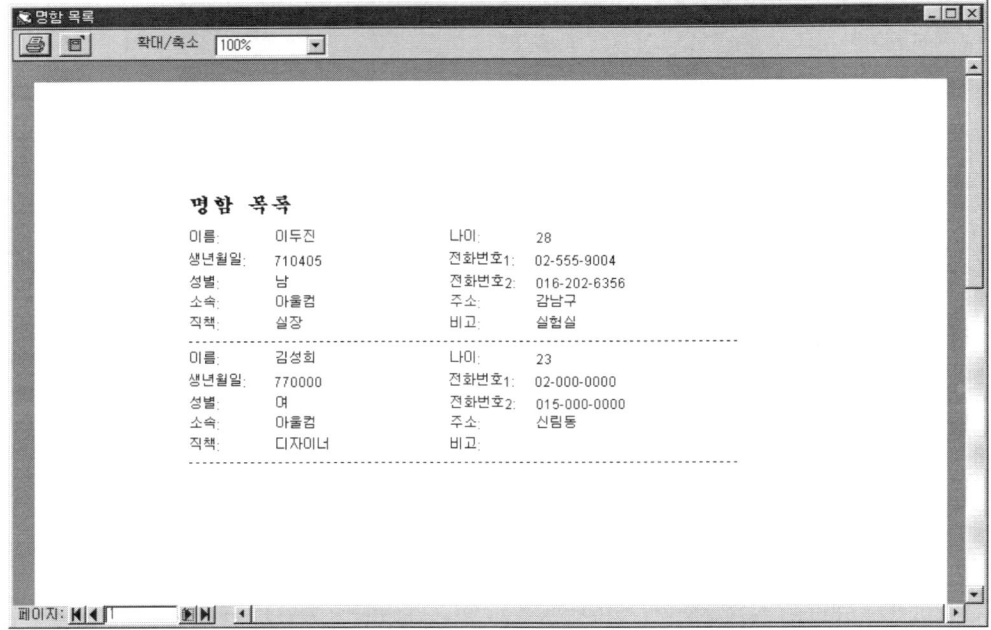

© Chapter 7 명함 관리 프로젝트

데이터 리포트와 인쇄용지설정

제어판의 프린터 설정에서 설정한 용지의 크기대로 데이터 리포트의 최대 활용폭이 정해진다.
프린트의 용지 설정이 A4/좁게 라면 데이터 리포트 폼을 작성할 때 폭을 210mm 이내로 해야하고, 인쇄 용지를 A4/넓게로 설정했다면 데이터 리포트의 폭을 297mm 이내로 해야 제대로 작동한다.
이 때 데이티 리포트의 폭은 인쇄 여백을 감안하여 충분히 여유있게 최대폭을 정하는 것이 좋다.
만일 데이터 리포트의 폭이 인쇄용지 폭보다 크면 결과를 출력할 수 없게 된다.

6.2 파일로 출력 기능 실험

03 "내보내기" 버튼을 클릭해 보자. 이 버튼을 리포트를 파일로 저장할 수 있게 하는 기능을 한다.

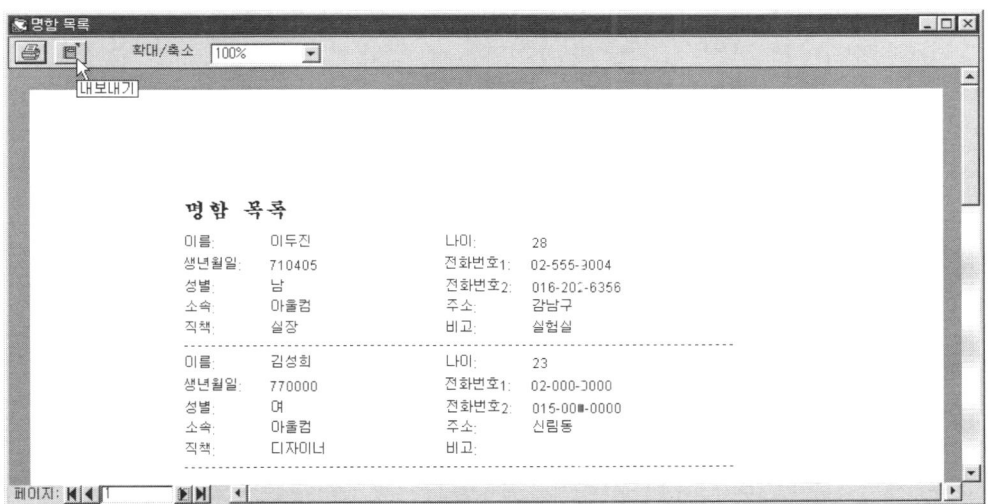

04 데이터 리포트에서는 그림에서 보는 바와 같이 텍스트 파일 이외에도 html로 결과 값을 출력할 수 있어 인터넷과의 연속성을 충분히 지원하고 있다.

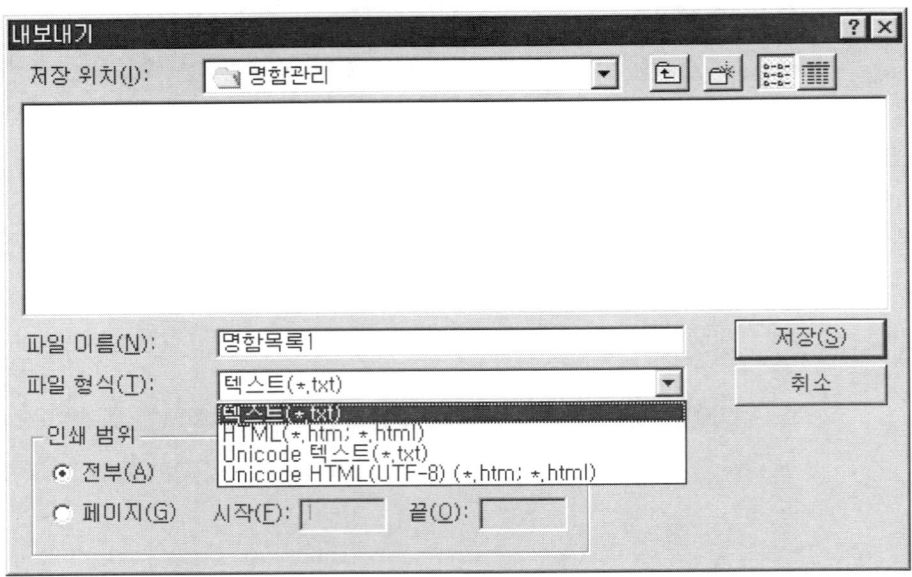

6.3 프린터로 출력 기능 실험

05 이번에는 인쇄버튼을 클릭해보자. 그림과 같이 인쇄 대화상자가 나타나 프린터를 통해 인쇄할 수 있게 된다. 리포트의 페이지 수가 많으면 필요에 따라 원하는 페이지만 출력할 수도 있다.

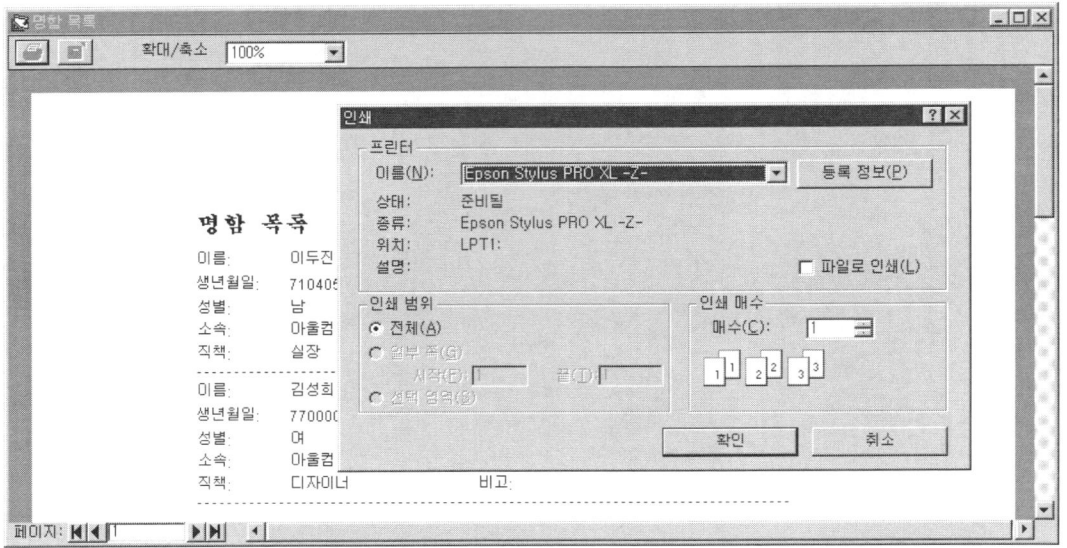

지금까지의 실험결과를 살펴보면 비주얼 베이직 6.0 이상에서 도입한 데이터 리포트는 과거의 크리스털 리포트보다 편집이 간결하면서 출력필요한 기능들이 자동적으로 만들어지는 편리함을 느낄 수 있을 것이다.

7. 명함관리 프로젝트 전체 소스 코드

폼 소스코드

```
VERSION 5.00
Begin VB.Form 명함관리
Caption = "명함"
ClientHeight = 3915
ClientLeft = 1110
ClientTop = 630
ClientWidth = 5520
LinkTopic = "Form2"
ScaleHeight = 3915
ScaleWidth = 5520
Begin VB.CommandButton cmdClose
Caption = "&Close"
Height = 300
Left = 4440
TabIndex = 24
Top = 3260
Width = 975
End
Begin VB.CommandButton cmdUpdate
Caption = "&Update"
Height = 300
Left = 3360
TabIndex = 23
Top = 3260
Width = 975
End
Begin VB.CommandButton cmdRefresh
Caption = "&Refresh"
Height = 300
Left = 2280
TabIndex = 22
Top = 3260
Width = 975
End
```

```
Begin VB.CommandButton cmdDelete
    Caption         =   "&Delete"
    Height          =   300
    Left            =   1200
    TabIndex        =   21
    Top             =   3260
    Width           =   975
End
Begin VB.CommandButton cmdAdd
    Caption         =   "&Add"
    Height          =   300
    Left            =   120
    TabIndex        =   20
    Top             =   3260
    Width           =   975
End
Begin VB.Data Data1
    Align           =   2  '아래 맞춤
    Connect         =   "Access"
    DatabaseName    =   "C:\owl_mulyu\따라하기60\source\명함관리\명함1.mdb"
    DefaultCursorType=  0  '기본 커서
    DefaultType     =   2  'ODBC사용
    Exclusive       =   0   'False
    Height          =   345
    Left            =   0
    Options         =   0
    ReadOnly        =   0   'False
    RecordsetType   =   1  '다이너셋
    RecordSource    =   "명함"
    Top             =   3570
    Width           =   5520
End
Begin VB.TextBox txtFields
    DataField       =   "비고"
    DataSource      =   "Data1"
    Height          =   285
    Index           =   9
    Left            =   2040
    MaxLength       =   50
    TabIndex        =   19
    Top             =   2920
    Width           =   3375
End
Begin VB.TextBox txtFields
```

```
DataField = "나이"
DataSource = "Data1"
Height = 285
Index = 8
Left = 2040
MaxLength = 50
TabIndex = 17
Top = 2600
Width = 3375
End
Begin VB.TextBox txtFields
DataField = "직책"
DataSource = "Data1"
Height = 285
Index = 7
Left = 2040
MaxLength = 50
TabIndex = 15
Top = 2280
Width = 3375
End
Begin VB.TextBox txtFields
DataField = "소속"
DataSource = "Data1"
Height = 285
Index = 6
Left = 2040
MaxLength = 50
TabIndex = 13
Top = 1960
Width = 3375
End
Begin VB.TextBox txtFields
DataField = "주소"
DataSource = "Data1"
Height = 285
Index = 5
Left = 2040
MaxLength = 50
TabIndex = 11
Top = 1640
Width = 3375
End
Begin VB.TextBox txtFields
```

```
DataField = "전화번호2"
DataSource = "Data1"
Height = 285
Index = 4
Left = 2040
MaxLength = 50
TabIndex = 9
Top = 1320
Width = 3375
End
Begin VB.TextBox txtFields
DataField = "전화번호1"
DataSource = "Data1"
Height = 285
Index = 3
Left = 2040
MaxLength = 50
TabIndex = 7
Top = 1000
Width = 3375
End
Begin VB.TextBox txtFields
DataField = "성별"
DataSource = "Data1"
Height = 285
Index = 2
Left = 2040
MaxLength = 50
TabIndex = 5
Top = 680
Width = 3375
End
Begin VB.TextBox txtFields
DataField = "생년월일"
DataSource = "Data1"
Height = 285
Index = 1
Left = 2040
MaxLength = 50
TabIndex = 3
Top = 360
Width = 3375
End
Begin VB.TextBox txtFields
```

```
DataField = "이름"
DataSource = "Data1"
Height = 285
Index = 0
Left = 2040
MaxLength = 50
TabIndex = 1
Top = 40
Width = 3375
End
Begin VB.Label lblLabels
Caption = "비고:"
Height = 255
Index = 9
Left = 120
TabIndex = 18
Top = 2940
Width = 1815
End
Begin VB.Label lblLabels
Caption = "나이:"
Height = 255
Index = 8
Left = 120
TabIndex = 16
Top = 2620
Width = 1815
End
Begin VB.Label lblLabels
Caption = "직책:"
Height = 255
Index = 7
Left = 120
TabIndex = 14
Top = 2300
Width = 1815
End
Begin VB.Label lblLabels
Caption = "소속:"
Height = 255
Index = 6
Left = 120
TabIndex = 12
Top = 1980
```

```
        Width = 1815
     End
     Begin VB.Label lblLabels
        Caption = "주소:"
        Height = 255
        Index = 5
        Left = 120
        TabIndex = 10
        Top = 1660
        Width = 1815
     End
     Begin VB.Label lblLabels
        Caption = "전화번호2:"
        Height = 255
        Index = 4
        Left = 120
        TabIndex = 8
        Top = 1340
        Width = 1815
     End
     Begin VB.Label lblLabels
        Caption = "전화번호1:"
        Height = 255
        Index = 3
        Left = 120
        TabIndex = 6
        Top = 1020
        Width = 1815
     End
     Begin VB.Label lblLabels
        Caption = "성별:"
        Height = 255
        Index = 2
        Left = 120
        TabIndex = 4
        Top = 700
        Width = 1815
     End
     Begin VB.Label lblLabels
        Caption = "생년월일:"
        Height = 255
        Index = 1
        Left = 120
        TabIndex = 2
```

```
Top = 380
Width = 1815
End
Begin VB.Label lblLabels
Caption = "이름:"
Height = 255
Index = 0
Left = 120
TabIndex = 0
Top = 60
Width = 1815
End
Begin VB.Menu 출력
Caption = "출력"
Begin VB.Menu 명함목록출력
Caption = "명함목록출력"
Shortcut = ^P
End
End
End
Attribute VB_Name = "명함관리"
Attribute VB_GlobalNameSpace = False
Attribute VB_Creatable = False
Attribute VB_PredeclaredId = True
Attribute VB_Exposed = False
```

루틴 소스코드

```
Private Sub 명함목록출력_Click()
DataReport1.Show
End Sub
Private Sub cmdAdd_Click()
Data1.Recordset.AddNew
End Sub
Private Sub cmdDelete_Click()
'this may produce an error if you delete the last
'record or the only record in the recordset
Data1.Recordset.Delete
Data1.Recordset.MoveNext
End Sub
Private Sub cmdRefresh_Click()
'this is really only needed for multi user apps
```

```
Data1.Refresh
End Sub
Private Sub cmdUpdate_Click()
Data1.UpdateRecord
Data1.Recordset.Bookmark = Data1.Recordset.LastModified
End Sub
Private Sub cmdClose_Click()
Unload Me
End Sub
Private Sub Data1_Error(DataErr As Integer, Response As Integer)
'This is where you would put error handling code
'If you want to ignore errors, comment out the next line
'If you want to trap them, add code here to handle them
MsgBox "Data error event hit err:" &Error$(DataErr)
Response = 0 'throw away the error
End Sub
Private Sub Data1_Reposition()
Screen.MousePointer = vbDefault
On Error Resume Next
'This will display the current record position
'for dynasets and snapshots
Data1.Caption = "Record: "&(Data1.Recordset.AbsolutePosition + 1)
'for the table object you must set the index property when
'the recordset gets created and use the following line
'Data1.Caption = "Record: "&(Data1.Recordset.RecordCount * (Data1.Recordset.Percen
            tPosition * 0.01)) + 1
End Sub
Private Sub Data1_Validate(Action As Integer, Save As Integer)
'This is where you put validation code
'This event gets called when the following actions occur
Select Case Action
Case vbDataActionMoveFirst
Case vbDataActionMovePrevious
Case vbDataActionMoveNext
Case vbDataActionMoveLast
Case vbDataActionAddNew
Case vbDataActionUpdate
Case vbDataActionDelete
Case vbDataActionFind
Case vbDataActionBookmark
Case vbDataActionClose
End Select
Screen.MousePointer = vbHourglass
End Sub
```

비주얼 베이직 초보 탈출하기

Part 03 실무 프로젝트

지금까지 숙달시킨 기능들을 종합하여 실무개발용으로 인사 관리 시스템을 만드는 과정을 소개한다.

인사 관리는 대상업체의 규모나 업무적 체계에 따라 프로그램의 구조가 많이 달라질 수 있다.

이 예제에서는 보편적인 업무를 기준으로 인사 관리 시스템 프로젝트를 개발하는 과정을 보이고 필요에 따라 독자가 변형하여 직접 실무에 활용할 수 있도록 하였다.

Chapter 08 DB 프로젝트 - 인사 관리 프로젝트

1. 인사 관리 업무 파악

기본적으로 '인사 관리 시스템'이라 하면, 사원들에 관한 정보를 데이터베이스에 기록해 두는 것으로 볼 수 있다. 하지만 이 기능만으로는 데이터베이스를 제대로 업무에 활용하고 있다고 말할 수는 없다.

좀 더 넓은 의미에서 '인사 관리 시스템'을 생각해 보자. 업무의 필요성에 따라 인사 데이터베이스를 기반으로 그 활용도를 다양화할 수 있다.

예를들어, 1차원적으로는 "재직증명서 발급", "사원 목록 출력" 등 인사 관리에 필요한 통계를 출력해낼 수 있고, 그 차원을 한 단계 더 높여 생각하면, "인사고가 시스템", "급여 관리 시스템" 등에 활용할 수 있다.

이외에도 "회계 관리 시스템"과 "영업 관리 시스템" 등 인트라넷으로의 확장을 생각할 수 있다.

이 예제에서는 기본적인 인사 관련 데이터를 입력하여 인사 DB를 구축할 수 있게 하고, 이 DB를 토대로 "재직증명서 발급", "사원 목록 출력", "인사 고가 연산", "간단한 급여 연산"까지 구축해 보도록 한다.

특히, 인사 고가나 급여 연산의 경우는 간단한 예만을 제시하고 있다. 실제 프로젝트에서는 인사 고가나 급여 연산을 별도의 프로젝트로 다루어야할 필요가 있다.

2. 프로젝트 시작하기

01 "데이터 프로젝트"를 선택한다.

02 "데이터 프로젝트"를 선택하면 그림과 같이 1개의 폼과 2개의 디자이너가 프로젝트에 나타난다.

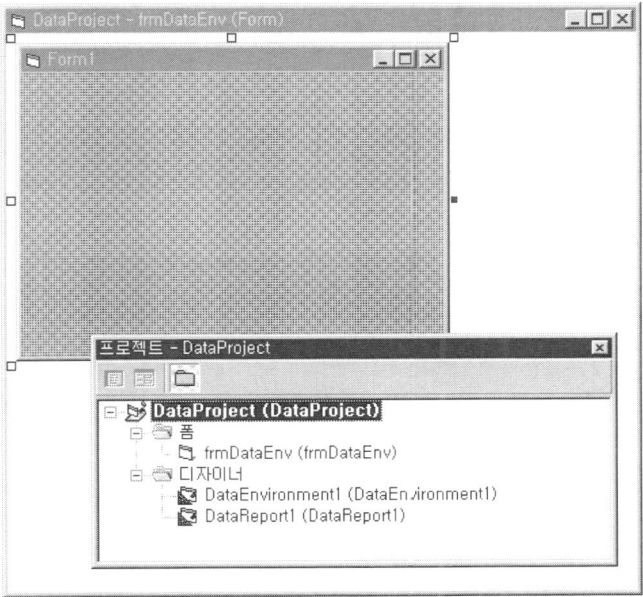

03 그림과 같이 폼은 "인사 관리.frm", 디자이너는 "직원목록.Dsr", "DataEnvironment1.Dsr" 로 저장한다.

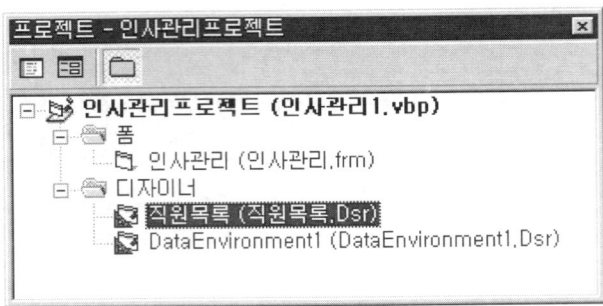

04 "인사 관리" 폼의 경우 Caption을 "인사 관리"로 설정한다.

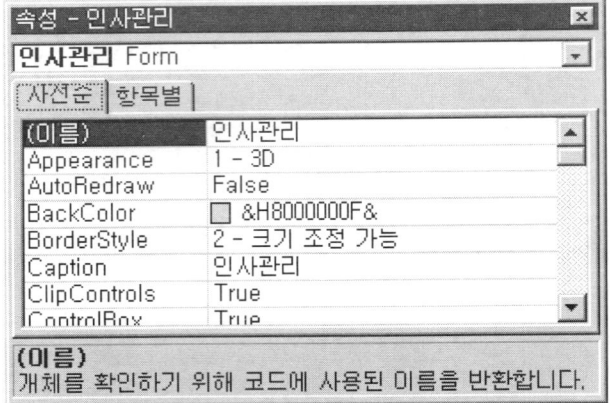

©Chapter 8 인사 관리 프로젝트

3. 인사 DB 및 테이블 만들기

01 [추가 기능 → 비주얼 데이터 관리자] 명령을 실행하여 VisData 프로그램을 실행한다.

02 [File → New → Microsoft Access → Version 7.0 MDB] 명령을 실행한다.

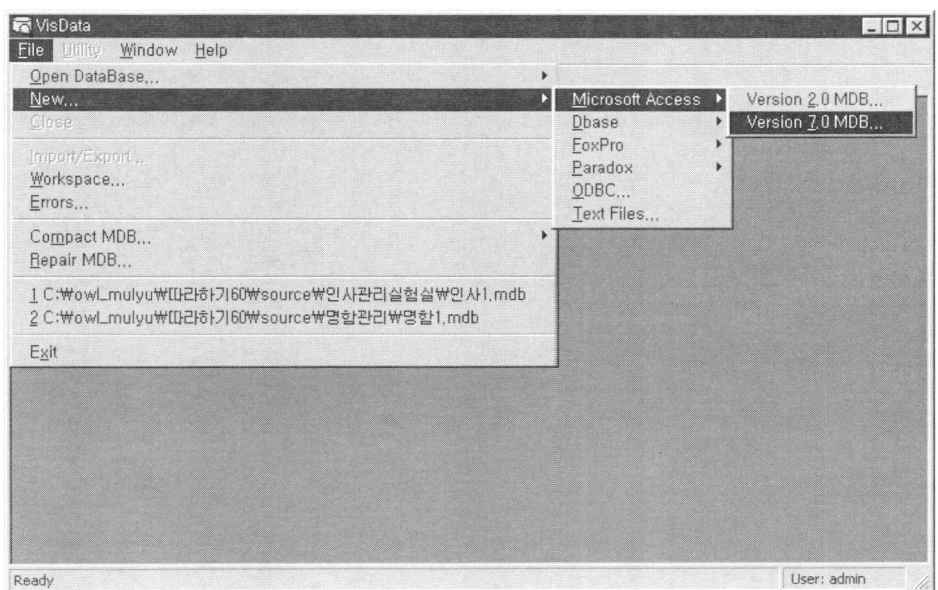

03 DB 파일명을 "인사1.mdb"로 저장한다.

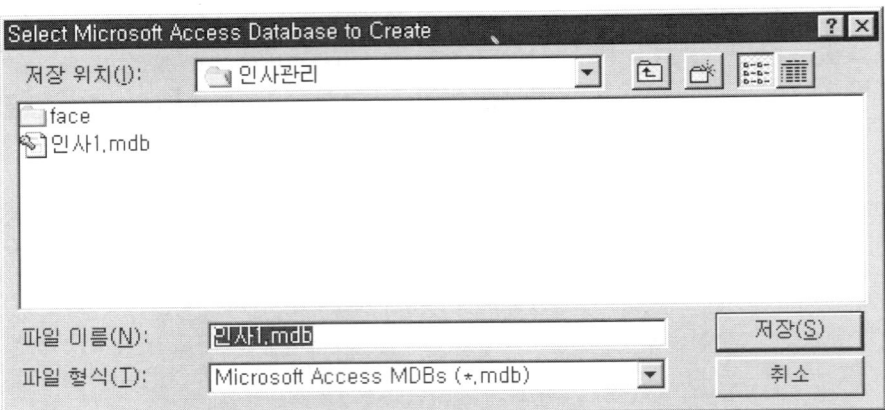

04 Database Window의 Properties에서 마우스 오른쪽 버튼을 클릭하여 'New Table' 명령을 실행한다.

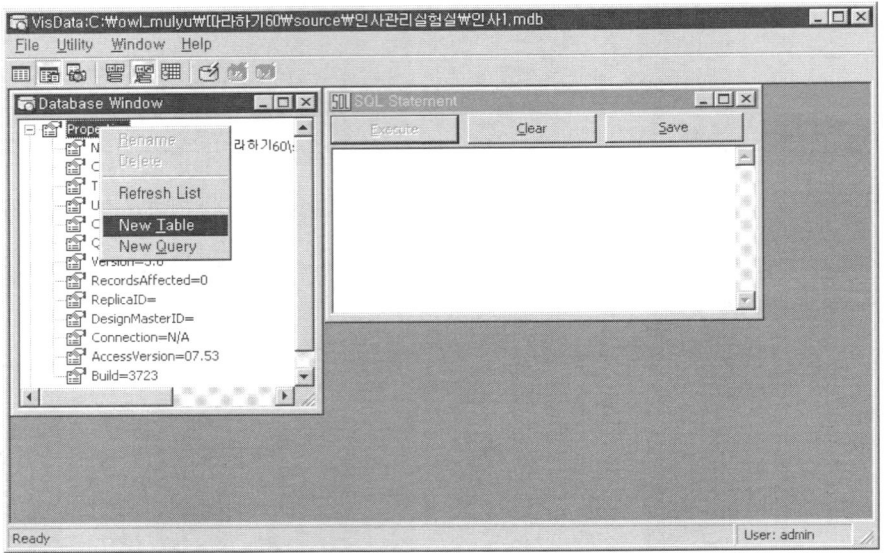

05 Table 이름을 "인사"로 하고, 'Add Fields' 버튼을 클릭하여 그림과 같이 '사원번호' 필드를 추가한다.

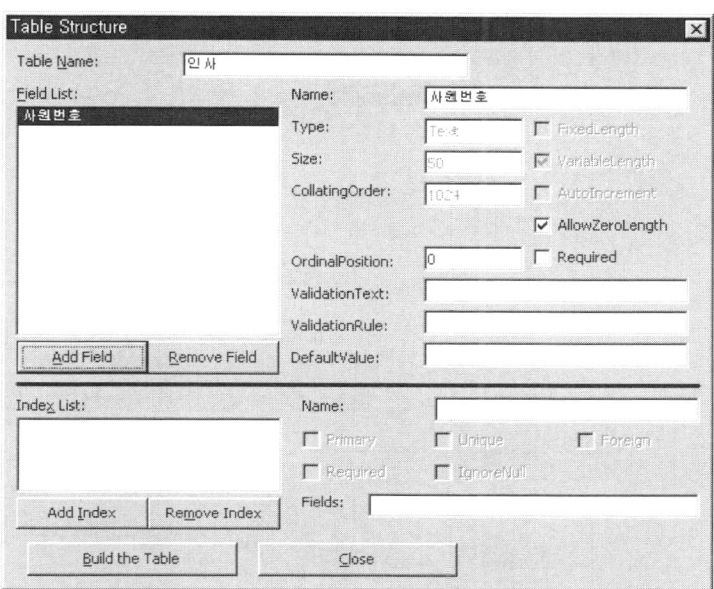

'인사' 테이블의 필드구성

'인사' 테이블의 필드는 다음과 같이 4 부분으로 나누어 구성하였다.

[개인정보]
  사원번호 - Text
  이름 - Text
  주민등록번호 - Text
  나이 - Text
  성별 - Text
  현주소 - Text
  본적 - Text
  가족관계 - Text
  학력 - Text

[업무정보]
  메일 - Text
  호출 - Text
  입사일 - Text
  직급 - Text
  소속 - Text
  특기사항 - Text

[평가정보]
  자기평가 - Double(실수)
  1차평가 - Double(실수)
  2차평가 - Double(실수)
  총평점 - Double(실수)

[급여정보]
  기본급 - Double(실수)
  수당 - Double(실수)
  공제 - Double(실수)
  실수령액 - Double(실수)
  상여금 - Double(실수)

06 같은 방법으로 '개인정보'와 '업무정보'에 해당하는 필드를 Text 유형으로 추가한다.

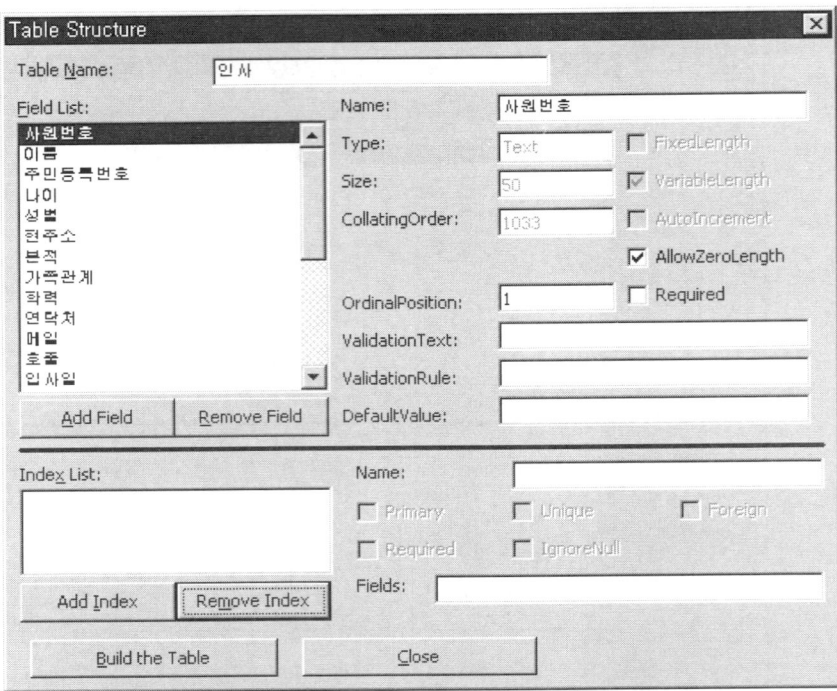

07 '자기평가'에서 '상여금' 필드까지는 숫자로 연산하여야 하므로 '실수(Double)'로 설정한다.

08 테이블의 기준을 설정하기 위해서 Index를 설정해야 한다. 'Add Index' 버튼을 클릭한다. 사원번호의 경우 중복되는 경우가 없으므로 테이블의 기준필드로 사용할 수 있다.

09 'Add Index to 인사' 대화상자에서 Name을 "사원번호"라고 입력하고, Available Fields에서 '사원번호' 필드를 선택한다.

10 'Add Index to 인사' 대화상자에서 Ok 버튼을 클릭한 후, Close 명령으로 대화상자를 빠나오면 그림과 같이 '사원번호' 필드가 Index로 설정되어 있는 것을 볼 수 있다. 특히 '사원번호'가 Primary, Unique로 설정되어 있는 부분을 유심히 살펴 볼 필요가 있는데, Primary와 Unique가 설정되어 있는 '사원번호'에는 중복된 사원번호를 입력할 수 없게 된다.

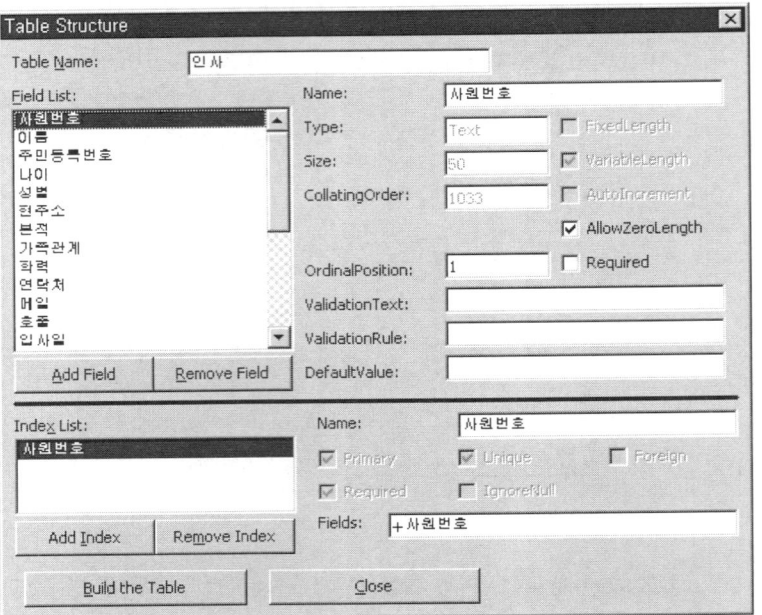

11 'Table Structure' 대화상자에서 'Build the Table' 버튼을 클릭하고, Close 버튼을 클릭하여 대화상자를 빠져나온다. 그러면 그림과 같이 '인사' 테이블이 만들어지고, '인사' 테이블 아래에 필드가 추가되어 있는 것을 확인할 수 있다.

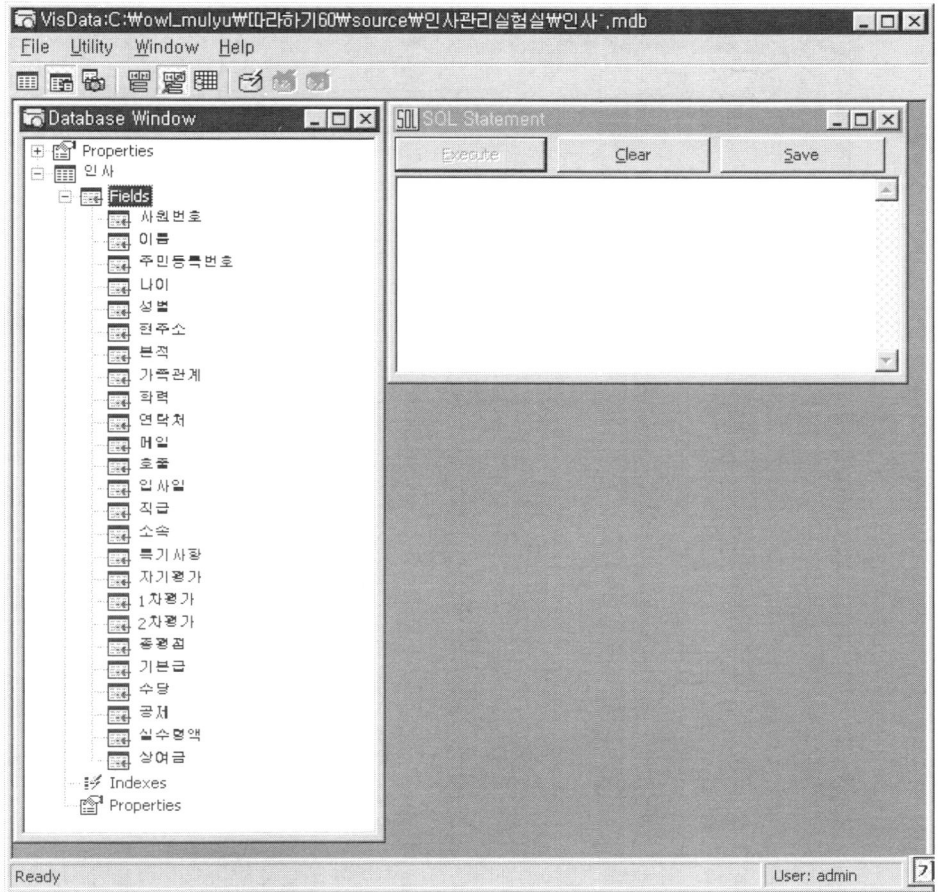

12 그림과 같이 '인사' 테이블을 연다.

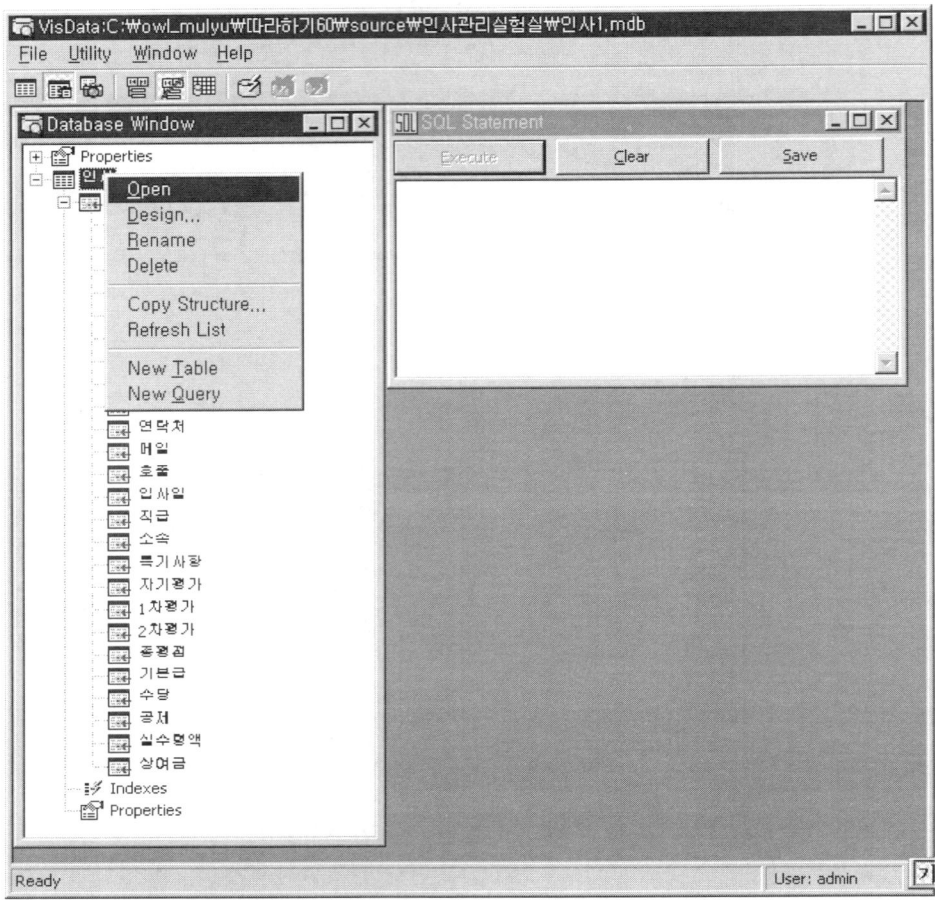

13 입력폼이 나타나면, 'Add' 버튼을 클릭하여 그림과 같이 데이터를 추가해보자.

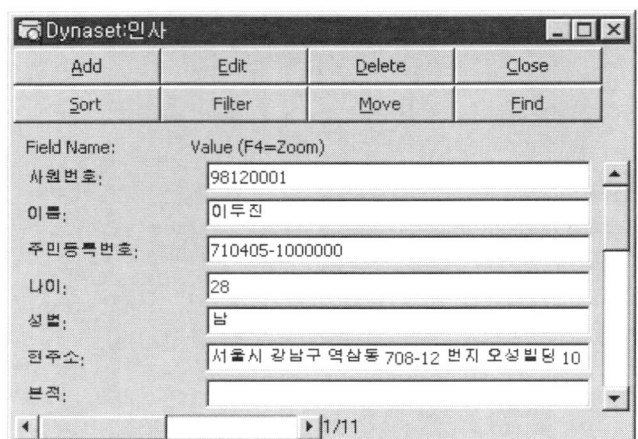

4. 폼 만들기

4.1 메뉴 만들기

01 [도구 → 메뉴 편집기] 명령을 실행하고, 그림과 같이 최상위 메뉴로 '파일' 메뉴를 추가한다. '파일' 메뉴 아래에는 '전체테이블보기', '출력', '종료'를 삽입하고, 다시 '출력' 메뉴 아래에는 '재직증명서발급', '직원목록출력'을 삽입한다.

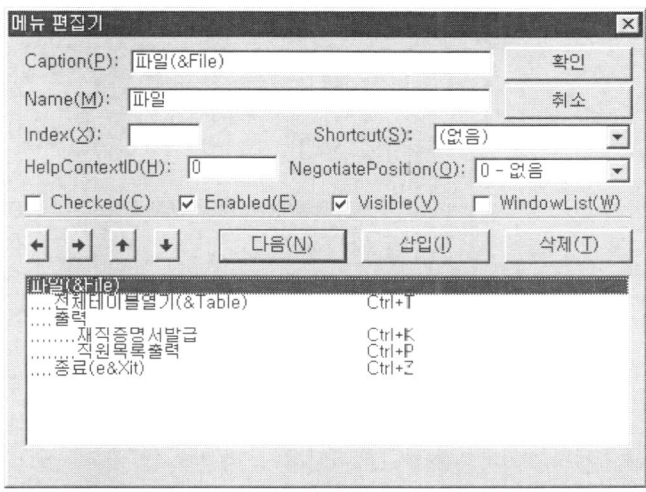

02 최상위 메뉴에 '자료관리' 메뉴를 만들고, '자료관리' 메뉴 아래에 '보기모드', '수정모드', '레코드추가', '레코드삭제', '검색모드', '재계산'을 삽입한다.

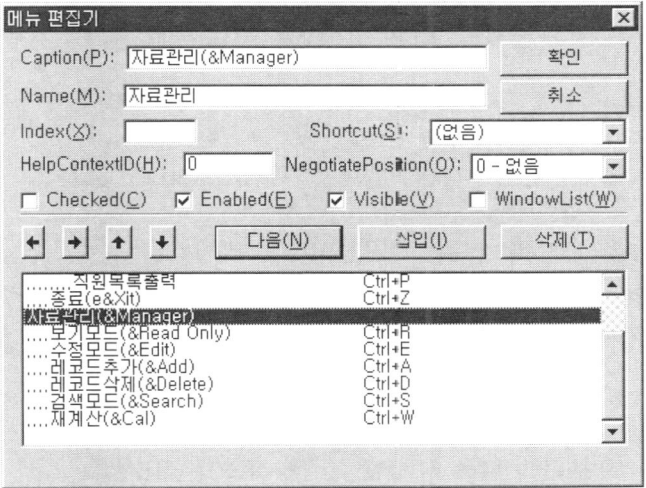

03 최상위 메뉴로 '도움말' 메뉴를 만들고, '도움말' 메뉴 아래에 '사용법 및 단축키', '인사 관리정보'를 삽입한다. 메뉴를 모두 작성하였으면, "확인" 버튼을 클릭한다.

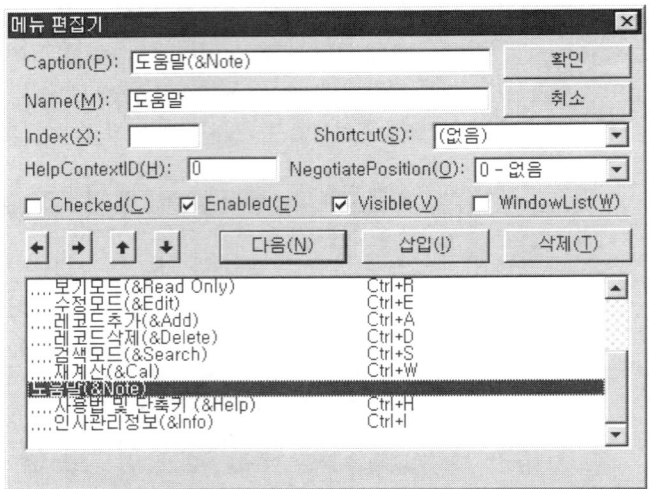

메뉴의 객체명

각 메뉴의 Caption과 객체명 및 단축키를 다음과 같이 설정하였다.

파일(&File) → 객체명:파일
- 전체테이블보기(&Table) → 객체명:전체테이블보기 → 단축키:Ctrl+T
- 출력 → 객체명:출력
- 재직증명서발급 → 객체명:재직증명서발급 → 단축키:Ctrl+K
- 직원목록출력→객체명:직원목록출력 → 단축키:Ctrl+P
- 종료(e&Xit) → 객체명:종료 → 단축키:Ctrl+Z

자료관리(&Manager) → 객체명:자료관리
- 보기모드(&Read Only) → 객체명:보기모드 → 단축키:Ctrl+R
- 수정모드(&Edit) → 객체명:수정모드 → 단축키:Ctrl+E
- 레코드추가(&Add) → 객체명:추가 → 단축키:Ctrl+A
- 레코드삭제(&Delete) → 객체명:삭제 → 단축키:Ctrl+D
- 검색모드(&Search) → 객체명:검색모드 → 단축키:Ctrl+S
- 재계산(&Cal) → 객체명:재계산 → 단축키:Ctrl+W

도움말(&Info) → 객체명:도움말
- 사용법 및 단축키(&Help) → 객체명:사용법 → 단축키:Ctrl+H
- 인사 관리정보(&Info) → 객체명:인사 관리정보 → 단축키:Ctrl+I

04 '파일' 메뉴를 열러보면, 그림과 같이 메뉴가 만들어져 있음을 확인할 수 있다.

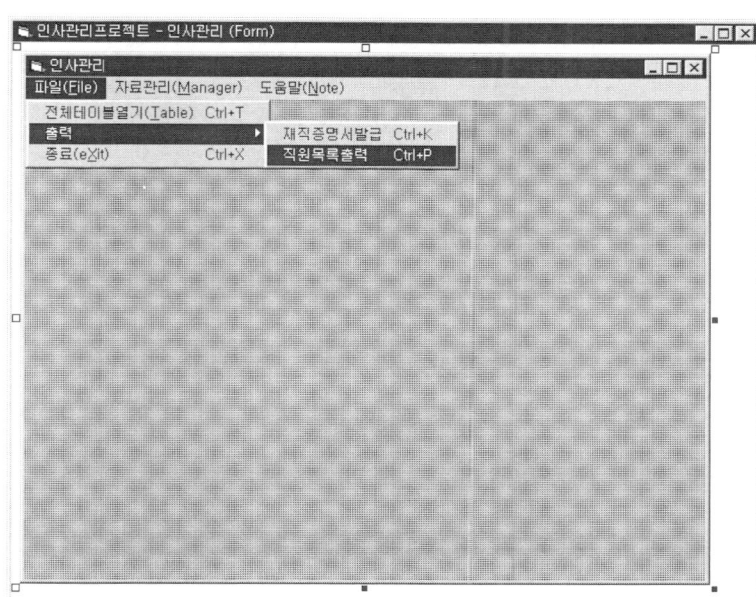

05 '자료관리' 메뉴를 열어 만들어진 메뉴를 확인한다.

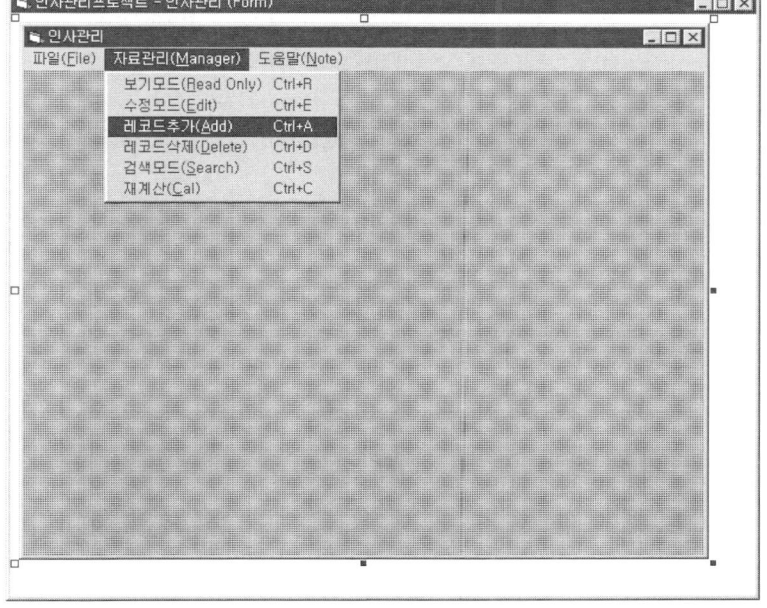

06 '도움말' 메뉴를 열어 만들어진 메뉴를 확인한다.

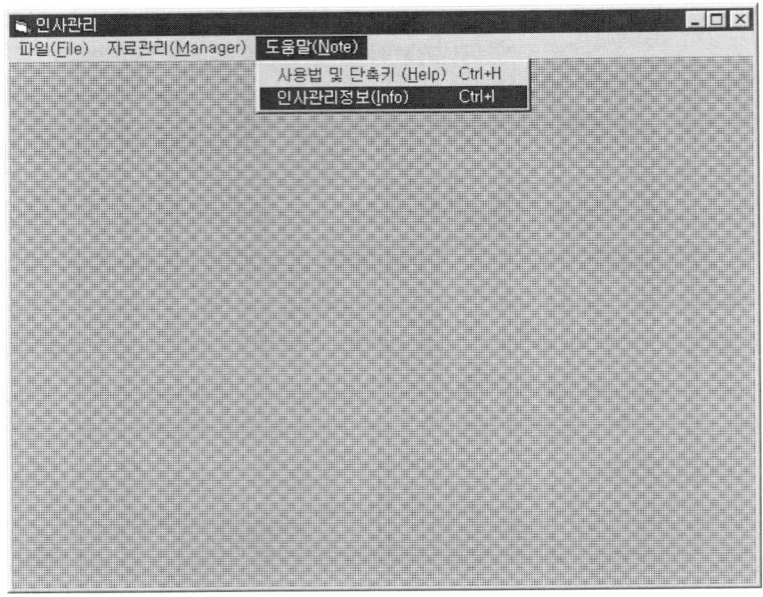

4.2 윈도우 탭 만들기

07 [프로젝트 → 구성 요소] 명령을 실행하여 그림과 같이 "Microsoft Tabbed Dialog Control 6.0"을 체크하고, '확인' 버튼을 클릭한다.

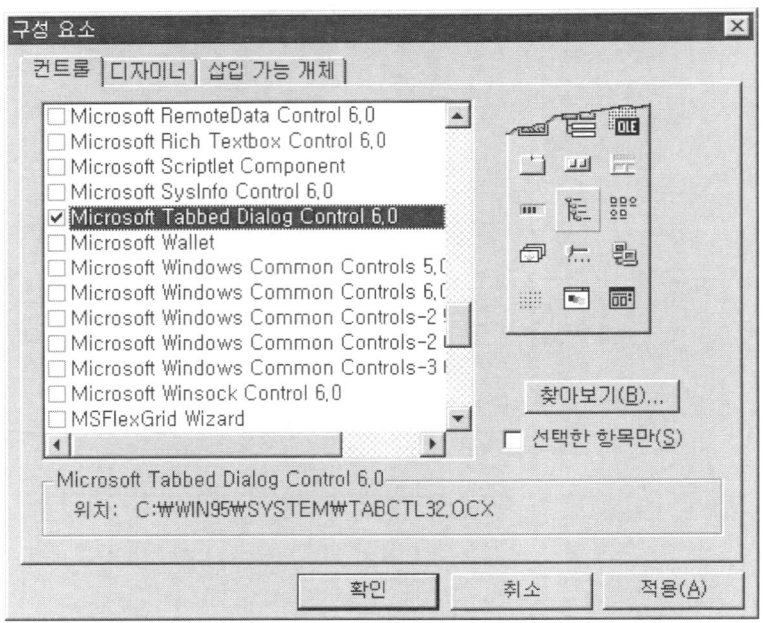

08 그러면 툴바에 "SSTab" 툴이 새롭게 추가된다.

09 '인사 관리' 폼에 SSTab을 그림과 같이 삽입한다.

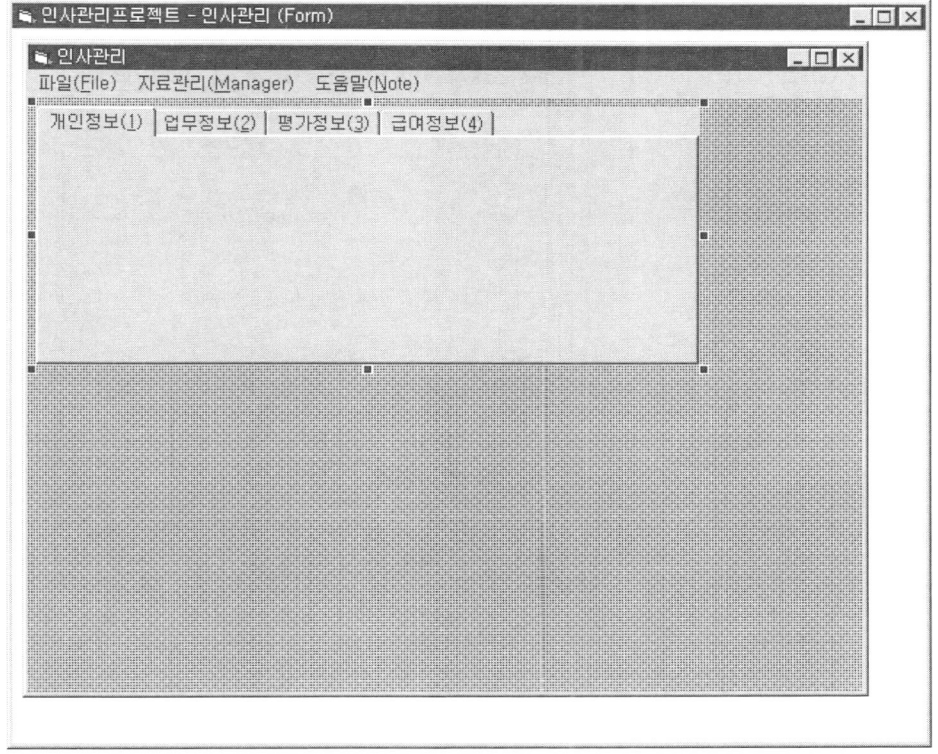

10 SSTab의 객체명을 "탭"이라고 설정한다.

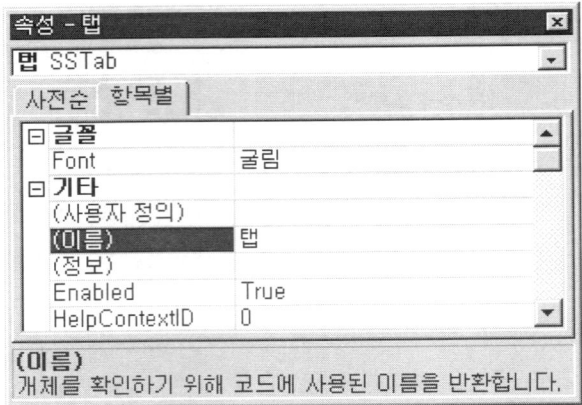

11 윈도우 탭의 개수는 Tabs 항목에서 설정한다. 여기서는 "개인정보", "업무정보", "평가정보", "급여정보" 를 탭으로 설정할 것이므로 탭의 개수를 4개로 설정할 것이다. 따라서 Tabs를 "4", TabsPerRow를 "5"로 설정하였다. 폼에서 첫 번째 탭을 선택하고, Caption을 그림과 같이 "개인정보(&1)"라고 입력한다. 이렇게 하면 단축키 [Alt+1]을 눌렀을 때 "개인정보" 탭이 열린다.

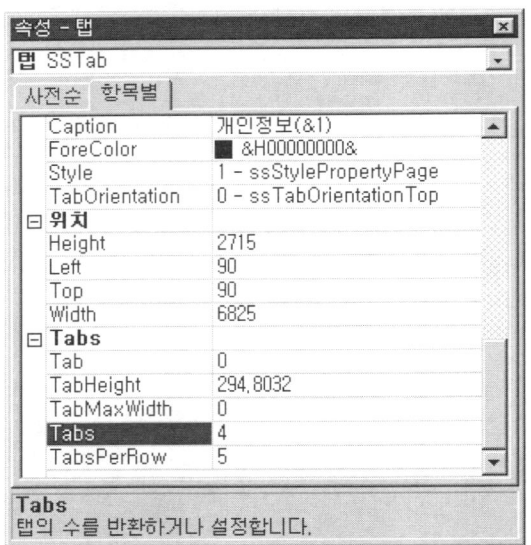

12 폼에서 두 번째 탭을 선택하고, Caption을 그림과 같이 "업무정보(&2)"로 설정한다.

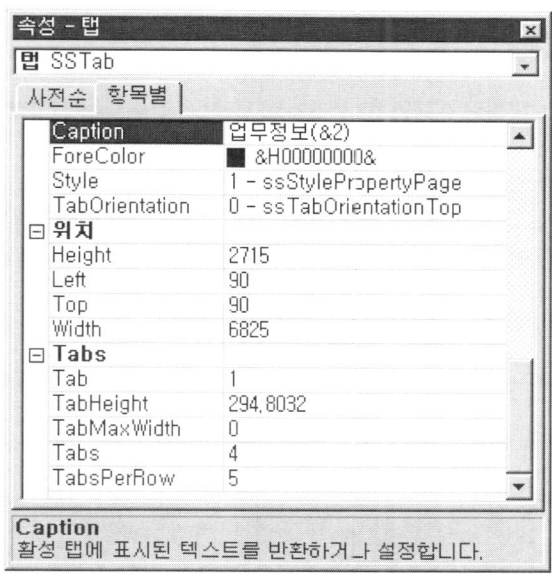

같은 방법으로 세 번째 탭을 선택하여 Caption을 "평가정보(&3)"로 설정하고, 네 번째 탭을 선택하여 Caption을 "급여정보(&4)"로 설정한다.

4.3 입력란 만들기

13 폼에서 개인정보 탭을 열고, 그림과 같이 개인정보에 해당하는 필드의 입력란을 삽입한다. 여기서는 각 입력란의 객체명을 레이블의 Caption과 같이 하였다. 예를들어, 사원번호의 입력란 객체명은 "사원번호"로 하였고, 이름의 입력란 객체명은 "이름"으로 설정하였다.

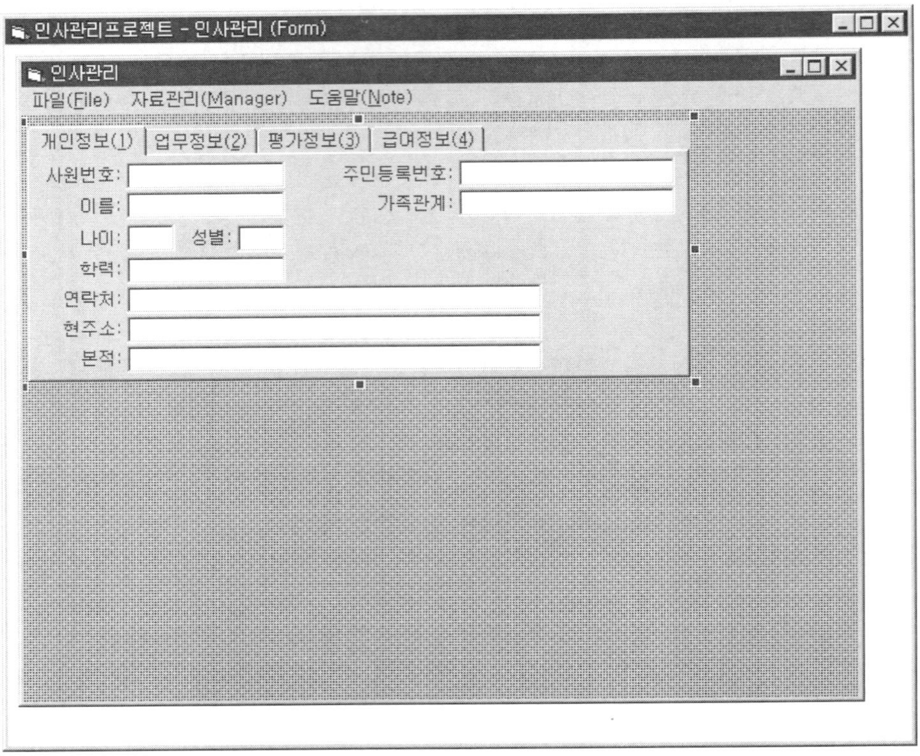

같은 방법으로 "업무정보" 탭을 열고, 그림과 같이 "업무정보'에 해당하는 입력란을 삽입한다.

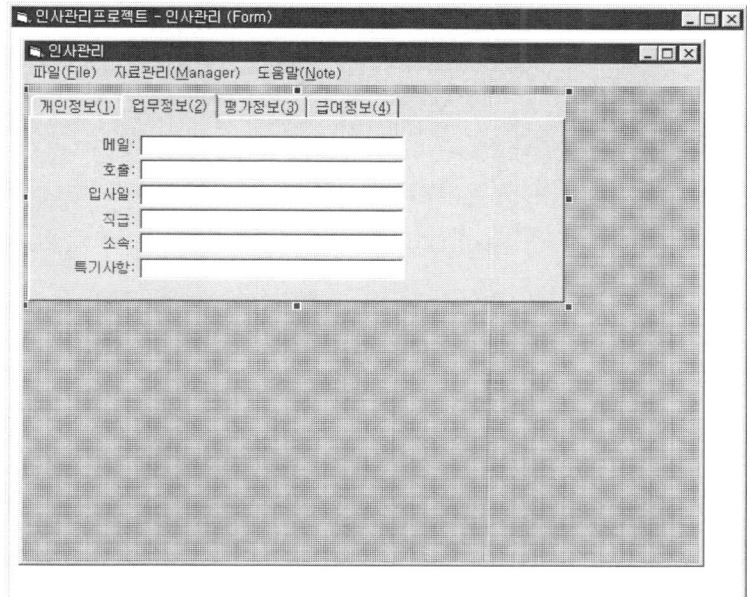

같은 방법으로 "평가정보" 탭을 열고, 그림과 같이 "평가정보'에 해당하는 입력란을 삽입한다.

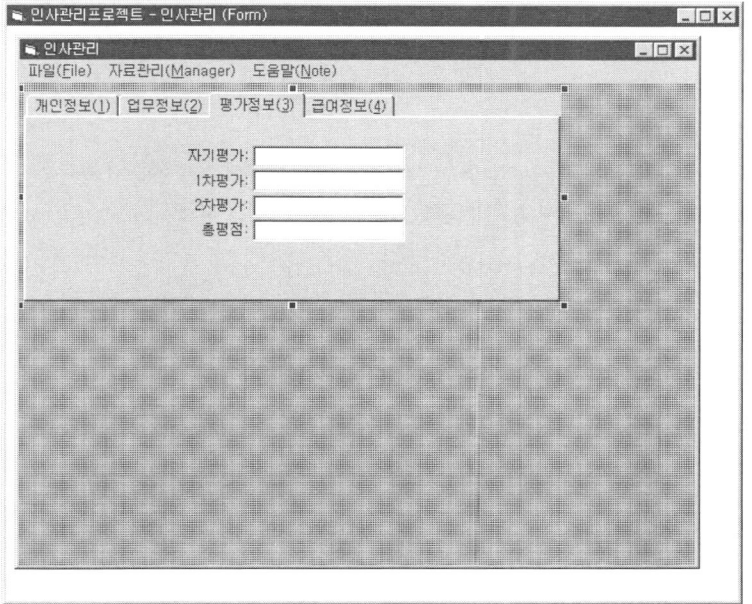

같은 방법으로 "급여정보"탭을 열고, 그림과 같이 "급여정보'에 해당하는 입력란을 삽입한다.

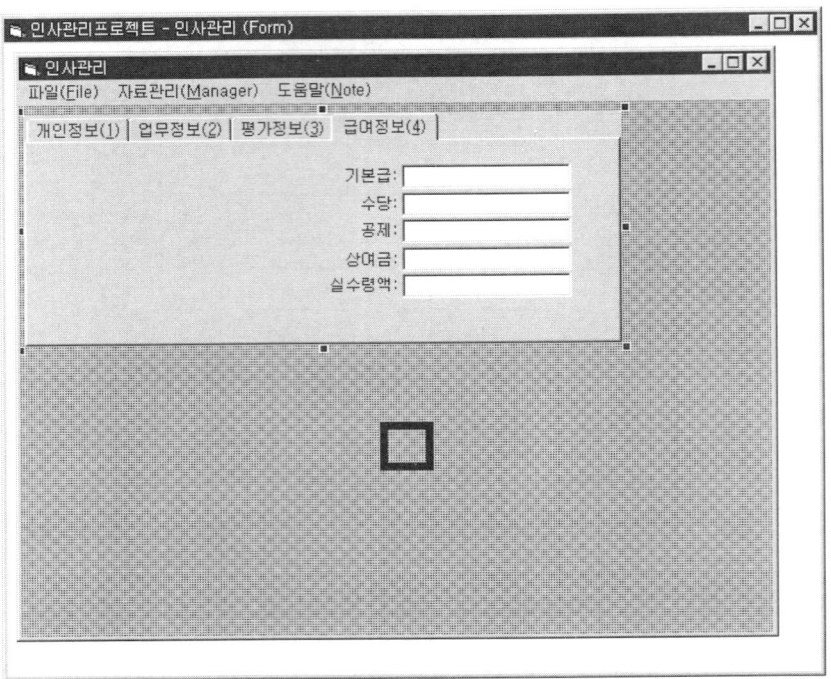

개체명

1차 평가와 2차 평가의 경우 개체명 레이블과 같이 설정할 수가 없다. 따라서 여기서는 1차 평가의 입력란 개체명을 "평가1"로, 2차 평가의 입력란 개체명을 "평가2"로 하였다.

4.4 Adodc Control 만들기

14 툴바에서 그림과 같이 'Adodc'를 선택한다.

15 그림과 같이 Adodc를 삽입하고, 객체명을 "Adodc1"으로 설정한다.

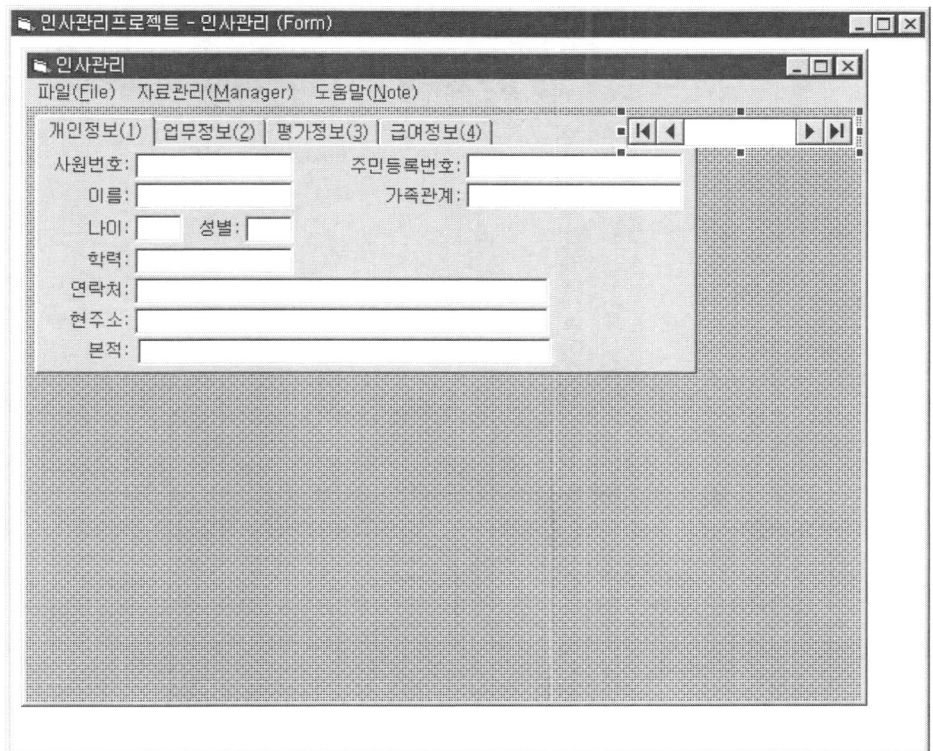

16 Adodc1의 속성 창에서 'Connection String' 항목의 "..." 버튼을 클릭하면, 그림과 같이 "속성 페이지" 대화상자가 나타난다. 이 대화상자에서 "작성" 버튼을 클릭한다.

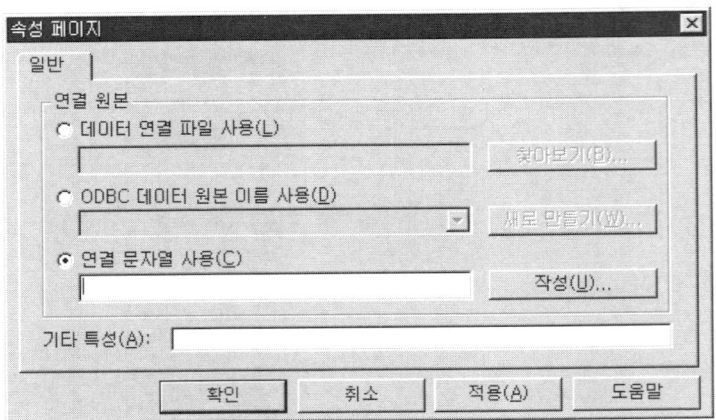

17 "데이터 링크 등록 정보" 대화상자가 나타면, "Microsft Jet 3.51 OLE Provider"를 선택한다. "다음" 버튼을 클릭한다.

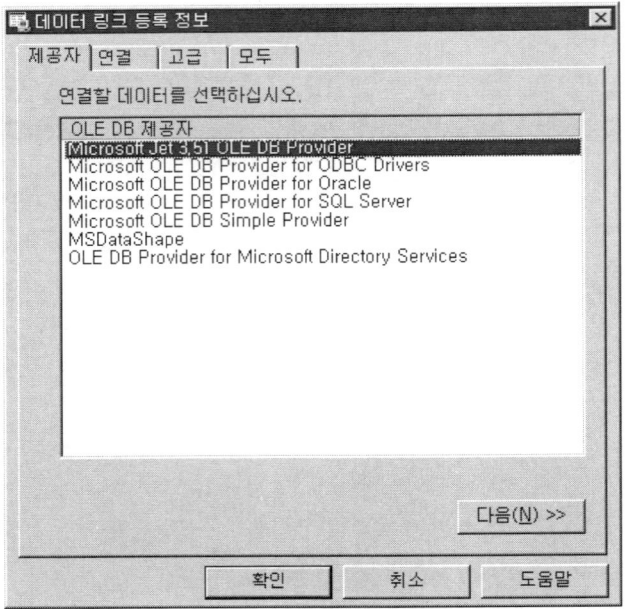

18 연결탭으로 자동으로 이동되는데, 여기서 1번 항목의 "..." 버튼을 클릭한다.

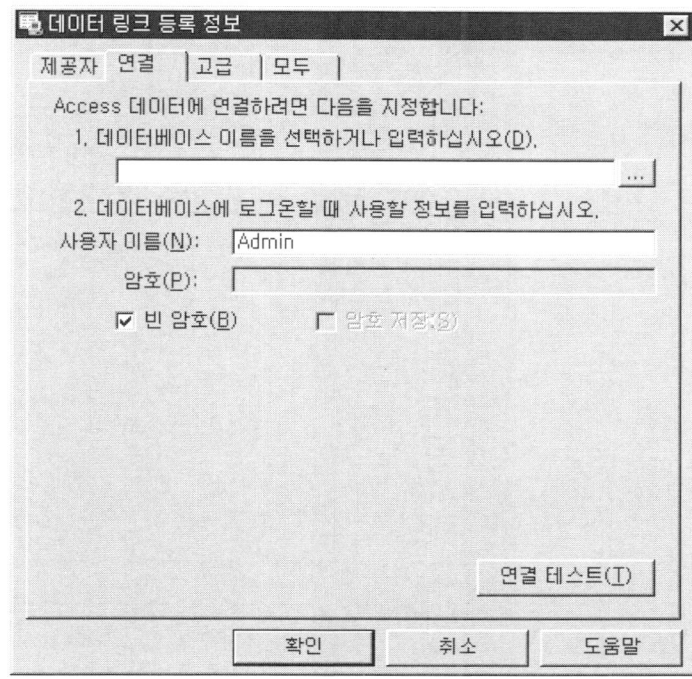

19 그림과 같이 "Access 데이터베이스 선택" 대화상자가 나타나면, "인사1.mdb"를 선택한다.

20 선택된 DB 파일의 경로가 절대경로로 나타난다.

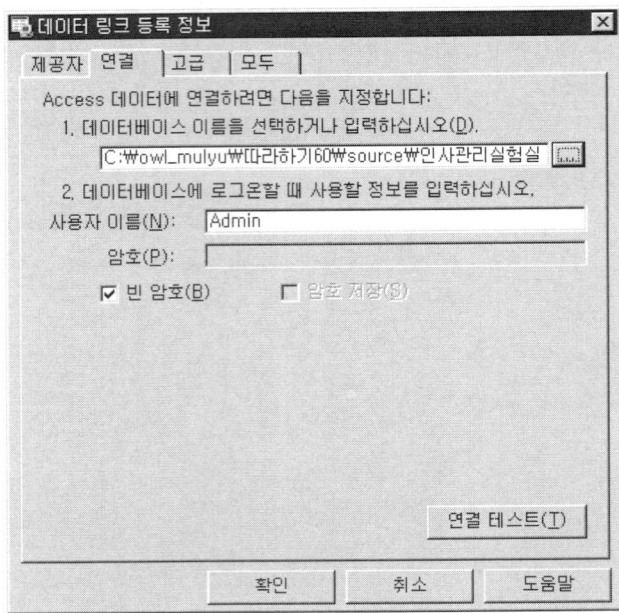

21 DB 파일의 경로를 그림과 같이 상대경로로 바꾸어준다.

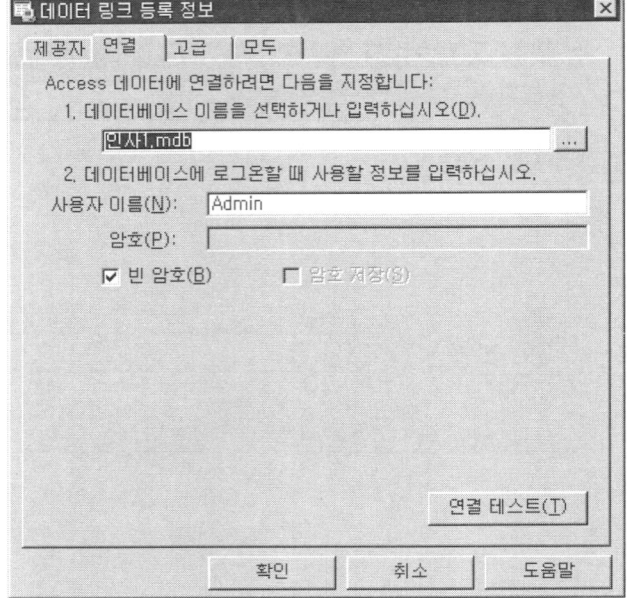

22 "연가 테스트" 버튼을 클릭하여 그림과 같이 성공 메시지가 나타나면 정상적으로 DB 설정된 것이다.

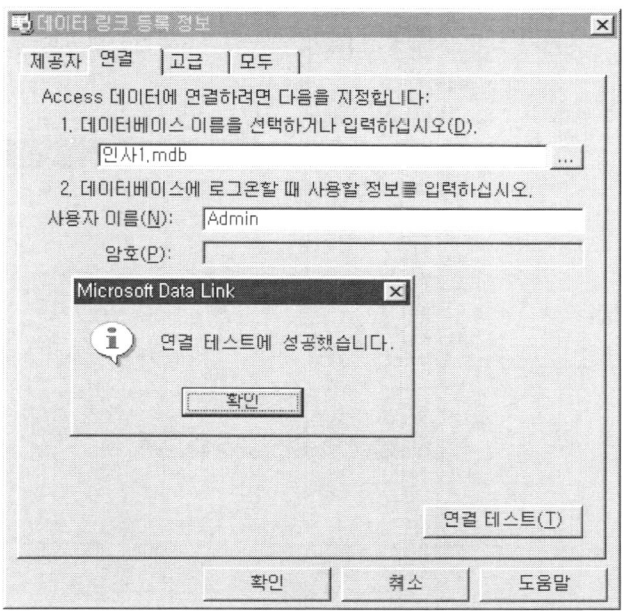

23 "데이터 링크 등록 정보" 대화상자에서 "확인" 버튼을 클릭하고 닫으면, 그림과 같이 DB 연결에 대한 연결 문자가 자동으로 작성된다. "확인" 버튼을 클릭한다.

24 Adodc1의 속성 창에서 "RecordSource" 항목의 "..." 버튼을 클릭하면, 그림과 같은 "속성 페이지" 대화상자가 나타난다. 이 대화상자에서 명령형식을 "8 - adCmdUnknown"으로 설정하고, 명령 텍스트(SQL)을 "select * from 인사 order by 사원번호" 입력한다. 이 명령은 인사 테이블에서 사원번호순으로 모든 필드의 데이터를 선택한다는 의미이다. "확인" 버튼을 클릭한다.

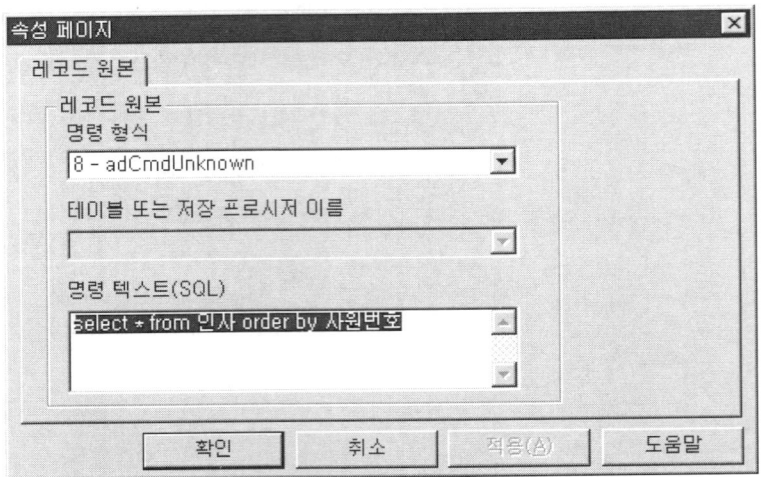

25 그림과 같이 Adodc1의 데이터 설정이 되었는지 전체적으로 확인한다.

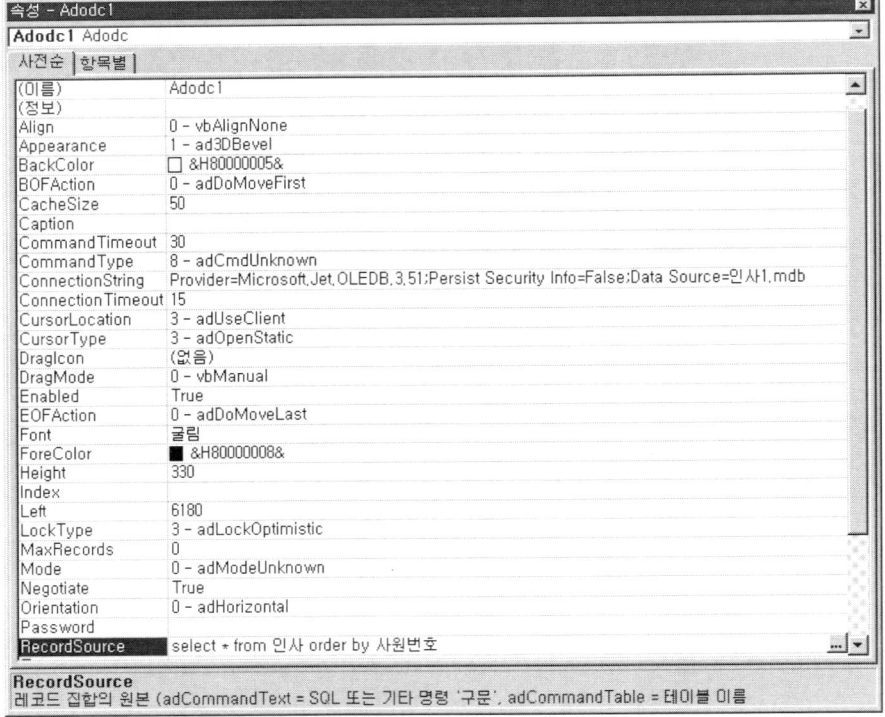

4.5 입력란의 필드 설정 1

26 폼 보기 창에서 사원번호 입력상자를 선택하고, DataSource를 "Adodc1"으로 설정한 후 DataField를 "사원목록" 필드로 지정한다.

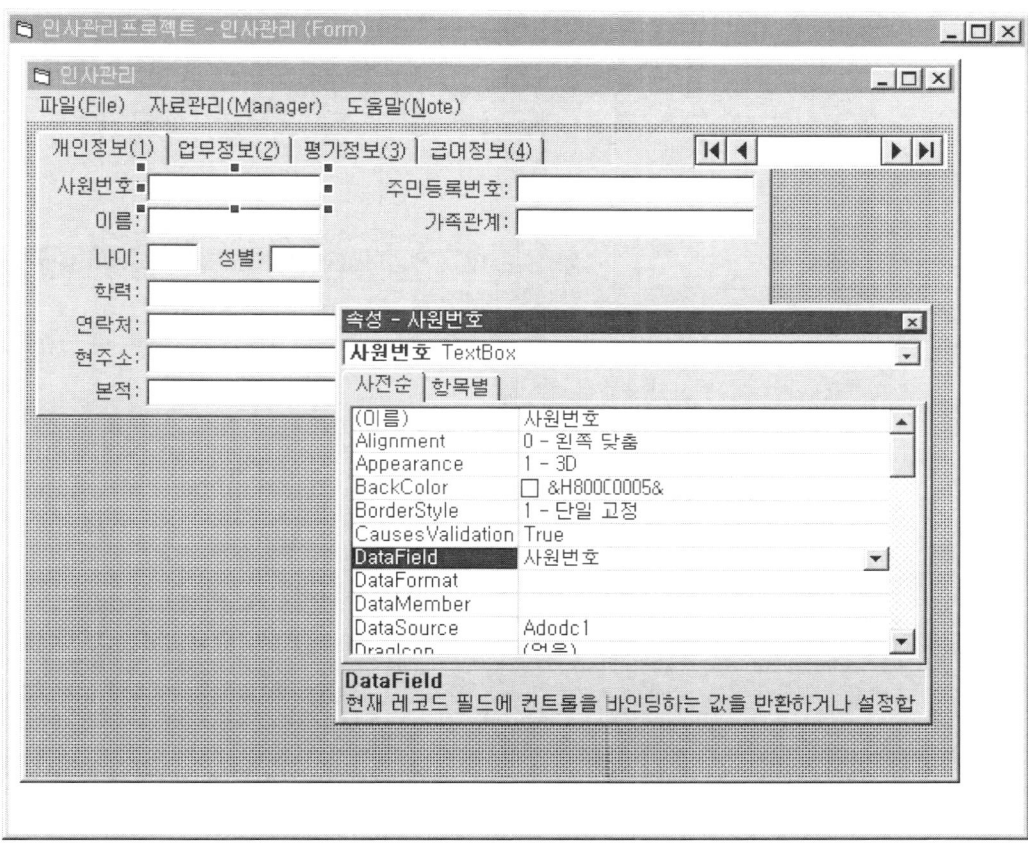

27 이름 입력상자의 DataSource도 "Adodc1"으로 설정한 후 DataField를 "이름" 필드로 설정한다.

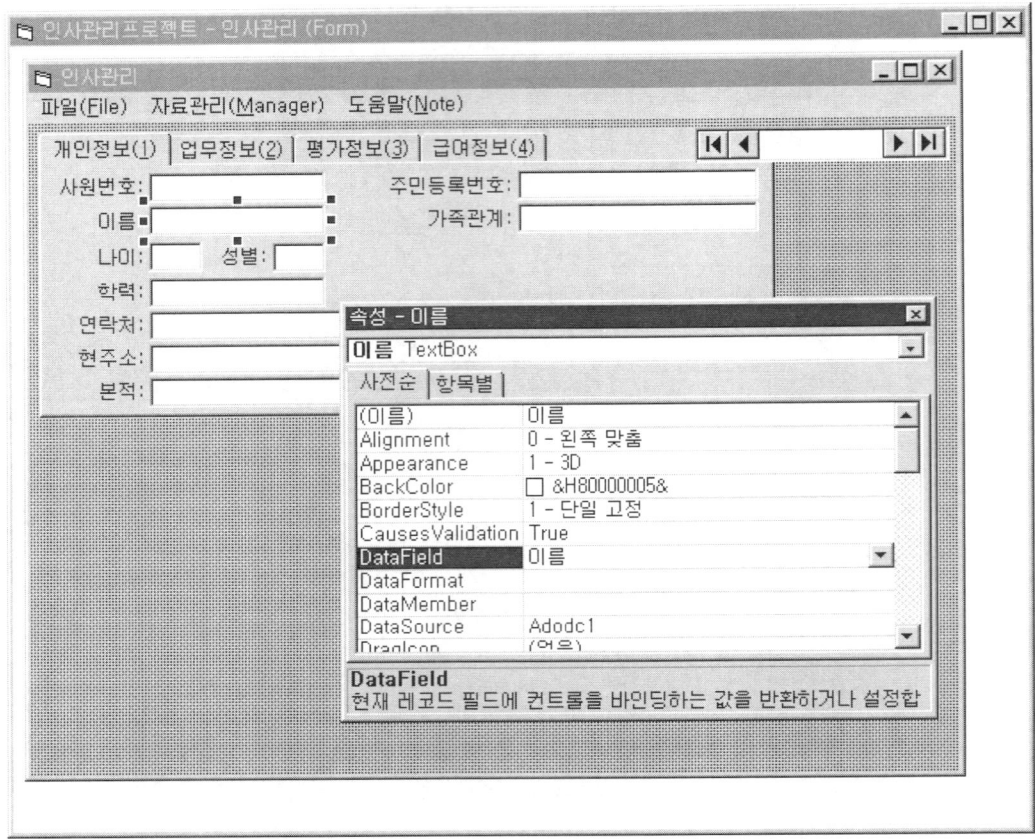

같은 방법으로 개인정보 탭에 있는 나머지 입력상자의 DataSource와 DataField를 설정한다.

28 업무정보 탭을 열고, 업무정보 탭에 있는 모든 입력상자에 대한 DataSource와 DataField를 설정한다.

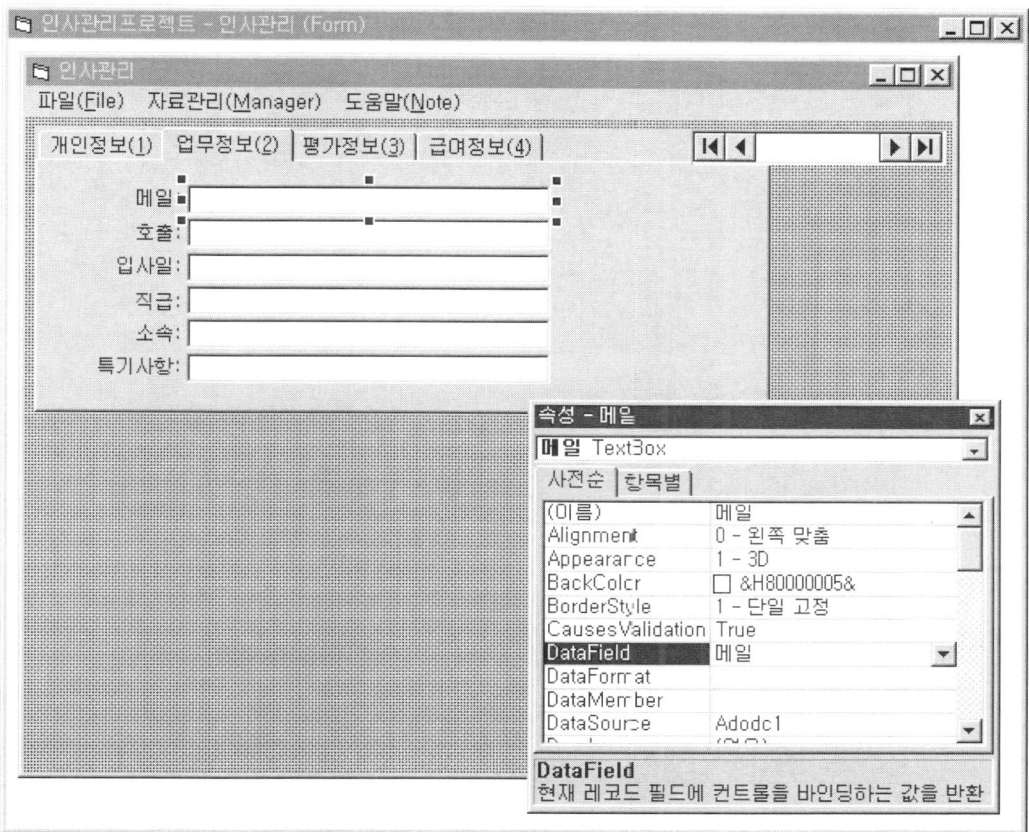

29. 평가정보 탭을 열고, 평가정보에 해당하는 모든 입력상자의 DataSource와 DataField 를 설정한다.

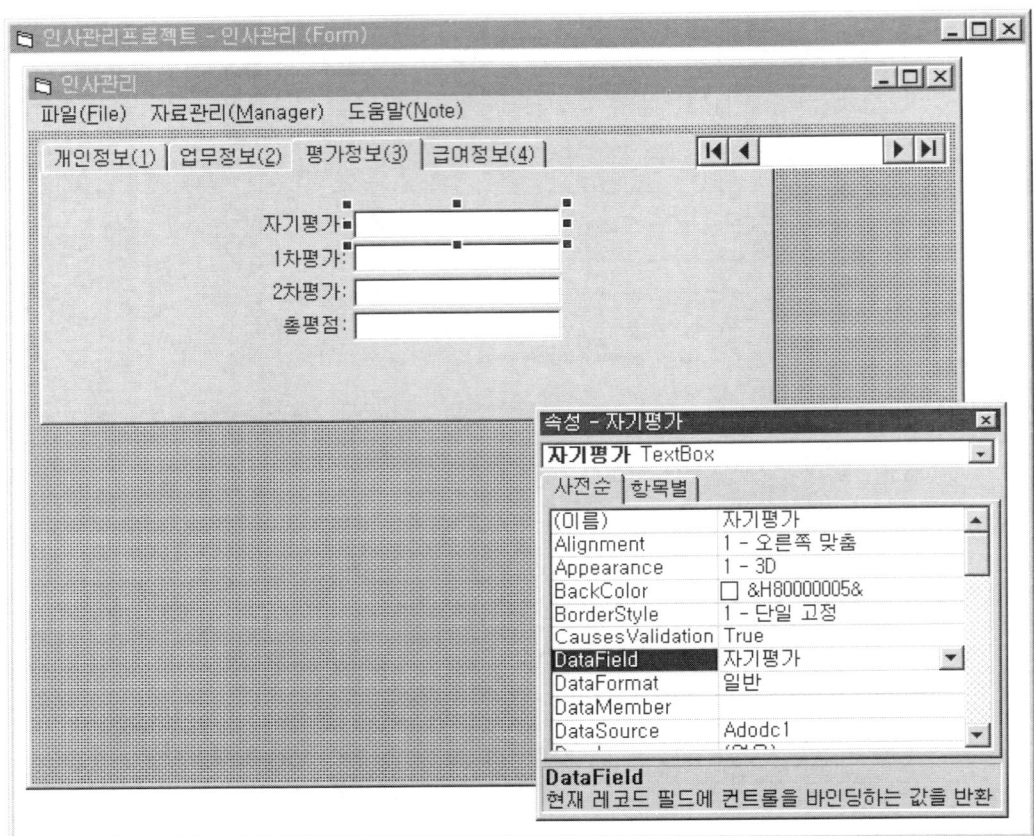

4.6 입력란의 DataFormat 설정 1

30 평가정보에 해당하는 입력상자에는 숫자를 데이터로 한다. 그런데 DataFormat항목을 보면 "일반"으로 지정되어 있는 것을 볼 수 있다. 이 항목을 "숫자"로 고칠 필요가 있다. DataFormat의 "..."버튼을 클릭하자.

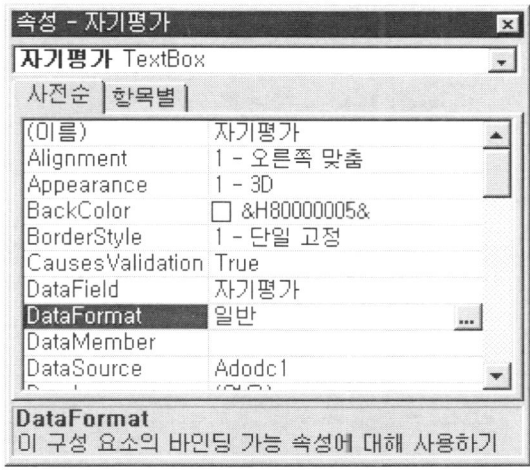

31 그림과 같이 DataFormat을 설정할 수 있는 대화상자가 나타난다.

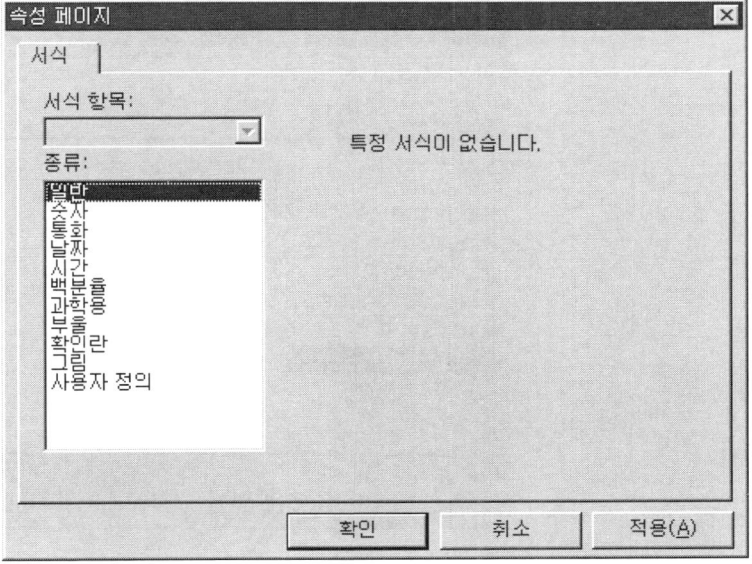

32 종류를 "숫자"로 설정하고, 소수 자릿수를 "2" 자리로 한다. "확인" 버튼을 클릭하면, 이 입력란은 소수 두 번째자리까지만 출력되게 마스크처리 된다.

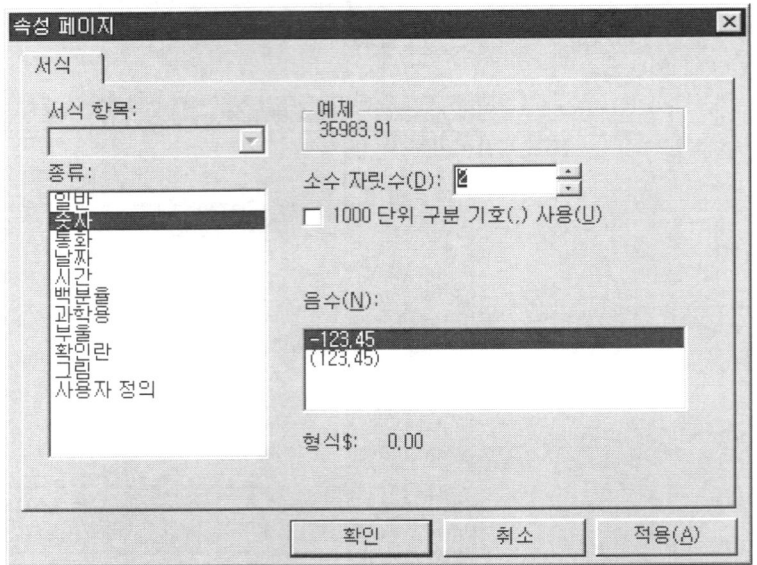

33 같은 방법으로 평가정보 탭에 있는 입력란의 DataFormat을 모두 "숫자"로 설정한다.

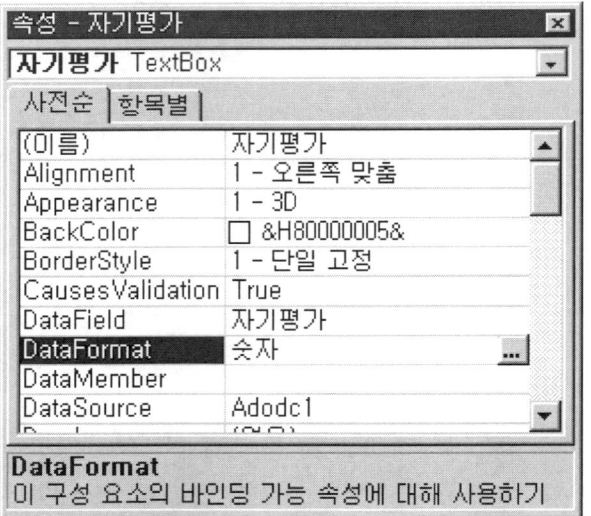

4.7 총평점연산 명령버튼 삽입

34 그림과 같이 "총평점연산" 명령버튼을 만들어 넣는다.

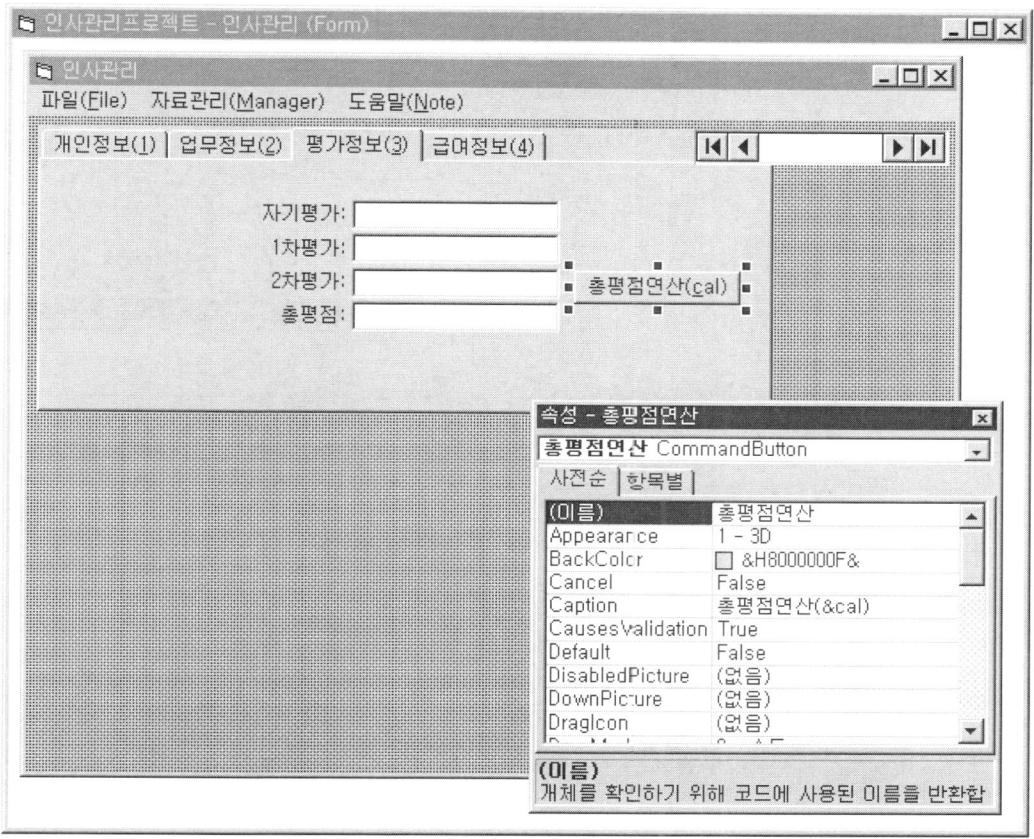

4.8 입력란의 필드 설정 2

35 급여정보 탭을 열고, 급여정보에 해당하는 입력란의 DataSource와 DataField를 설정 한다.

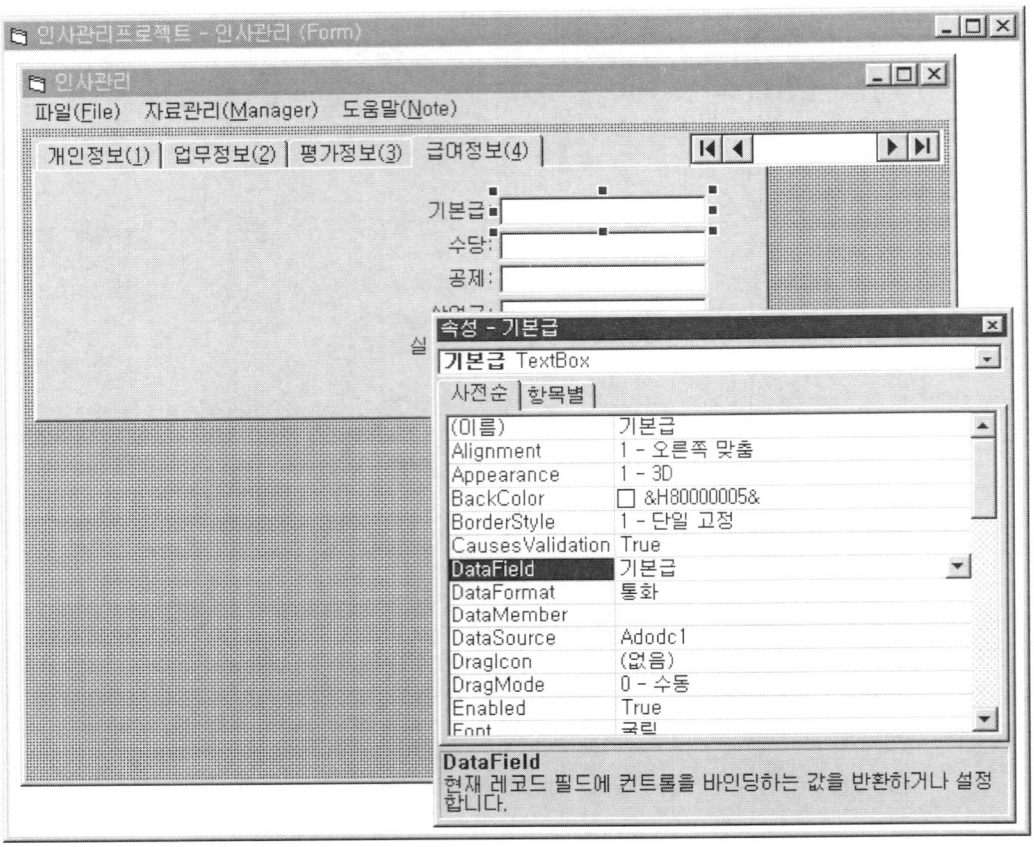

4.9 입력란의 DataFormat 설정 1

36 급여정보의 입력란은 금액이 입력되므로 그림과 같이 "통화"로 설정한다.

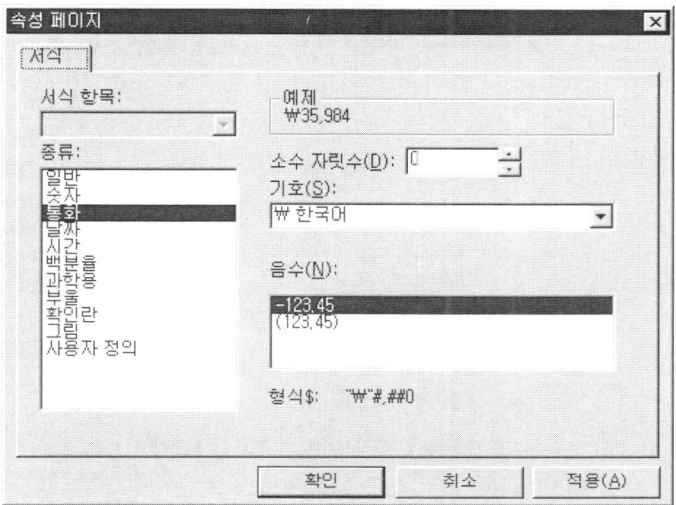

4.10 실수령액연산 명령버튼 삽입

37 "실수령액연산" 명령버튼을 삽입한다.

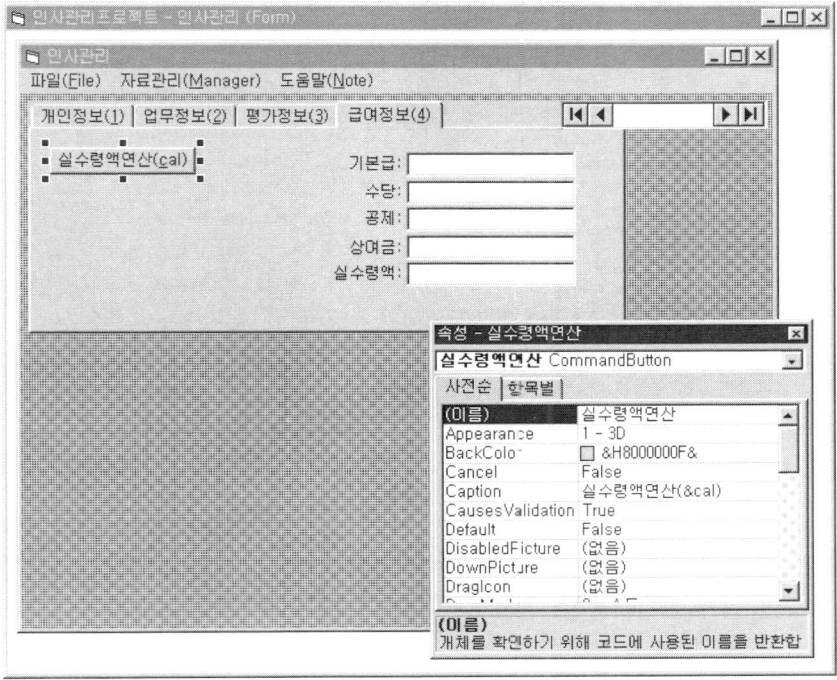

4.11 사진 이미지 자리잡기

38 툴바에서 Image툴을 선택한다.

39 그림과 같이 Image를 삽입하고, Stretch속성을 "True"로 설정하며, 객체명은 "사진보기"로 설정한다. Stretch 속성은 지정된 image 개체의 크기에 맞추어 이미지의 크기를 재조절하는 기능을 한다. 이 객체에는 사원의 사진 이미지가 출력되는 곳인데 사진 이미지에 대한 데이터는 별도로 코딩하여 처리하기로 한다. 따라서 DataSource나 DataField는 설정할 필요가 없다.

4.12 사진 파일명 출력 자리잡기

30 '사진보기' 아래에 그림과 같이 텍스트 상자를 삽입하고, 이 객체명을 Text1으로 설정한다. Text 속성을 Null 상태로 비워두자. 이 입력상자에는 사진파일의 파일명이 출력시킬 때 활용하기 위한 것이다. 또한 이 입력상자에는 단순히 보기만하는 기능이므로 Enabled를 False로 설정할 필요가 있다.

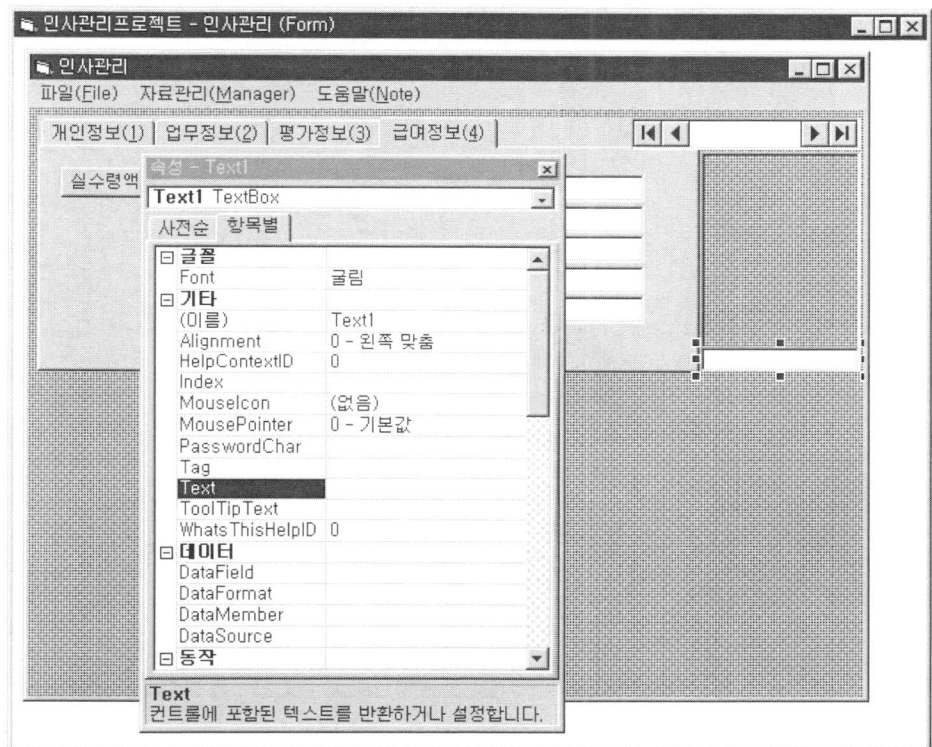

4.13 검색엔진 폼 만들기

41 툴바에서 Frame툴을 선택하고, 그림과 같이 프레임을 삽입하자. 이 프레임의 Caption을 "검색엔진"으로 설정한다.

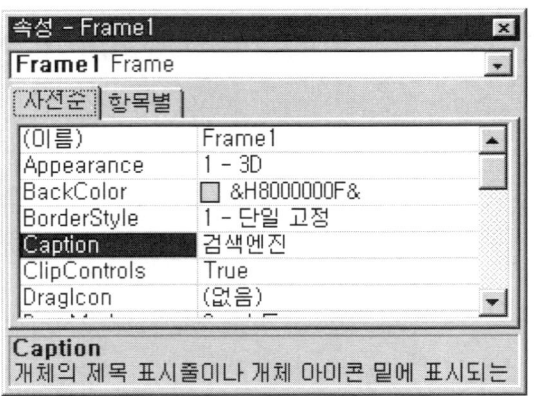

42 검색엔진 프레임 안에 콤보상자를 삽입하고, 객체명을 "검색필드"로 Text를 "이름"이라고 설정한다.

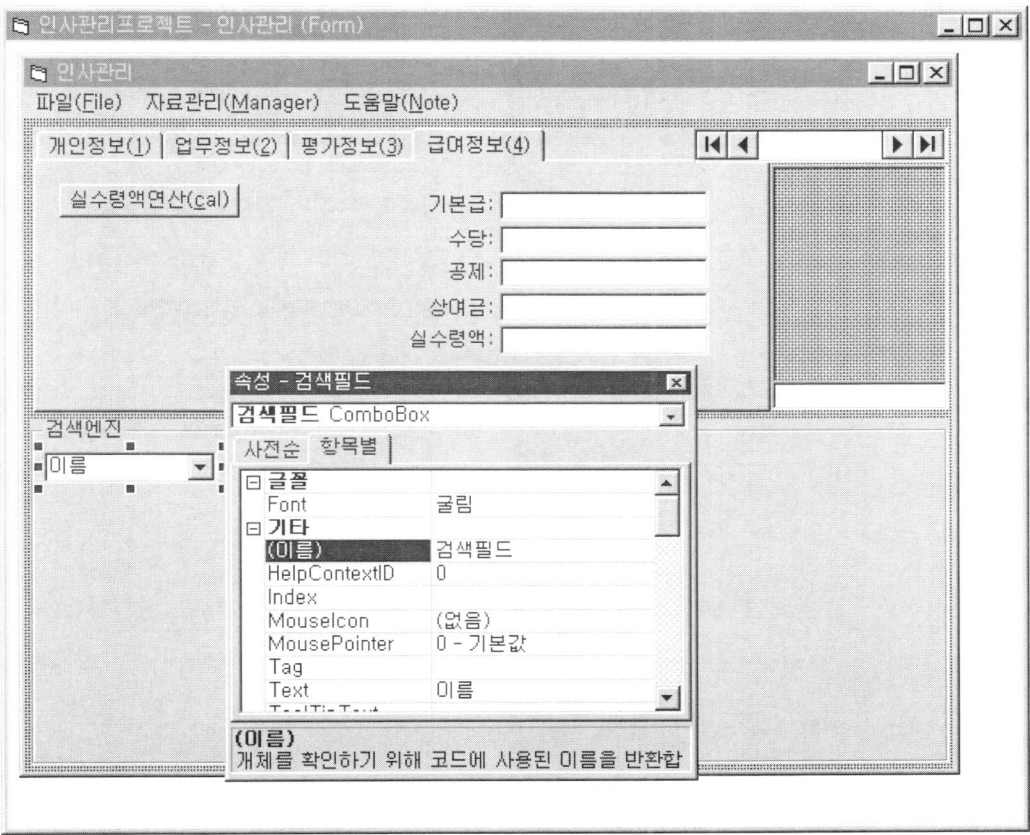

43 텍스트 입력상자를 삽입하고, 객체명을 "검색어", Text는 Null 상태로 비워둔다.

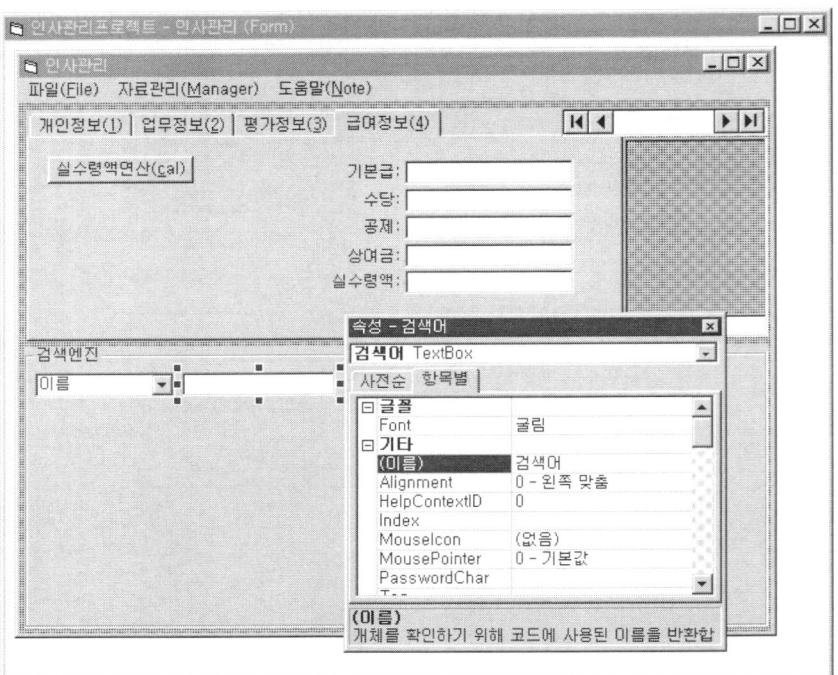

44 그림과 같이 "검색" 명령 버튼을 삽입한다.

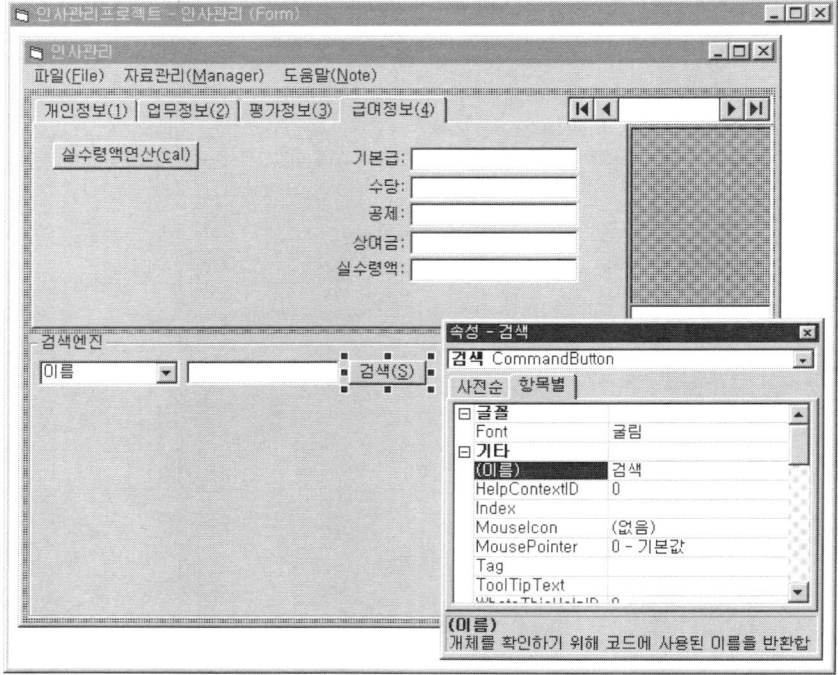

45 이렇게 하면 검색 필요한 요소들이 갖추어졌다. 빠진 것이 있다면 검색된 내용이 출력될 곳인데, 이 예제에서는 Adodc Control을 사용하기 때문에 검색된 결과가 윈도우 탭에 있는 입력상자와 다음 과정에서 만들 DataGrid에 동시에 출력된다.

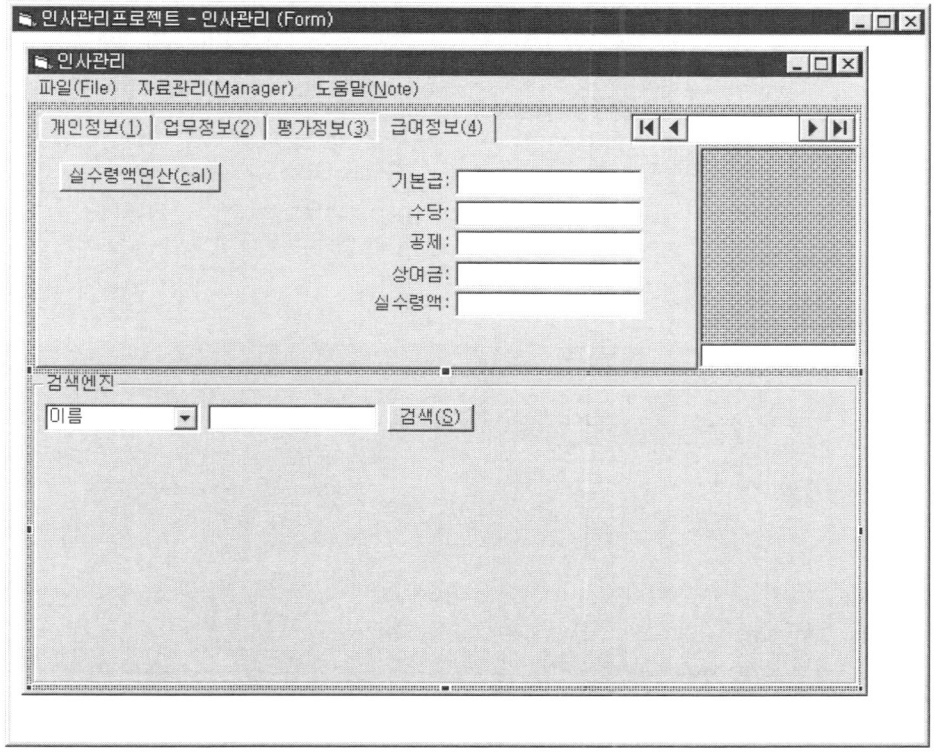

46 툴바에서 DataGrid툴을 선택한다.

47 그림과 같이 DataGrid를 검색엔진 프레임안에 삽입하고, 객체명을 "DataGrid1"으로 설정한다.

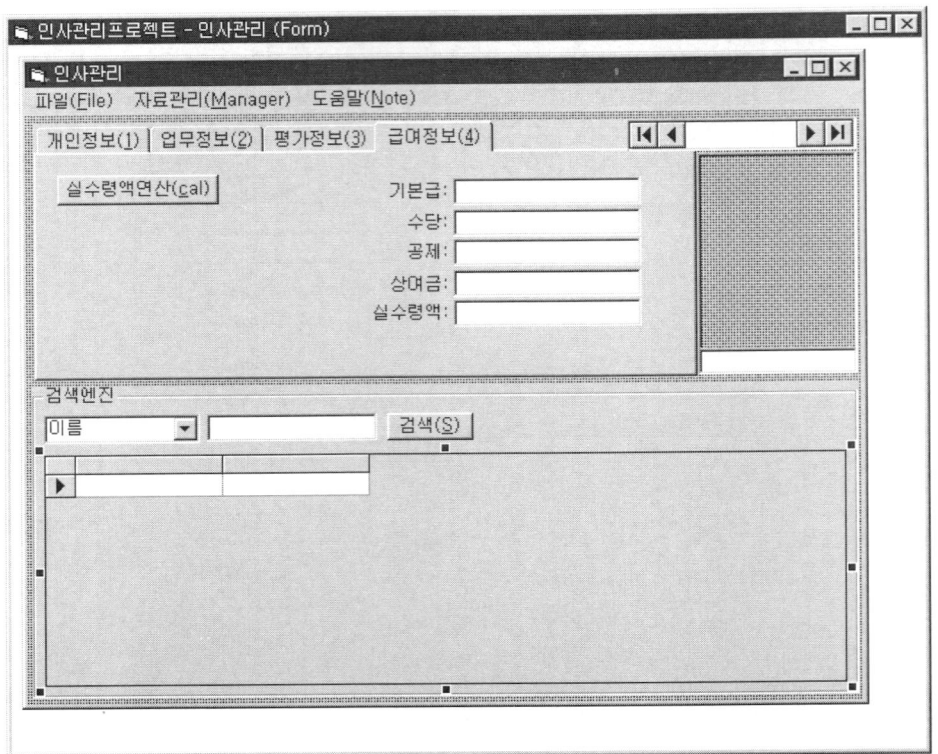

48 DataGrid1에서 눈여겨 볼만한 것은 TabAction 속성이다. TabAction을 "2 - dbgGridNavigation"로 설정하면 테이블 내의 셀들 사이를 방향키나 탭키로 자유롭게 이동할 수 있다. 또한 TabAcrossSplits를 "True"로 설정하면 테이블의 셀에 있는 값을 복사하여 다른 셀이나 입력상자에 붙여넣기를 할 수 있다.

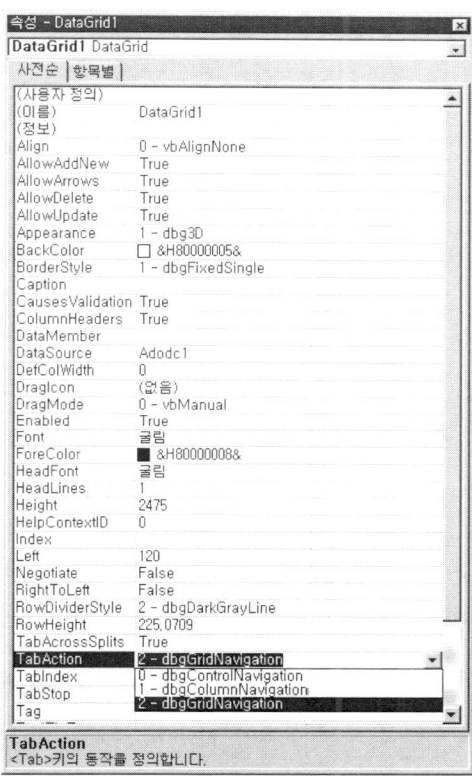

5. 코드 작성하기

5.1 폼 로드 루틴

01 폼이 로드되면 '검색필드' 콤보상자에 그림과 같이 검색할 수 있는 필드 목록을 추가한다. 이 때 사용하는 개체는 "AddItem()" 함수이다.

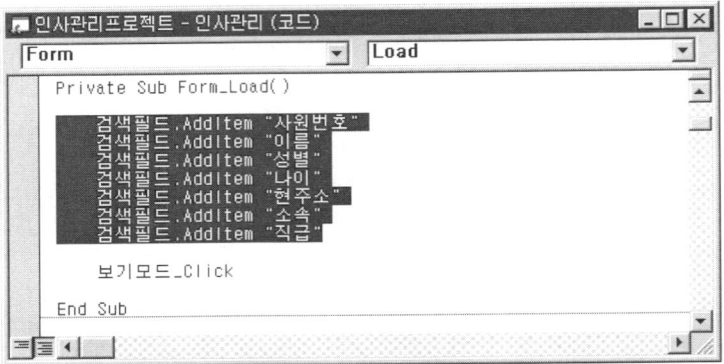

02 처음 폼이 시작되면 데이터의 보호를 위해 볼 수만 있고, 입력하지 못하도록 하는 보기모드가 실행되어야 한다. 폼 메뉴로 '보기모드' 개체를 클릭했을 때와 같은 루틴이므로, 그림과 같이 "보기모드_Click" 루틴을 수행시킨다. 이 루틴은 다음 과정에서 작성한다.

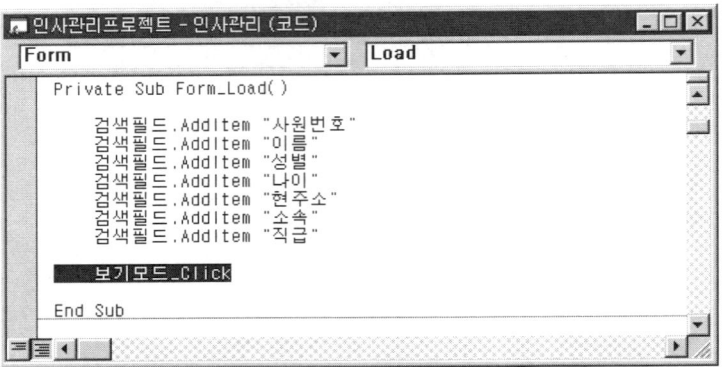

©Chapter 8 인사 관리 프로젝트

5.2 보기모드 루틴

03 폼 보기에서 [자료관리 → 보기모드] 메뉴를 클릭하여 "보기모드_Click" 루틴을 만든다.

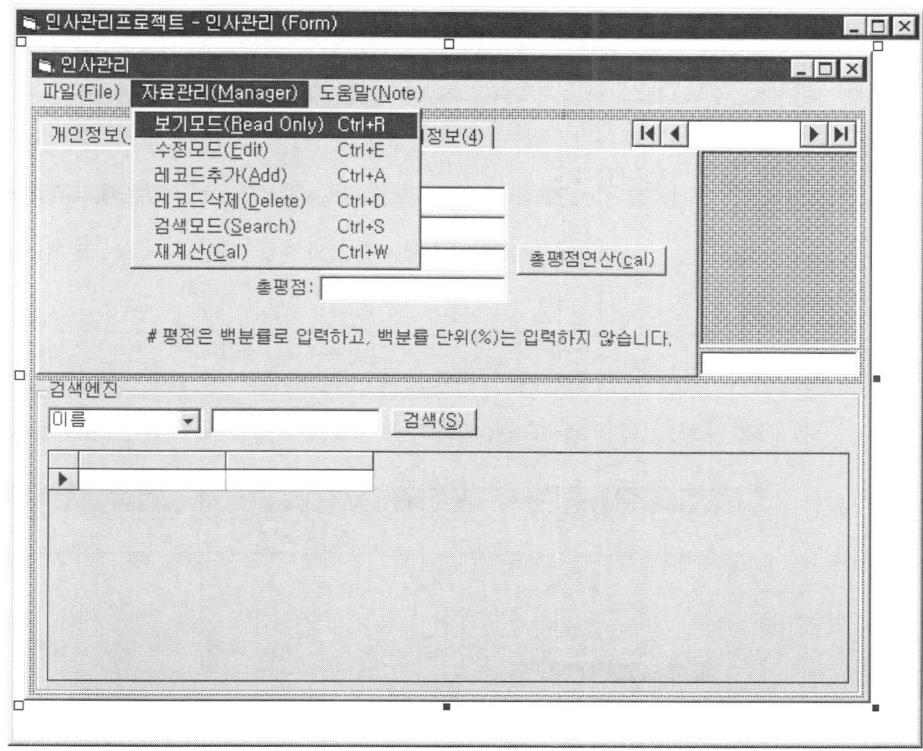

04 보기모드에서는 입력하지 못하도록 하는 "입력비활성" 루틴을 수행한다.

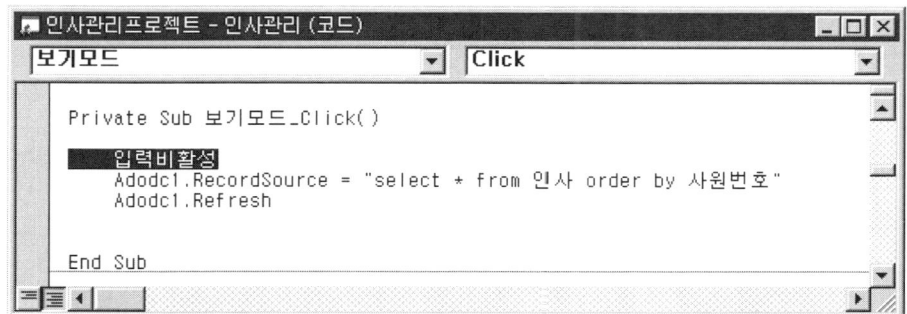

05 Adodc1의 RecordSource를 폼 만들기에서 기본값으로 설정하였지만, 검색루틴을 수행하고 나서 다시 초기화시킬 필요가 있을 때는 보기모드 명령을 실행해야 하므로 그림과 같이 RecordSource를 초기화시키는 항목을 추가한다.

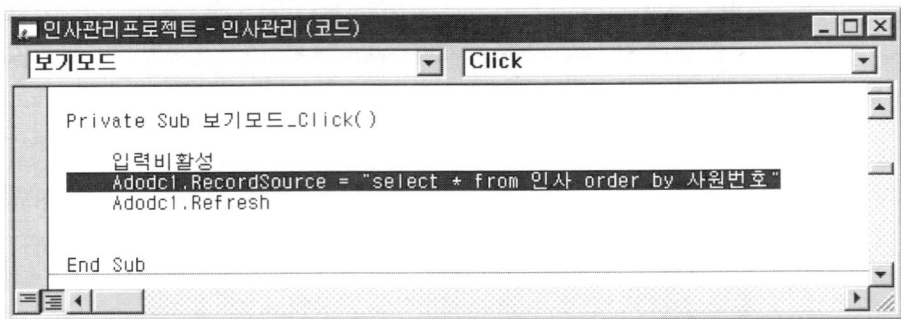

06 Adodc1의 RecordSource를 초기화시키고 나면, Refresh 명령으로 Adodc1을 갱신시킨다.

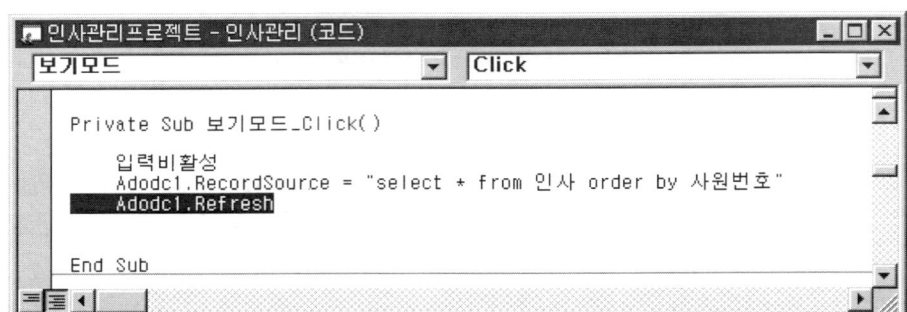

5.3 입력비활성 루틴

07 보기모드_Click 루틴에서 사용하는 "입력비활성" 루틴을 작성한다. 이 루틴은 입력할 수 없게 만드는 것이 목적이므로 각 입력란의 Enabled를 모두 False로 설정하면 된다.

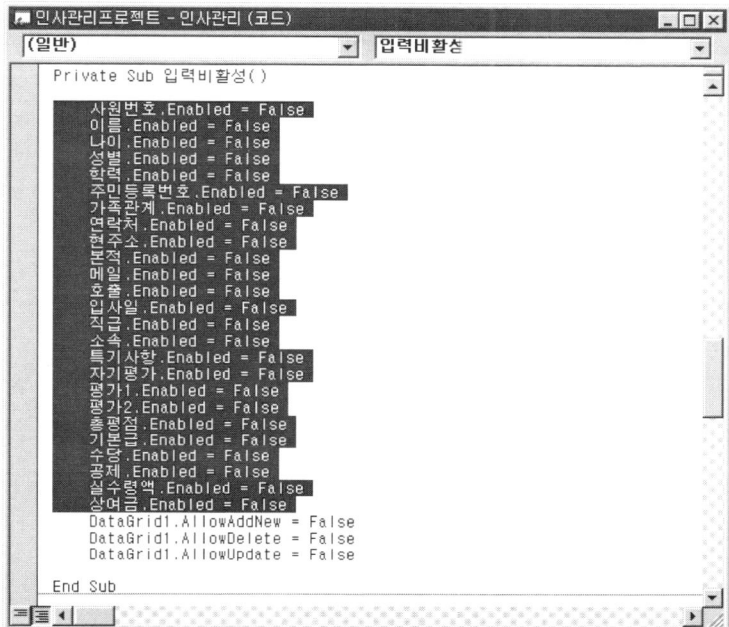

08 DataGrid1의 경우도 마찬가지로 추가, 삭제, 수정을 못하게 한다.

```
Private Sub 입력비활성()
    사원번호.Enabled = False
    이름.Enabled = False
    나이.Enabled = False
    성별.Enabled = False
    학력.Enabled = False
    주민등록번호.Enabled = False
    가족관계.Enabled = False
    연락처.Enabled = False
    현주소.Enabled = False
    본적.Enabled = False
    메일.Enabled = False
    호출.Enabled = False
    입사일.Enabled = False
    직급.Enabled = False
    소속.Enabled = False
    특기사항.Enabled = False
    자기평가.Enabled = False
    평가1.Enabled = False
    평가2.Enabled = False
    총평점.Enabled = False
    기본급.Enabled = False
    수당.Enabled = False
    공제.Enabled = False
    실수령액.Enabled = False
    상여금.Enabled = False
    DataGrid1.AllowAddNew = False
    DataGrid1.AllowDelete = False
    DataGrid1.AllowUpdate = False
End Sub
```

5.4 입력활성 루틴

09 "입력활성" 루틴을 작성한다. 모든 입력란과 DataGrid1을 모두 True로 설정하여 레코드 작업을 할 수 있게 한다.

5.5 Adodc 레코드이동 루틴

10 폼 보기 창에서 Adodc1을 더블클릭한다.

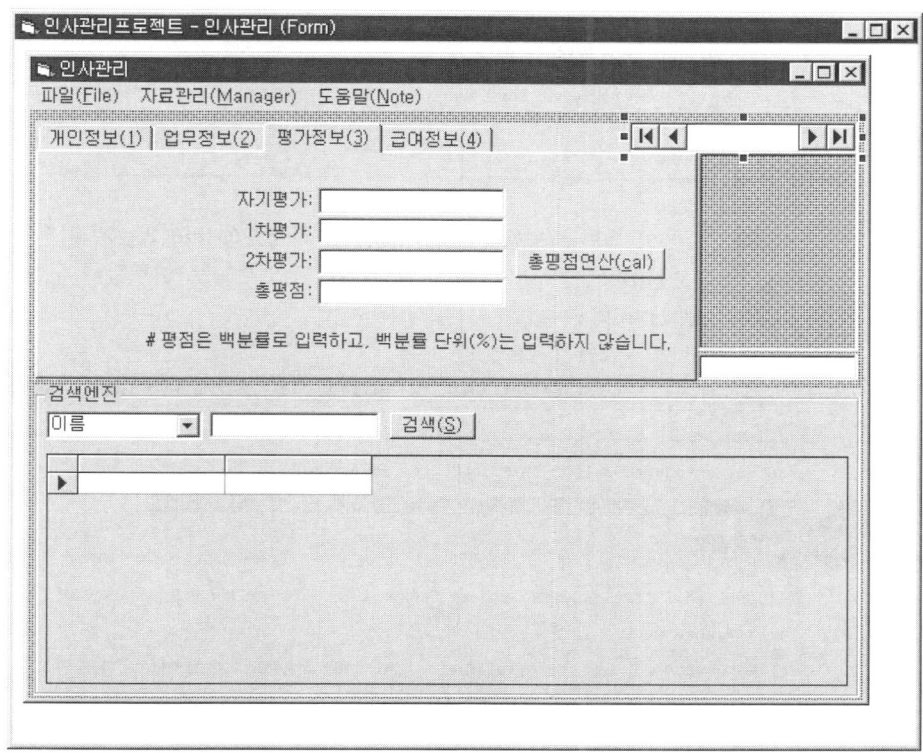

11 그러면 Adodc1_WillMove 루틴이 만들어지는데, 예제에서는 MoveComplete 프로시저를 사용할 것이므로 그림과 같이 "MoveComplete" 프로시저를 선택한다.

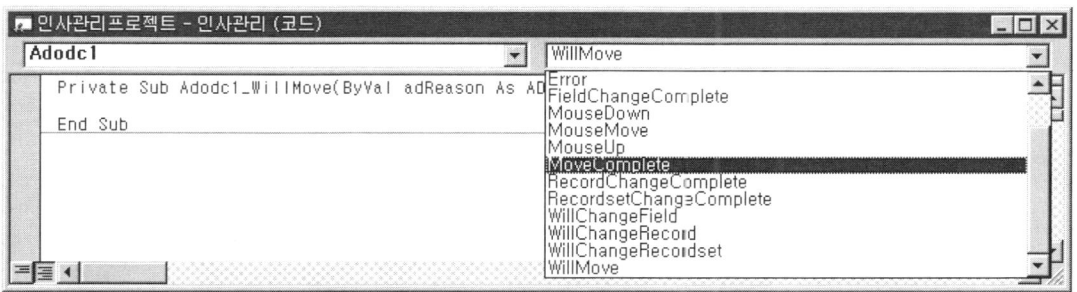

12 이 프로시저는 Adodc1이 레코드 이동을 완료한 후에 수행하는 루틴을 의미한다.

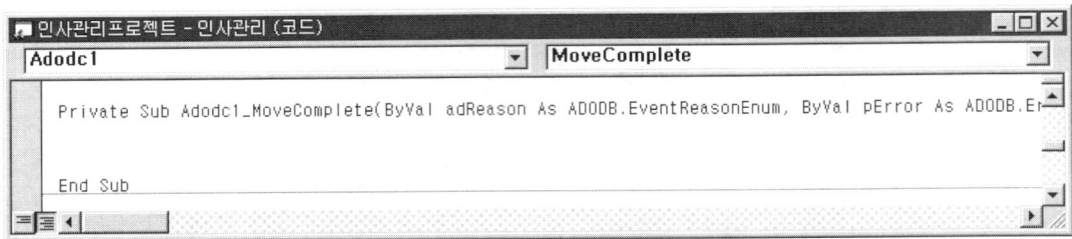

13 우선 이 루틴을 수행하기 전에 이동한 레코드에 비어있는지를 확인하고, 비어있으면 경고음(Beep)을 낸다. 더 이상 레코드가 없으므로 이루틴을 수행하지 않고, 루틴을 빠져나간다(Exit Sub).

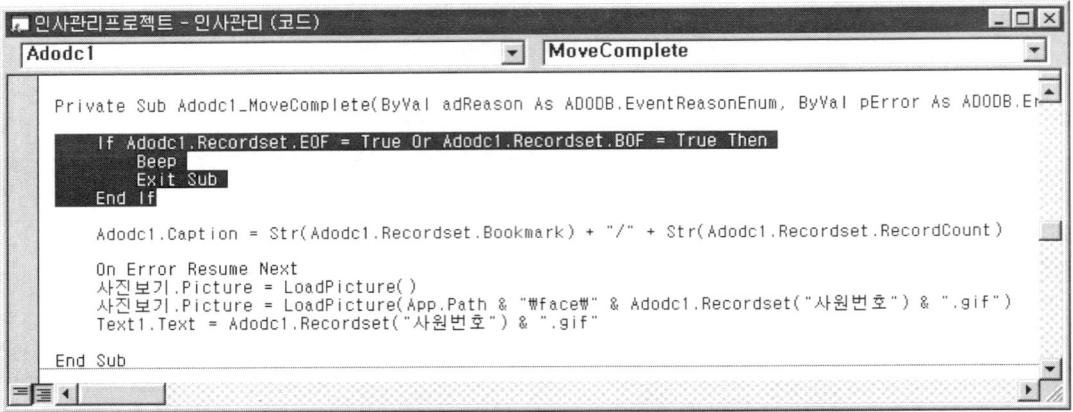

14 현재 레코드 번호(Adodc1.RecordSet.Bookmark)와 레코드 총수(Adodc1.Recordset.RecordCount)를 Str()함수를 이용하여 문자로 고친 후, Adodc1의 Caption에 대입시킨다.

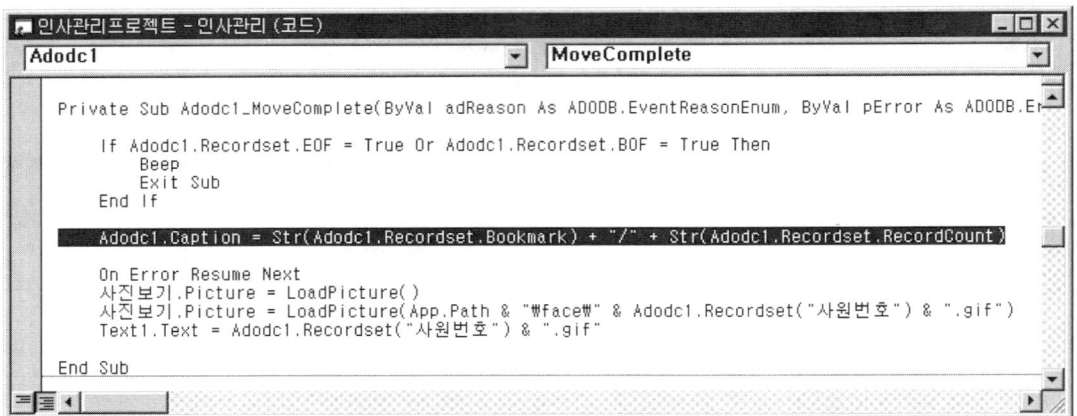

15 '사진보기'의 Picture 속성을 LoadPicture() 함수로 로드한 이미지로 지정하면 로드한 사진 이미지가 '사진보기'에 출력된다. 사진을 출력하기 전에 LoadPicture() 함수의 매개변수를 Nul로 설정 하여 초기화시킨 후에 사진 파일의 경로명과 파일명을 지정하여 사진 이미지를 출력한다. 사진보기 루틴에서 사진 파일이 없을 때 발생할 수 있는 에러를 방지하기 위해서 이 루틴 앞에 꼭 "On Error Resume Next"를 써 주어야 한다.

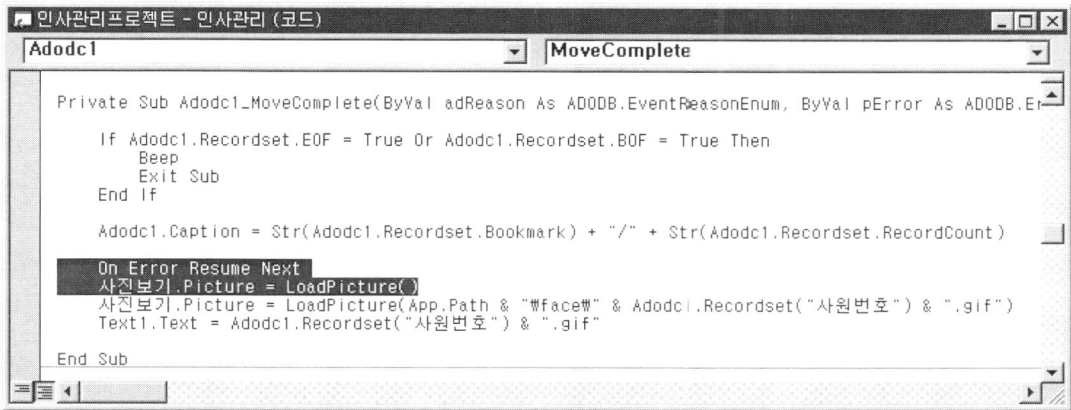

16 사진을 로드하고, 사진 파일명을 Text1에 출력시킨다. 사진 파일의 경로를 설정할 때는 App.Path를 이용하여 상대경로로 지정한다. 사진의 파일명은 "사원번호.gif"로 설정한다. 예를 들어 사원번호가 98120001이면 사진파일명은 "98120001.gif"가 된다. 이 예제에서는 "face"라는 폴더에 사진 이미지를 모아 두기로 하였다.

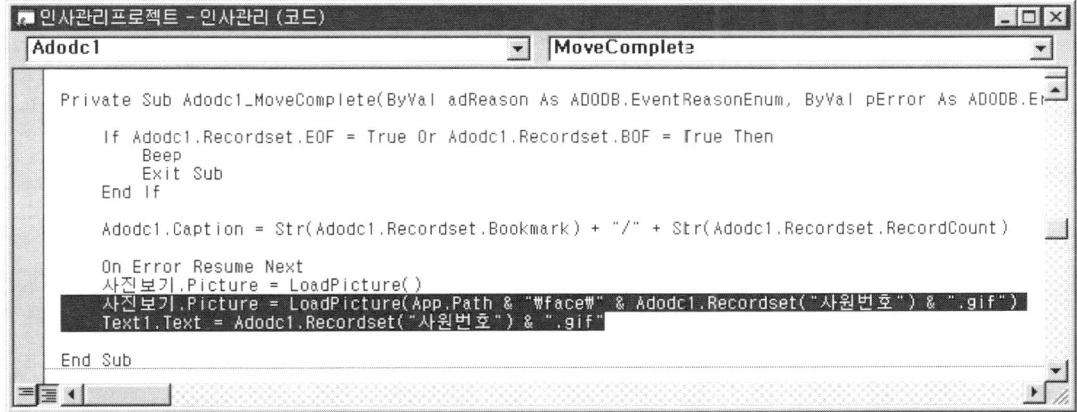

17 사진 이미지를 폼에 나타나도록 하려면, 그림과 같이 사원번호를 이용하여 파일명을 지정한뒤 face 폴더에 넣어두어야 한다.

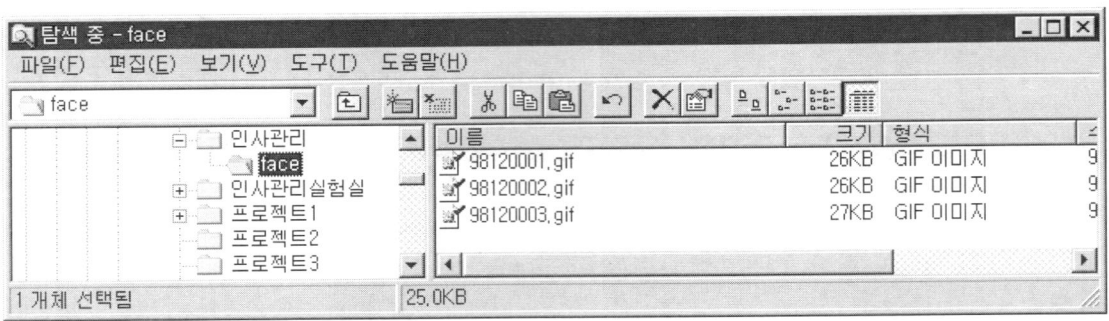

5.6 실험 : 사진 이미지 처리루틴

18 [실행 → 시작]명령을 실행해보자. 그러면 그림과 같이 폼에 사진이 나타날 것이다. 물론 입력된 사원번호에 따른 이미지 파일이 face 폴더에 존재해야 한다.

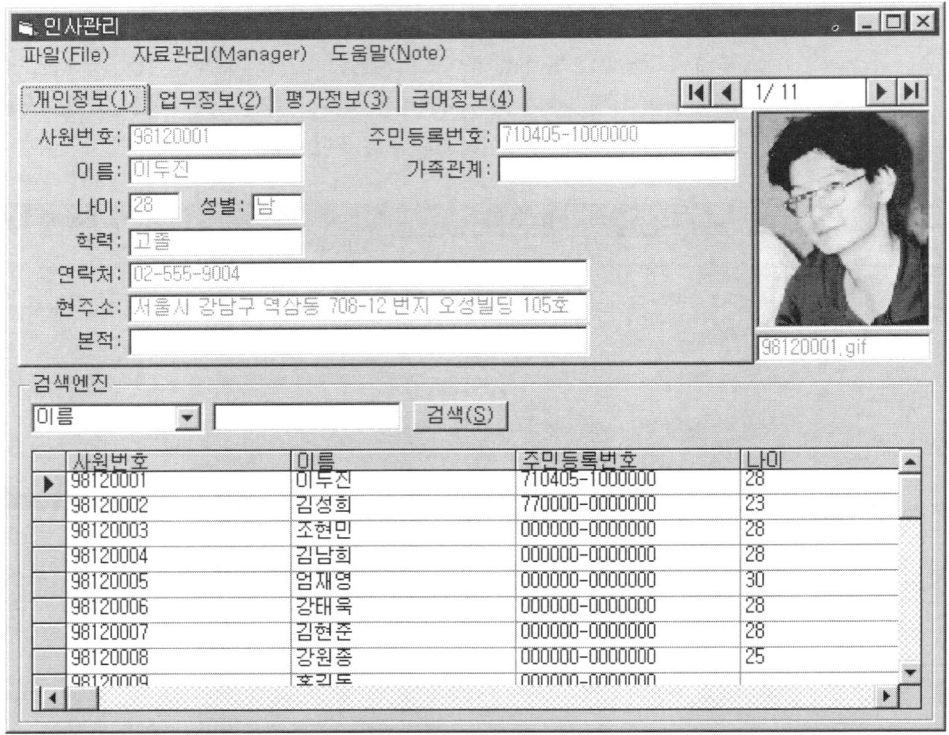

5.7 추가 루틴

19 폼 보기 창에서 [자료관리 → 레코드추가]을 클릭하여 "추가_Click" 루틴을 만든다.

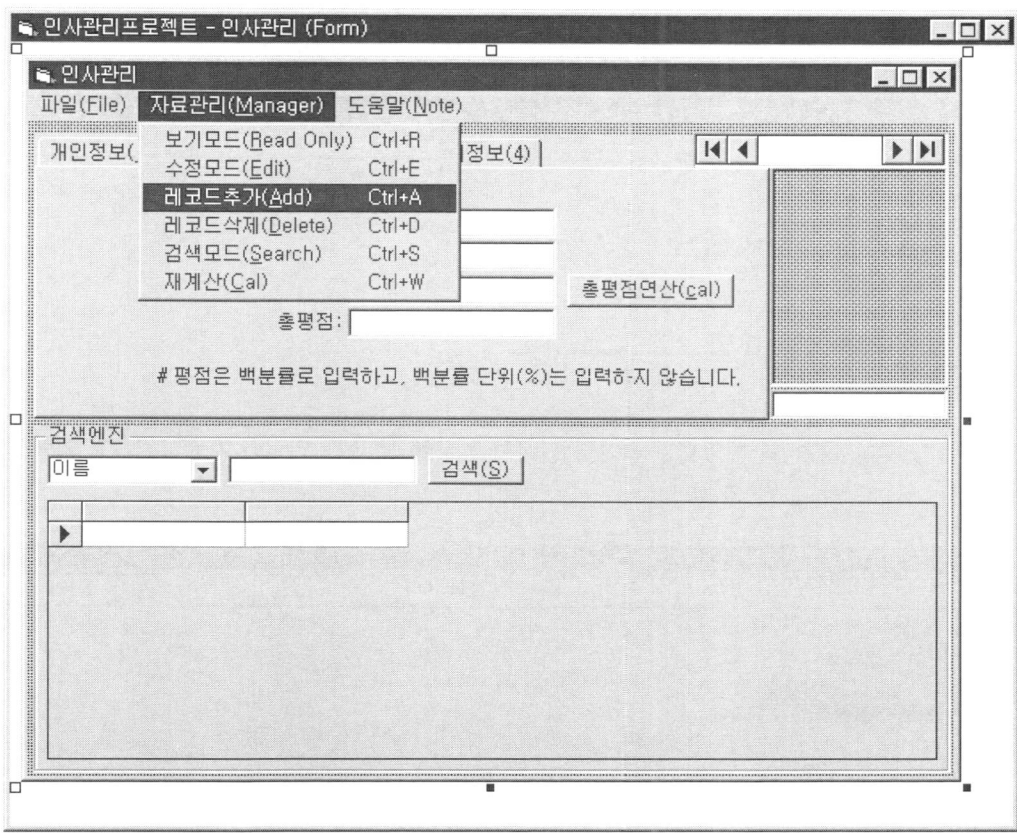

20 레코드를 추가하려면 입력란에 입력할 수 있도록 입력활성 루틴을 실행해야 한다.

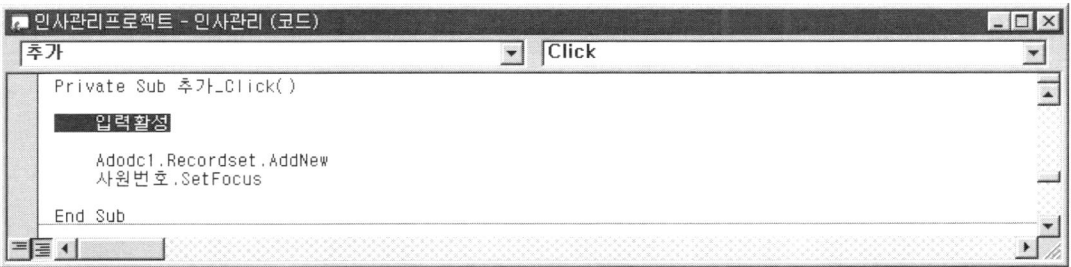

21. Adodc Control에서는 그림과 같이 레코드 추가명령을 사용한다. 이 명령을 수행하면 데이터가 Null 상태인 새 레코드가 추가된다. 만일 새 레코드를 추가한 뒤 데이터를 입력하지 않고 다른 필드로 이동하면 RollBack 작용으로 이 레코드가 추가되기 이전의 상태로 복귀한다.

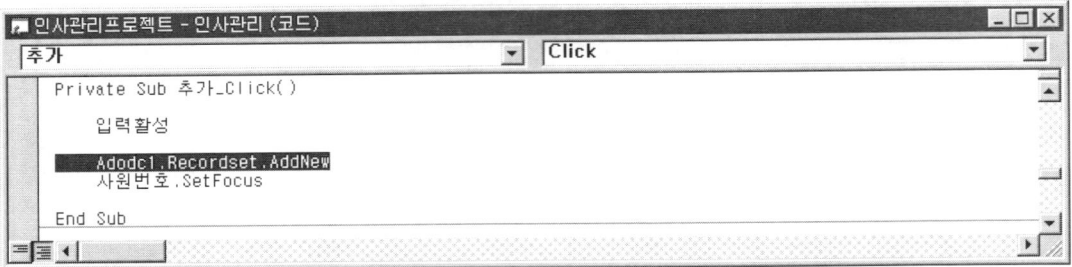

22. 새 레코드가 추가된 뒤에는 입력할 첫 번째 입력상자인 사원번호 입력란에 커서를 위치시킨다.

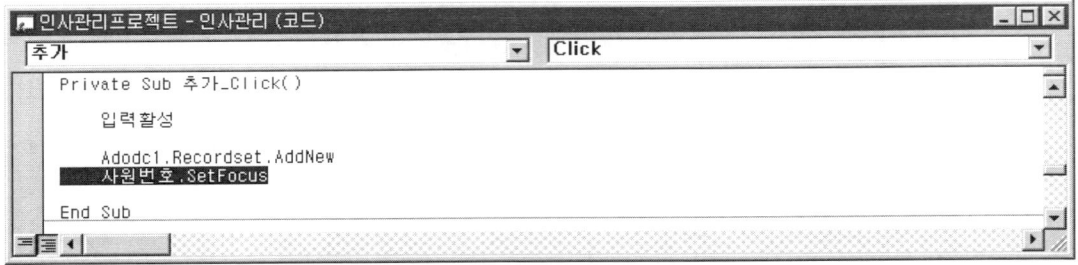

5.8 실험 : 추가 루틴

23 [실행 → 시작] 명령을 실행한 후에 [자료관리 → 레코드추가] 명령을 실행하거나 단축키 Ctrl+A를 누르면 그림과 같이 Null 상태인 새 레코드가 추가되고, 커서가 사원번호 입력란에 위치한 것을 확인할 수 있다.

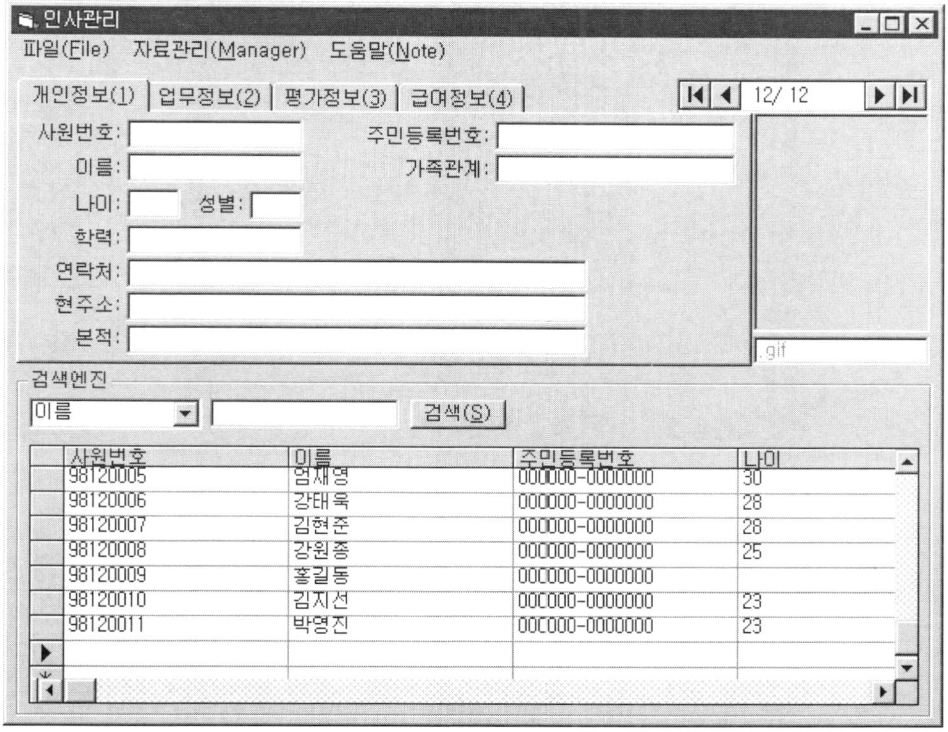

5.9 수정모드 루틴

24 폼 보기 창에서 [자료관리 → 수정모드]를 클릭하여 "수정모드_Click" 루틴을 만든다.

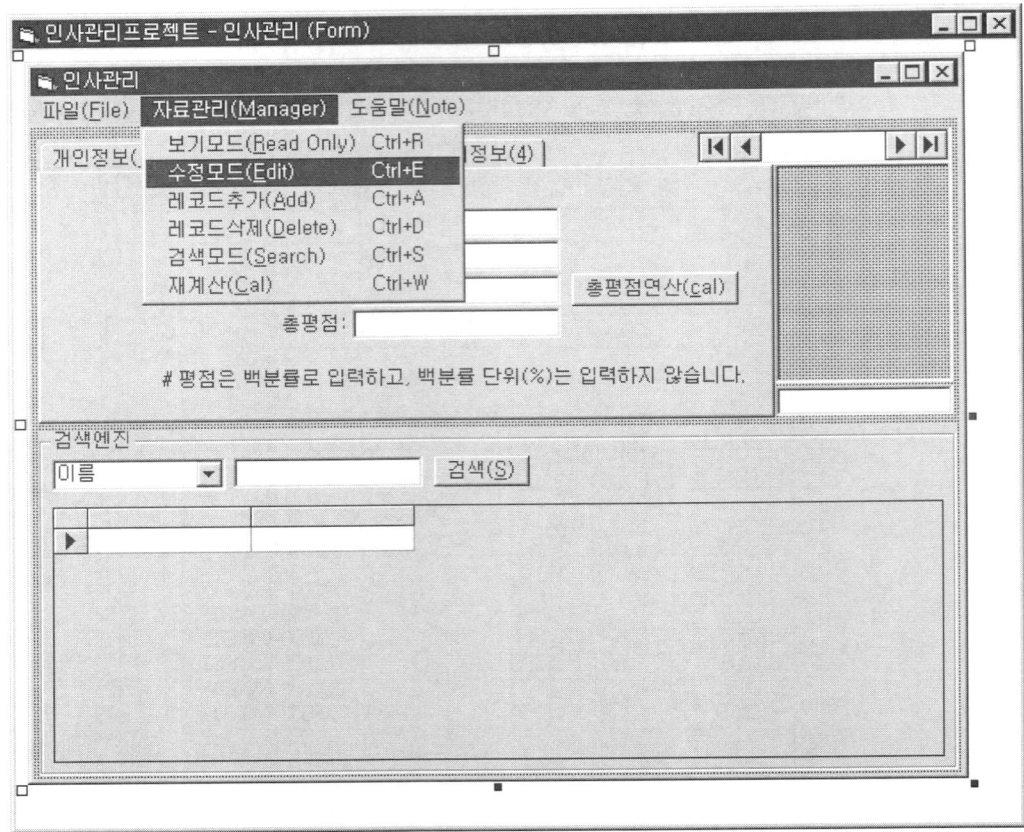

25 기존에 입력된 레코드를 수정하려면 입력활성 루틴만 수행하면 된다.

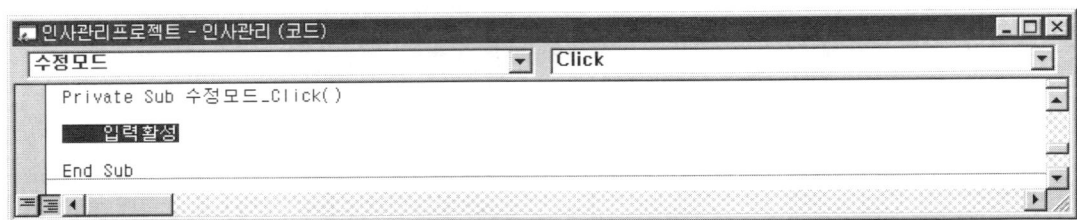

5.10 삭제 루틴

26 폼 보기 창에서 [자료관리 → 레코드삭제]를 클릭하여 "삭제_Click" 루틴을 만든다.

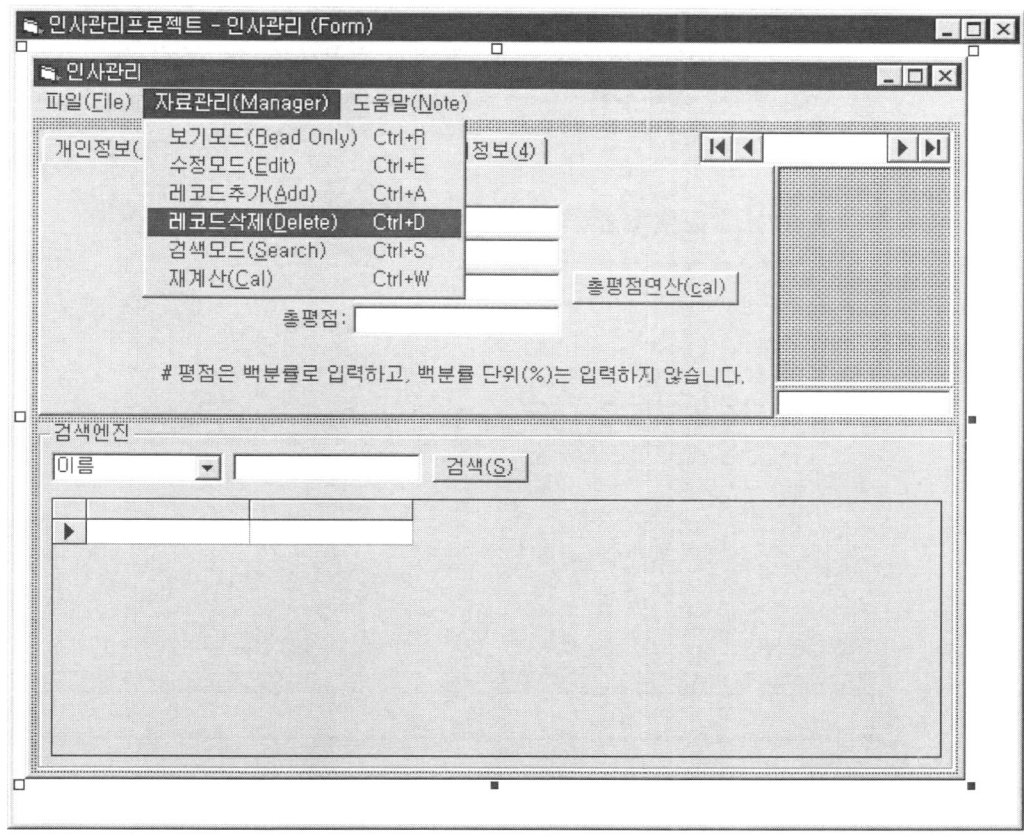

27 Adodc Control에서는 현재 커서가 위치한 레코드를 삭제하는 명령을 그림과 같이 사용한다.

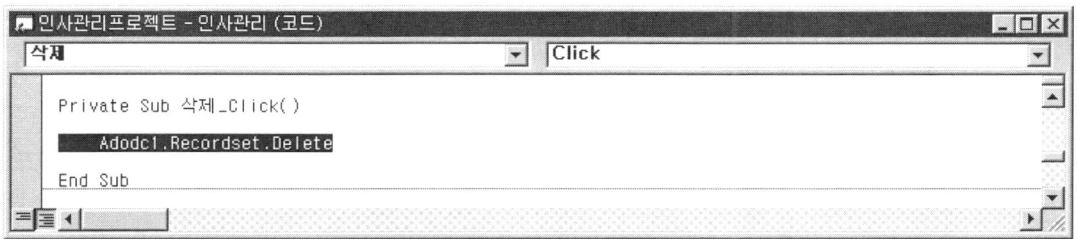

5.11 검색모드 루틴

28 폼 보기 창에서 [자료관리 → 검색모드]를 클릭하여 "검색모드_Click" 루틴을 만든다.

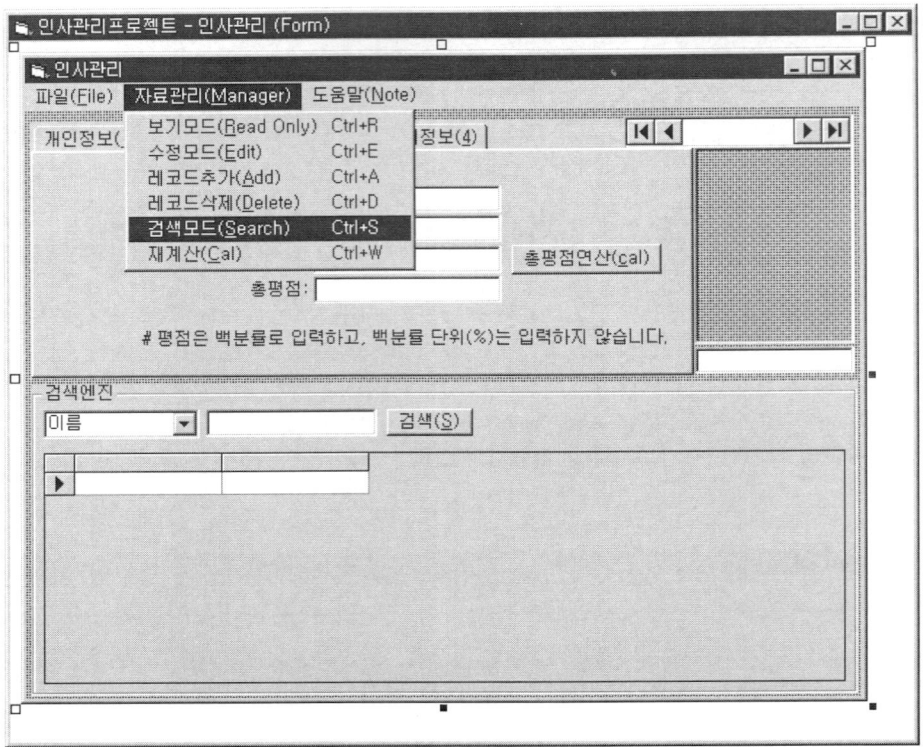

29 검색모드에서는 SetFocus 명령을 이용하여 '검색필드' 콤보상자에 커서를 위치시키면 된다.

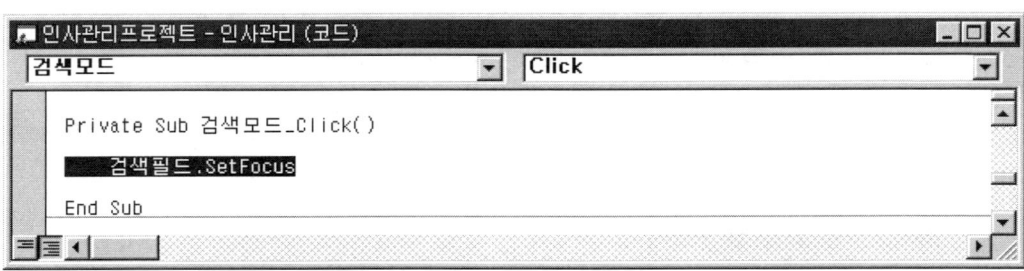

30 폼 보기 창에서 "검색" 명령버튼을 더블클릭하여 "검색_Click" 루틴을 만든다.

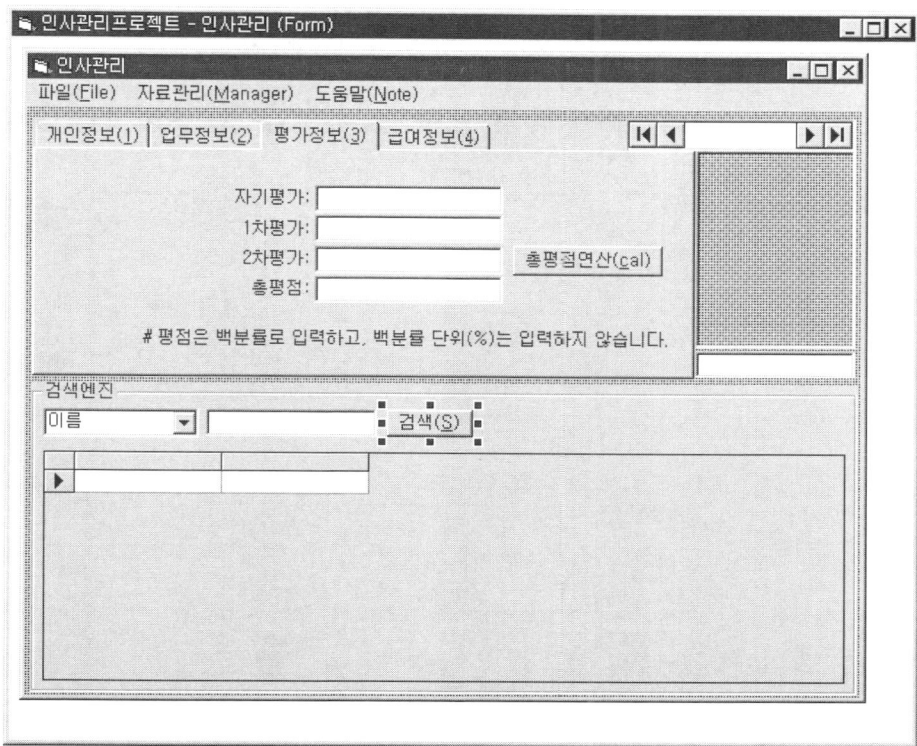

31 '검색' 버튼을 클릭하면, SQL언어를 이용하여 '검색필드' 콤보상자에서 선택된 필드값이 '검색어' 입력상자에 입력된 값과 비슷한 레코드를 모두 선택하는 선택질의를 수행하도록 한다.

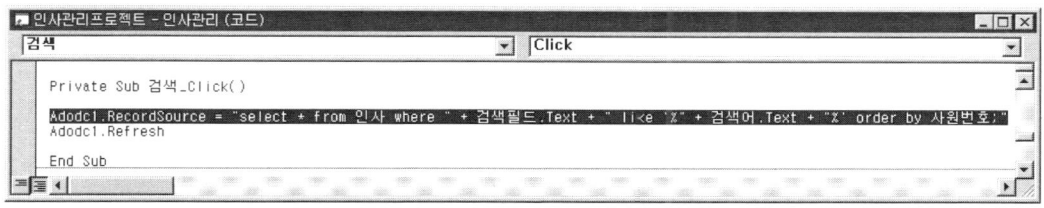

32 RecordSource를 변경시키고 나면 Adodc1을 Refresh시켜 각 입력상자와 DataGrid1을 갱신시킨다.

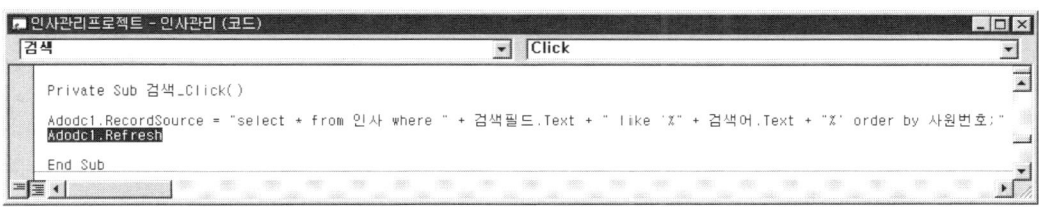

5.12 실험 : 검색 처리루틴

33 [실행 → 시작] 명령을 실행시켜 검색루틴을 확인해보자. [자료관리 → 검색모드] 명령을 실행하면, 커서가 "검색필드" 콤보상자로 이동한다.

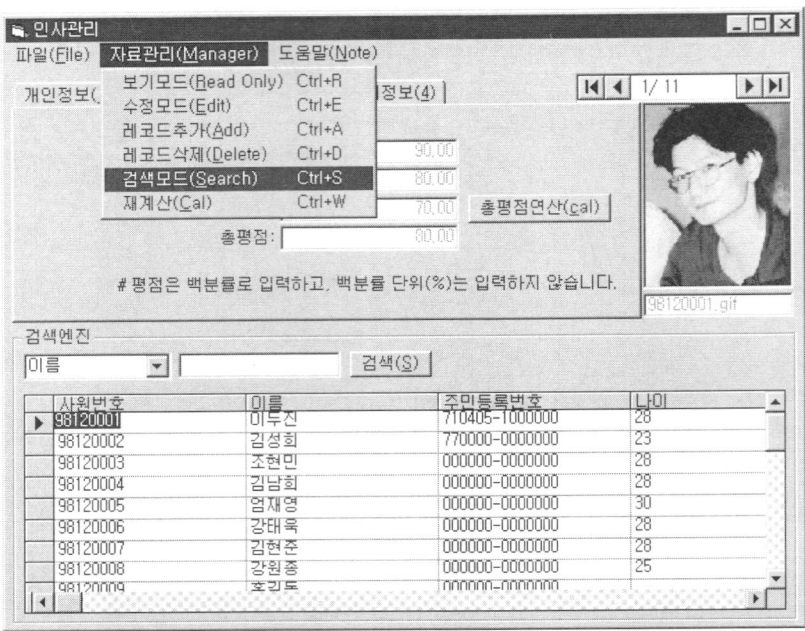

34 검색필드에서 이름을 선택한다.

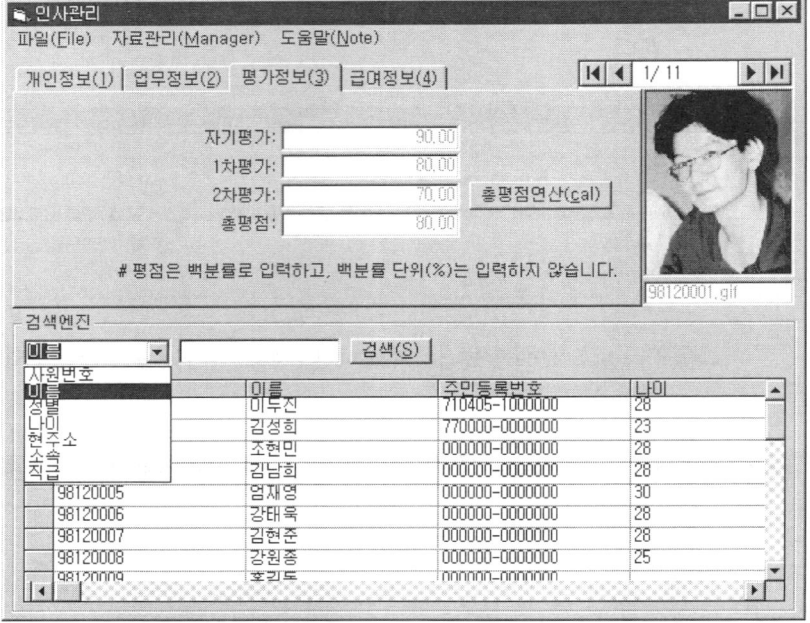

35 검색어를 "김"이라고 입력한다.

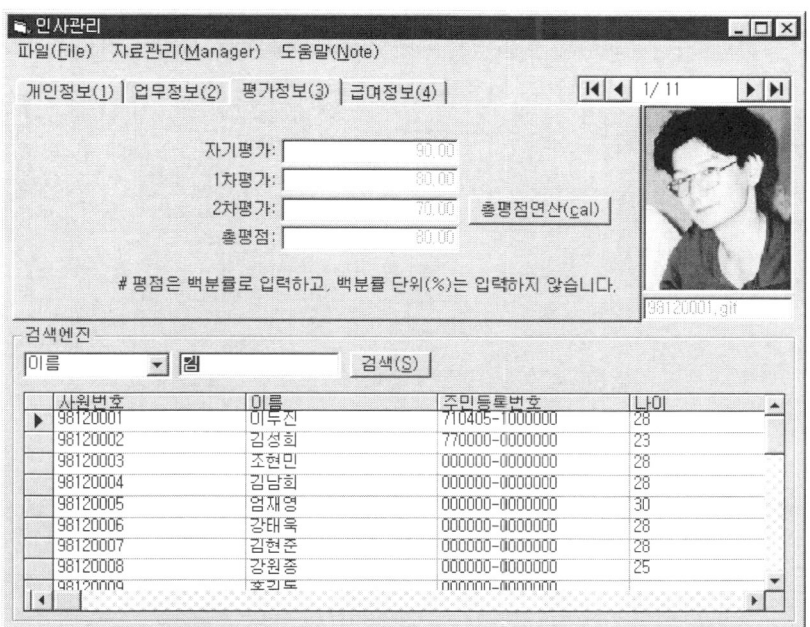

36 Tab키를 누른 후 검색 버튼을 Enter키를 누르거나, 마우스로 검색버튼을 클릭하면, 그림과 같이 "김"자가 들어있는 이름을 모두 검색해낸다. 물론 기존에 입력되어 있는 데이터가 충분히 있어야 하고 만일 "김"이 들어있는 이름이 없으면 아무것도 나타나지 않는다.

37. 이번에는 검색어를 Null 상태로 비워두고 검색버튼을 눌러 보자.

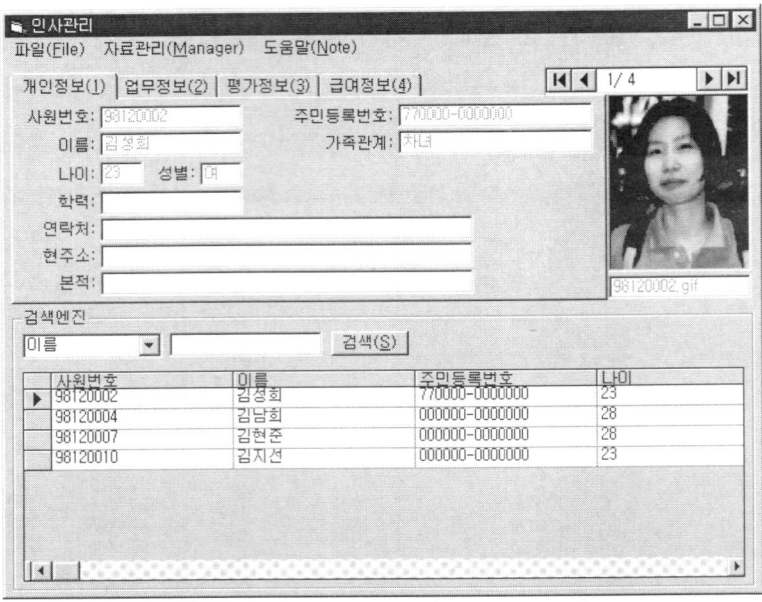

38. 그림과 같이 "보기보드_Click"을 했을 때와 마찬가지로 초기 RecordSource와 같은 상태가 된다.

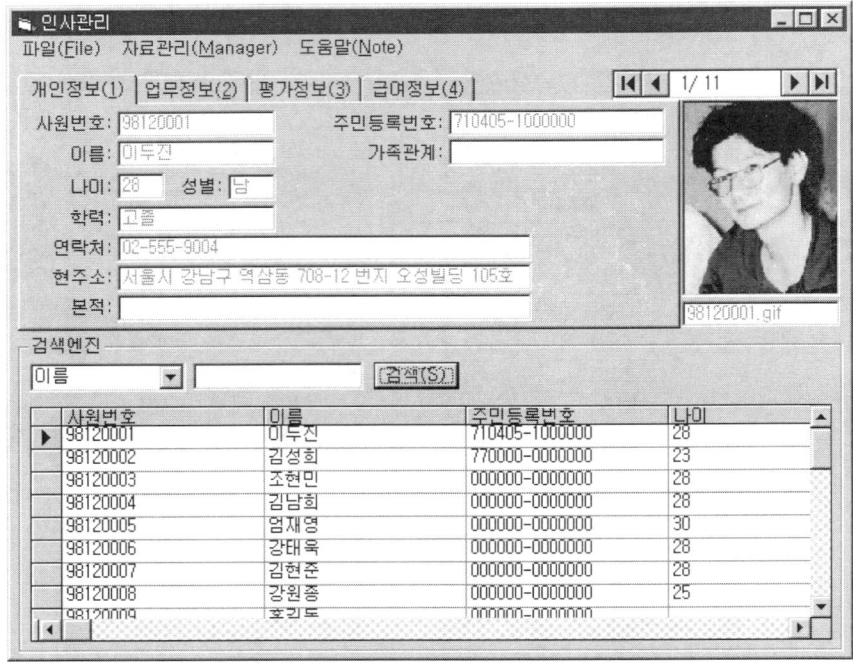

5.13 평가/급여 연산 루틴

39 폼 보기 창에서 [자료관리 → 재계산]을 클릭하여 "재계산_Click()" 루틴을 만든다. 이 루틴은 "총평점연산" 버튼을 클릭했을 때와 "실수령액연산"버튼을 클릭했을 때 수행하는 루틴을 합한 것이다.

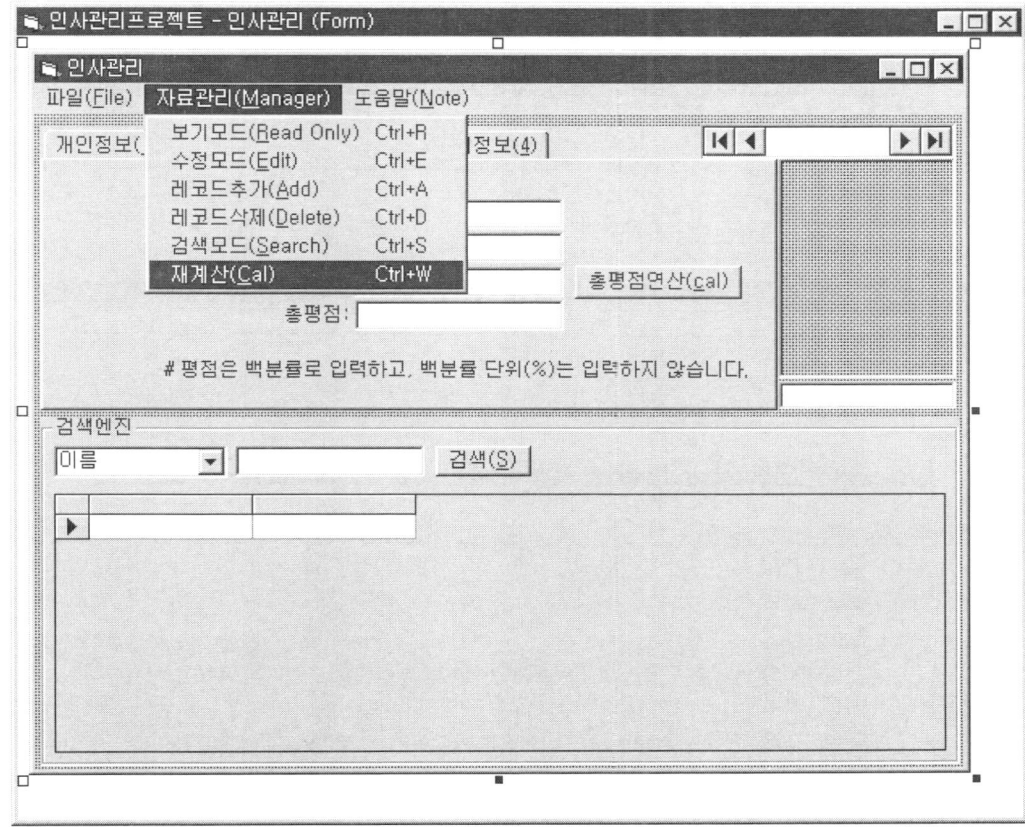

40 "실수령액" 입력란과 "총평점" 입력란이 보기 상태이면 에러메시지를 출력하고, 루틴을 종료시킨다.

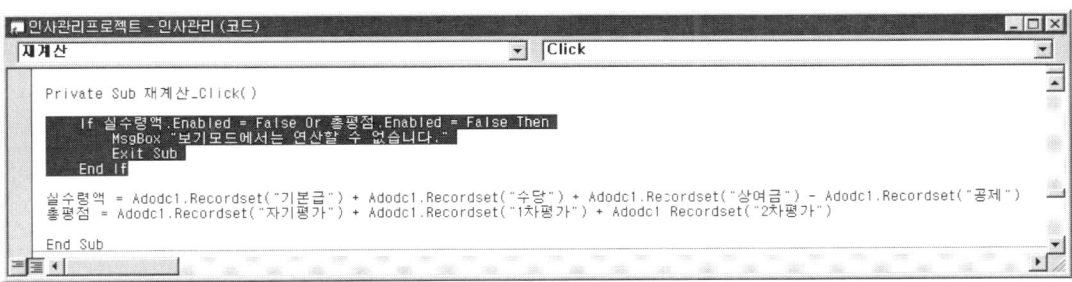

41 입력모드이면 "실수령액"과 "총평점"을 연산한다. "실수령액"은 "기본금", "수당", "상여금"을 합하고, "공제"를 빼면된다.

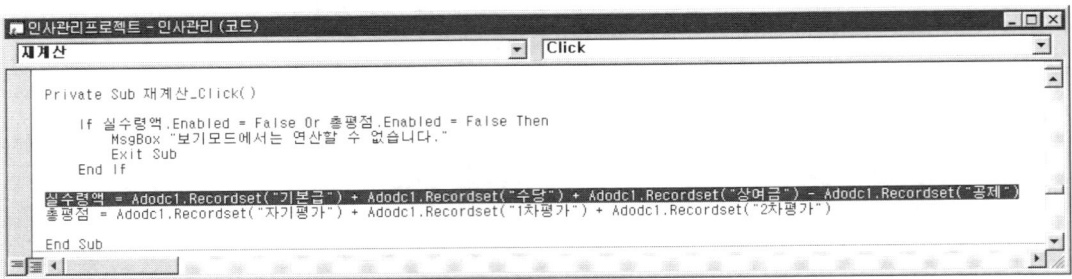

42 "총평점"은 "자기평가"와 "1차평가", "2차평가"를 모두 합한다.

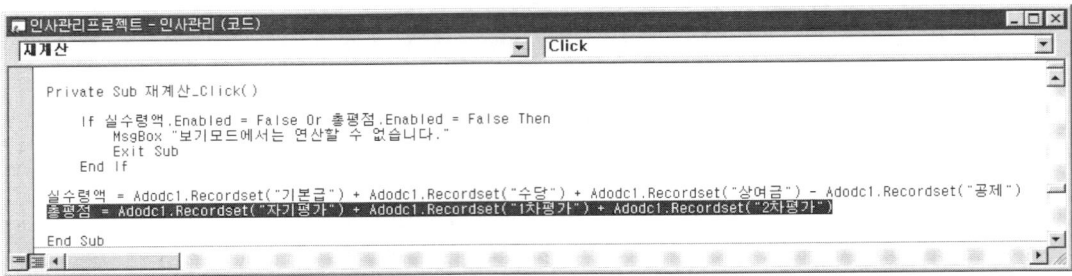

> **Tip**
>
> 인사고가에서 평가기준은 기업마다 다르지만 대부분 백분률로 연산하는 경우가 많다.
>
> 백분률로 연산할 경우는 각 평가점수를 백분률로 입력하고, 이 값들의 평균을 내면된다.
>
> 총평점 = Adodc1.Recordset("자기평가") + Adodc1.Recordset("1차평가") +
>   Adodc1.Recordset("2차평가") / 3

43 그림과 같이 "실수령액연산" 버튼을 더블클릭하여 "실수령액연산_Click()" 루틴을 만든다.

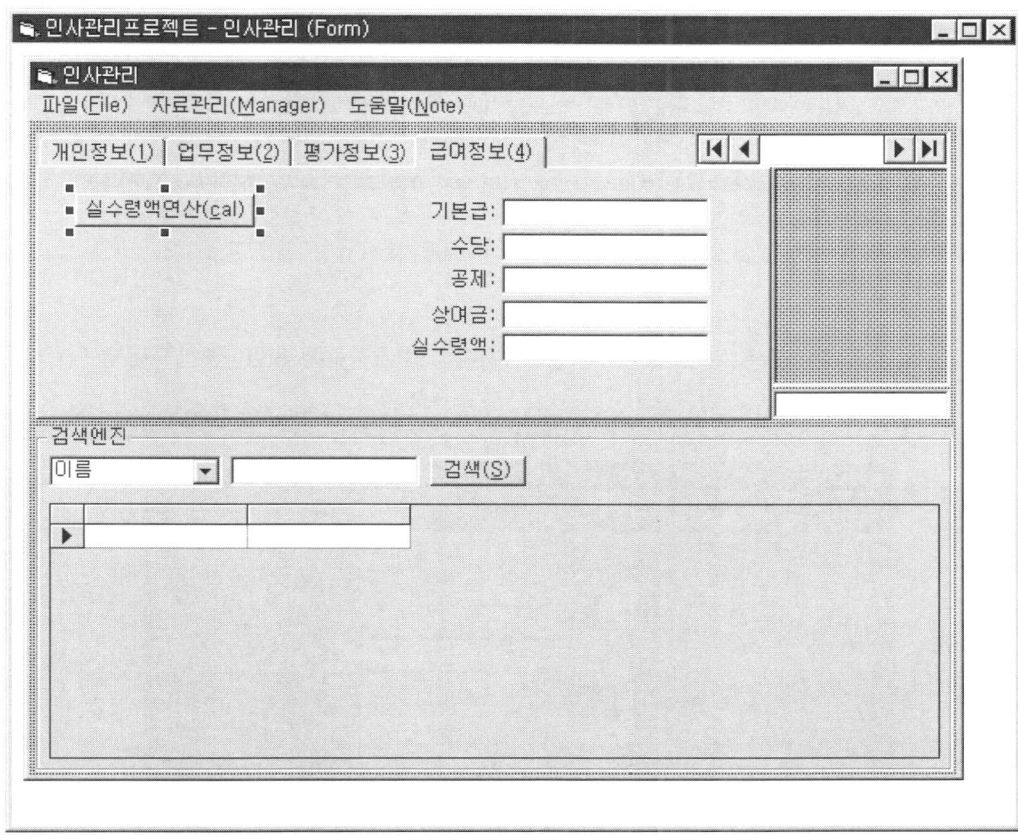

44 보기모드일 때는 이 루틴을 수행하지 못하도록 한다.

```
Private Sub 실수령액연산_Click()

    If 실수령액.Enabled = False Then
        MsgBox "보기모드에서는 연산할 수 없습니다."
        Exit Sub
    End If

    실수령액 = Adodc1.Recordset("기본급") + Adodc1.Recordset("수당") + Adodc1.Recordset("상여금") - Adodc1.Recordset("공제")

End Sub
```

45 입력모드이면 "실수령액"을 연산한다.

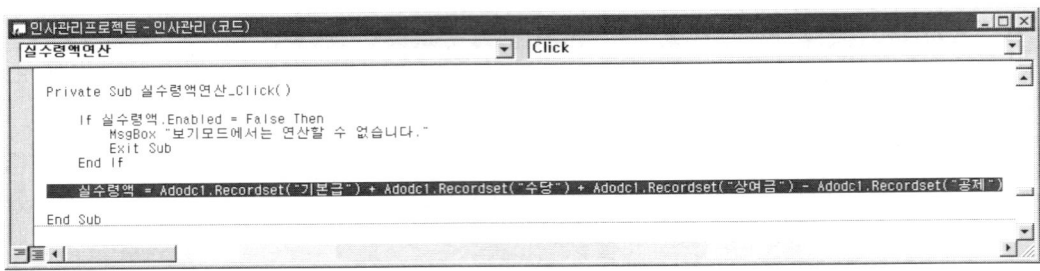

```
Private Sub 실수령액연산_Click()
    If 실수령액.Enabled = False Then
        MsgBox "보기모드에서는 연산할 수 없습니다."
        Exit Sub
    End If
    실수령액 = Adodc1.Recordset("기본급") + Adodc1.Recordset("수당") + Adodc1.Recordset("상여금") - Adodc1.Recordset("공제")
End Sub
```

46 같은 방법으로 "총평점연산" 버튼을 더블클릭하여 "총평점연산" 루틴을 만든다.

47 보기모드일 때는 이 루틴을 수행하지 못하도록 한다.

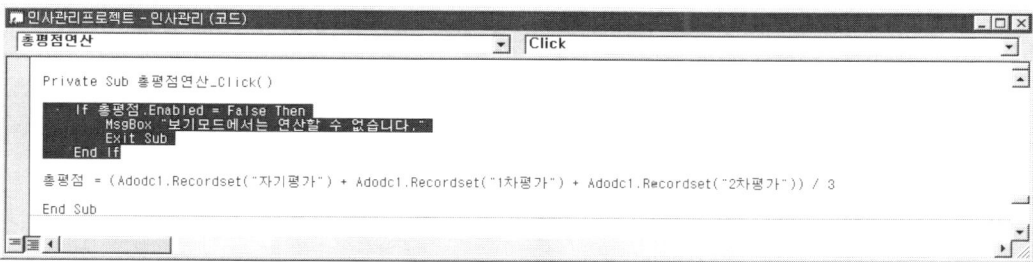

48 입력모드일 때는 "총평점"을 연산해낸다.

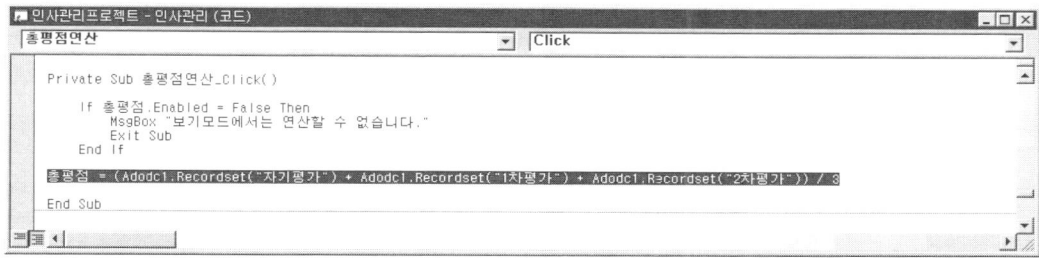

5.14 평가/급여 연산실험

49 [실행 → 시작] 명령을 실행하고, 보기모드에서 "총편점연산" 버튼을 클릭해보자. 그러면 그림과 같이 에러메시지가 나타날 것이다.

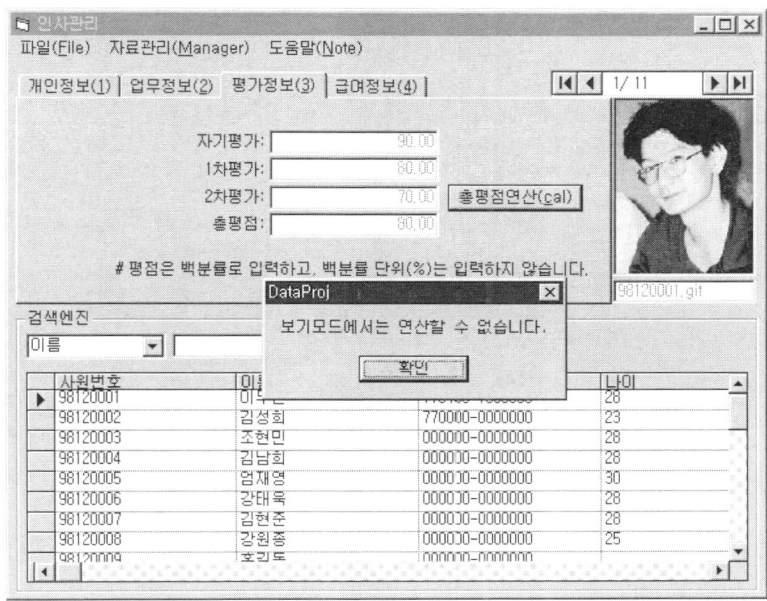

50 [자료관리 → 수정모드] 명령을 실행하여 입력할 수 있는 상태로 만든다.

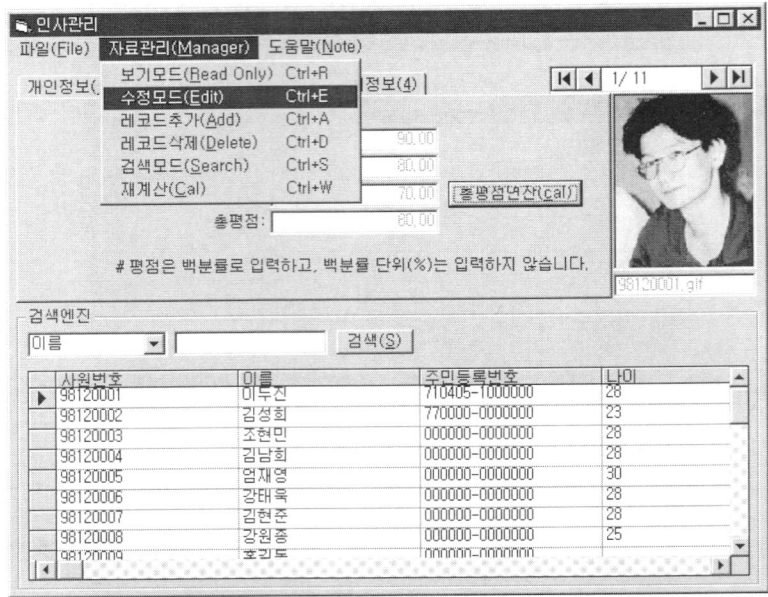

51 자기평가와 1차평가, 2차평가를 그림과 같이 입력하고, "총평점연산" 버튼을 클릭해 보자.

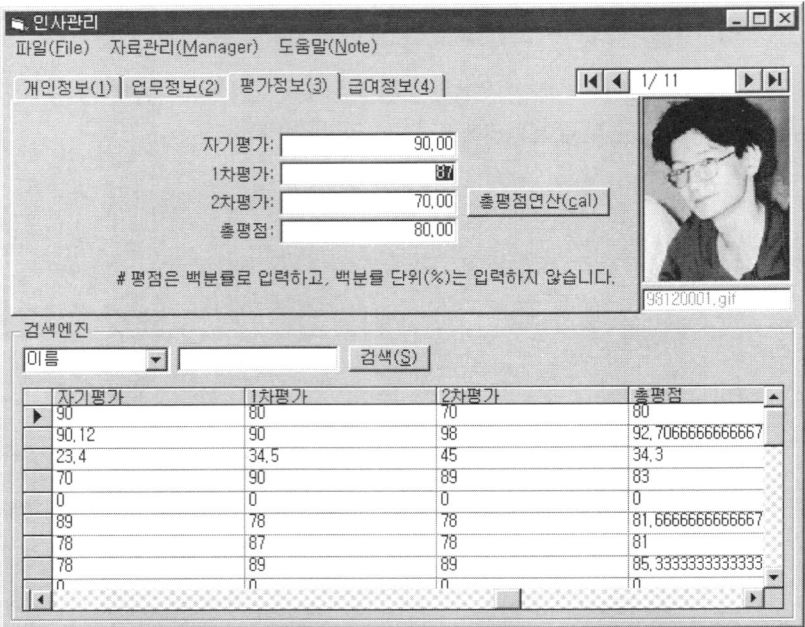

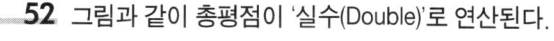

52 그림과 같이 총평점이 '실수(Double)'로 연산된다.

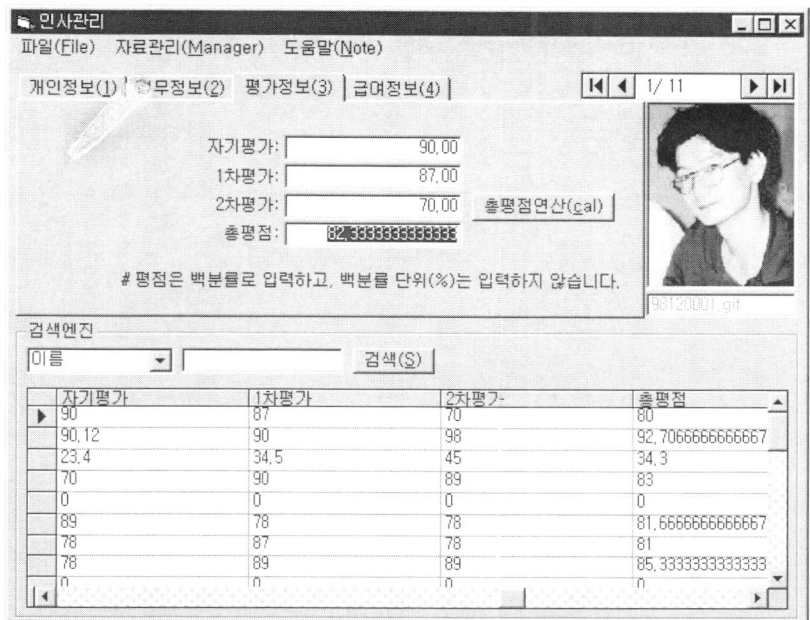

53 다음 레코드로 이동했다가 다시 이전 레코드로 들어오면 그림과 같이 총평점이 소수 두 번째 자리까지만 나타난다. 이는 입력란에 입력마스크로 처리했기 때문이다. 테이블을 확인해보면 그대로 무한 소수가 그대로 남아있는 것을 알 수 있다.

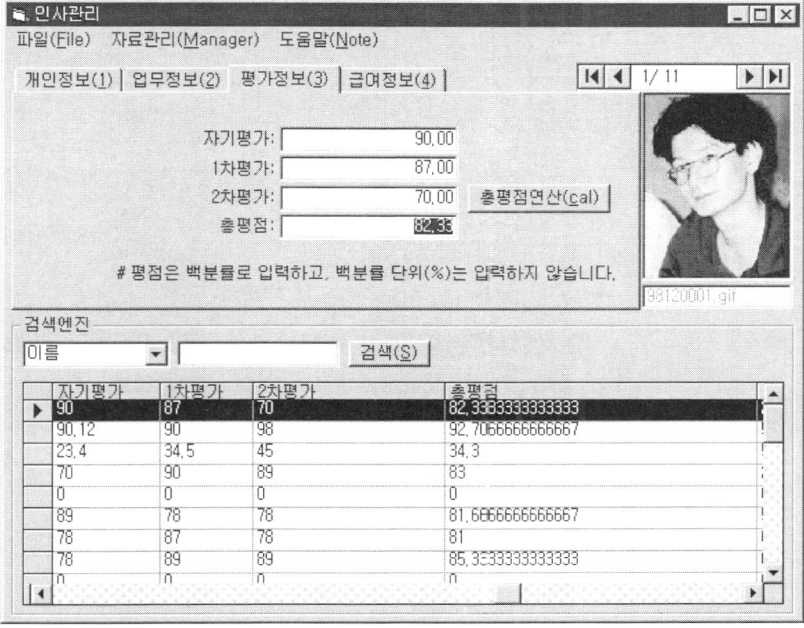

54 이번엔 "급여정보"탭으로 이동하여 "실수령액연산" 루틴을 실험해보자.

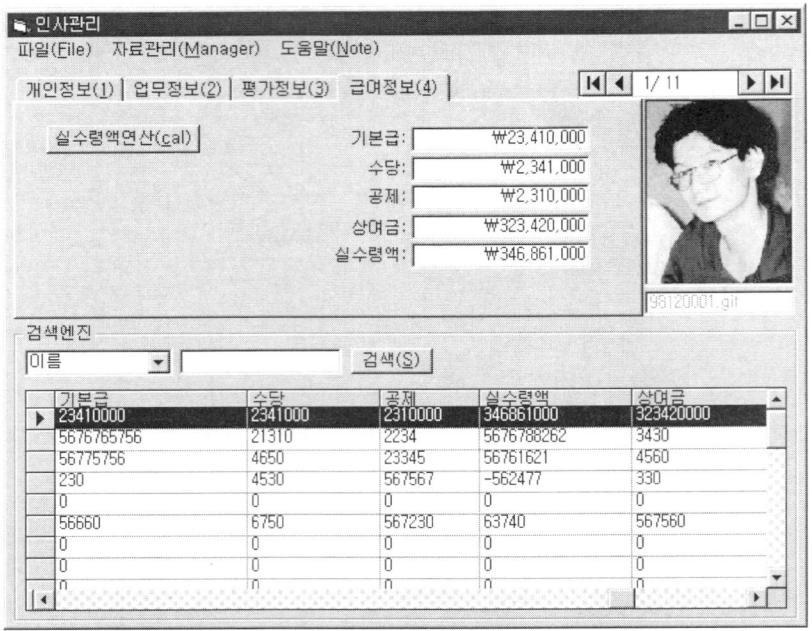

55 "기본급" 입력란에 숫자가 아닌 문자를 입력해본다.

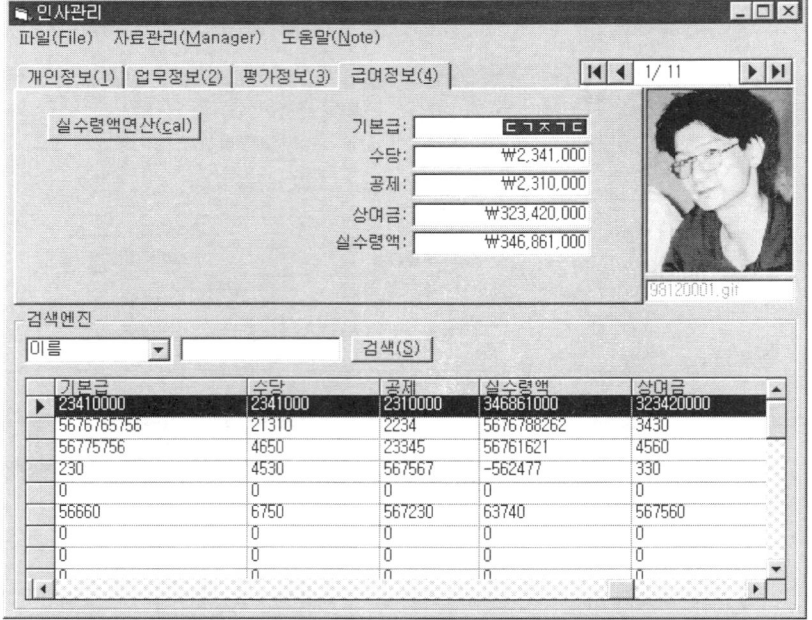

56 "실수령액연산" 버튼을 클릭하여 "실수령액연산" 루틴을 실행시킨다.

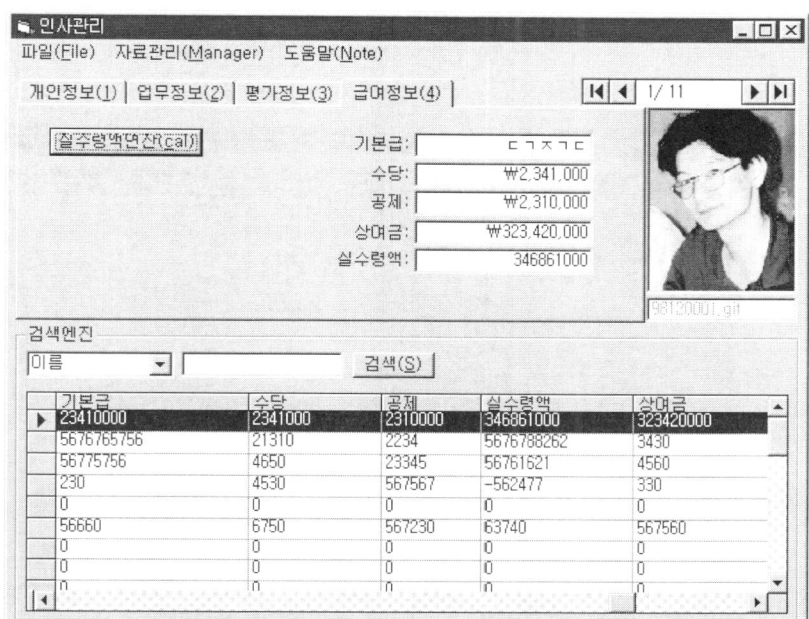

57 숫자가 들어가야할 곳에 문자가 잘못 입력되었으므로 다음과 같은 메시지가 나타나고, 원래상태로 입력란이 복원된다.

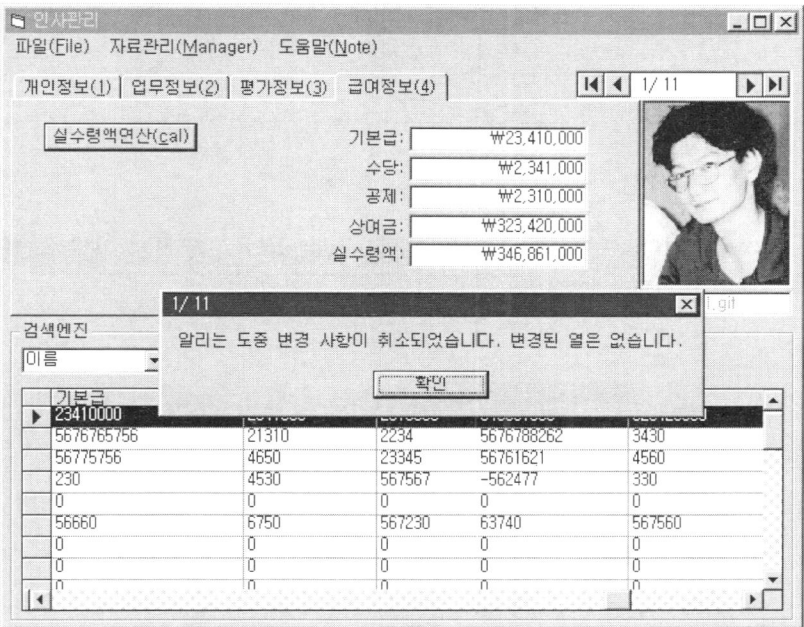

5.15 메뉴명령 루틴 작성

58 폼 보기 창에서 [파일 → 전체테이블열기] 를 클릭하여 "전체테이블 열기_ Click()" 루틴을 만든다.

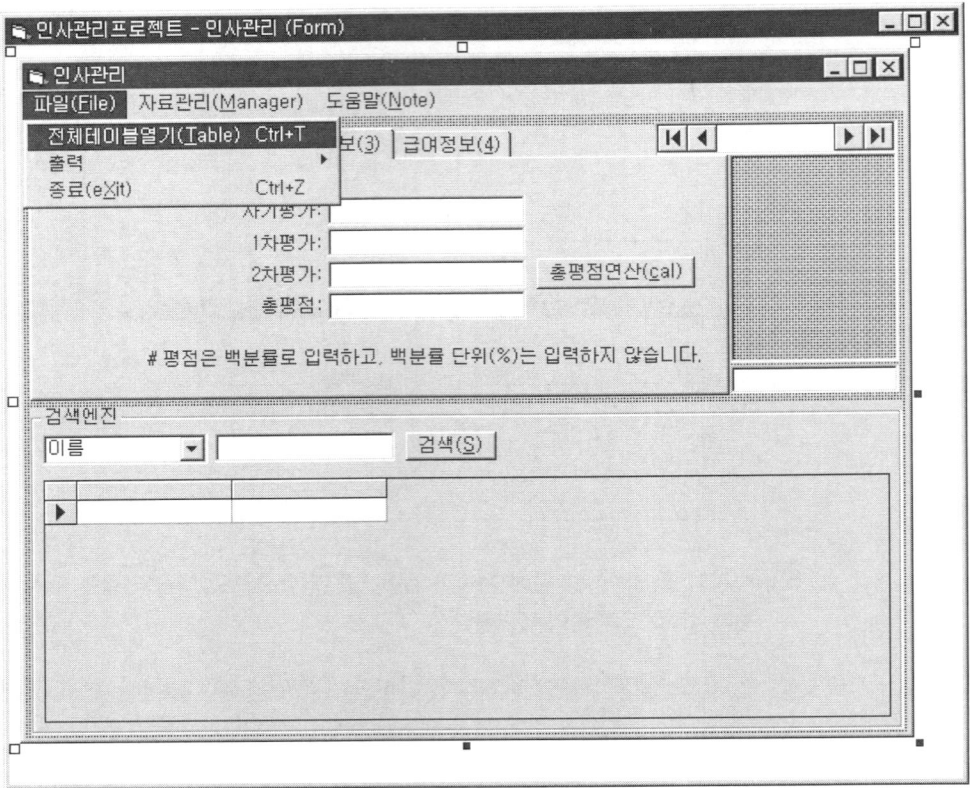

59 "전체테이블" 폼이 나타나도록 한다.

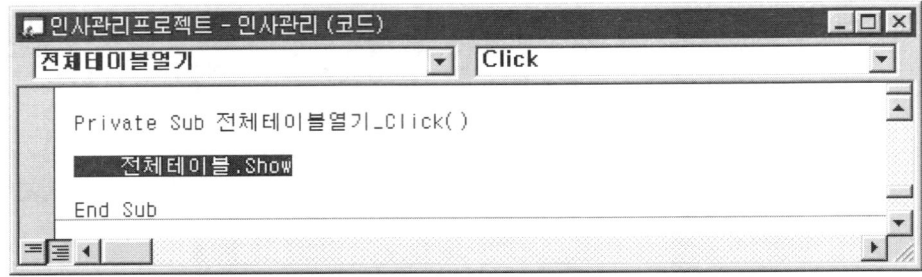

©Chapter 8 인사 관리 프로젝트

60 폼 보기 창에서 [파일 → 출력 → 재직증명서발급]을 클릭하여 "재직증명서 발급_CLick()" 루틴을 만든다.

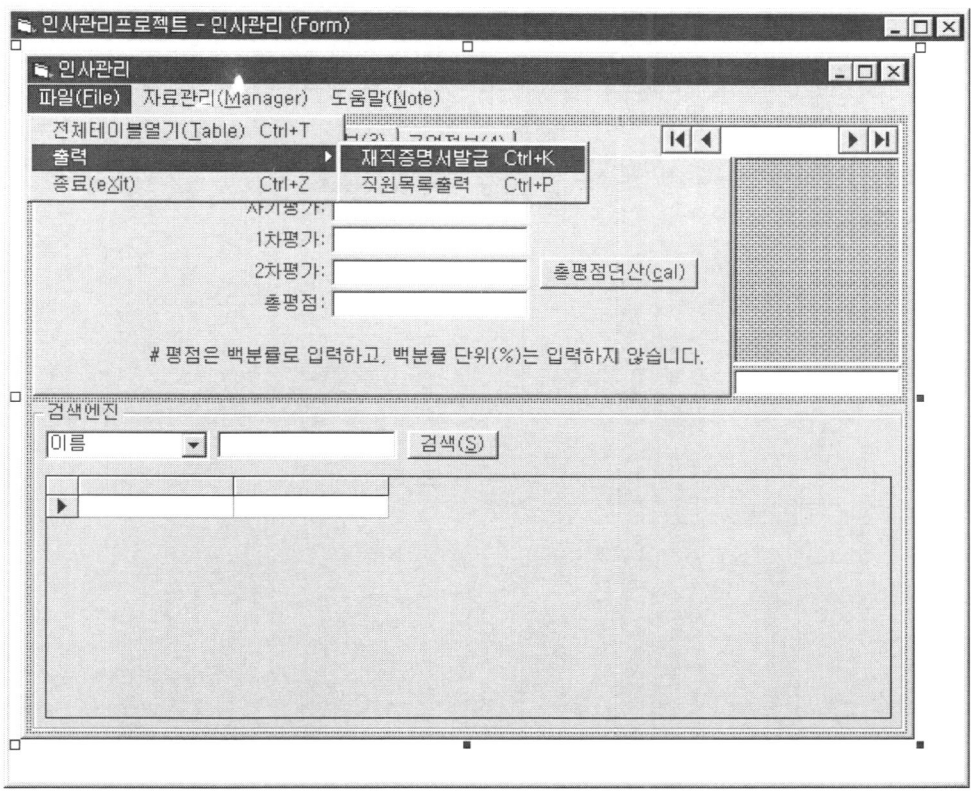

61 "재직증명서" 디자이너가 나타나게 한다.

```
Private Sub 재직증명서발급_Click( )
    재직증명서.Show
End Sub
```

62 폼 보기 창에서 [파일 → 출력 → 직원목록 출력]을 클릭하여 "직원목록 출력_ Click()" 루틴을 만든다.

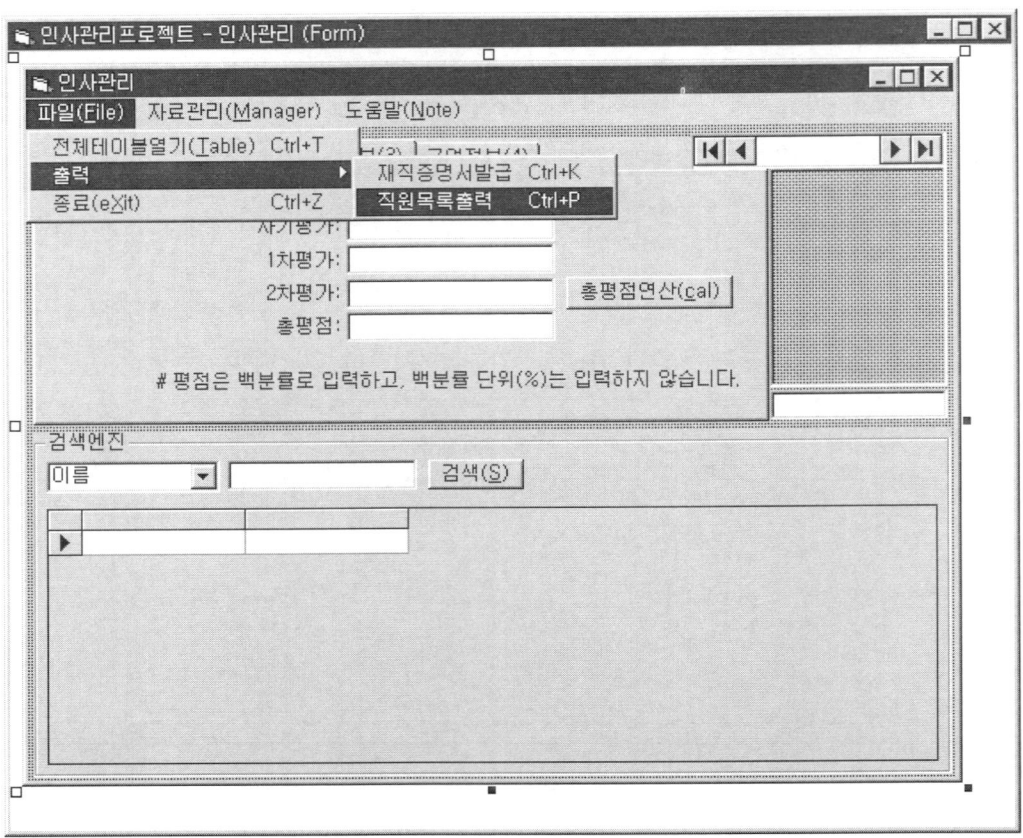

63 "직원목록" 디자이너를 나타나게 한다.

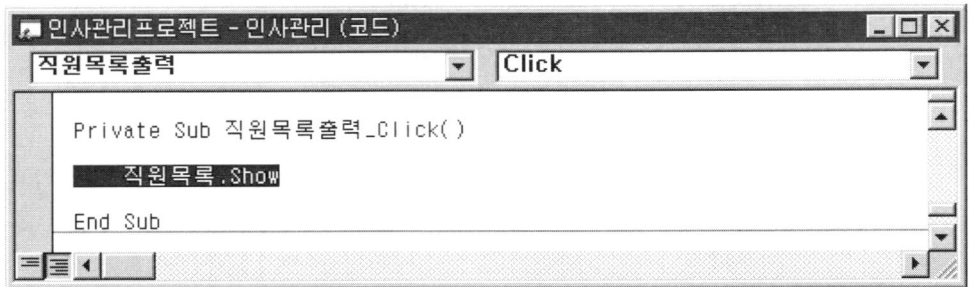

©Chapter 8 인사 관리 프로젝트

___64 폼 보기 창에서 [파일 → 종료]를 클릭하여 "종료_Click" 루틴을 만든다.

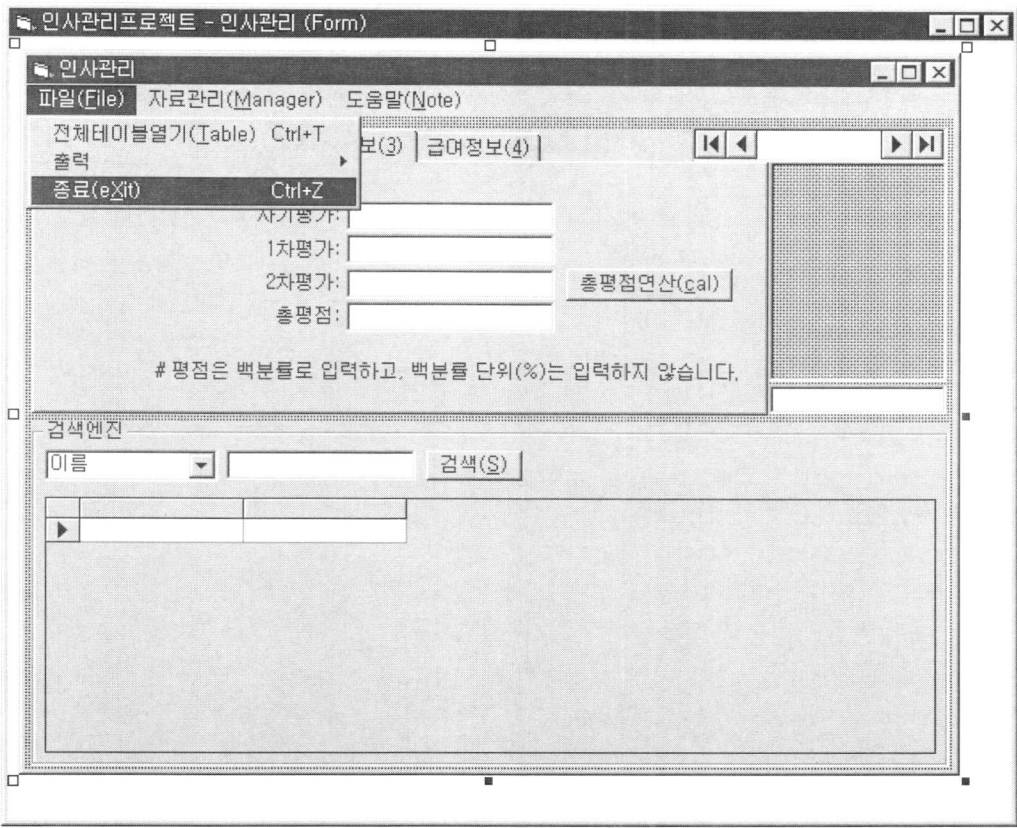

___65 "인사관리" 폼을 닫는다.

```
Private Sub 종료_Click()
    Unload Me
End Sub
```

66 폼 보기 창에서 [도움말 → 사용법 및 단축키] 를 클릭하여 "사용법_Clcik()" 루틴을 만든다.

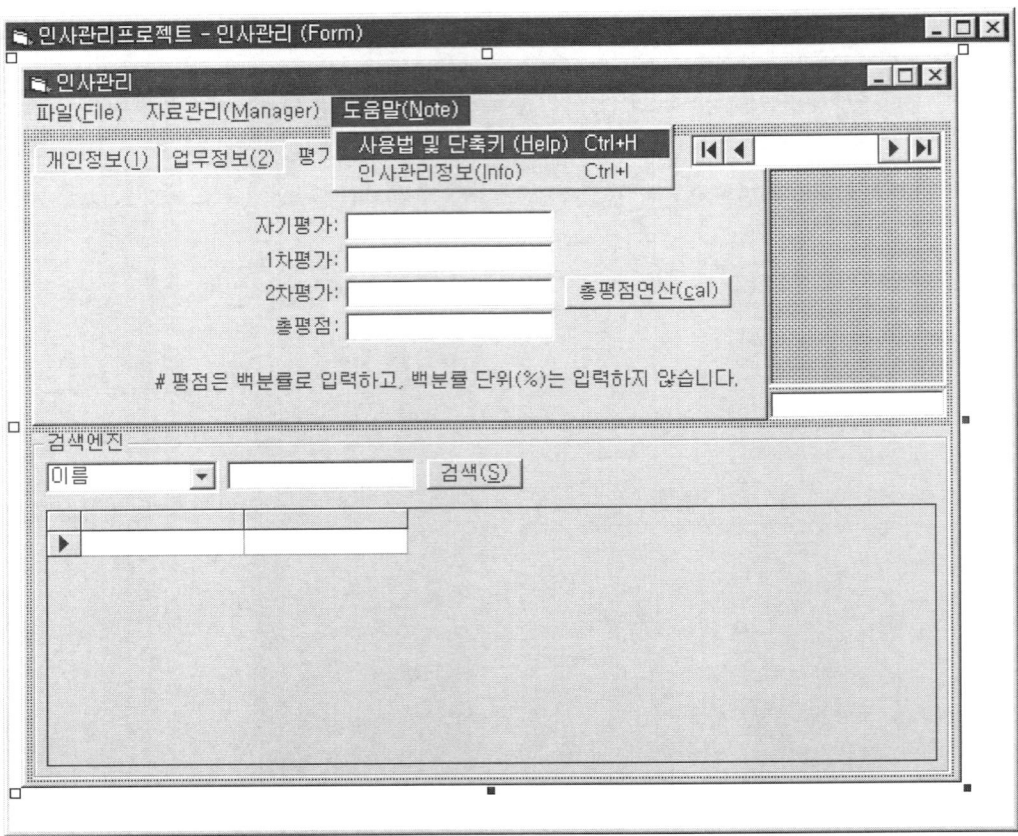

67 "frmTip" 폼이 나타나게 한다.

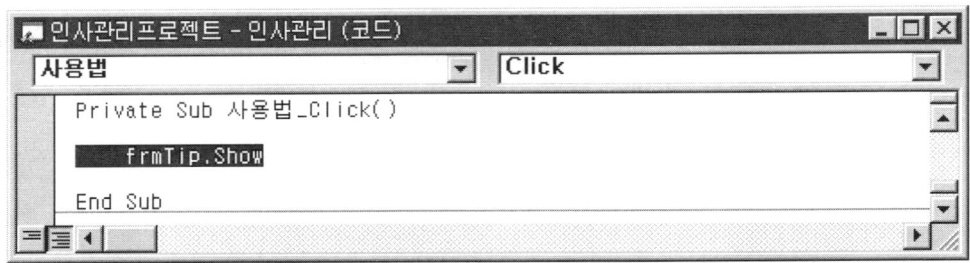

68 폼 보기 창에서 [도움말 → 인사관리정보]를 클릭하여 "인사관리정보_Clcik()" 루틴을 만든다.

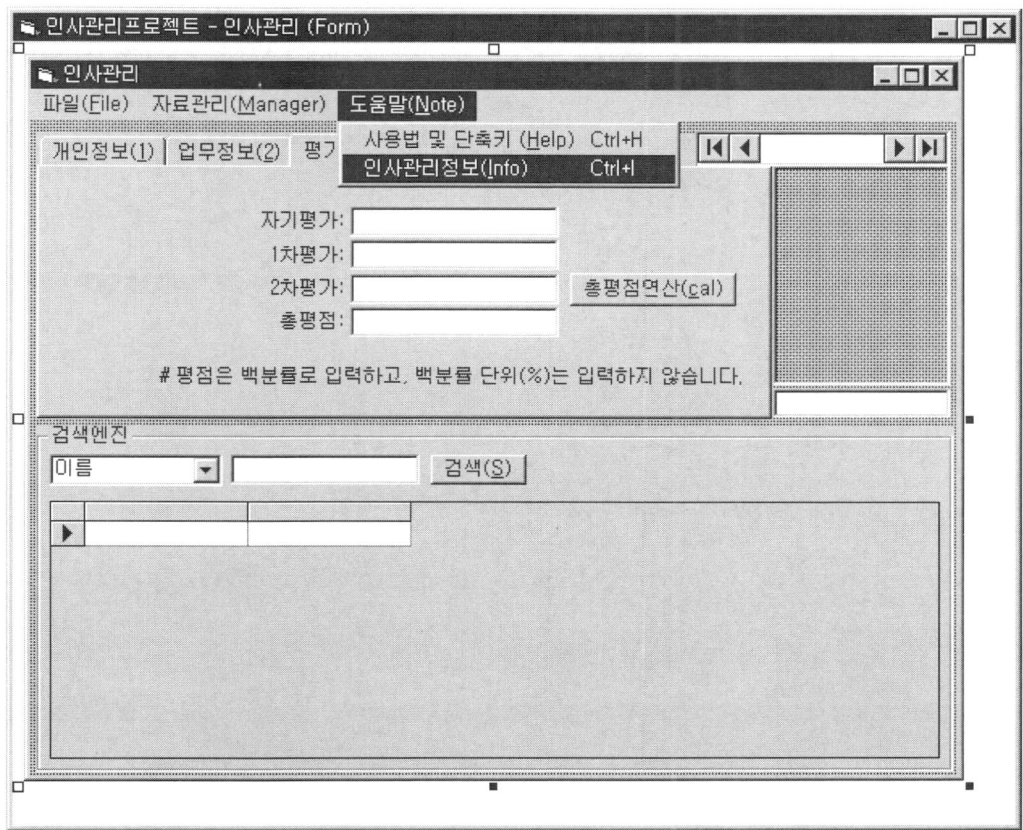

69 "정보" 폼이 나타나게 한다.

```
Private Sub 인사관리정보_Click( )
    정보.Show
End Sub
```

6. 시작화면 만들기

01 프로젝트 창에서 마우스 오른쪽 버튼을 클릭하여 [추가 → 폼] 명령을 선택한다.

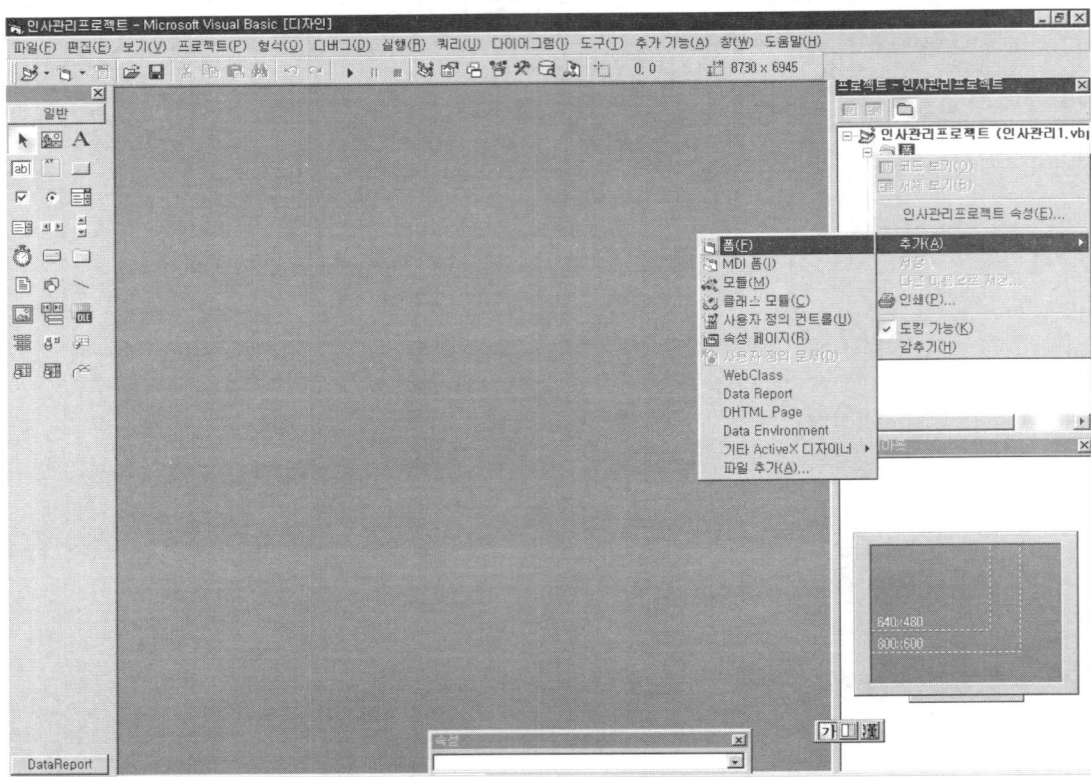

02 폼 추가 대화상자에서 "시작화면"을 선택한다.

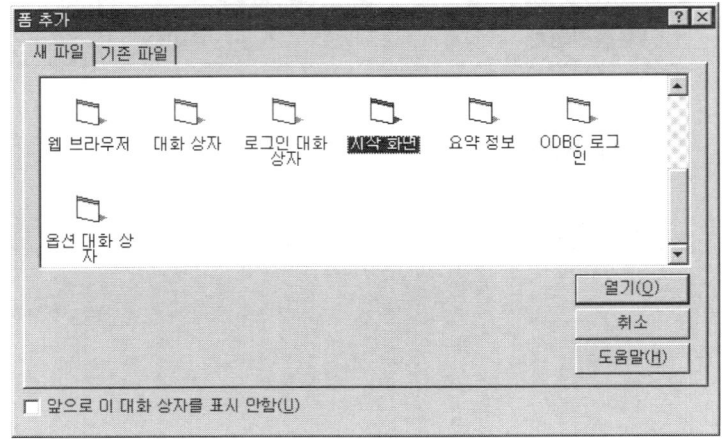

03 그러면 그림과 같이 "frmSplash" 폼이 추가된다.

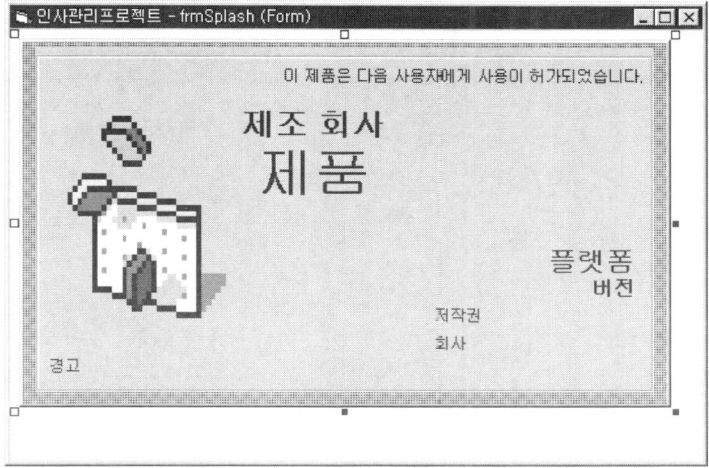

04 Caption을 Null 상태로 비워둔다.

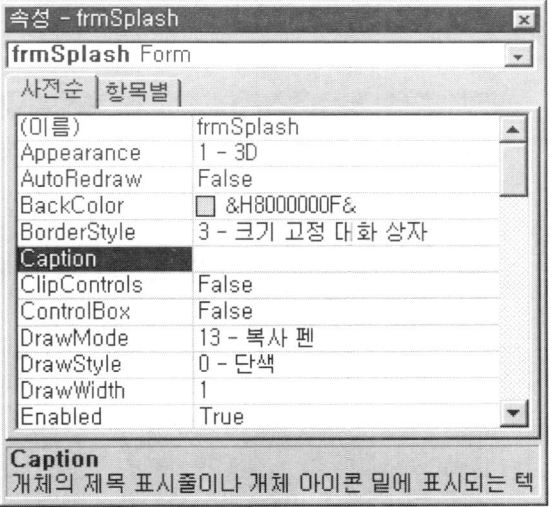

05 그림과 같이 프레임 안에 필요한 레이블을 삽입한다.

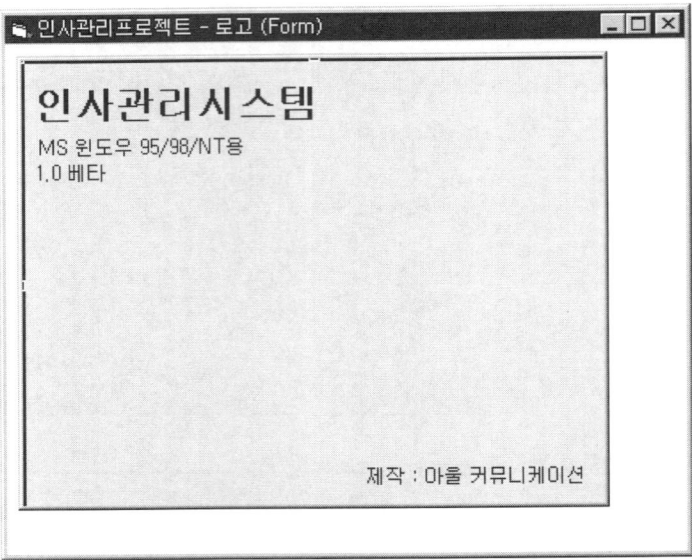

06 로고 이미지를 프레임 안에 그림과 같이 추가한다.

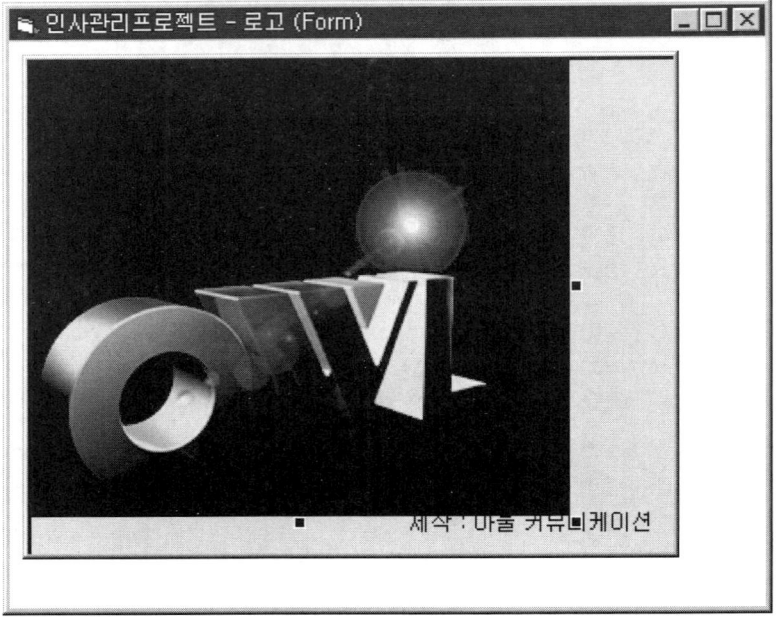

07 이미지로 레이블이 가려져있으므로 그림을 맨뒤로 배치시킨다.

08 프레임을 선택하고 배경색(BackColor)를 검정색으로 설정한다.

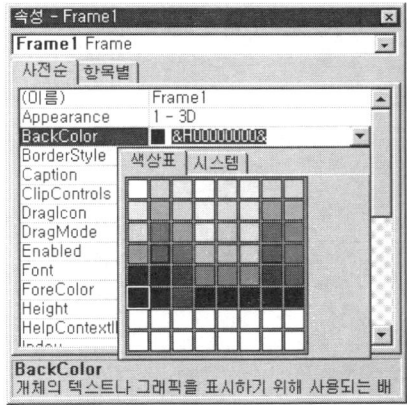

09 레이블을 모두 선택한다.

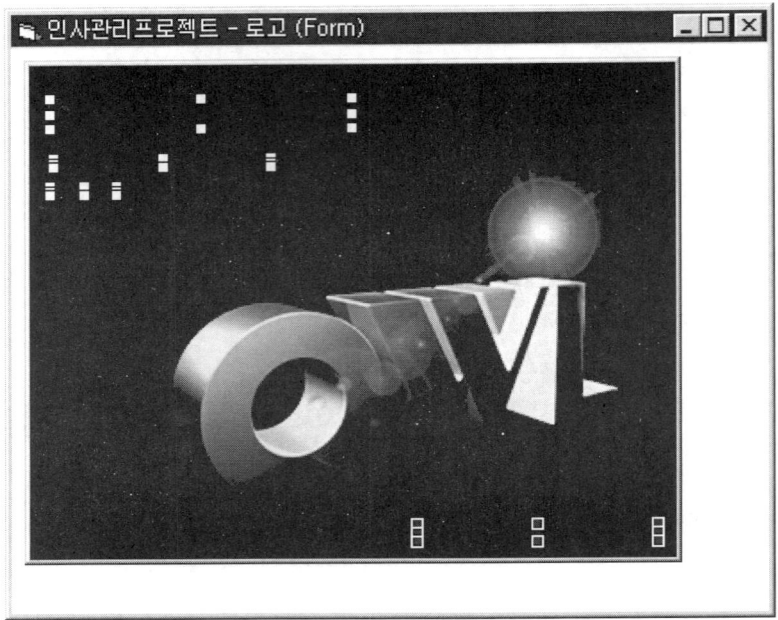

10 ForeColor를 밝은 회색으로 설정한다.

11 객체명을 "로고"로 하고, 폼을 저장한다.

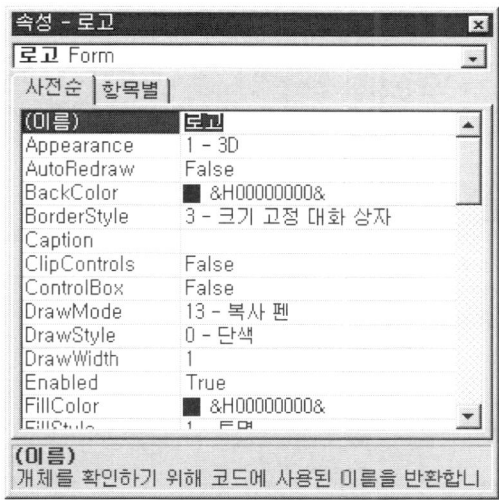

12 폼을 더블클릭하여 코드 보기 창을 열어보자. 그림과 같이 기본코드가 모두 자동으로 작성되어 있음을 확인할 수 있다. 이 예의 경우에는 폼이 로드될 때는 제품명의 캡션을 시스템에서 가져올 필요가 없으므로 작은 따옴표를 이용하여 주석으로 처리한다.

13 폼이 나타난 후 임의의 키를 누르면 폼이 닫히게 한다. 여기에 추가로 인사관리 폼이 나타나게 하는 코드를 삽입한다.

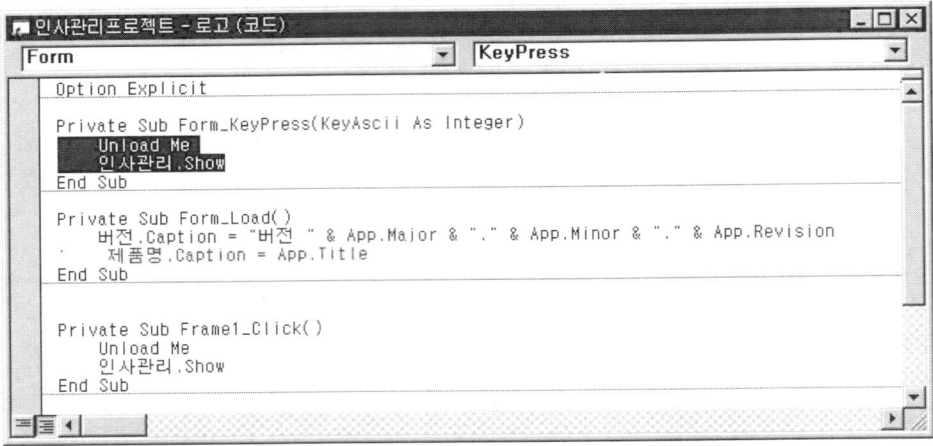

14 프레임을 클릭했을 때도 같은 방법으로 이 폼이 닫히게 하고, 인사관리 폼이 나타나게 한다.

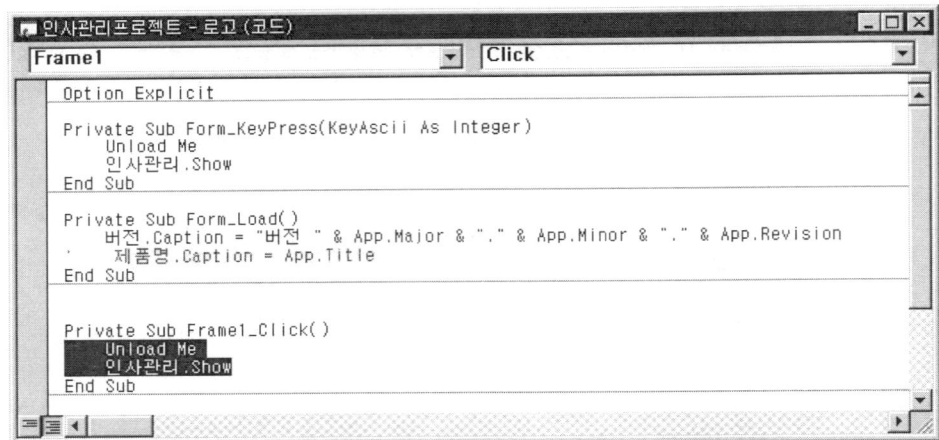

15 로고 이미지가 프레임을 덮고 있어 이 부분을 클릭했을 때 아무 반응이 없을 수 있다. 따라서 다음과 같이 로고 이미지를 클릭했을 때도 폼이 닫히고, 인사관리 폼이 나타나도록 한다.

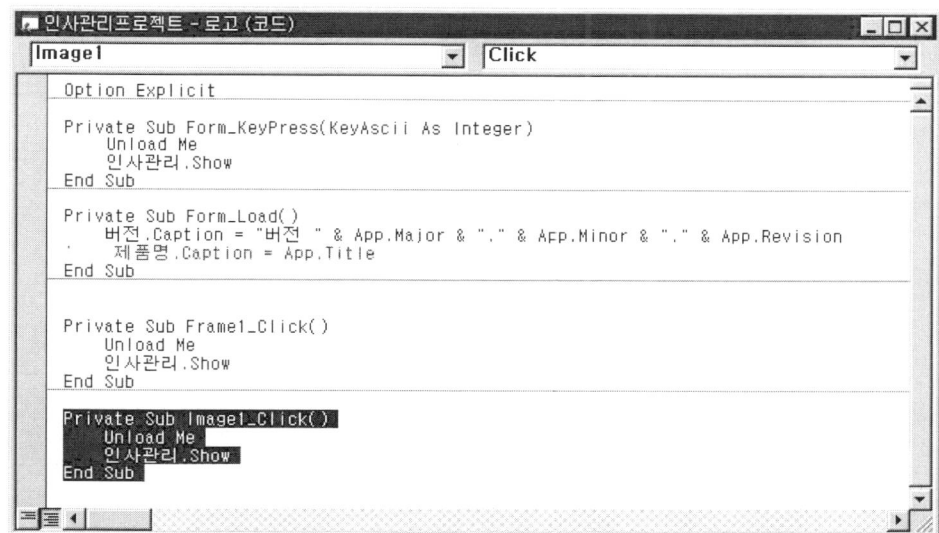

7. 시스템 정보 화면 만들기

01 [프로젝트 → 폼 추가] 명령을 실행하여 "정보 대화 상자"를 선택한다.

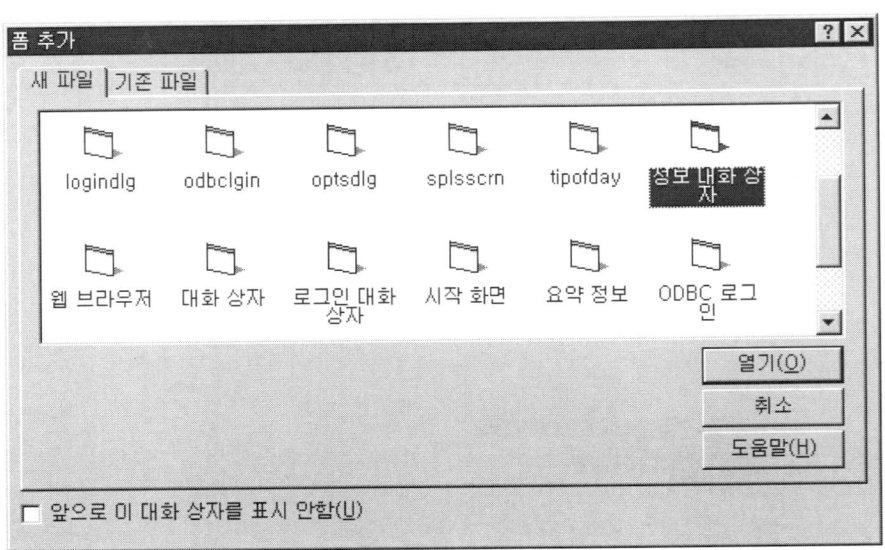

02 폼 추가에서 "열기" 버튼을 클릭하면 그림과 같이 "frmAbout" 폼이 추가된다.

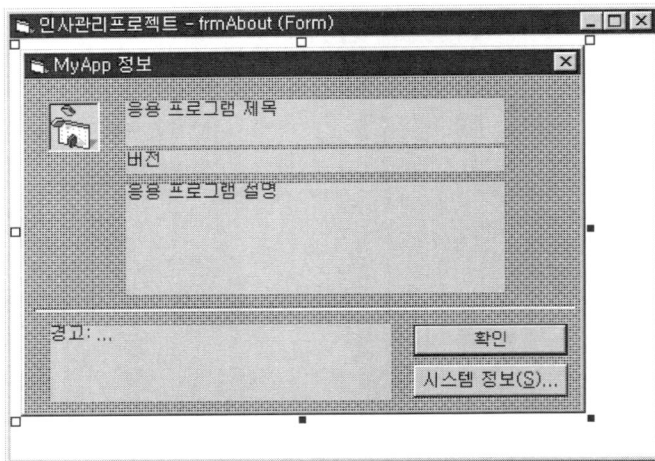
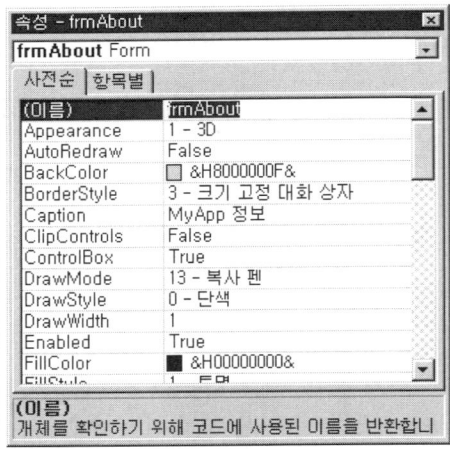

03 그림과 같이 폼을 자신의 환경에 맞게 편집한다.

이 폼의 개체명은 "정보"로 설정하고 Caption을 "인사관리 시스템 정보"로 설정하였다.

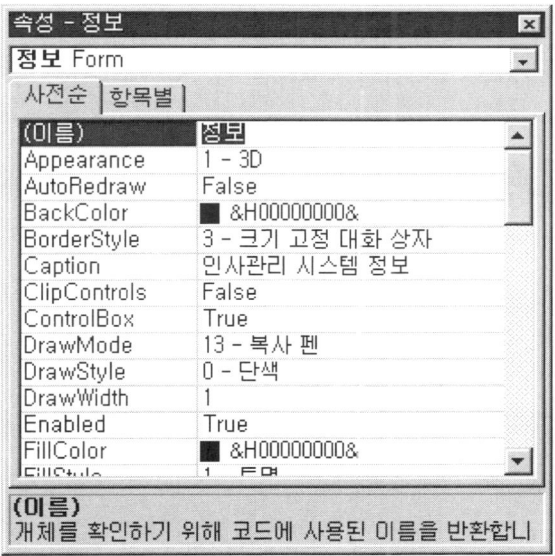

04 코드 보기 창을 열어보면 그림과 같이 코드가 자동으로 만들어져 있음을 확인할 수 있다.

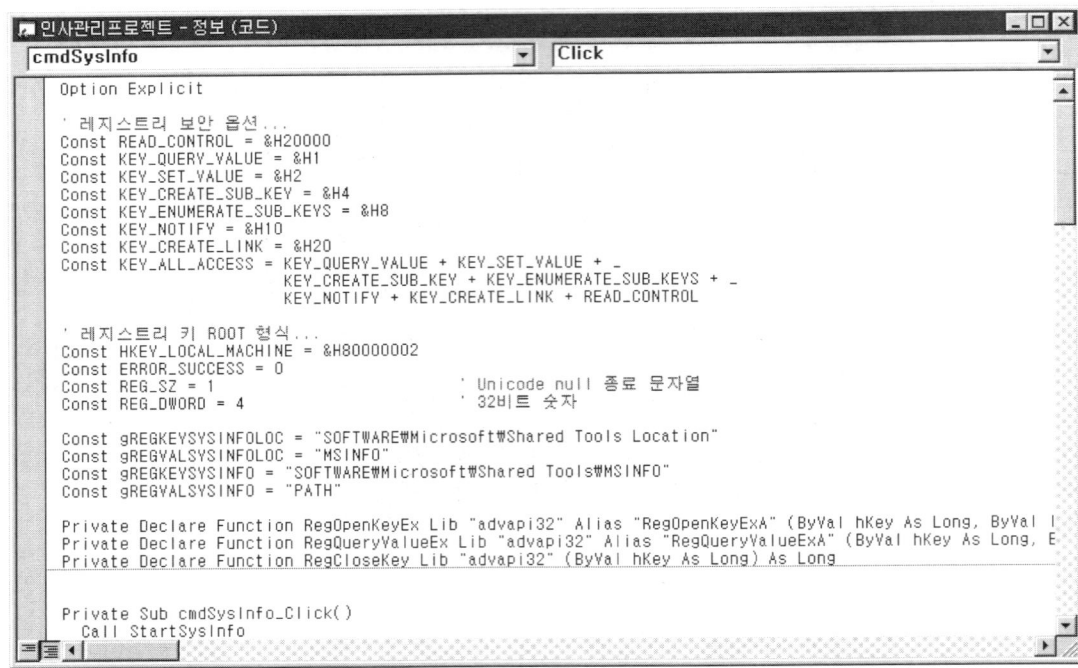

05 자신의 환경에 맞게 이 코드를 수정할 필요가 있는데, 여기서는 lblTitle.Caption 항목을 주석처리하였다.

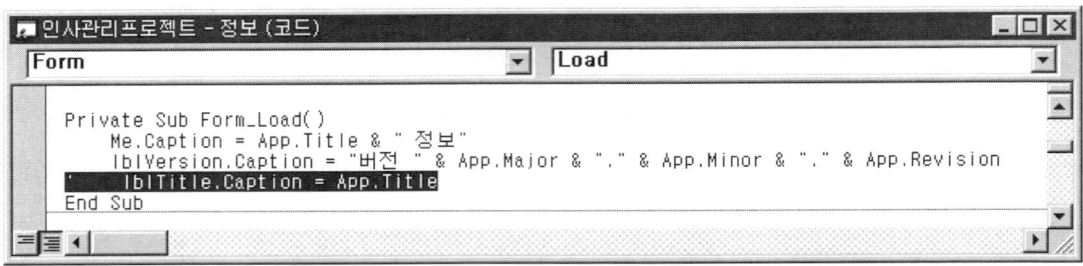

06 "확인" 버튼을 더블클릭하여 코드를 확인해보자.

07 이 버튼을 클릭하면 폼이 닫히게 코딩되어 있을 것이다.

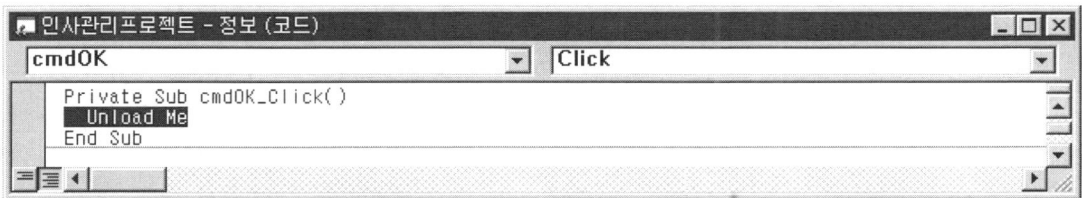

08 이번엔 폼보기 창에서 "시스템 정보" 버튼을 더블클릭하여 코드를 확인해보자. StartSysInfo 루틴을 호출하도록 코딩되어 있을 것이다.

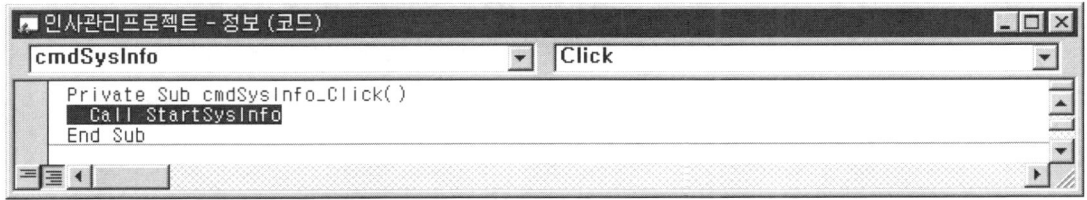

7.1 실험 : 시작화면 / 시스템 정보

실험을 시작하기 전에 프로젝트속성에서 시작 개체를 "로고" 폼으로 설정해야 한다.

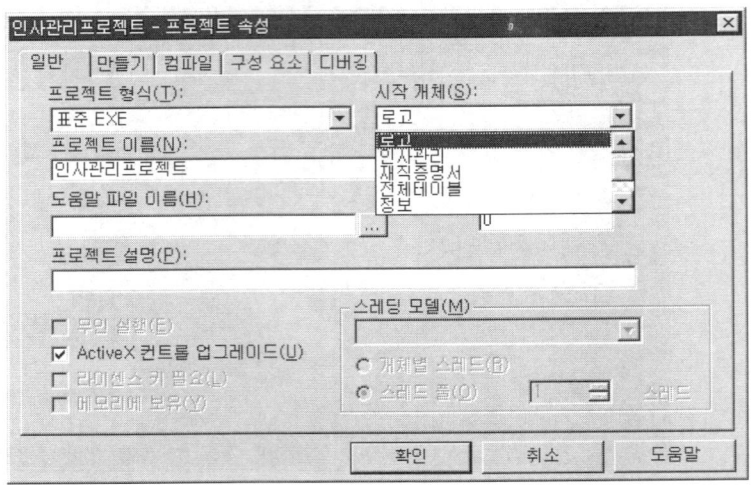

09 인사관리 프로젝트를 모두 저장하고 [실행 → 시작] 명령을 실행하여 실험해보자. 처음 인사관리 프로젝트를 실행하면 시작로고 화면이 나타난다. 마우스를 클릭하거나 임의의 키를 눌러본다.

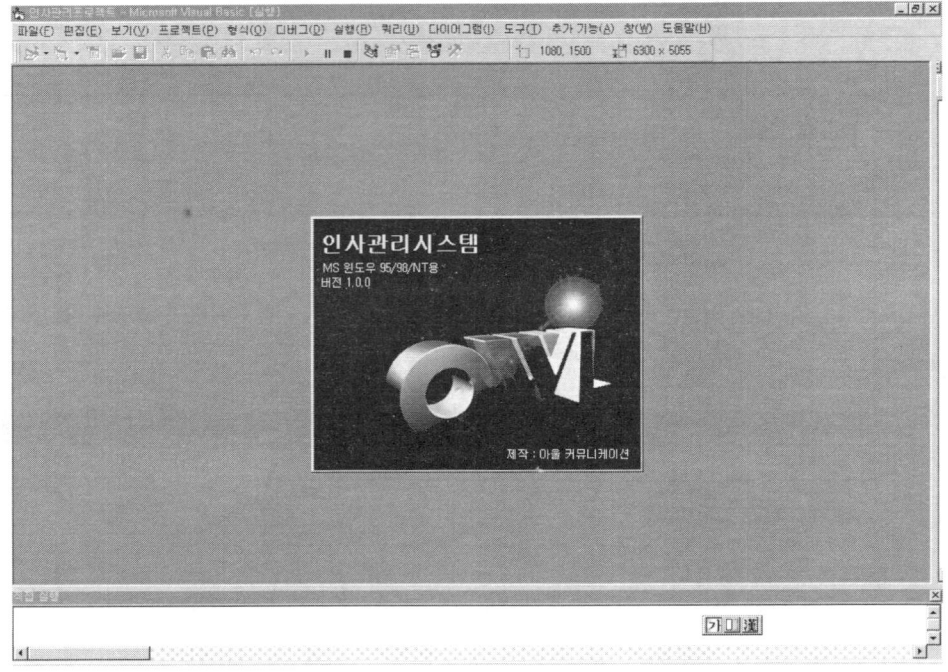

©Chapter 8 인사 관리 프로젝트

10 시작화면은 닫히고, 인사관리 폼이 나타난다.

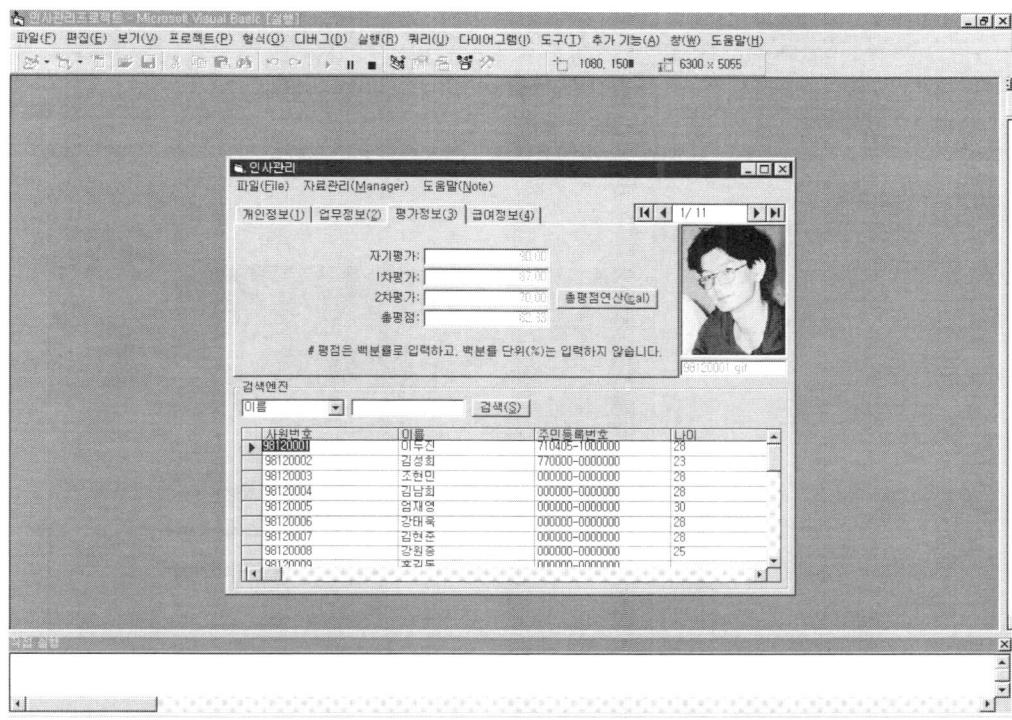

11 [도움말 → 인사관리정보] 명령을 실행한다.

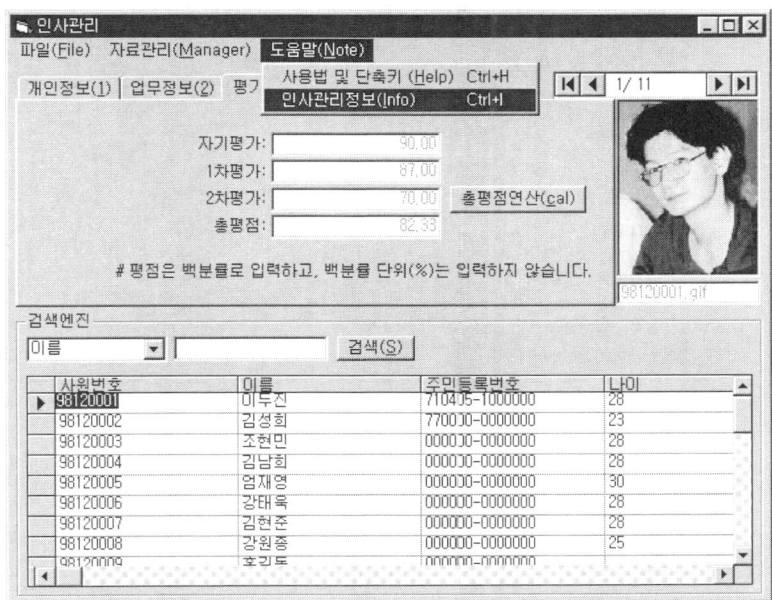

12 그림과 같이 인사관리 시스템 정보가 나타난다. 그런데 폼 캡션이나 버전 레이블이 폼을 만들 때와 다른 것을 볼 수 있는데 이는 Form_Load() 루틴에서 Me.Caption 부분과 lblVersion.Caption 부분을 주석으로 막아 주지 않았기 때문이다. 이 부분은 개발자의 편에 따라 결정하기 바란다. "시스템 정보" 버튼을 클릭해보자.

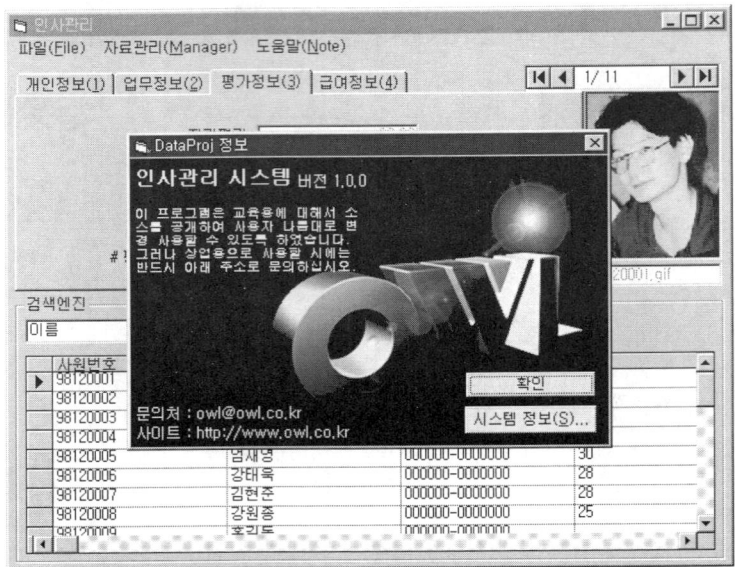

13 그림과 같이 시스템 정보 화면이 나타날 것이다. 시스템정보를 확인하고 이 창을 닫는다.

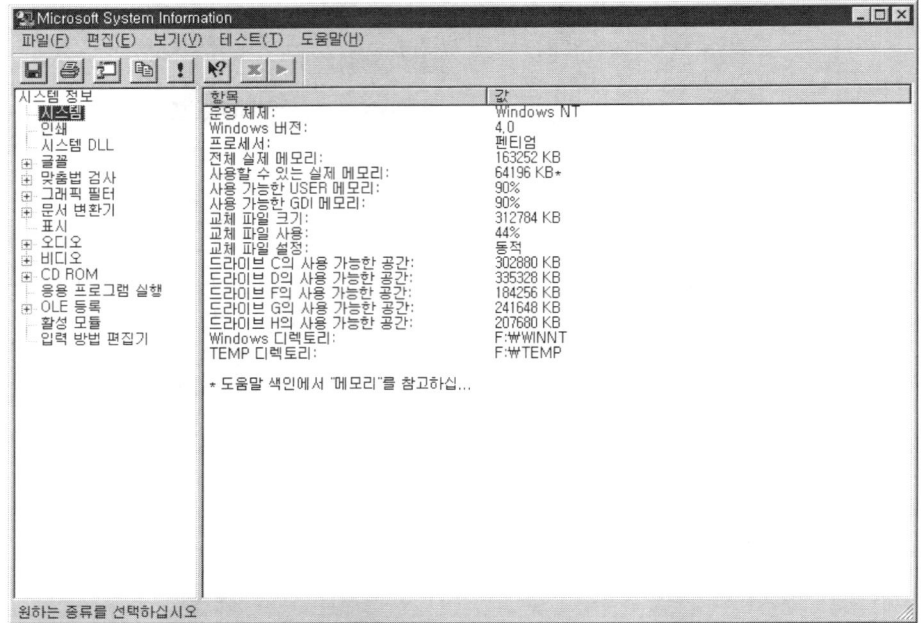

14 "확인" 버튼을 클릭하면 인사관리 시스템 정보 창이 닫힌다.

8. 도움말 화면 만들기

01 [프로젝트 → 폼 추가] 명령을 실행하고, "요약 정보"를 선택하여 연다.

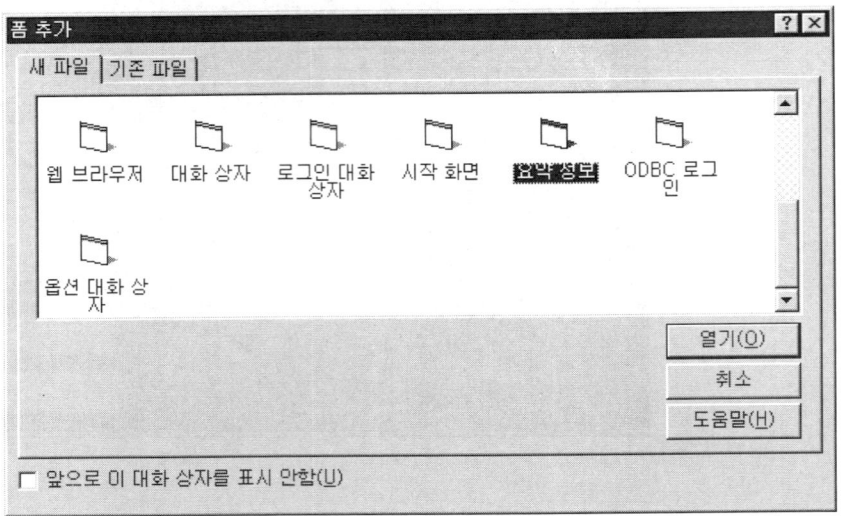

02 그림과 같이 frmTip1 폼이 추가된다.

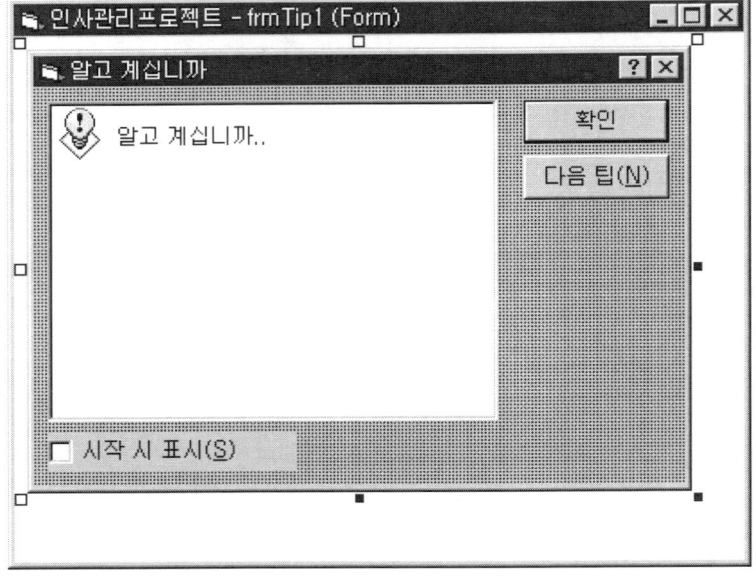

03 코드 보기 창을 열어 이 폼이 작동되는 구조를 파악한다. 그림에서 반전표시된 부분을 유심히 살펴보자.

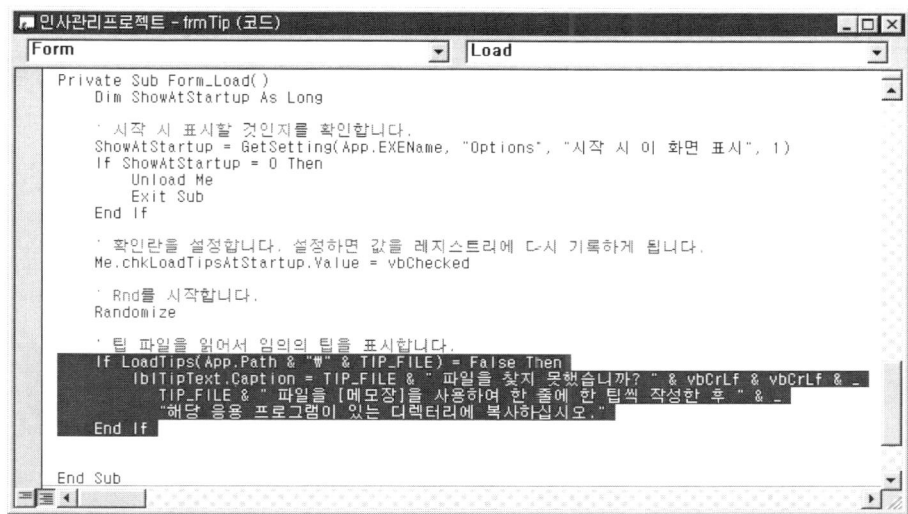

TIP_FILE에 도움말이나 팁을 저장해 둔다는 것을 알 수 있다.

04 TIP_FILE이라는 매개변수를 어떻게 정의했는지를 선언 부분에서 발견할 수 있다. 그림과 같이 TIP_FILE은 "TIPOFDAY.TXT" 파일이고 이 파일은 실행 파일이나 프로젝트 파일과 같은 위치에 있음을 알 수 있다.

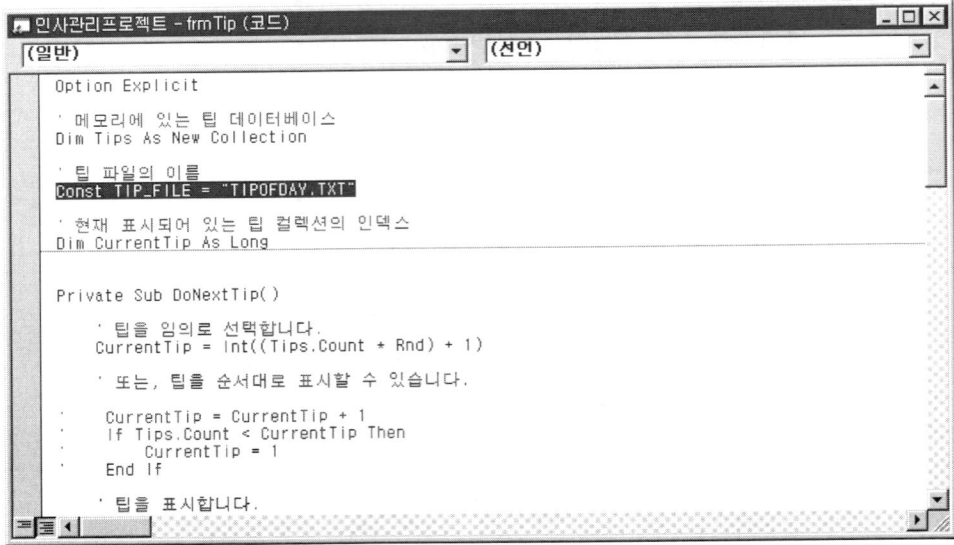

05 메모장을 실행한다.

06 메모장에 도움말이나 사용법, 팁 등을 한 줄씩 적거넣는다. 그러면 줄 단위로 하나씩 폼에 나타난다.

```
인사관리 시스템이 시작되면, 초기에는 보기모드로 되어 있어 데이터를 보호하고 있습니다.
보기만할 때는 이 보기모드를 사용하십시오. 보기모드의 단축키는 [Ctrl+R]입니다.
데이터를 수정하려면, 수정모드를 선택하세요. 수정모드의 단축키는 [Ctrl+E]입니다.
데이터를 신규로 추가하려면, 레코드추가 명령[Ctrl+A]을 실행하세요.
레코드추가 명령[Ctrl+A]을 실행하면, 빈 레코드가 새로이 추가됩니다.
신규 데이터를 입력하면 저장명령을 실행하지 않아도 자동으로 저장되어 작업과정을 단축하였습니다.
수정모드에서는 입력한 데이터가 실시간적으로 DB에 자동저장됩니다.
만일 DB입력에 에러가 발생하면, 원래의 입력하기 이전의 데이터를 자동 복구해 줍니다.
사진은 face폴더에 넣어 두면 두십시오. 사진의 파일명은 "사원번호.gif"로 하셔야 합니다. (예: "98120001.gif")
[Ctrl+K]를 누르시면, 재직증명서를 발급하실 수 있습니다.
주의 : 사원번호는 중복하여 입력할 수 없습니다.
```

07 메모장을 그림과 같이 "Tipofday.txt"로 저장한다.

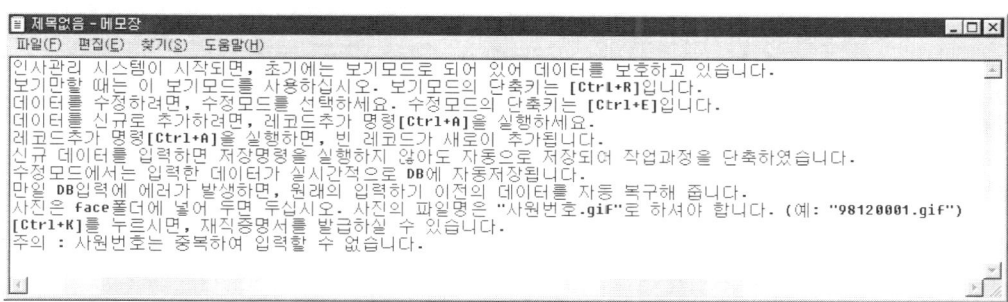

08 속성 창에서 폼의 개체명 확인하고 필요하면 폼의 Caption을 변경시킨다.

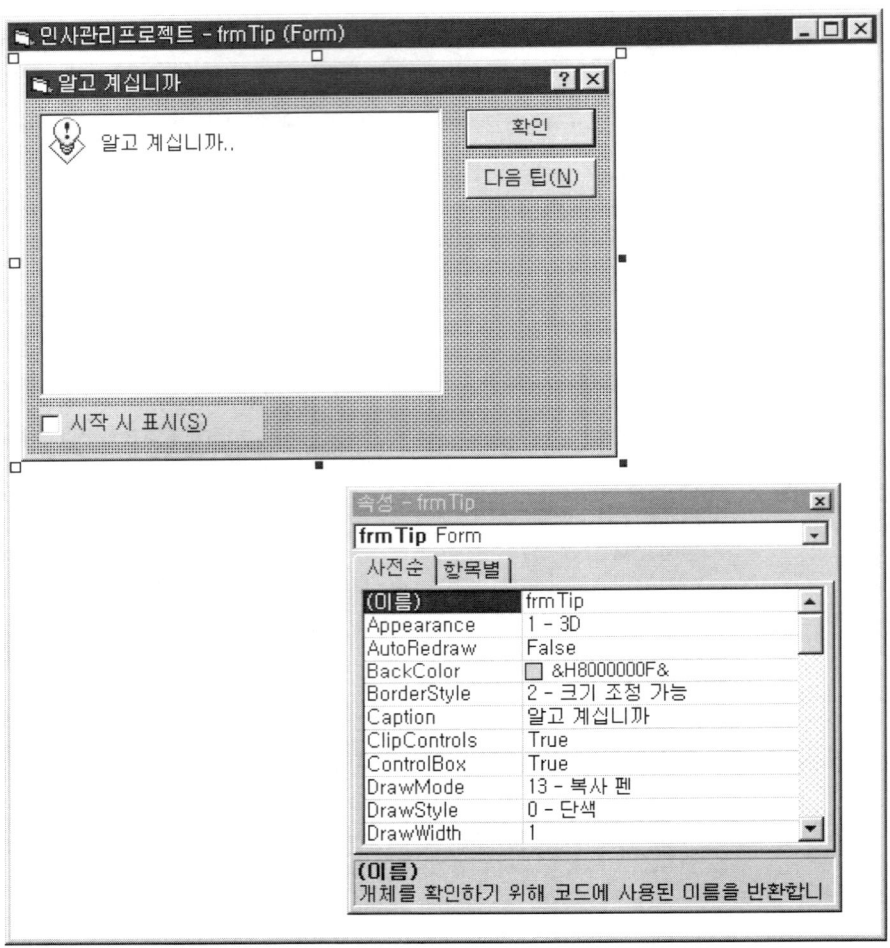

09 그림과 같이 텍스트상자 안에 레이블이 있는데 "Tipofday.txt"에 입력한 도움말이 이곳에 출력된다.

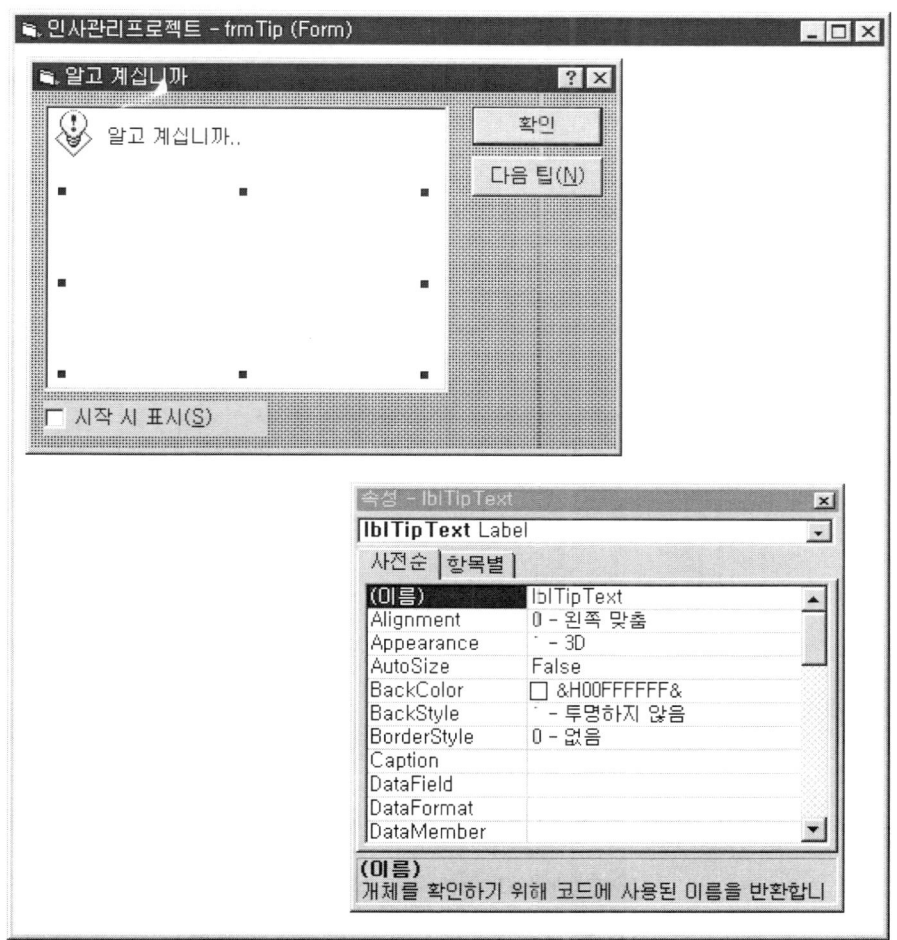

8.1 실험 : 사용법 및 단축키

10 [실행 → 시작] 명령을 실행하고, 프로그램이 시작하면 [도움말 → 사용법 및 단축키] 명령을 실행해보자.

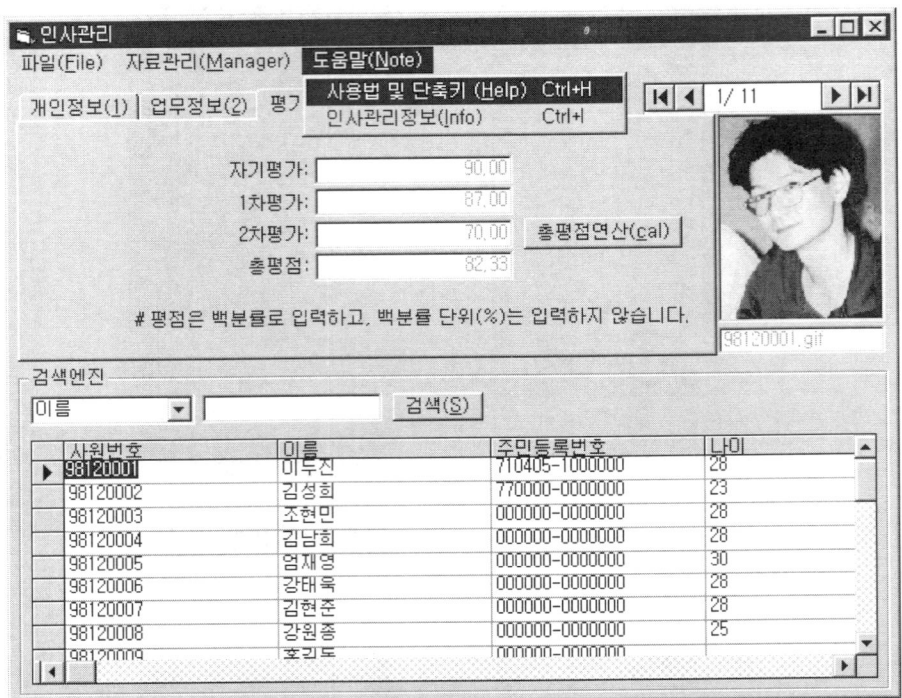

11 그림과 같이 "팁" 창이 나타나고 "Tipofday.txt"에 기록해 두었던 내용이 한 줄씩 나타난다.

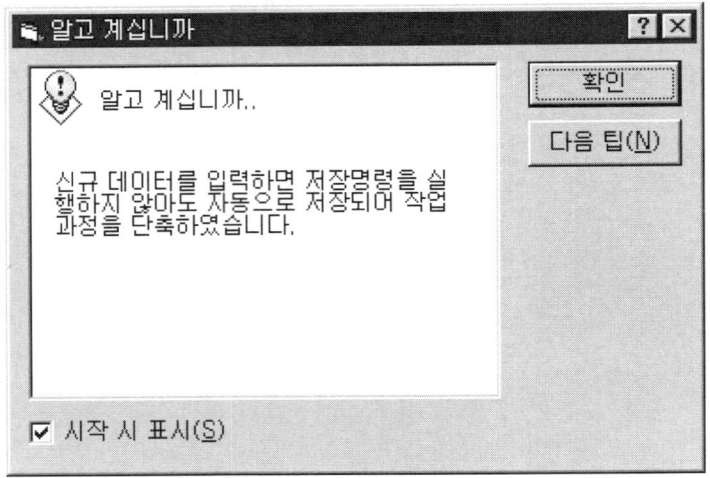

12 다음 버튼을 클릭하면 다른 도움말이 나타난다.

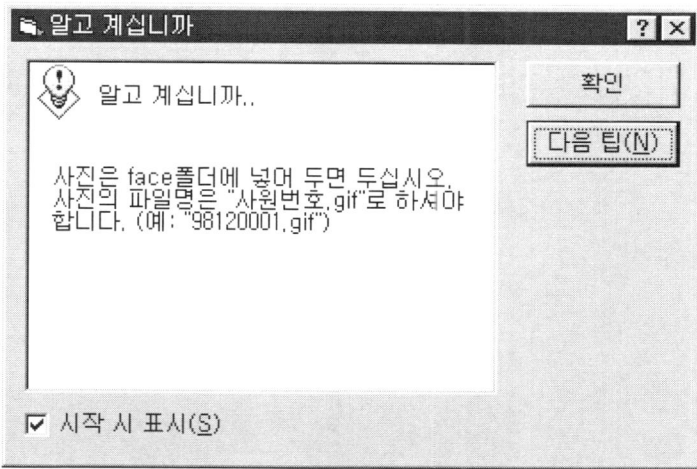

13 "확인" 버튼을 클릭하면 "팁" 창이 닫힌다.

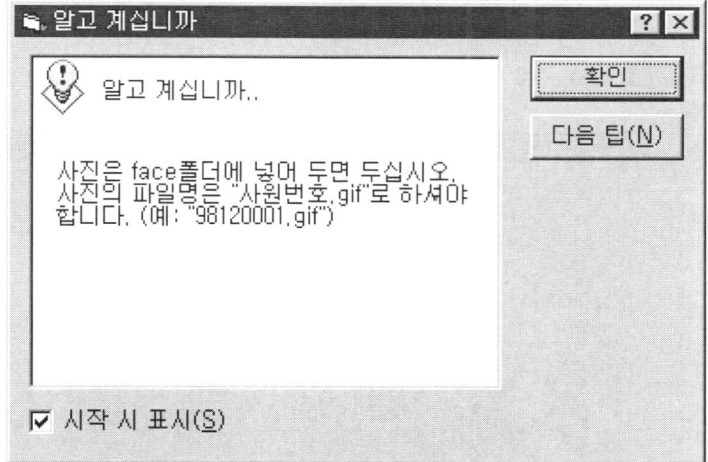

9. 전체 테이블 폼 만들기

01 [프로젝트 → 폼 추가] 명령을 실행하고, "VB 데이터 폼 마법사"를 선택하여 연다.

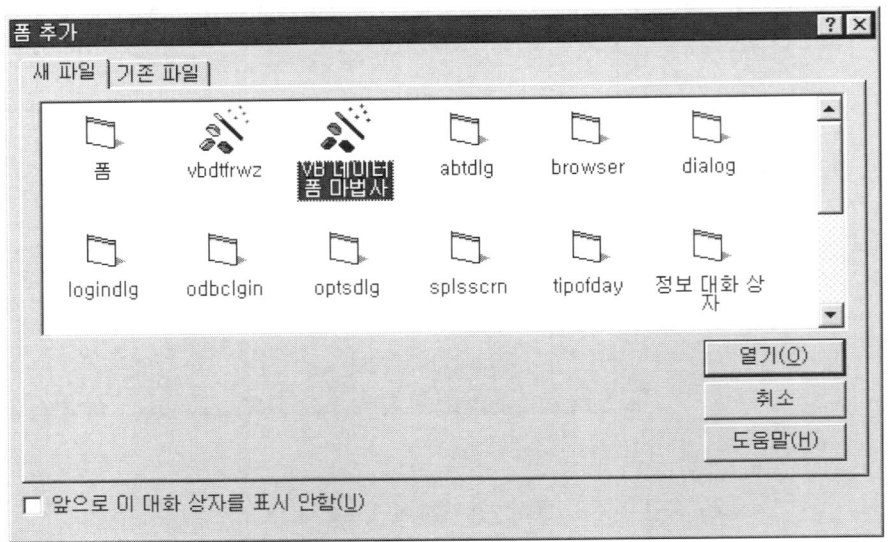

02 데이터 폼 마법사 대화상자가 나타나면 "다음" 버튼을 클릭한다.

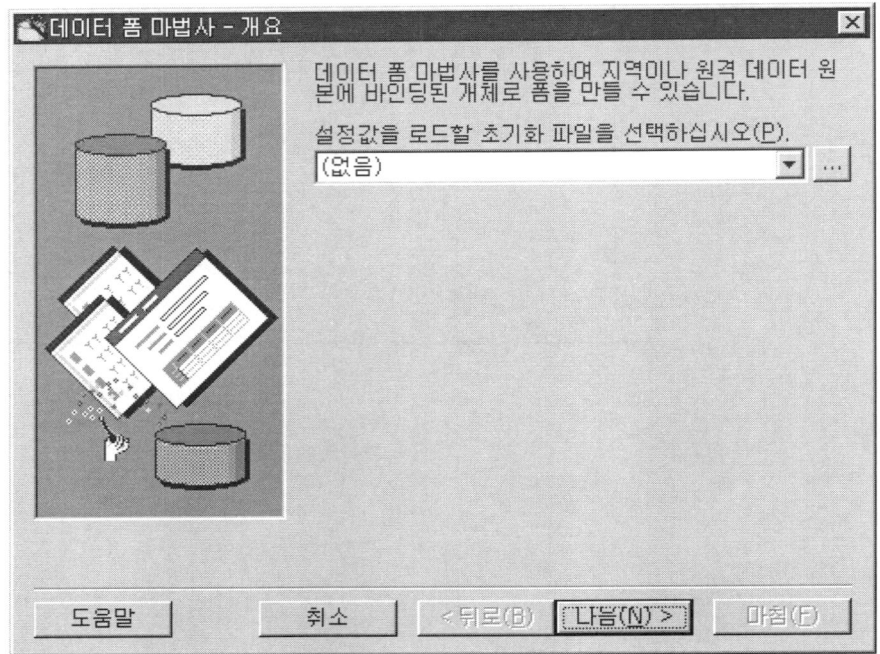

03 데이터 형식으로 "Access"를 선택하고 "다음" 버튼을 클릭한다.

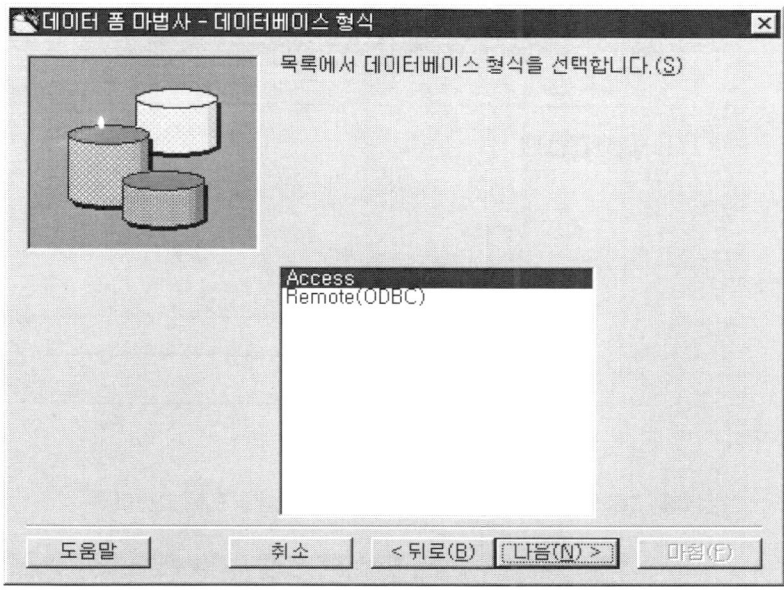

04 데이터베이스 이름에서 "찾아보기" 버튼을 클릭한다.

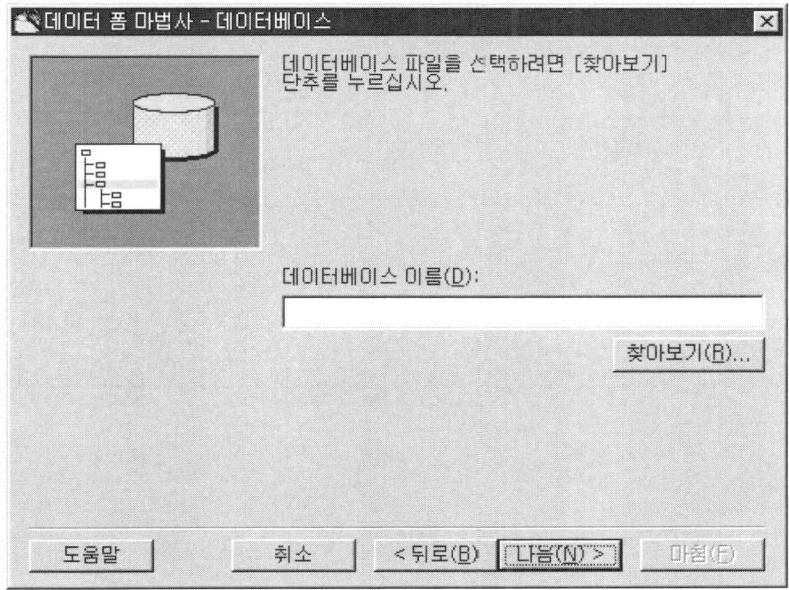

05 "인사1.mdb"를 선택한다.

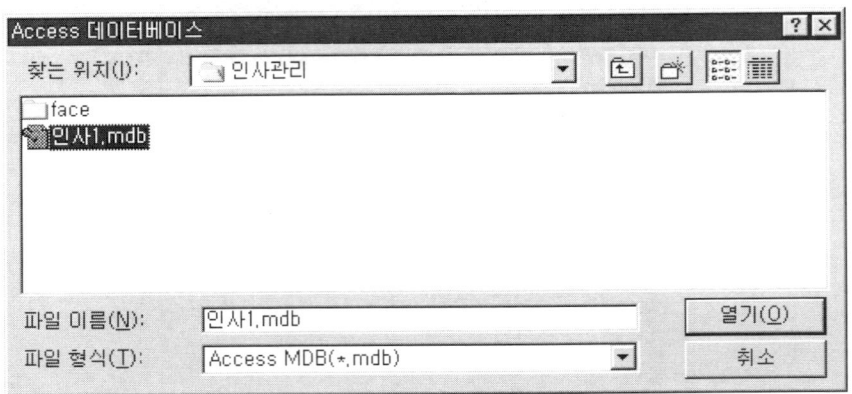

06 DB가 절대경로로 나타나는데 이를 상대경로로 고친다.

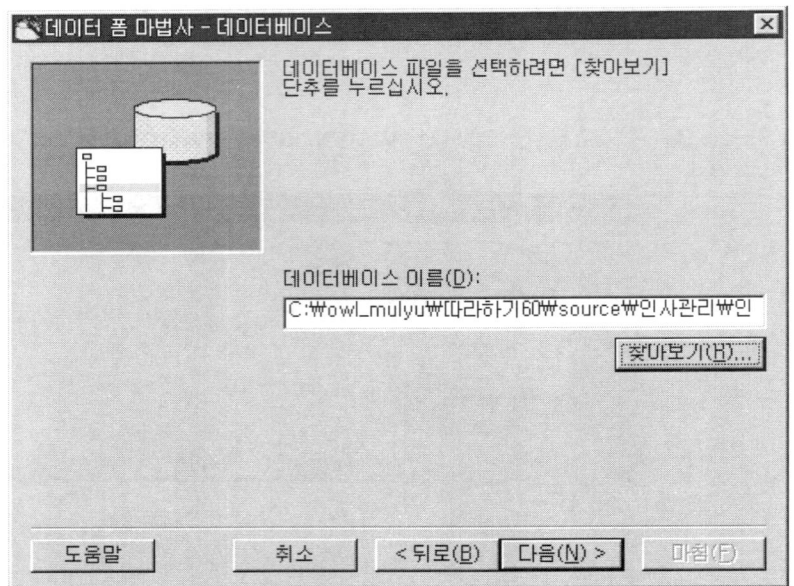

07 여기서 상대경로로 그림과 같이 설정하였다. "다음" 버튼을 클릭한다.

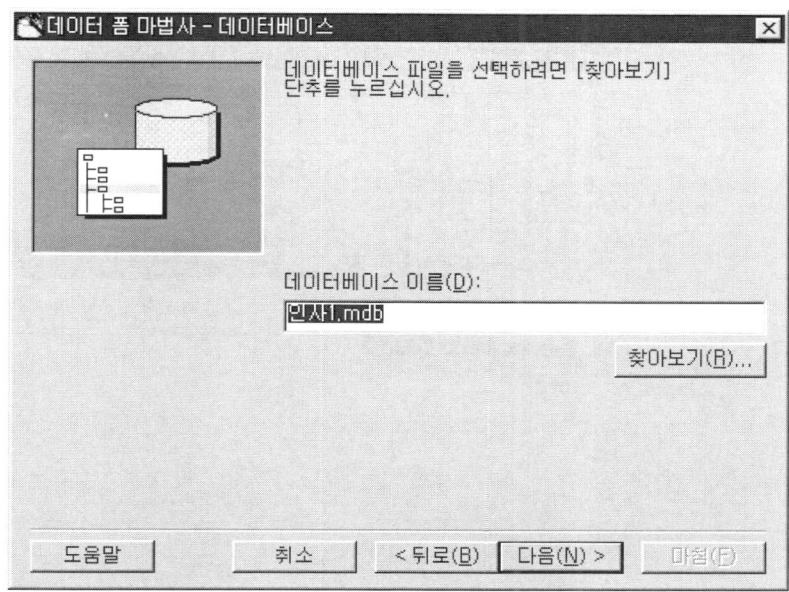

08 폼 이름을 "전체테이블"로 설정한다. 폼 레이아웃을 "표 형태(데이터시트)"로 지정하고, 바인딩 형식을 "ADO Data 컨트롤"로 설정한다. "다음" 버튼을 클릭한다.

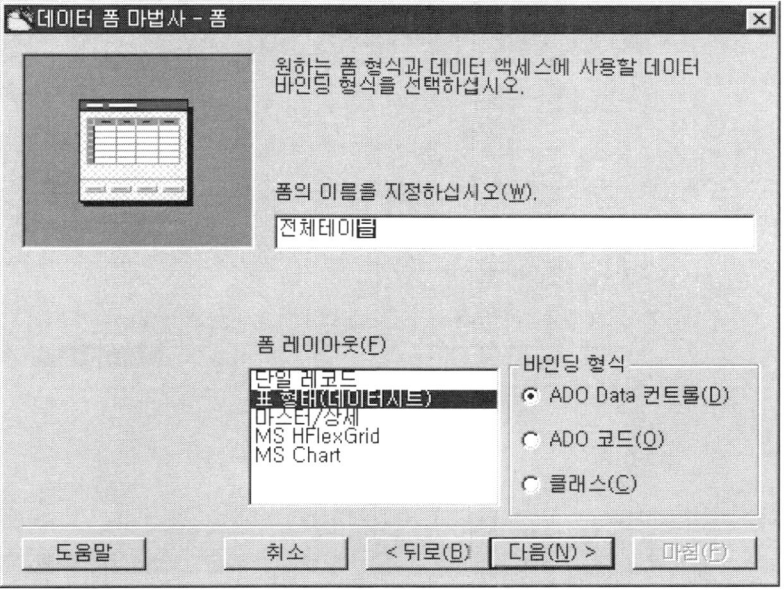

09 레코드 원본을 "인사"로 설정하면 사용 가능한 필드에 인사 테이블의 필드가 모두 나타난다.

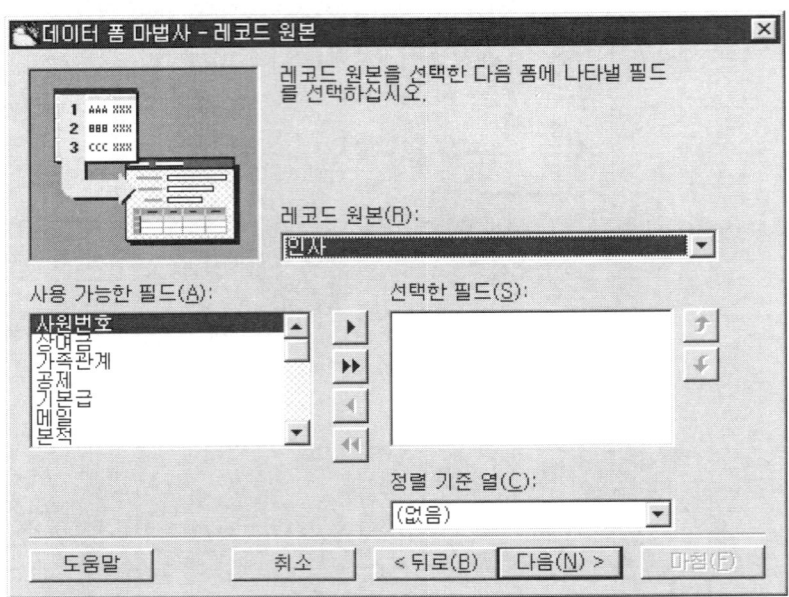

10 "〉〉"버튼을 클릭하여 모든 필드를 "선택한 필드"에 추가한다. 정렬 기준 열은 "사원번호"로 한다. "다음" 버튼을 클릭한다.

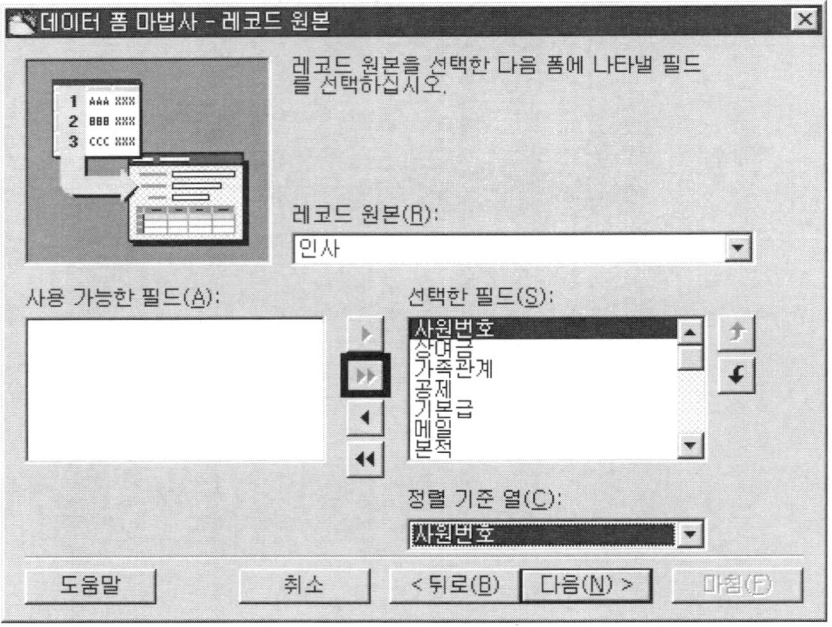

11 모든 컨드롤을 체크하고 "다음" 버튼을 클릭한다.

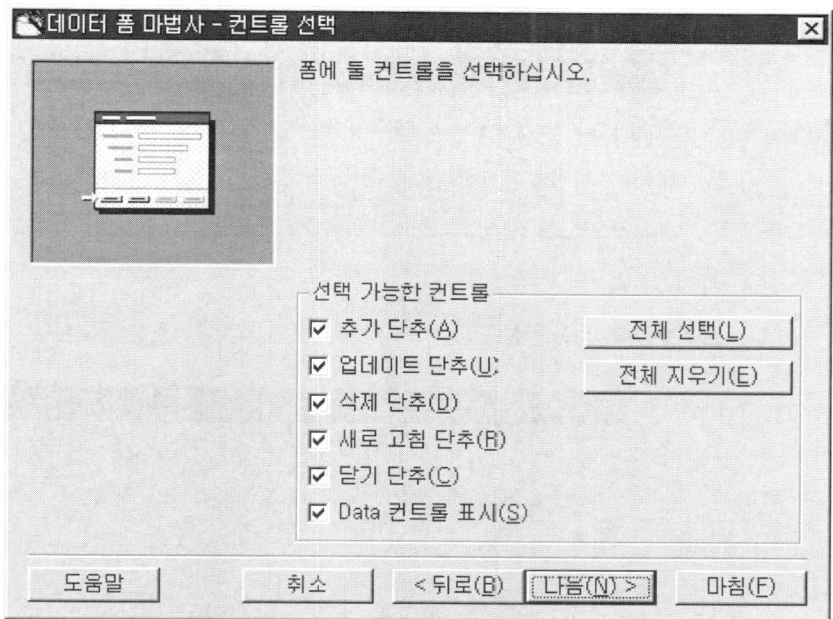

12 "마침" 버튼을 클릭한다.

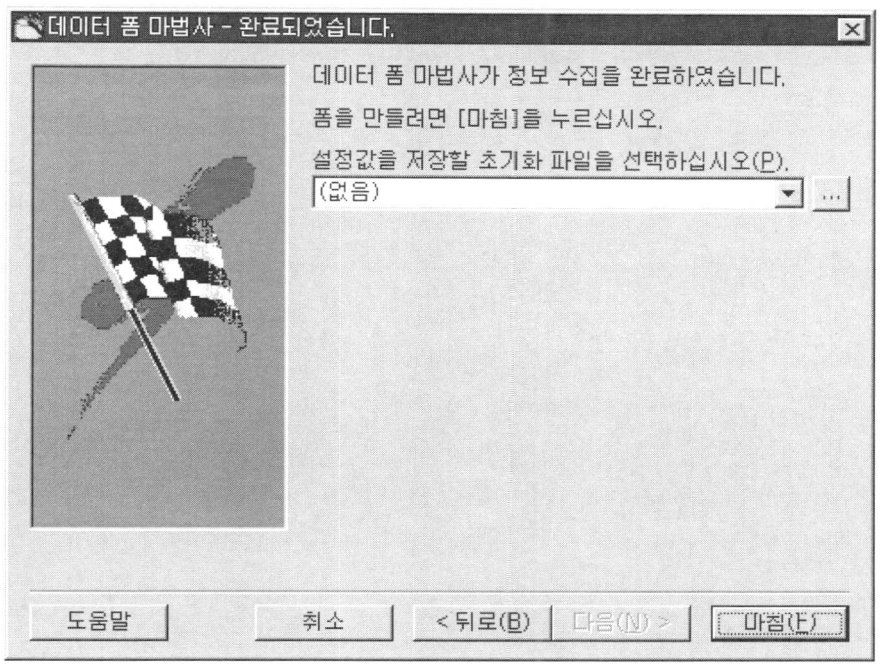

13 그림과 같이 에러 메시지가 나타난다. 이는 1차평가의 필드명을 인식하지 못해서인데, 잠시 후에 이 코드부분을 수정하자. "확인" 버튼을 클릭한다.

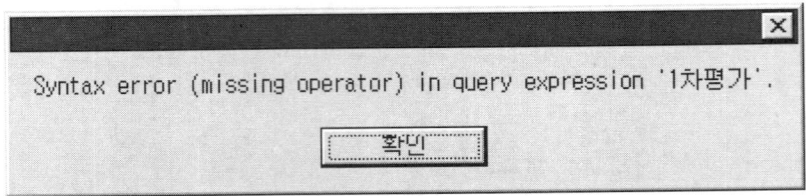

14 데이터 폼이 완성됐다는 메시지가 나오면 "확인" 버튼을 클릭한다.

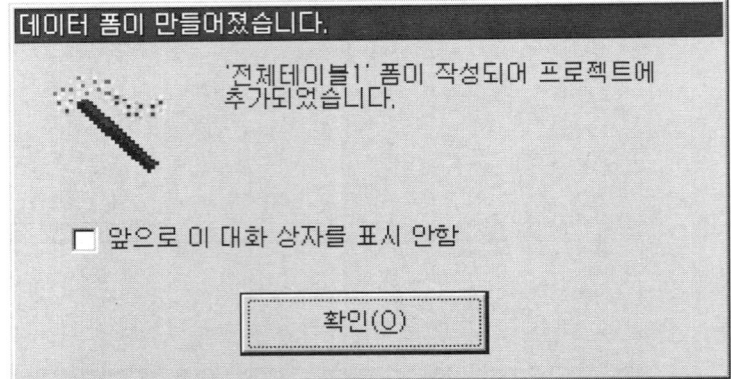

15 추가된 "전체테이블" 폼을 확인하고 "Adodc"을 선택하여 속성을 편집하자.

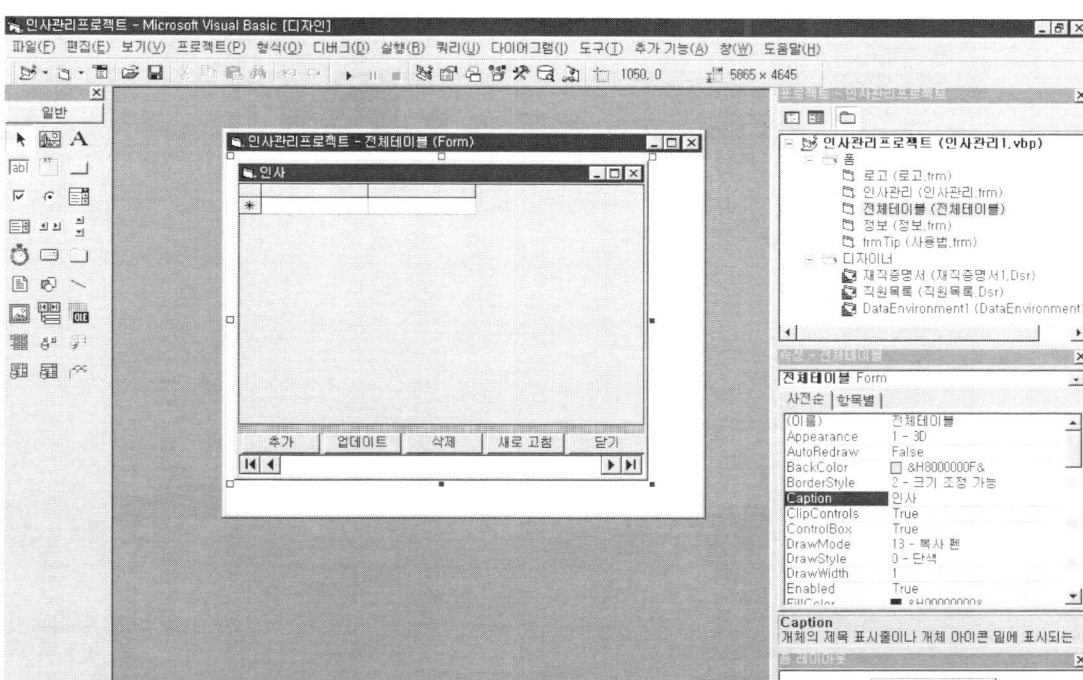

Part 3 실무 프로젝트

16 Adodc Control의 속성을 확인해보면 그림과 같이 나타난다. 여기서 RecordSource 항목을 주의깊게 확인해보자.

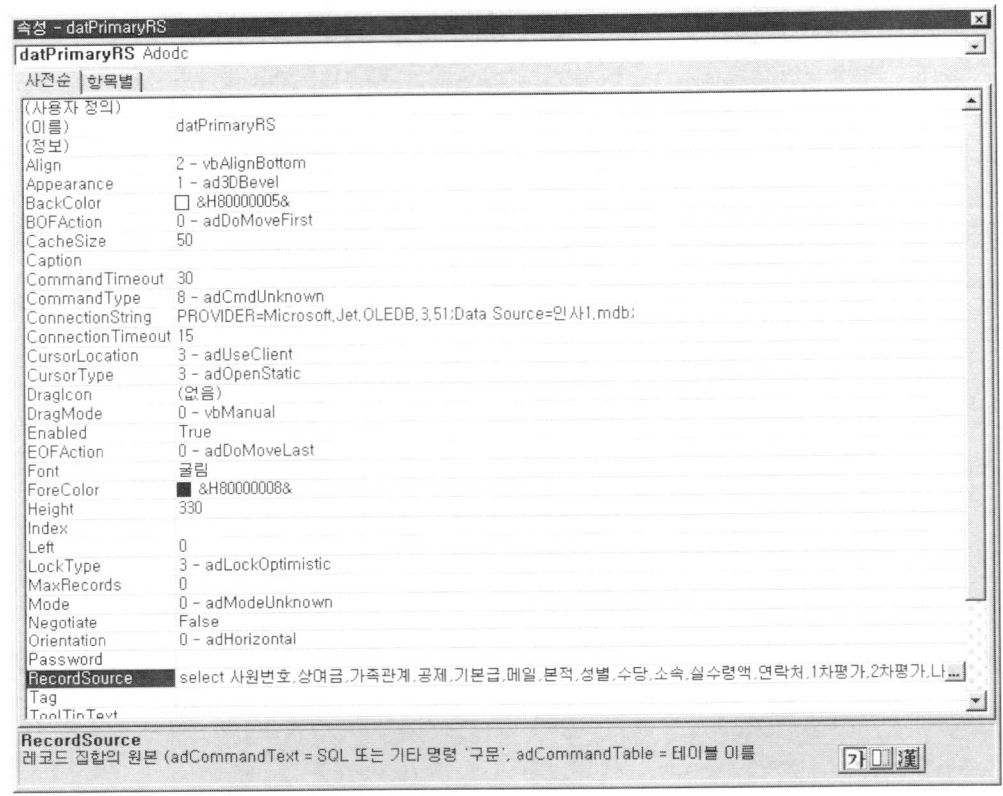

17 그림과 같이 RecordSource를 변경시키면 앞서 발생한 에러를 교정할 수 있다.

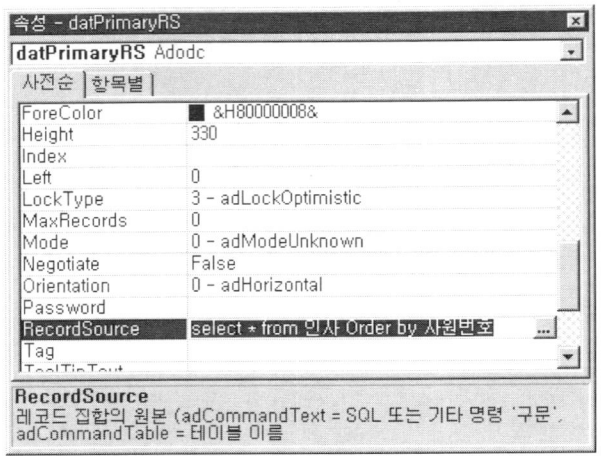

18 폼 레이아웃 창에서 그림과 같이 폼을 화면 가운데 출력되도록 설정한다.

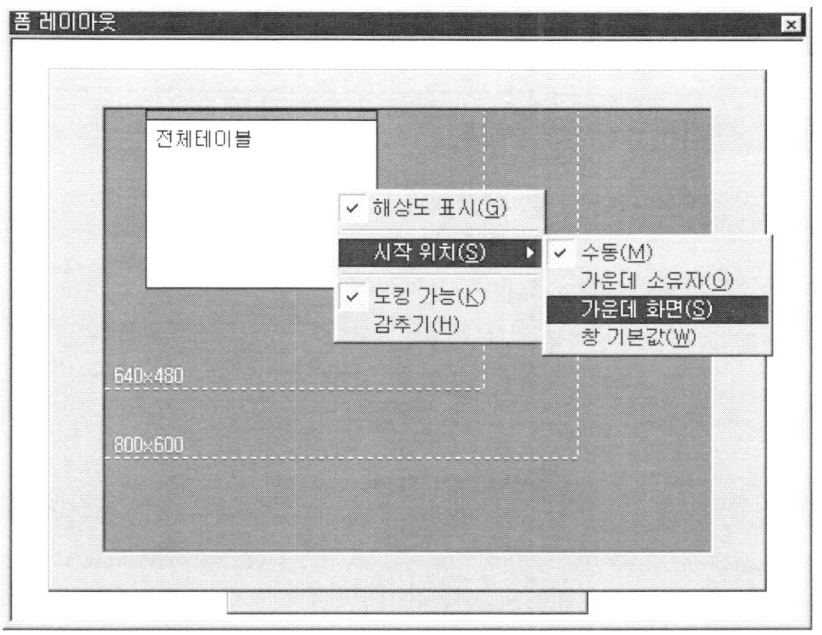

▶폼을 가운데 배치하기전

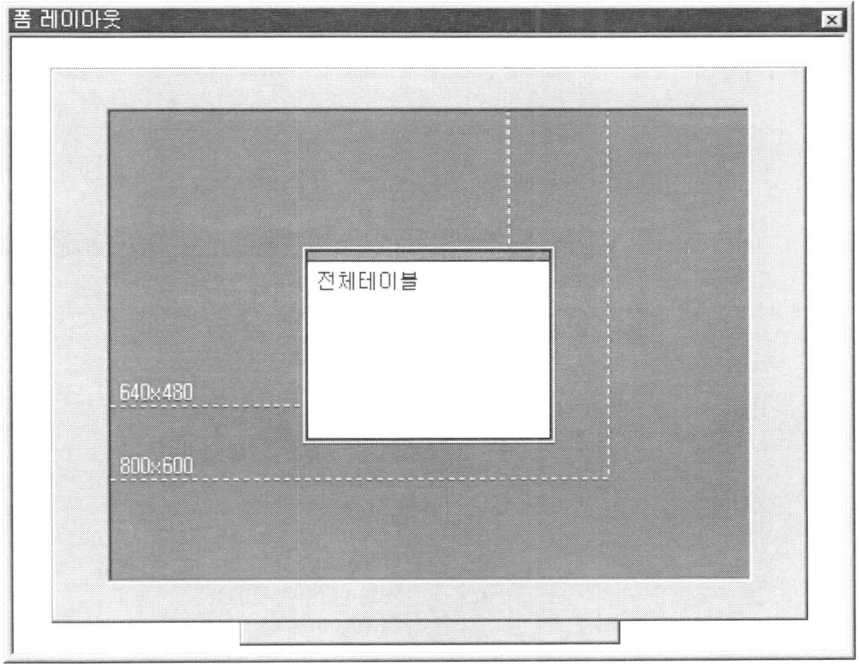

▶폼을 가운데 배치한 후

19 코드 보기 창을 열어 보면 코드가 자동으로 작성되어 있는 것을 볼 수 있다.

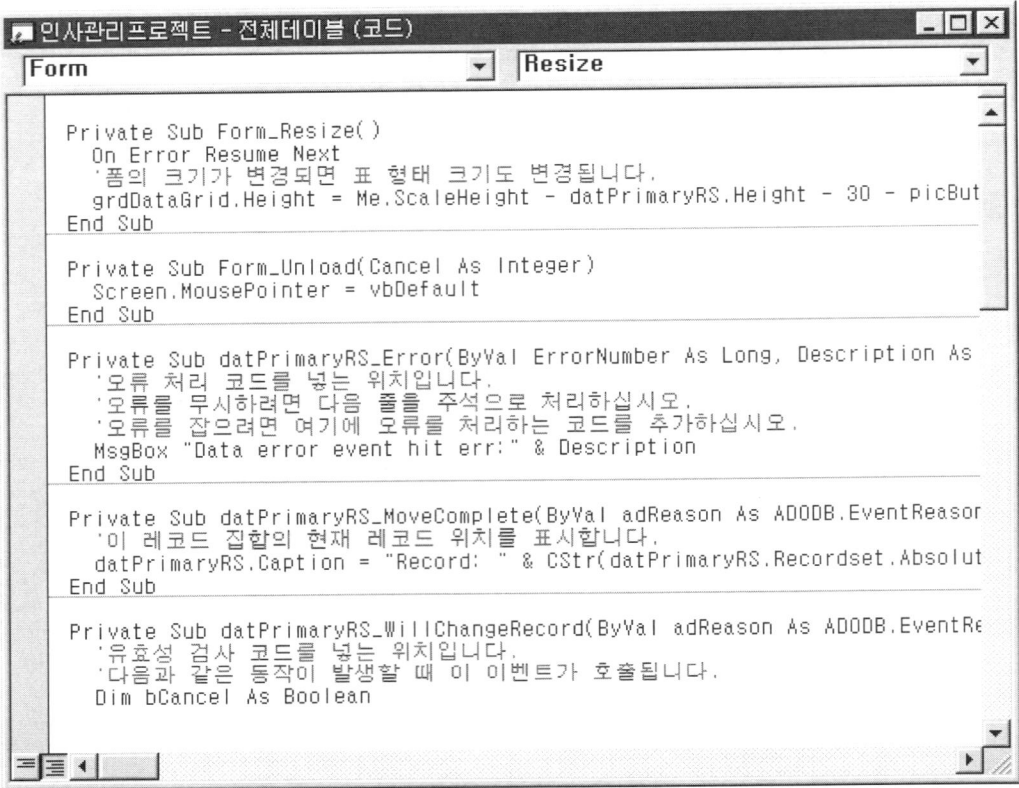

20 전체테이블 폼을 저장하면 그림과 같이 프로젝트가 구성된다.

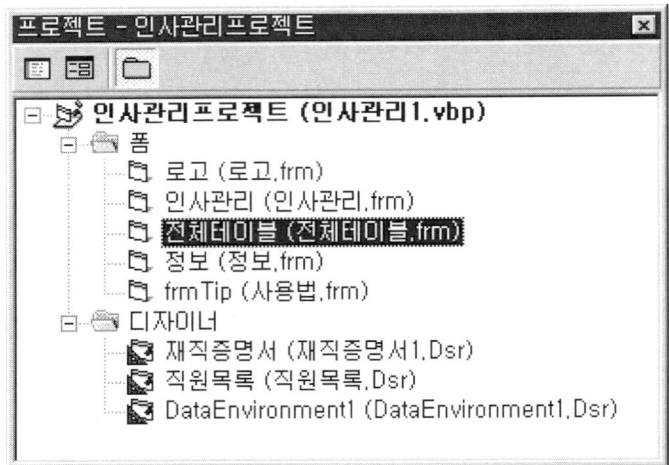

9.1 실험 : 전체테이블

21 [실행 → 시작] 명령을 실행하고, [파일 → 전체테이블열기] 명령을 실행해보자.

22 그림과 같이 전체 테이블이 나타난다.

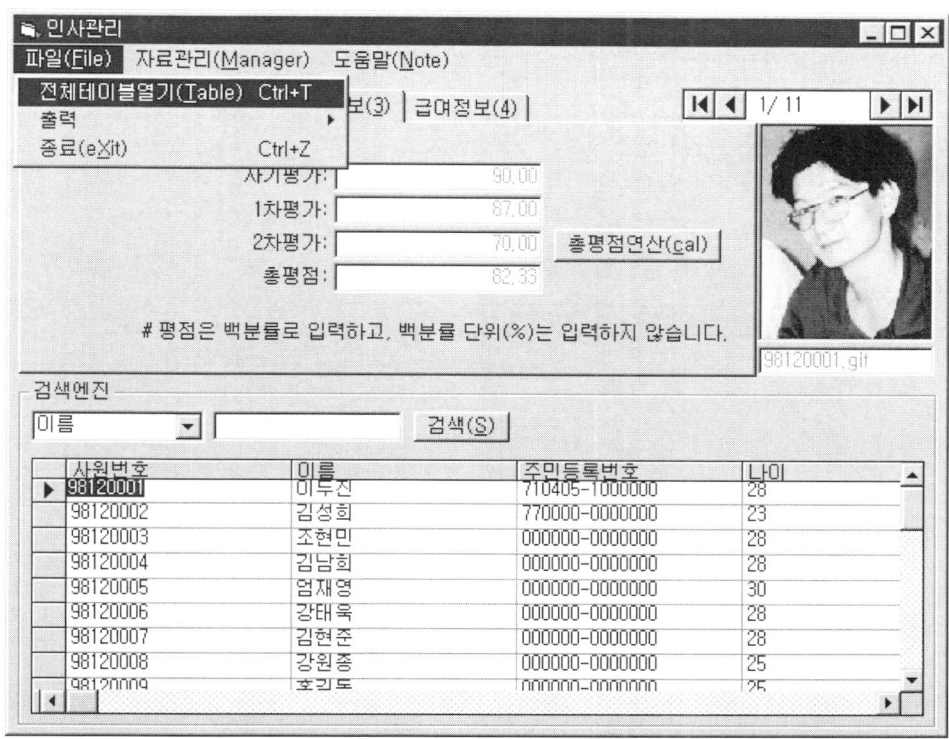

23 이 창을 마우스로 늘리면 테이블의 크기도 함께 늘어난다.

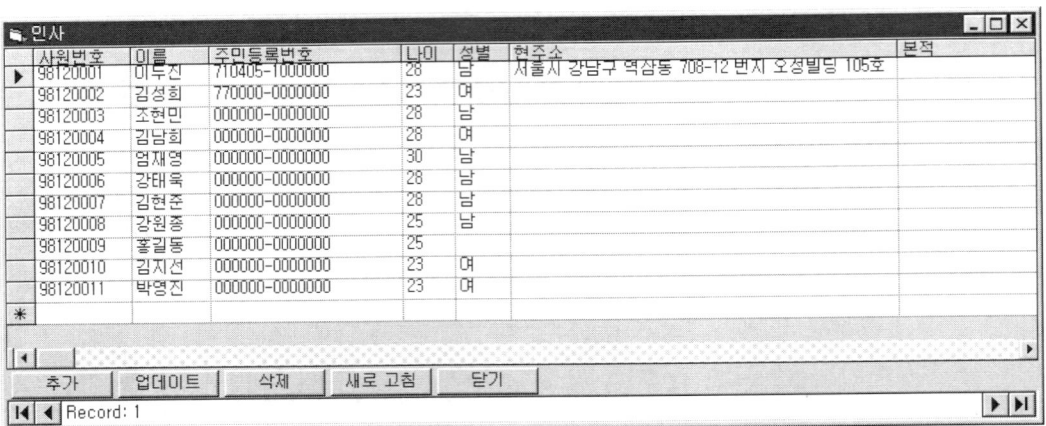

10. 데이터 리포트 만들기

01 프로젝트창에서 DataEnvironment1를 더블클릭하여 DataEnvironment1 창을 열고, "Connection1"을 선택한 후 "속성" 버튼을 클릭하면 그림과 같이 "데이터 링크 등록정보" 대화상자가 나타난다. "제공자" 탭에서 "Microsoft Jet 3.51 OLE DB Provider"를 선택하고, "다음" 버튼을 클릭한다.

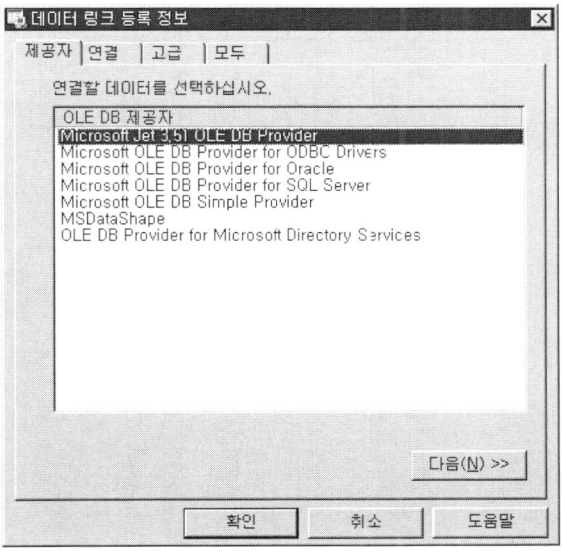

02 "연결" 탭이 나타나면 그림과 같이 "인사1.mdb"를 선택하고, "연결테스트" 버튼을 클릭하자. 연결성공이라는 메시지가 나타나면 "확인" 버튼을 클릭한다.

03 [보기 → Data View 창] 명령을 실행하면 그림과 같이 인사1.mdb에 연결하여 "인사" 테이블을 호출하였음을 확인할 수 있다.

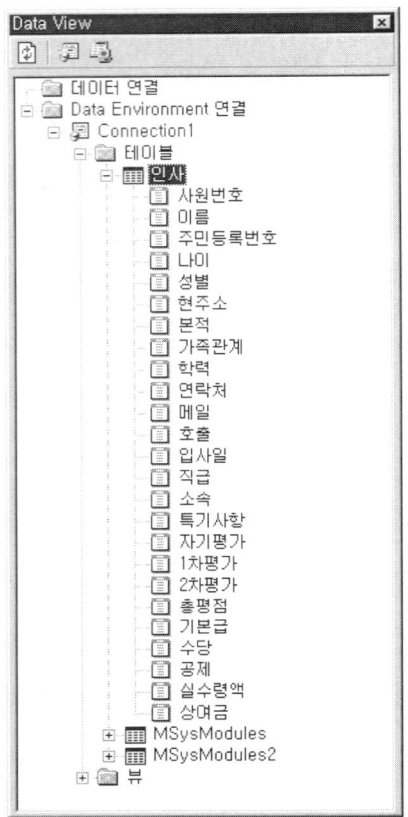

04 Data View 창에 있는 "인사" 테이블을 DataEnvironment1 창의 Connection1 아래에 마우스로 드래그하면 그림과 같이 "인사" 테이블이 DataEnvironment1 창의 Connection1 아래에 추가된다.

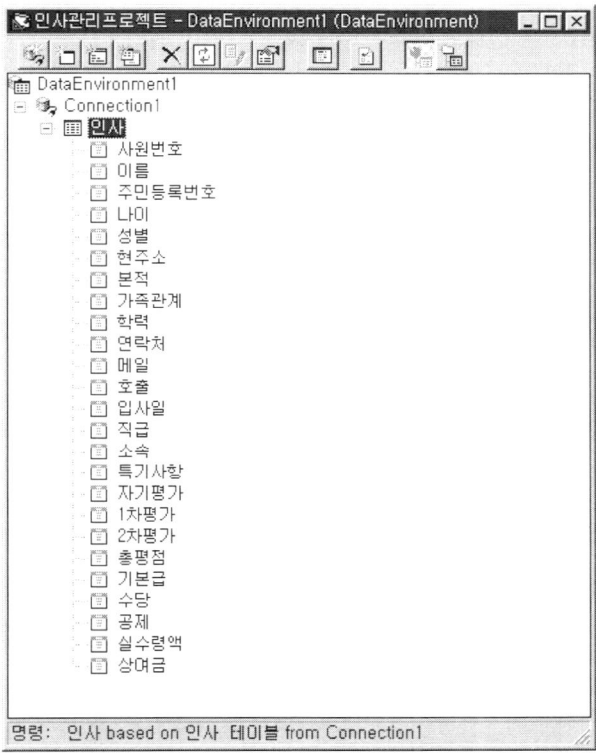

05 "직원목록" 데이터 리포트를 선택하고, 속성 창에서 GridX와 GridY를 5로 설정한다. 특히 이 데이터 리포트는 DataSource를 DataEnvironment1을 사용하고, 이 DataSource 중에서 "인사" 테이블을 DataMember로 사용한다.

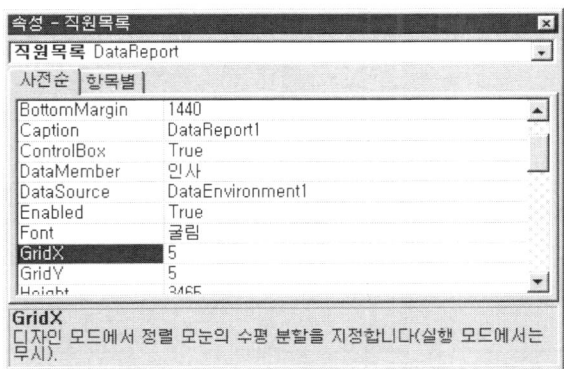

06 페이지 머리글에 레이블을 이용하여 "직원목록"을 삽입한다. 이 때 Font는 궁서체로 설정하고, 크기를 20으로 설정하였다.

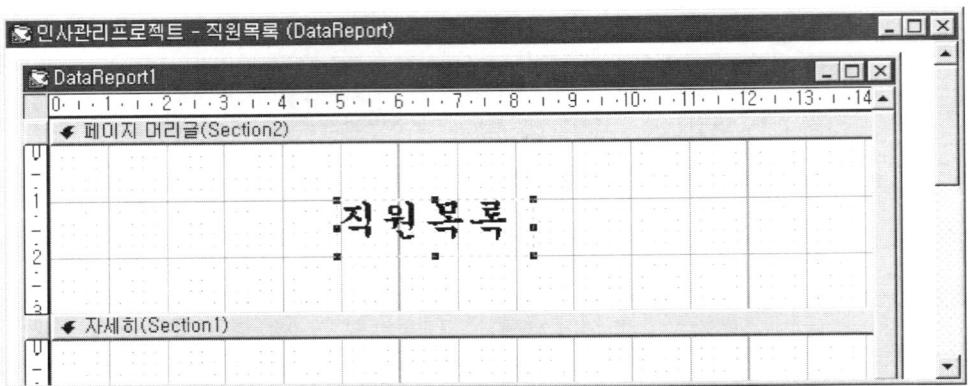

07 페이지 머리글에서 마우스 오른쪽 버튼을 이용하여 그림과 같이 "현재 날짜(L)"을 삽입한다.

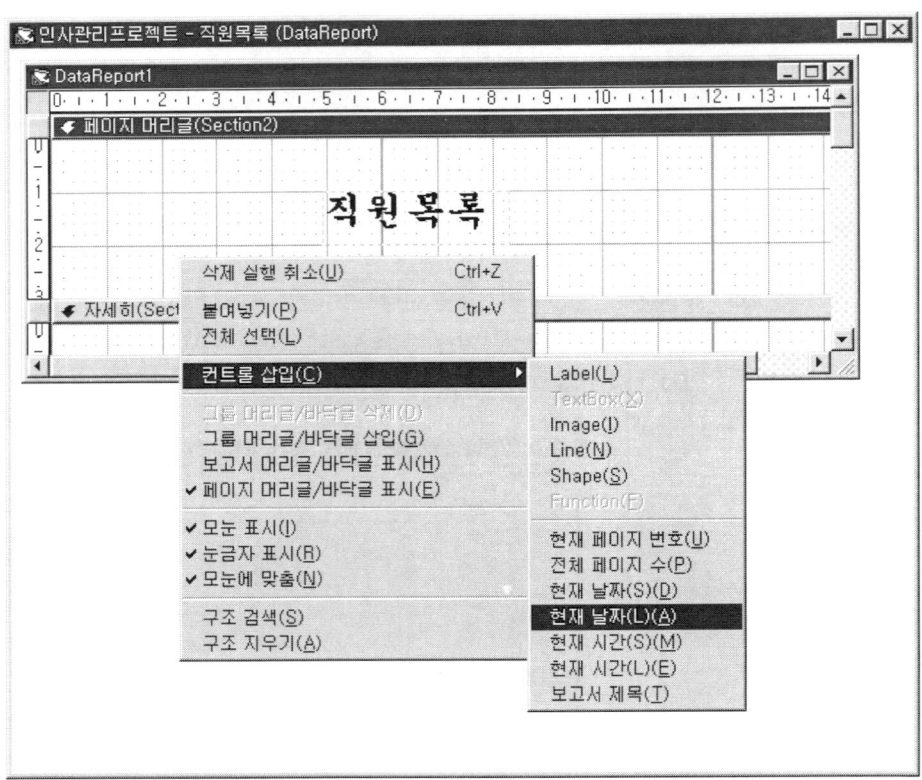

08 레이블이 삽입되고 이 레이블에는 "%D"라고 표기된다. "직원목록"을 실행하면 이 레이블에 현재의 일자가 출력된다.

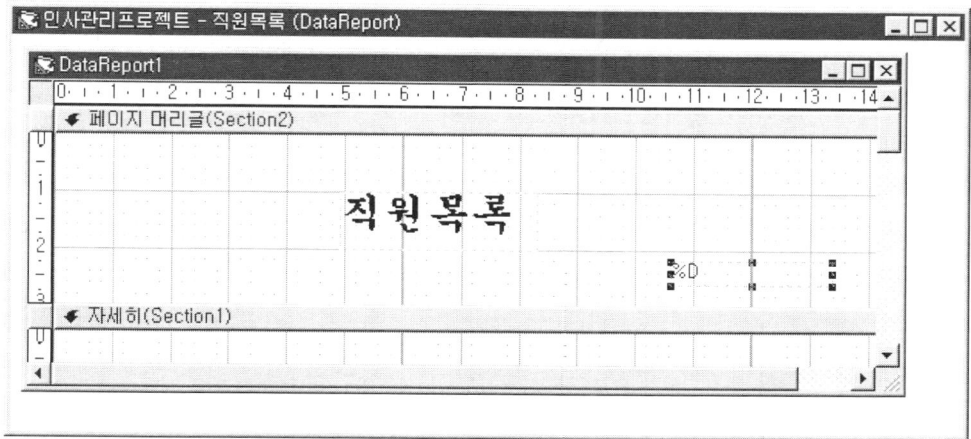

09 DataEnvironment1에서 인사 테이블을 마우스로 드래그하여 "자세히(Section1)"에 놓으면 그림과 같이 인사 테이블에 해당하는 필드가 모두 삽입된다.

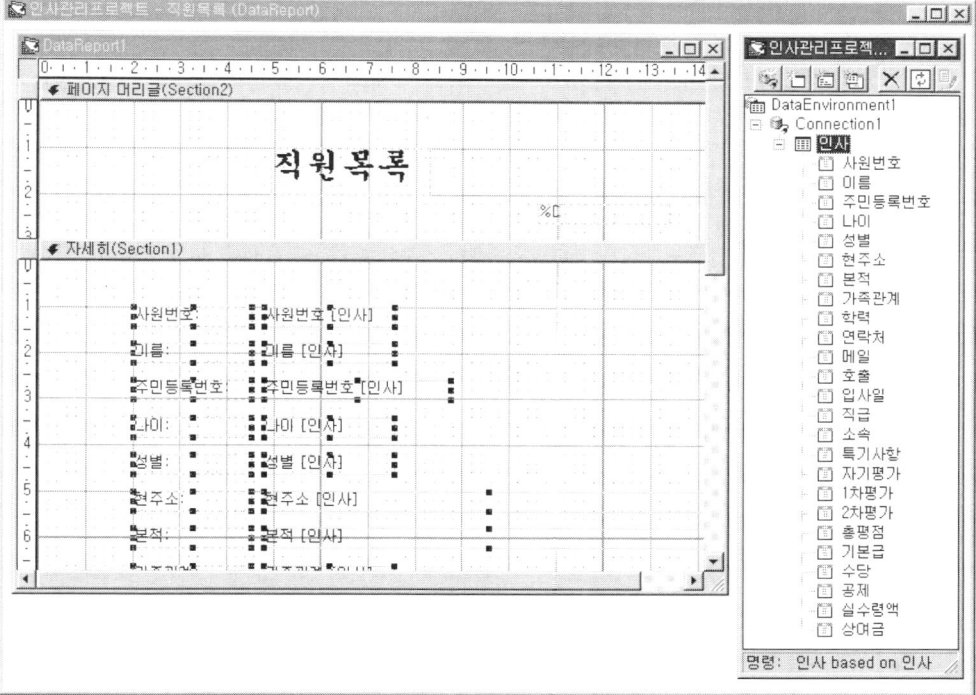

10 "페이지 바닥글(Section3)"를 선택하고 속성창에서 ForcePageBreak를 "2 - rptPageBreakAfter"로 설정한다. 이렇게 하면 페이지 바닥글이 출력된 후에 다음페이지로 넘어가서 다음 데이터가 출력된다.

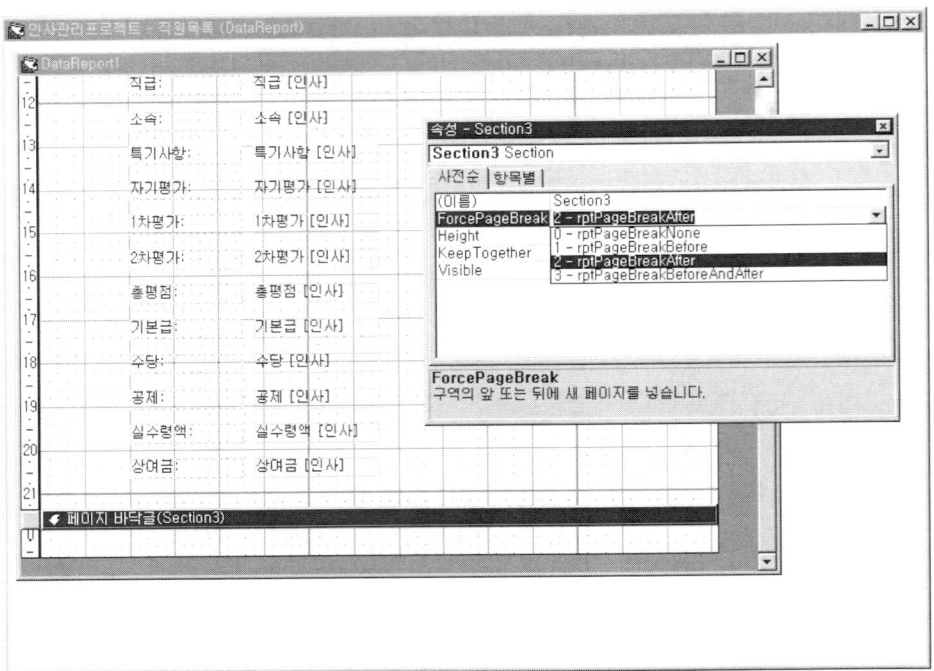

11 같은 방법으로 "재직증명서" 데이터 리포트를 만들어 보자. 프로젝트 창에서 "재직증명서" 데이터 리포트를 더블클릭하여 폼 보기 창을 연다. 페이지 머리글(Section2)에 "재직증명서"와 "발급일", "현재날자(L)"을 그림과 같이 추가한다.

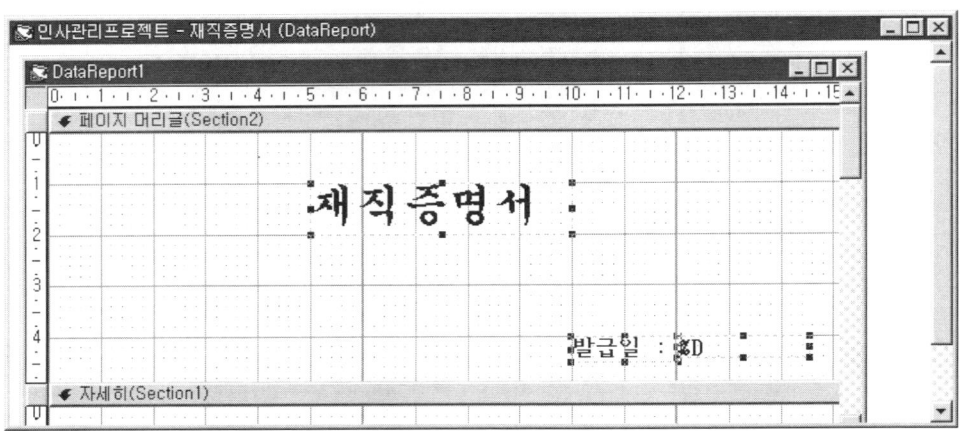

12 이번엔 "자세히(Section1)"에 재직증명서에 필요할 필드만 선별적으로 추가한다. 우선 "이름" 필드를 드래그하여 "자세히(Section1)"에 추가한다.

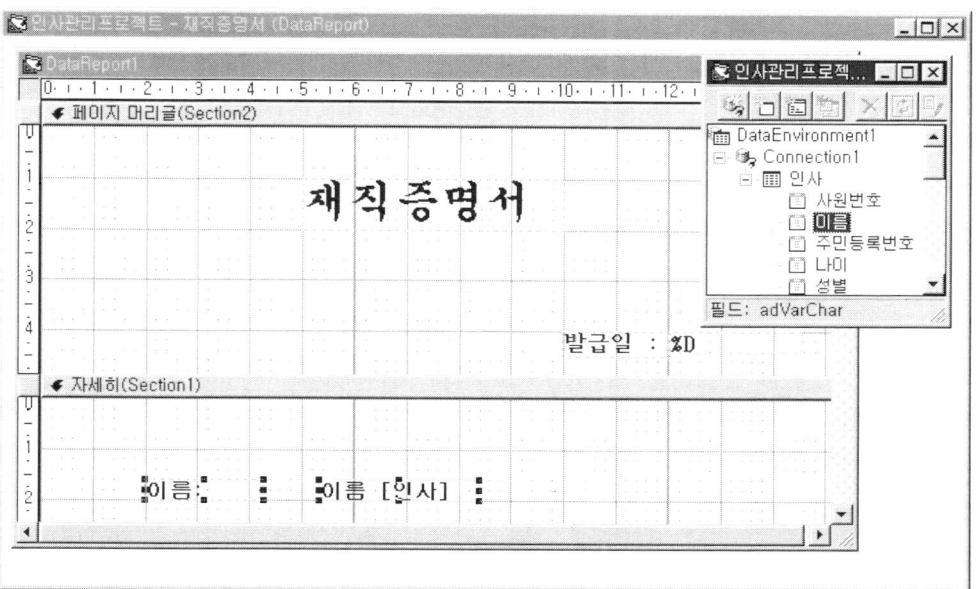

13 이어서 "사원번호" 필드를 드래그하여 "자세히(Section1)"에 추가한다.

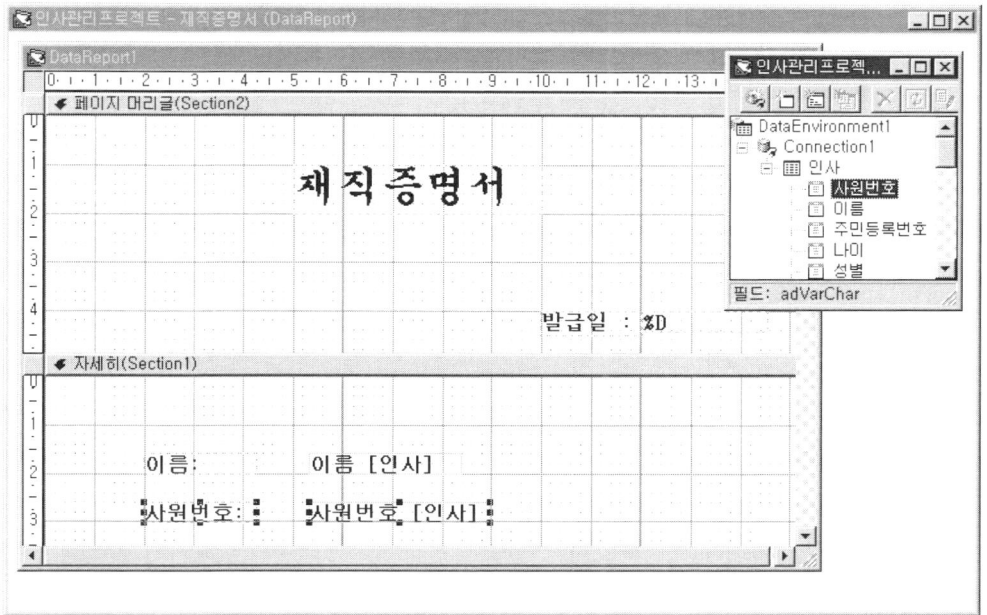

14 같은방법으로 그림과 같이 "주민등록번호", "성별", "현주소" 등 재직증명서에 필요한 필드를 추가한다.

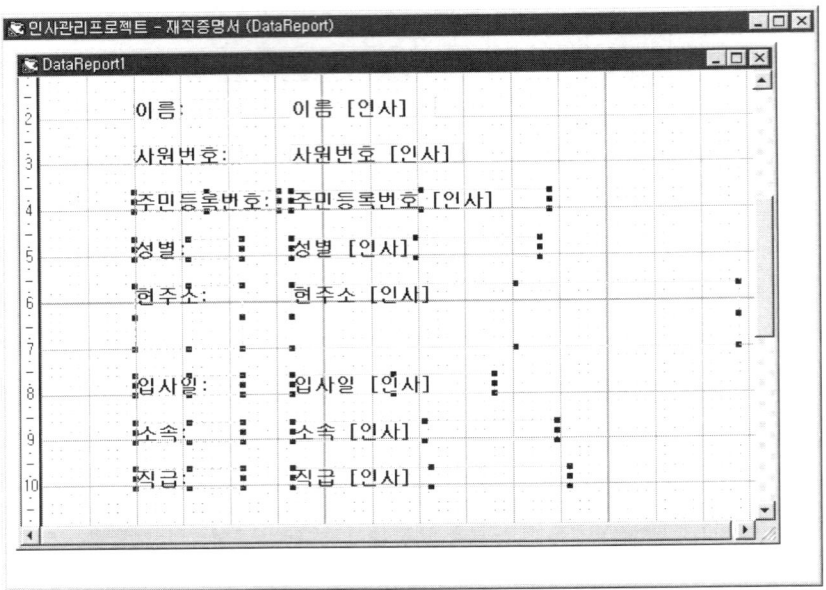

15 재직증명서를 마무리짓는 레이블을 그림과 같이 삽입한다.

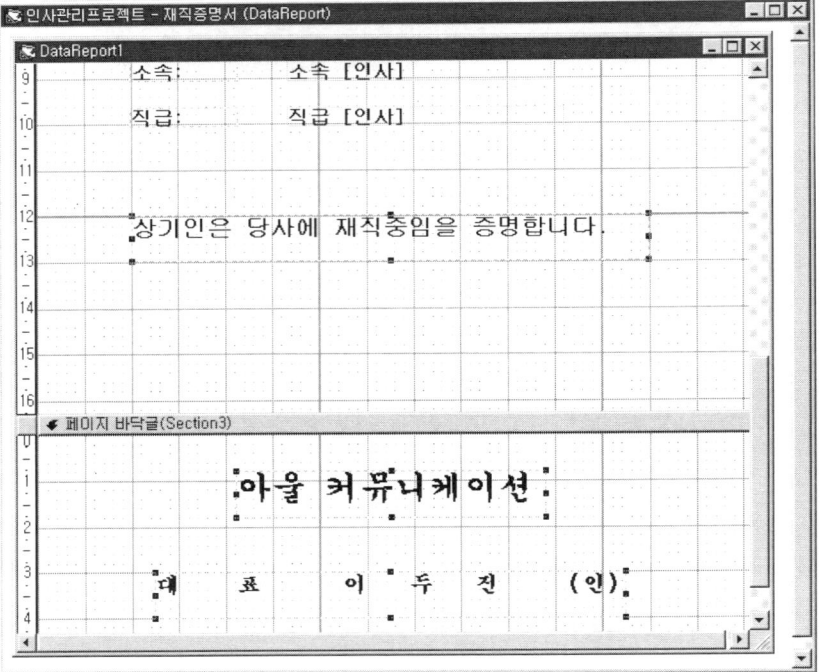

16 페이지 바닥글(Section3)를 선택하고, ForePageBreak를 "2 - rptPageBreakAfter"로 설정한다.

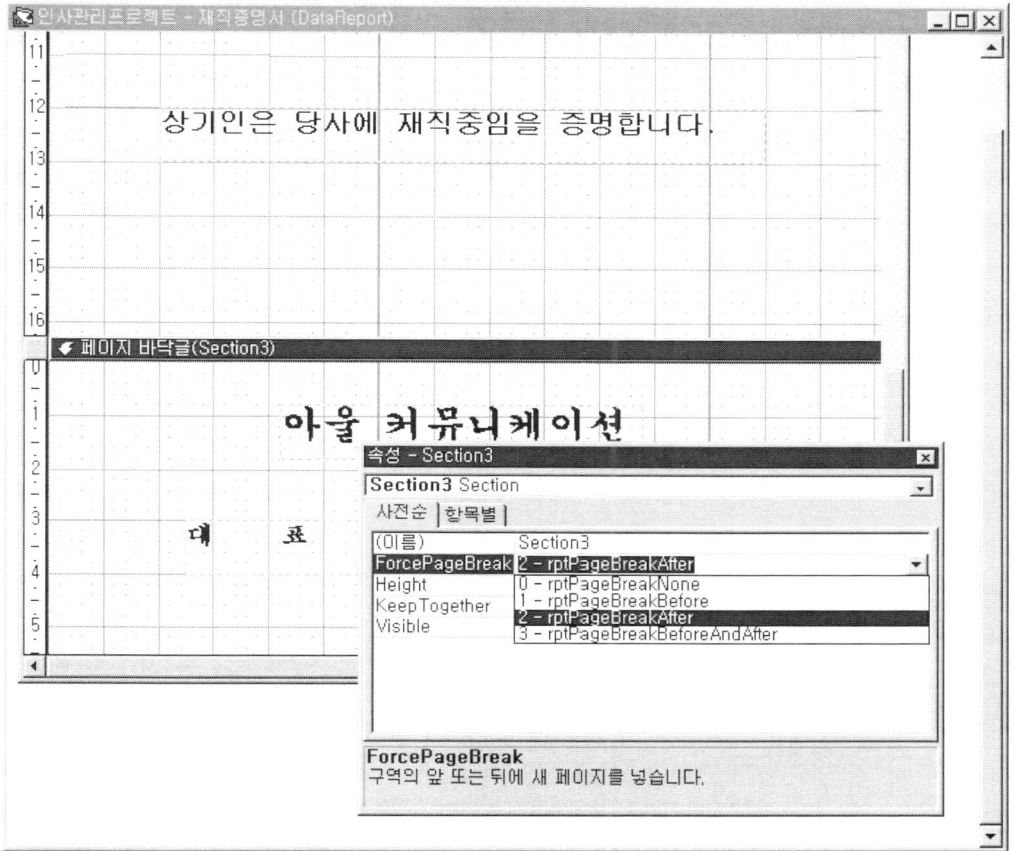

10.1 실험 : 직원목록출력 / 재직증명서발급

17 [실행 → 시작] 명령을 실행하여 인사관리 프로그램을 실행한다. [파일 → 출력 → 직원목록출력] 명령을 실행해보자.

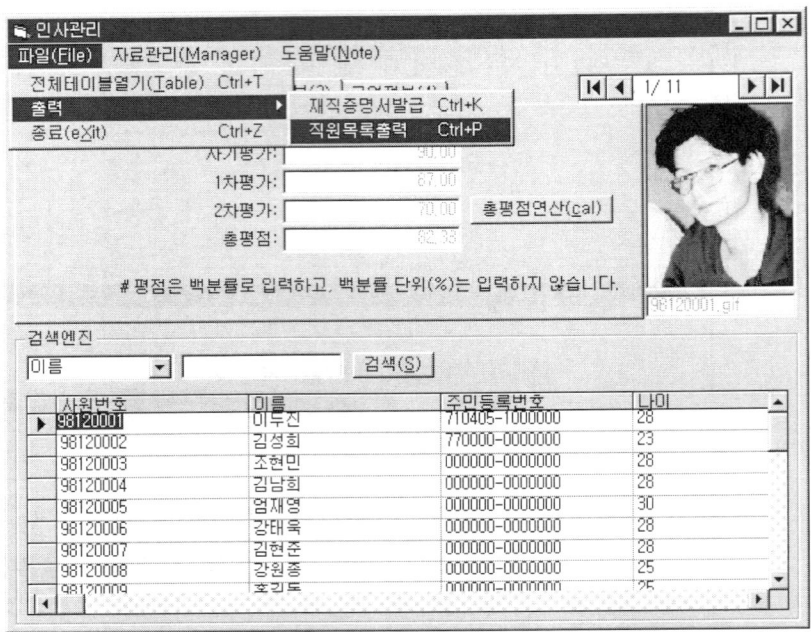

18 그림과 같이 직원목록이 출력된다.

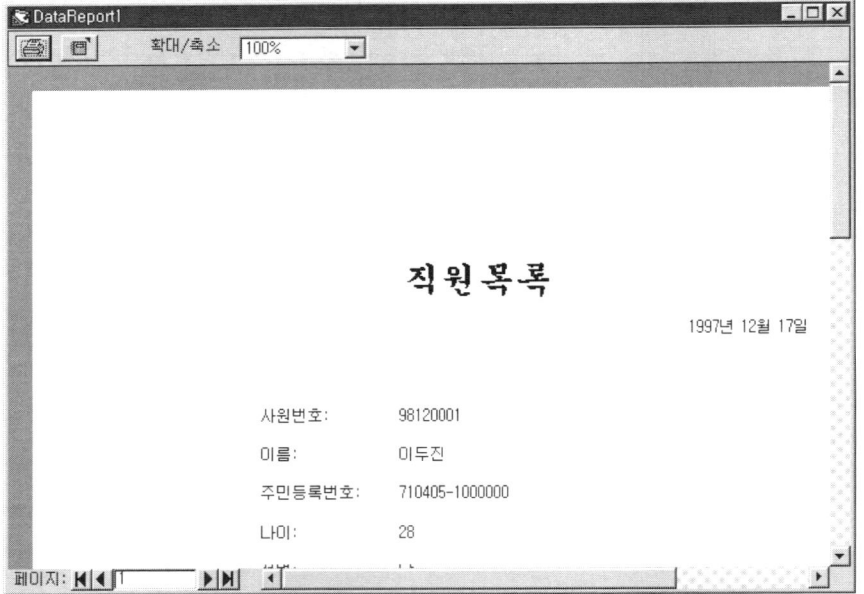

19 확대/축소를 50%로 하면 그림과 같이 축소상태에서 미리보기를 할 수 있고, "인쇄" 버튼과 "내보내기" 버튼을 이용하여 프린트로 출력할 수도 있고, 파일로도 저장할 수 있다.

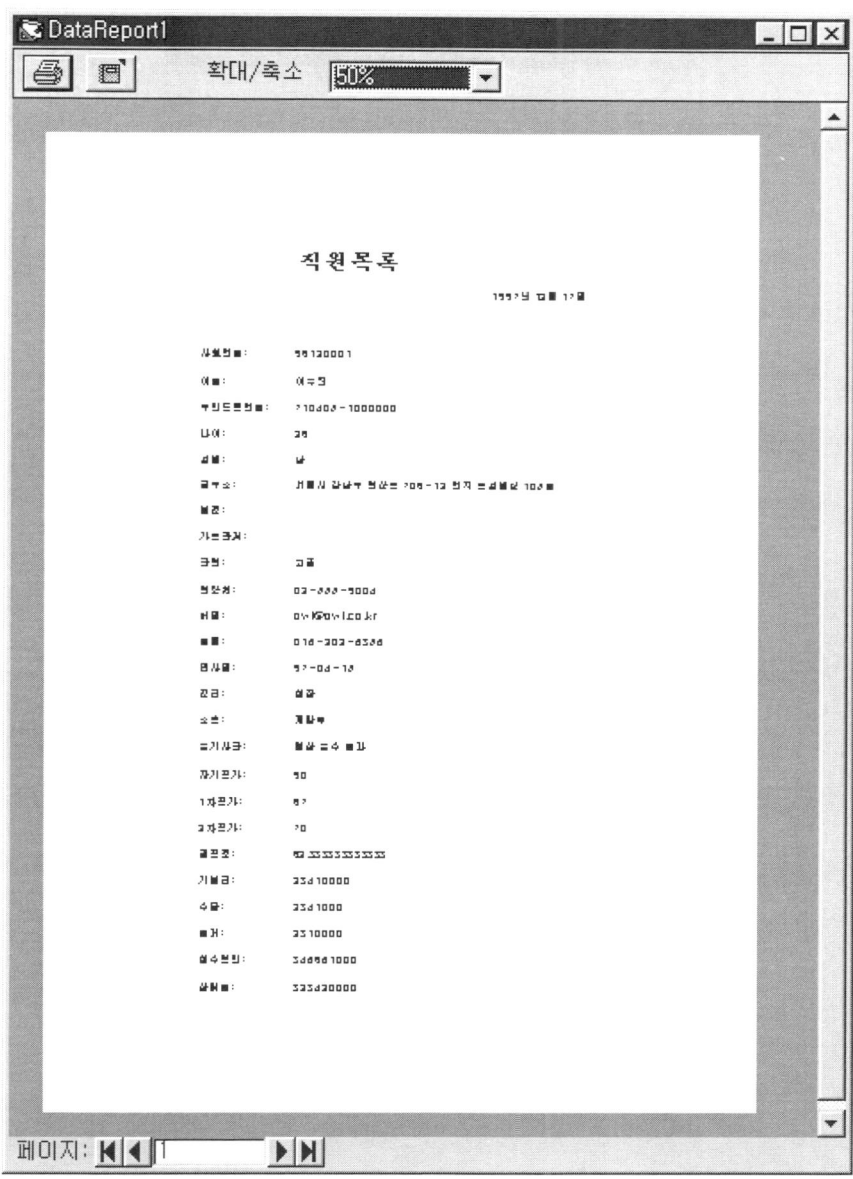

20 이번엔 [파일 → 출력 → 재직증명서발급] 명령을 실행해보자.

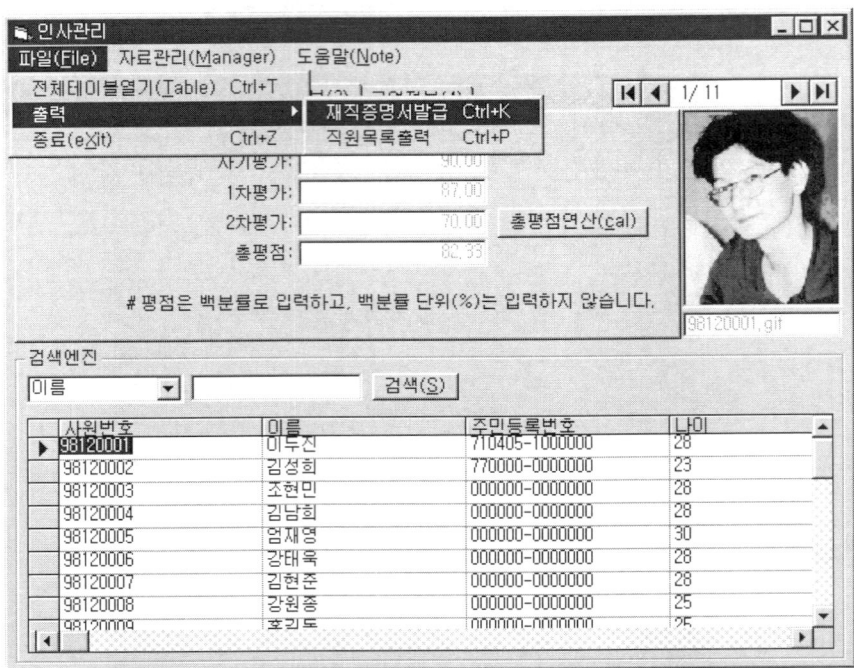

21 그림과 같이 재직증명서가 사원번호별로 출력된다.

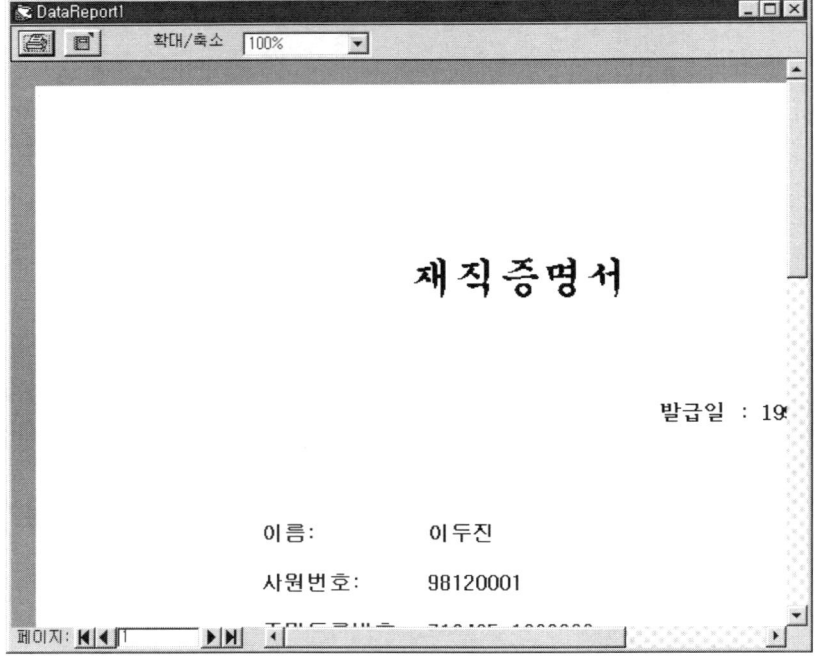

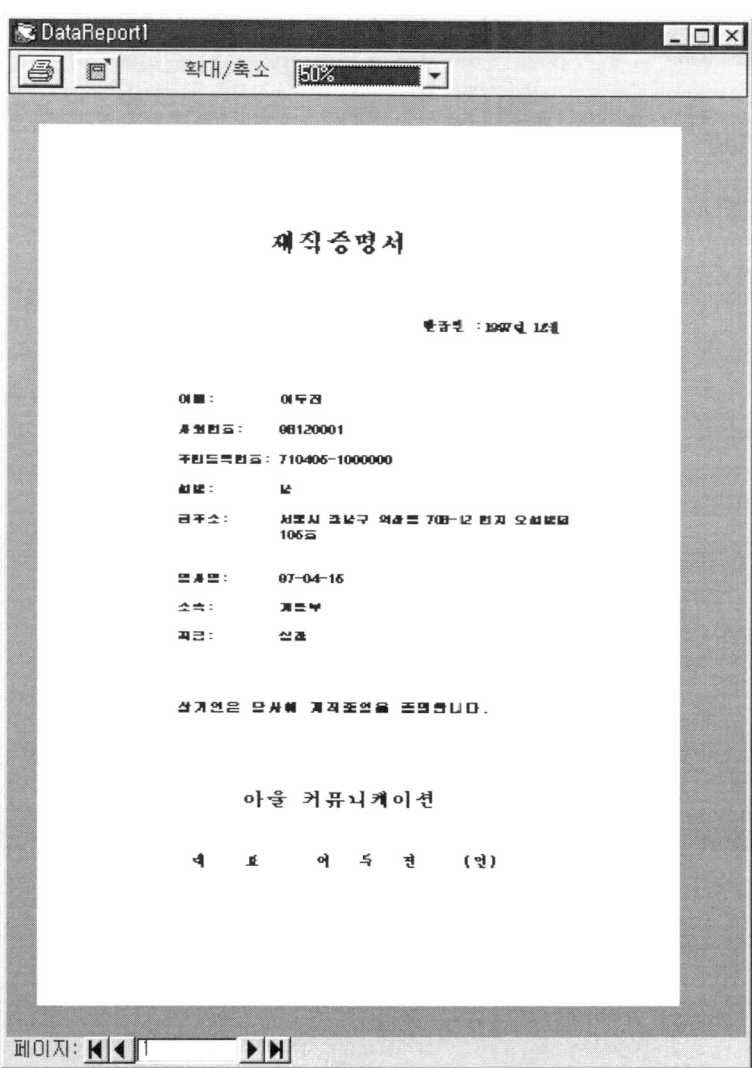

11. 인사관리 시스템 전체소스보기

로고 폼 소스코드

```
VERSION 6.00
Begin VB.Form 로고
  BackColor = &H00000000&
  BorderStyle = 3 '크기 고정 대화 상자
  ClientHeight = 4245
  ClientLeft = 2355
  ClientTop = 1635
  ClientWidth = 5400
  ClipControls = 0 'False
  ControlBox = 0 'False
  Icon = "로고.frx":0000
  KeyPreview = -1 'True
  LinkTopic = "Form2"
  MaxButton = 0 'False
  MinButton = 0 'False
  ScaleHeight = 283
  ScaleMode = 3 '픽셀
  ScaleWidth = 360
  ShowInTaskbar = 0 'False
  StartUpPosition = 2 '화면 가운데
  Begin VB.Frame Frame1
    BackColor = &H00000000&
    BorderStyle = 0 '없음
    Height = 4215
    Left = 30
    TabIndex = 0
    Top = 30
    Width = 5385
    Begin VB.Label Copyright
      BackStyle = 0 '투명
      Caption = "제작 : 아울 커뮤니케이션"
      ForeColor = &H00E0E0E0&
      Height = 255
      Left = 3150
      TabIndex = 4
      Top = 3870
      Width = 2115
    End
```

```
Begin VB.Label 버전
   AutoSize        =  -1  'True
   BackStyle       =  0   '투명
   Caption         =  "1.0 베타"
   ForeColor       =  &H00E0E0E0&
   Height          =  180
   Left            =  90
   TabIndex        =  3
   Top             =  960
   Width           =  660
End
Begin VB.Label 플랫폼
   AutoSize        =  -1  'True
   BackStyle       =  0   '투명
   Caption         =  "MS 윈도우 95/98/NT용"
   ForeColor       =  &H00E0E0E0&
   Height          =  180
   Left            =  120
   TabIndex        =  2
   Top             =  720
   Width           =  1920
End
Begin VB.Label 제품명
   AutoSize        =  -1  'True
   BackStyle       =  0   '투명
   Caption         =  "인사관리시스템"
   BeginProperty Font
      Name            =  "굴림"
      Size            =  18
      Charset         =  129
      Weight          =  700
      Underline       =  0   'False
      Italic          =  0   'False
      Strikethrough   =  0   'False
   EndProperty
   ForeColor       =  &H00E0E0E0&
   Height          =  360
   Left            =  90
   TabIndex        =  1
   Top             =  210
   Width           =  2625
End
```

```
Begin VB.Image Image1
    Height = 3900
    Left = 1080
    Picture = "로고.frx":000C
    Top = 0
    Width = 4500
End
End
End
Attribute VB_Name = "로고"
Attribute VB_GlobalNameSpace = False
Attribute VB_Creatable = False
Attribute VB_PredeclaredId = True
Attribute VB_Exposed = False
```

로고 루틴 소스코드

```
Option Explicit
Private Sub Form_KeyPress(KeyAscii As Integer)
Unload Me
인사관리.Show
End Sub
Private Sub Form_Load()
버전.Caption = "버전 "&App.Major &"." &App.Minor &"." &App.Revision
' 제품명.Caption = App.Title
End Sub

Private Sub Frame1_Click()
Unload Me
인사관리.Show
End Sub
Private Sub Image1_Click()
Unload Me
인사관리.Show
End Sub
```

인사 관리 폼 소스코드

```
VERSION 6.00
Object = "{67397AA1-7FB1-11D0-B148-00A0C922E820}#6.0#0"; "MSADODC.OCX"
Object = "{CDE57A40-8B86-11D0-B3C6-00A0C90AEA82}#1.0#0"; "MSDATGRD.OCX"
Object = "{BDC217C8-ED16-11CD-956C-0000C04E4C0A}#1.1#0"; "TABCTL32.OCX"
Begin VB.Form 인사관리
Caption = "인사관리"
ClientHeight = 6255
ClientLeft = 60
ClientTop = 630
ClientWidth = 8610
KeyPreview = -1 'True
LinkTopic = "Form1"
ScaleHeight = 6255
ScaleWidth = 8610
StartUpPosition = 2 '화면 가운데
Begin VB.TextBox Text1
Enabled = 0 'False
Height = 270
Left = 6900
TabIndex = 58
Top = 2550
Width = 1635
End
Begin VB.Frame Frame1
Caption = "검색엔진"
Height = 3315
Left = 60
TabIndex = 57
Top = 2910
Width = 8505
Begin VB.CommandButton 검색
Caption = "검색(&S)"
Height = 285
Left = 3660
TabIndex = 31
Top = 270
Width = 885
End
Begin VB.ComboBox 검색필드
Height = 300
```

```
         Left = 120
         TabIndex = 29
         Text = "이름"
         Top = 270
         Width = 1605
      End
      Begin VB.TextBox 검색어
         Height = 285
         Left = 1800
         TabIndex = 30
         Top = 270
         Width = 1755
      End
      Begin MSDataGridLib.DataGrid DataGrid1
         Bindings = "인사관리.frx":0000
         Height = 2475
         Left = 120
         Negotiate = -1 'True
         TabIndex = 0
         Top = 720
         Width = 8265
         _ExtentX = 14579
         _ExtentY = 4366
         _Version = 393216
         AllowUpdate = -1 'True
         HeadLines = 1
         RowHeight = 15
         TabAcrossSplits = -1 'True
         TabAction = 2
         AllowAddNew = -1 'True
         AllowDelete = -1 'True
         BeginProperty HeadFont {0BE35203-8F91-11CE-9DE3-00AA004BB851}
            Name = "굴림"
            Size = 9
            Charset = 129
            Weight = 400
            Underline = 0 'False
            Italic = 0 'False
            Strikethrough = 0 'False
         EndProperty
         BeginProperty Font {0BE35203-8F91-11CE-9DE3-00AA004BB851}
            Name = "굴림"
```

```
Size = 9
Charset = 129
Weight = 400
Underline = 0 'False
Italic = 0 'False
Strikethrough = 0 'False
EndProperty
ColumnCount = 2
BeginProperty Column00
DataField = ""
Caption = ""
BeginProperty DataFormat {6D835690-900B-11D0-9484-00A0C91110ED}
Type = 0
Format = ""
HaveTrueFalseNull= 0
FirstDayOfWeek = 0
FirstWeekOfYear = 0
LCID = 1042
SubFormatType = 0
EndProperty
EndProperty
BeginProperty Column01
DataField = ""
Caption = ""
BeginProperty DataFormat {6D835690-900B-11D0-9484-00A0C91110ED}
Type = 0
Format = ""
HaveTrueFalseNull= 0
FirstDayOfWeek = 0
FirstWeekOfYear = 0
LCID = 1042
SubFormatType = 0
EndProperty
EndProperty
SplitCount = 1
BeginProperty Split0
BeginProperty Column00
EndProperty
BeginProperty Column01
EndProperty
EndProperty
End
```

```
            End
            Begin MSAdodcLib.Adodc Adodc1
                Height = 330
                Left = 6180
                Negotiate = -1 'True
                Top = 90
                Width = 2355
                _ExtentX = 4154
                _ExtentY = 582
                ConnectMode = 0
                CursorLocation = 3
                IsolationLevel = -1
                ConnectionTimeout= 15
                CommandTimeout = 30
                CursorType = 3
                LockType = 3
                CommandType = 8
                CursorOptions = 0
                CacheSize = 50
                MaxRecords = 0
                BOFAction = 0
                EOFAction = 0
                ConnectStringType= 1
                Appearance = 1
                BackColor = -2147483643
                ForeColor = -2147483640
                Orientation = 0
                Enabled = -1
                Connect = "Provider=Microsoft.Jet.OLEDB.3.51;Persist Security Info
                        = False;Data Source=인사1.mdb"
                OLEDBString = "Provider=Microsoft.Jet.OLEDB.3.51;Persist Security Info
                        = False;Data Source=인사1.mdb"
                OLEDBFile = ""
                DataSourceName = ""
                OtherAttributes = ""
                UserName = ""
                Password = ""
                RecordSource = "select * from 인사 order by 사원번호"
                Caption = ""
                BeginProperty Font {0BE35203-8F91-11CE-9DE3-00AA004BB851}
                    Name = "굴림"
                    Size = 9
```

```
Charset = 129
Weight = 400
Underline = 0 'False
Italic = 0 'False
Strikethrough = 0 'False
EndProperty
_Version = 393216
End
Begin TabDlg.SSTab 탭
Height = 2715
Left = 60
TabIndex = 1
Top = 120
Width = 6825
_ExtentX = 12039
_ExtentY = 4789
_Version = 393216
Style = 1
Tabs = 4
Tab = 2
TabsPerRow = 5
TabHeight = 520
TabCaption(0) = "개인정보(&1)"
TabPicture(0) = "인사관리.frx":0015
Tab(0).ControlEnabled= 0 'False
Tab(0).Control(0)= "lblLabels(0)"
Tab(0).Control(1)= "lblLabels(1)"
Tab(0).Control(2)= "lblLabels(2)"
Tab(0).Control(3)= "lblLabels(3)"
Tab(0).Control(4)= "lblLabels(4)"
Tab(0).Control(5)= "lblLabels(5)"
Tab(0).Control(6)= "lblLabels(6)"
Tab(0).Control(7)= "lblLabels(7)"
Tab(0).Control(8)= "lblLabels(8)"
Tab(0).Control(9)= "lblLabels(9)"
Tab(0).Control(10)= "사원번호"
Tab(0).Control(11)= "이름"
Tab(0).Control(12)= "주민등록번호"
Tab(0).Control(13)= "나이"
Tab(0).Control(14)= "성별"
Tab(0).Control(15)= "현주소"
Tab(0).Control(16)= "본적"
```

```
Tab(0).Control(17)= "가족관계"
Tab(0).Control(18)= "학력"
Tab(0).Control(19)= "연락처"
Tab(0).ControlCount= 20
TabCaption(1) = "업무정보(&2)"
TabPicture(1) = "인사관리.frx":0031
Tab(1).ControlEnabled= 0 'False
Tab(1).Control(0)= "메일"
Tab(1).Control(1)= "호출"
Tab(1).Control(2)= "입사일"
Tab(1).Control(3)= "직급"
Tab(1).Control(4)= "소속"
Tab(1).Control(5)= "특기사항"
Tab(1).Control(6)= "lblLabels(11)"
Tab(1).Control(7)= "lblLabels(12)"
Tab(1).Control(8)= "lblLabels(13)"
Tab(1).Control(9)= "lblLabels(14)"
Tab(1).Control(10)= "lblLabels(15)"
Tab(1).Control(11)= "lblLabels(16)"
Tab(1).ControlCount= 12
TabCaption(2) = "평가정보(&3)"
TabPicture(2) = "인사관리.frx":004D
Tab(2).ControlEnabled= -1 'True
Tab(2).Control(0)= "lblLabels(20)"
Tab(2).Control(0).Enabled= 0 'False
Tab(2).Control(1)= "lblLabels(19)"
Tab(2).Control(1).Enabled= 0 'False
Tab(2).Control(2)= "lblLabels(18)"
Tab(2).Control(2).Enabled= 0 'False
Tab(2).Control(3)= "lblLabels(17)"
Tab(2).Control(3).Enabled= 0 'False
Tab(2).Control(4)= "Label1"
Tab(2).Control(4).Enabled= 0 'False
Tab(2).Control(5)= "총평점"
Tab(2).Control(5).Enabled= 0 'False
Tab(2).Control(6)= "평가2"
Tab(2).Control(6).Enabled= 0 'False
Tab(2).Control(7)= "평가1"
Tab(2).Control(7).Enabled= 0 'False
Tab(2).Control(8)= "자기평가"
Tab(2).Control(8).Enabled= 0 'False
Tab(2).Control(9)= "총평점연산"
```

```
Tab(2).Control(9).Enabled= 0 'False
Tab(2).ControlCount= 10
TabCaption(3) = "급여정보(&4)"
TabPicture(3) = "인사관리.frx":0069
Tab(3).ControlEnabled= 0 'False
Tab(3).Control(0)= "실수령액연산"
Tab(3).Control(1)= "기본급"
Tab(3).Control(2)= "수당"
Tab(3).Control(3)= "공제"
Tab(3).Control(4)= "실수령액"
Tab(3).Control(5)= "상여금"
Tab(3).Control(6)= "lblLabels(21)"
Tab(3).Control(7)= "lblLabels(22)"
Tab(3).Control(8)= "lblLabels(23)"
Tab(3).Control(9)= "lblLabels(24)"
Tab(3).Control(10)= "lblLabels(25)"
Tab(3).ControlCount= 11
Begin VB.CommandButton 실수령액연산
    Caption         =   "실수령액연산(&cal)"
    Height          =   315
    Left            =   -74640
    TabIndex        =   27
    Top             =   570
    Width           =   1665
End
Begin VB.CommandButton 총평점연산
    Caption         =   "총평점연산(&cal)"
    Height          =   315
    Left            =   4950
    TabIndex        =   21
    Top             =   1320
    Width           =   1545
End
Begin VB.TextBox 기본급
    Alignment       =   1  '오른쪽 맞춤
    DataField       =   "기본급"
    BeginProperty DataFormat
        Type            =   1
        Format          =   """₩""#,##0"
        HaveTrueFalseNull=  0
        FirstDayOfWeek  =   0
        FirstWeekOfYear =   0
```

```
            LCID = 1042
            SubFormatType = 2
         EndProperty
         DataSource = "Adodc1"
         Height = 285
         Left = -70680
         TabIndex = 23
         Top = 600
         Width = 1935
      End
      Begin VB.TextBox 수당
         Alignment = 1 '오른쪽 맞춤
         DataField = "수당"
         BeginProperty DataFormat
            Type = 1
            Format = """₩""#,##0"
            HaveTrueFalseNull= 0
            FirstDayOfWeek = 0
            FirstWeekOfYear = 0
            LCID = 1042
            SubFormatType = 2
         EndProperty
         DataSource = "Adodc1"
         Height = 285
         Left = -70680
         TabIndex = 24
         Top = 930
         Width = 1935
      End
      Begin VB.TextBox 공제
         Alignment = 1 '오른쪽 맞춤
         DataField = "공제"
         BeginProperty DataFormat
            Type = 1
            Format = """₩""#,##0"
            HaveTrueFalseNull= 0
            FirstDayOfWeek = 0
            FirstWeekOfYear = 0
            LCID = 1042
            SubFormatType = 2
         EndProperty
         DataSource = "Adodc1"
```

```
Height = 285
Left = -70680
TabIndex = 25
Top = 1245
Width = 1935
End
Begin VB.TextBox 실수령액
   Alignment = 1 '오른쪽 맞춤
   DataField = "실수령액"
   BeginProperty DataFormat
      Type = 1
      Format = """₩"""#,##0"
      HaveTrueFalseNull= 0
      FirstDayOfWeek = 0
      FirstWeekOfYear = 0
      LCID = 1042
      SubFormatType = 2
   EndProperty
   DataSource = "Adodc1"
   Enabled = 0 'False
   Height = 285
   Left = -70680
   TabIndex = 28
   Top = 1890
   Width = 1935
End
Begin VB.TextBox 상여금
   Alignment = 1 '오른쪽 맞춤
   DataField = "상여금"
   BeginProperty DataFormat
      Type = 1
      Format = """₩"""#,##0"
      HaveTrueFalseNull= 0
      FirstDayOfWeek = 0
      FirstWeekOfYear = 0
      LCID = 1042
      SubFormatType = 2
   EndProperty
   DataSource = "Adodc1"
   Height = 285
   Left = -70680
   TabIndex = 26
```

```
         Top = 1575
         Width = 1935
      End
      Begin VB.TextBox 자기평가
         Alignment = 1 '오른쪽 맞춤
         DataField = "자기평가"
         BeginProperty DataFormat
            Type = 1
            Format = "0.00"
            HaveTrueFalseNull= 0
            FirstDayOfWeek = 0
            FirstWeekOfYear = 0
            LCID = 1042
            SubFormatType = 1
         EndProperty
         DataSource = "Adodc1"
         Height = 285
         Left = 2910
         TabIndex = 18
         Top = 690
         Width = 1935
      End
      Begin VB.TextBox 평가1
         Alignment = 1 '오른쪽 맞춤
         DataField = "1차평가"
         BeginProperty DataFormat
            Type = 1
            Format = "0.00"
            HaveTrueFalseNull= 0
            FirstDayOfWeek = 0
            FirstWeekOfYear = 0
            LCID = 1042
            SubFormatType = 1
         EndProperty
         DataSource = "Adodc1"
         Height = 285
         Left = 2910
         TabIndex = 19
         Top = 1005
         Width = 1935
      End
      Begin VB.TextBox 평가2
```

```
            Alignment = 1 '오른쪽 맞춤
            DataField = "2차평가"
            BeginProperty DataFormat
            Type = 1
            Format = "0.00"
            HaveTrueFalseNull= 0
            FirstDayOfWeek = 0
            FirstWeekOfYear = 0
            LCID = 1042
            SubFormatType = 1
            EndProperty
            DataSource = "Adodc1"
            Height = 285
            Left = 2910
            TabIndex = 20
            Top = 1335
            Width = 1935
         End
         Begin VB.TextBox 총평점
            Alignment = 1 '오른쪽 맞춤
            DataField = "총평점"
            BeginProperty DataFormat
            Type = 1
            Format = "0.00"
            HaveTrueFalseNull= 0
            FirstDayOfWeek = 0
            FirstWeekOfYear = 0
            LCID = 1042
            SubFormatType = 1
            EndProperty
            DataSource = "Adodc1"
            Enabled = 0 'False
            Height = 285
            Left = 2910
            TabIndex = 22
            Top = 1650
            Width = 1935
         End
         Begin VB.TextBox 메일
            DataField = "메일"
            DataSource = "Adodc1"
            Height = 285
```

```
Left = -73590
MaxLength = 50
TabIndex = 12
Top = 540
Width = 3375
End
Begin VB.TextBox 호출
   DataField = "호출"
   DataSource = "Adodc1"
   Height = 285
   Left = -73590
   MaxLength = 50
   TabIndex = 13
   Top = 855
   Width = 3375
End
Begin VB.TextBox 입사일
   DataField = "입사일"
   DataSource = "Adodc1"
   Height = 285
   Left = -73590
   MaxLength = 50
   TabIndex = 14
   Top = 1185
   Width = 3375
End
Begin VB.TextBox 직급
   DataField = "직급"
   DataSource = "Adodc1"
   Height = 285
   Left = -73590
   MaxLength = 50
   TabIndex = 15
   Top = 1500
   Width = 3375
End
Begin VB.TextBox 소속
   DataField = "소속"
   DataSource = "Adodc1"
   Height = 285
   Left = -73590
   MaxLength = 50
```

```
      TabIndex = 16
      Top = 1815
      Width = 3375
   End
   Begin VB.TextBox 특기사항
      DataField = "특기사항"
      DataSource = "Adodc1"
      Height = 285
      Left = -73590
      MaxLength = 50
      TabIndex = 17
      Top = 2145
      Width = 3375
   End
   Begin VB.TextBox 연락처
      DataField = "연락처"
      DataSource = "Adodc1"
      Height = 285
      Left = -73980
      MaxLength = 50
      TabIndex = 9
      Top = 1710
      Width = 4275
   End
   Begin VB.TextBox 학력
      DataField = "학력"
      DataSource = "Adodc1"
      Height = 285
      Left = -73980
      MaxLength = 50
      TabIndex = 8
      Top = 1395
      Width = 1635
   End
   Begin VB.TextBox 가족관계
      DataField = "가족관계"
      DataSource = "Adodc1"
      Height = 285
      Left = -70560
      MaxLength = 50
      TabIndex = 7
      Top = 705
```

```
         Width = 2235
      End
      Begin VB.TextBox 본적
         DataField = "본적"
         DataSource = "Adodc1"
         Height = 285
         Left = -73980
         MaxLength = 50
         TabIndex = 11
         Top = 2340
         Width = 4275
      End
      Begin VB.TextBox 현주소
         DataField = "현주소"
         DataSource = "Adodc1"
         Height = 285
         Left = -73980
         MaxLength = 50
         TabIndex = 10
         Top = 2025
         Width = 4275
      End
      Begin VB.TextBox 성별
         DataField = "성별"
         DataSource = "Adodc1"
         Height = 285
         Left = -72840
         MaxLength = 50
         TabIndex = 5
         Top = 1065
         Width = 495
      End
      Begin VB.TextBox 나이
         DataField = "나이"
         DataSource = "Adodc1"
         Height = 285
         Left = -73980
         MaxLength = 50
         TabIndex = 4
         Top = 1050
         Width = 495
      End
```

```
Begin VB.TextBox 주민등록번호
    DataField = "주민등록번호"
    DataSource = "Adodc1"
    Height = 285
    Left = -70560
    MaxLength = 50
    TabIndex = 6
    Top = 390
    Width = 2235
End
Begin VB.TextBox 이름
    DataField = "이름"
    DataSource = "Adodc1"
    Height = 285
    Left = -73980
    MaxLength = 50
    TabIndex = 3
    Top = 705
    Width = 1635
End
Begin VB.TextBox 사원번호
    DataField = "사원번호"
    DataSource = "Adodc1"
    Height = 285
    Left = -73980
    MaxLength = 50
    TabIndex = 2
    Top = 390
    Width = 1635
End
Begin VB.Label Label1
    Caption = "# 평점은 백분률로 입력하고, 백분률 단위(%)는 입력하지 않습니다."
    Height = 195
    Left = 1140
    TabIndex = 59
    Top = 2220
    Width = 5535
End
Begin VB.Label lblLabels
    Caption = "기본급:"
    Height = 285
    Index = 21
```

```
         Left = -71340
         TabIndex = 56
         Top = 645
         Width = 615
      End
      Begin VB.Label lblLabels
         Caption = "수당:"
         Height = 285
         Index = 22
         Left = -71160
         TabIndex = 55
         Top = 975
         Width = 435
      End
      Begin VB.Label lblLabels
         Caption = "공제:"
         Height = 285
         Index = 23
         Left = -71160
         TabIndex = 54
         Top = 1290
         Width = 435
      End
      Begin VB.Label lblLabels
         Caption = "실수령액:"
         Height = 285
         Index = 24
         Left = -71520
         TabIndex = 53
         Top = 1935
         Width = 795
      End
      Begin VB.Label lblLabels
         Caption = "상여금:"
         Height = 285
         Index = 25
         Left = -71340
         TabIndex = 52
         Top = 1635
         Width = 615
      End
      Begin VB.Label lblLabels
```

```
Caption = "자기평가:"
Height = 255
Index = 17
Left = 2070
TabIndex = 51
Top = 735
Width = 795
End
Begin VB.Label lblLabels
Caption = "1차평가:"
Height = 255
Index = 18
Left = 2160
TabIndex = 50
Top = 1065
Width = 705
End
Begin VB.Label lblLabels
Caption = "2차평가:"
Height = 255
Index = 19
Left = 2160
TabIndex = 49
Top = 1380
Width = 705
End
Begin VB.Label lblLabels
Caption = "총평점:"
Height = 255
Index = 20
Left = 2250
TabIndex = 48
Top = 1695
Width = 615
End
Begin VB.Label lblLabels
Caption = "메일:"
Height = 255
Index = 11
Left = -74070
TabIndex = 47
Top = 585
```

```
      Width = 435
   End
   Begin VB.Label lblLabels
      Caption = "호출:"
      Height = 255
      Index = 12
      Left = -74070
      TabIndex = 46
      Top = 915
      Width = 435
   End
   Begin VB.Label lblLabels
      Caption = "입사일:"
      Height = 255
      Index = 13
      Left = -74250
      TabIndex = 45
      Top = 1230
      Width = 615
   End
   Begin VB.Label lblLabels
      Caption = "직급:"
      Height = 225
      Index = 14
      Left = -74070
      TabIndex = 44
      Top = 1575
      Width = 435
   End
   Begin VB.Label lblLabels
      Caption = "소속:"
      Height = 255
      Index = 15
      Left = -74070
      TabIndex = 43
      Top = 1875
      Width = 435
   End
   Begin VB.Label lblLabels
      Caption = "특기사항:"
      Height = 255
      Index = 16
```

```
      Left          =  -74430
      TabIndex      =  42
      Top           =  2190
      Width         =  795
   End
   Begin VB.Label lblLabels
      Caption       =  "연락처:"
      Height        =  165
      Index         =  9
      Left          =  -74640
      TabIndex      =  41
      Top           =  1755
      Width         =  615
   End
   Begin VB.Label lblLabels
      Caption       =  "학력:"
      Height        =  165
      Index         =  8
      Left          =  -74460
      TabIndex      =  40
      Top           =  1440
      Width         =  495
   End
   Begin VB.Label lblLabels
      Caption       =  "가족관계:"
      Height        =  195
      Index         =  7
      Left          =  -71400
      TabIndex      =  39
      Top           =  765
      Width         =  855
   End
   Begin VB.Label lblLabels
      Caption       =  "본적:"
      Height        =  255
      Index         =  6
      Left          =  -74460
      TabIndex      =  38
      Top           =  2385
      Width         =  495
   End
   Begin VB.Label lblLabels
```

```
Caption = "현주소:"
Height = 195
Index = 5
Left = -74640
TabIndex = 37
Top = 2070
Width = 675
End
Begin VB.Label lblLabels
Caption = "성별:"
Height = 255
Index = 4
Left = -73320
TabIndex = 36
Top = 1110
Width = 495
End
Begin VB.Label lblLabels
Caption = "나이:"
Height = 255
Index = 3
Left = -74460
TabIndex = 35
Top = 1110
Width = 495
End
Begin VB.Label lblLabels
Caption = "주민등록번호:"
Height = 255
Index = 2
Left = -71760
TabIndex = 34
Top = 450
Width = 1185
End
Begin VB.Label lblLabels
Caption = "이름:"
Height = 165
Index = 1
Left = -74460
TabIndex = 33
Top = 765
```

```
Width = 495
End
Begin VB.Label lblLabels
   Caption = "사원번호:"
   Height = 195
   Index = 0
   Left = -74820
   TabIndex = 32
   Top = 435
   Width = 825
End
End
Begin VB.Image 사진보기
   BorderStyle = 1 '단일 고정
   DataSource = "Adodc1"
   Height = 2085
   Left = 6900
   Stretch = -1 'True
   Top = 420
   Width = 1635
End
Begin VB.Menu 파일
   Caption = "파일(&File)"
   Begin VB.Menu 전체테이블열기
      Caption = "전체테이블열기(&Table)"
      Shortcut = ^T
   End
   Begin VB.Menu 출력
      Caption = "출력"
      Begin VB.Menu 재직증명서발급
         Caption = "재직증명서발급"
         Shortcut = ^K
      End
      Begin VB.Menu 직원목록출력
         Caption = "직원목록출력"
         Shortcut = ^P
      End
   End
   Begin VB.Menu 종료
      Caption = "종료(e&Xit)"
      Shortcut = ^Z
   End
```

```
      End
      Begin VB.Menu 자료관리
         Caption = "자료관리(&Manager)"
         Begin VB.Menu 보기모드
            Caption = "보기모드(&Read Only)"
            Shortcut = ^R
         End
         Begin VB.Menu 수정모드
            Caption = "수정모드(&Edit)"
            Shortcut = ^E
         End
         Begin VB.Menu 추가
            Caption = "레코드추가(&Add)"
            Shortcut = ^A
         End
         Begin VB.Menu 삭제
            Caption = "레코드삭제(&Delete)"
            Shortcut = ^D
         End
         Begin VB.Menu 검색모드
            Caption = "검색모드(&Search)"
            Shortcut = ^S
         End
         Begin VB.Menu 재계산
            Caption = "재계산(&Cal)"
            Shortcut = ^W
         End
      End
      Begin VB.Menu 도움말
         Caption = "도움말(&Note)"
         Begin VB.Menu 사용법
            Caption = "사용법 및 단축키 (&Help)"
            Shortcut = ^H
         End
         Begin VB.Menu 인사관리정보
            Caption = "인사관리정보(&Info)"
            Shortcut = ^I
         End
      End
   End
End
Attribute VB_Name = "인사관리"
Attribute VB_GlobalNameSpace = False
```

```
Attribute VB_Creatable = False
Attribute VB_PredeclaredId = True
Attribute VB_Exposed = False
```

인사 관리 루틴 소스코드

```
Private Sub Form_Load()
검색필드.AddItem "사원번호"
검색필드.AddItem "이름"
검색필드.AddItem "성별"
검색필드.AddItem "나이"
검색필드.AddItem "현주소"
검색필드.AddItem "소속"
검색필드.AddItem "직급"

보기모드_Click

End Sub
Private Sub 보기모드_Click()
입력비활성
Adodc1.RecordSource = "select * from 인사 order by 사원번호"
Adodc1.Refresh

End Sub
Private Sub 입력비활성()
사원번호.Enabled = False
이름.Enabled = False
나이.Enabled = False
성별.Enabled = False
학력.Enabled = False
주민등록번호.Enabled = False
가족관계.Enabled = False
연락처.Enabled = False
현주소.Enabled = False
본적.Enabled = False
메일.Enabled = False
호출.Enabled = False
입사일.Enabled = False
직급.Enabled = False
소속.Enabled = False
특기사항.Enabled = False
```

```
            자기평가.Enabled = False
            평가1.Enabled = False
            평가2.Enabled = False
            총평점.Enabled = False
            기본급.Enabled = False
            수당.Enabled = False
            공제.Enabled = False
            실수령액.Enabled = False
            상여금.Enabled = False
            DataGrid1.AllowAddNew = False
            DataGrid1.AllowDelete = False
            DataGrid1.AllowUpdate = False
         End Sub
         Private Sub 입력활성()
            사원번호.Enabled = True
            이름.Enabled = True
            나이.Enabled = True
            성별.Enabled = True
            학력.Enabled = True
            주민등록번호.Enabled = True
            가족관계.Enabled = True
            연락처.Enabled = True
            현주소.Enabled = True
            본적.Enabled = True
            메일.Enabled = True
            호출.Enabled = True
            입사일.Enabled = True
            직급.Enabled = True
            소속.Enabled = True
            특기사항.Enabled = True
            자기평가.Enabled = True
            평가1.Enabled = True
            평가2.Enabled = True
            총평점.Enabled = True
            기본급.Enabled = True
            수당.Enabled = True
            공제.Enabled = True
            실수령액.Enabled = True
            상여금.Enabled = True
            DataGrid1.AllowAddNew = True
            DataGrid1.AllowDelete = True
            DataGrid1.AllowUpdate = True
```

```
End Sub
Private Sub Adodc1_MoveComplete(ByVal adReason As ADODB.EventReasonEnum,
ByVal pError As ADODB.Error, adStatus As ADODB.EventStatusEnum, ByVal
pRecordset As ADODB.Recordset)
If Adodc1.Recordset.EOF = True Or Adodc1.Recordset.BOF = True Then
Beep
Exit Sub
End If
Adodc1.Caption = Str(Adodc1.Recordset.Bookmark) + "/" + Str(Adodc1.Recordset.RecordCount)

On Error Resume Next
사진보기.Picture = LoadPicture()
사진보기.Picture = LoadPicture(App.Path &"₩face₩" &Adodc1.Recordset("사원번호") &".gif")
Text1.Text = Adodc1.Recordset("사원번호") &".gif"

End Sub


Private Sub 추가_Click()

입력활성

Adodc1.Recordset.AddNew
사원번호.SetFocus

End Sub
Private Sub 수정모드_Click()
입력활성

End Sub
Private Sub 삭제_Click()

Adodc1.Recordset.Delete

End Sub
Private Sub 검색모드_Click()

검색필드.SetFocus

End Sub
```

```
Private Sub 검색_Click()
Adodc1.RecordSource = "select * from 인사 where "+ 검색필드.Text + "like '%" +
검색어.Text + "%' order by 사원번호;"
Adodc1.Refresh
End Sub
Private Sub 재계산_Click()

If 실수령액.Enabled = False Or 총평점.Enabled = False Then
MsgBox "보기모드에서는 연산할 수 없습니다."
Exit Sub
End If

실수령액 = Adodc1.Recordset("기본급") + Adodc1.Recordset("수당") +
Adodc1.Recordset("상여금") - Adodc1.Recordset("공제")
총평점 = Adodc1.Recordset("자기평가") + Adodc1.Recordset("1차평가") +
Adodc1.Recordset("2차평가")
End Sub
Private Sub 실수령액연산_Click()
If 실수령액.Enabled = False Then
MsgBox "보기모드에서는 연산할 수 없습니다."
Exit Sub
End If

실수령액 = Adodc1.Recordset("기본급") + Adodc1.Recordset("수당") +
Adodc1.Recordset("상여금") - Adodc1.Recordset("공제")
End Sub
Private Sub 총평점연산_Click()

If 총평점.Enabled = False Then
MsgBox "보기모드에서는 연산할 수 없습니다."
Exit Sub
End If
총평점 = (Adodc1.Recordset("자기평가") + Adodc1.Recordset("1차평가") +
Adodc1.Recordset("2차평가")) / 3
End Sub
Private Sub 전체테이블열기_Click()

전체테이블.Show
End Sub
Private Sub 재직증명서발급_Click()
재직증명서.Show
```

```
End Sub

Private Sub 직원목록출력_Click()
직원목록.Show

End Sub

Private Sub 종료_Click()

Unload Me

End Sub
Private Sub 사용법_Click()
frmTip.Show

End Sub


Private Sub 인사관리정보_Click()

정보.Show
End Sub
```

전체테이블 폼 소스코드

```
VERSION 6.00
Object = "{67397AA1-7FB1-11D0-B148-00A0C922E820}#6.0#0"; "MSADODC.OCX"
Object = "{CDE57A40-8B86-11D0-B3C6-00A0C90AEA82}#1.0#0"; "MSDATGRD.OCX"
Begin VB.Form 전체테이블
Caption = "인사"
ClientHeight = 4245
ClientLeft = 1110
ClientTop = 345
ClientWidth = 5745
KeyPreview = -1 'True
LinkTopic = "Form1"
ScaleHeight = 4245
ScaleWidth = 5745
StartUpPosition = 2 '화면 가운데
Begin VB.PictureBox picButtons
Align = 2 '아래 맞춤
```

```
Appearance = 0 '평면
BorderStyle = 0 '없음
ForeColor = &H80000008&
Height = 300
Left = 0
ScaleHeight = 300
ScaleWidth = 5745
TabIndex = 1
Top = 3615
Width = 5745
Begin VB.CommandButton cmdClose
Caption = "닫기"
Height = 300
Left = 4675
TabIndex = 6
Top = 0
Width = 1095
End
Begin VB.CommandButton cmdRefresh
Caption = "새로 고침"
Height = 300
Left = 3521
TabIndex = 5
Top = 0
Width = 1095
End
Begin VB.CommandButton cmdDelete
Caption = "삭제"
Height = 300
Left = 2367
TabIndex = 4
Top = 0
Width = 1095
End
Begin VB.CommandButton cmdUpdate
Caption = "업데이트"
Height = 300
Left = 1213
TabIndex = 3
Top = 0
Width = 1095
End
```

```
Begin VB.CommandButton cmdAdd
    Caption         =   "추가"
    Height          =   300
    Left            =   59
    TabIndex        =   2
    Top             =   0
    Width           =   1095
End
End
Begin MSDataGridLib.DataGrid grdDataGrid
    Align           =   1  '위 맞춤
    Bindings        =   "전체테이블.frx":0000
    Height          =   3495
    Left            =   0
    TabIndex        =   0
    Top             =   0
    Width           =   5745
    _ExtentX        =   10134
    _ExtentY        =   6165
    _Version        =   393216
    AllowUpdate     =   -1  'True
    HeadLines       =   1
    RowHeight       =   15
    AllowAddNew     =   -1  'True
    AllowDelete     =   -1  'True
    BeginProperty HeadFont {0BE35203-8F91-11CE-9DE3-00AA004BB851}
        Name            =   "굴림"
        Size            =   9
        Charset         =   129
        Weight          =   400
        Underline       =   0   'False
        Italic          =   0   'False
        Strikethrough   =   0   'False
    EndProperty
    BeginProperty Font {0BE35203-8F91-11CE-9DE3-00AA004BB851}
        Name            =   "굴림"
        Size            =   9
        Charset         =   129
        Weight          =   400
        Underline       =   0   'False
        Italic          =   0   'False
        Strikethrough   =   0   'False
```

```
EndProperty
ColumnCount = 2
BeginProperty Column00
DataField = ""
Caption = ""
BeginProperty DataFormat {6D835690-900B-11D0-9484-00A0C91110ED}
Type = 0
Format = ""
HaveTrueFalseNull= 0
FirstDayOfWeek = 0
FirstWeekOfYear = 0
LCID = 1042
SubFormatType = 0
EndProperty
EndProperty
BeginProperty Column01
DataField = ""
Caption = ""
BeginProperty DataFormat {6D835690-900B-11D0-9484-00A0C91110ED}
Type = 0
Format = ""
HaveTrueFalseNull= 0
FirstDayOfWeek = 0
FirstWeekOfYear = 0
LCID = 1042
SubFormatType = 0
EndProperty
EndProperty
SplitCount = 1
BeginProperty Split0
BeginProperty Column00
EndProperty
BeginProperty Column01
EndProperty
EndProperty
End
Begin MSAdodcLib.Adodc datPrimaryRS
Align = 2 '아래 맞춤
Height = 330
Left = 0
Top = 3915
Width = 5745
```

```
_ExtentX = 10134
_ExtentY = 582
ConnectMode = 0
CursorLocation = 3
IsolationLevel = -1
ConnectionTimeout= 15
CommandTimeout = 30
CursorType = 3
LockType = 3
CommandType = 8
CursorOptions = 0
CacheSize = 50
MaxRecords = 0
BOFAction = 0
EOFAction = 0
ConnectStringType= 1
Appearance = 1
BackColor = -2147483643
ForeColor = -2147483640
Orientation = 0
Enabled = -1
Connect = "PROVIDER=Microsoft.Jet.OLEDB.3.51;Data Source=인사1.mdb;"
OLEDBString = "PROVIDER=Microsoft.Jet.OLEDB.3.51;Data Source=인사1.mdb;"
OLEDBFile = ""
DataSourceName = ""
OtherAttributes = ""
UserName = ""
Password = ""
RecordSource = "select * from 인사 Order by 사원번호"
Caption = ""
BeginProperty Font {0BE35203-8F91-11CE-9DE3-00AA004BB851}
Name = "굴림"
Size = 9
Charset = 129
Weight = 400
Underline = 0 'False
Italic = 0 'False
Strikethrough = 0 'False
EndProperty
_Version = 393216
End
End
```

```
Attribute VB_Name = "전체테이블"
Attribute VB_GlobalNameSpace = False
Attribute VB_Creatable = False
Attribute VB_PredeclaredId = True
Attribute VB_Exposed = False
```

전체테이블 루틴 소스코드

```
Private Sub Form_Resize()
On Error Resume Next
'폼의 크기가 변경되면 표 형태 크기도 변경됩니다.
grdDataGrid.Height = Me.ScaleHeight - datPrimaryRS.Height - 30 - picButtons.Height
End Sub
Private Sub Form_Unload(Cancel As Integer)
Screen.MousePointer = vbDefault
End Sub
Private Sub datPrimaryRS_Error(ByVal ErrorNumber As Long, Description As String,
ByVal Scode As Long, ByVal Source As String, ByVal HelpFile As String, ByVal
HelpContext As Long, fCancelDisplay As Boolean)
'오류 처리 코드를 넣는 위치입니다.
'오류를 무시하려면 다음 줄을 주석으로 처리하십시오.
'오류를 잡으려면 여기에 오류를 처리하는 코드를 추가하십시오.
MsgBox "Data error event hit err:" &Description
End Sub
Private Sub datPrimaryRS_MoveComplete(ByVal adReason As
ADODB.EventReasonEnum, ByVal pError As ADODB.Error, adStatus As
ADODB.EventStatusEnum, ByVal pRecordset As ADODB.Recordset)
'이 레코드 집합의 현재 레코드 위치를 표시합니다.
datPrimaryRS.Caption = "Record: "&CStr(datPrimaryRS.Recordset.AbsolutePosition)
End Sub
Private Sub datPrimaryRS_WillChangeRecord(ByVal adReason As
ADODB.EventReasonEnum, ByVal cRecords As Long, adStatus As
ADODB.EventStatusEnum, ByVal pRecordset As ADODB.Recordset)
'유효성 검사 코드를 넣는 위치입니다.
'다음과 같은 동작이 발생할 때 이 이벤트가 호출됩니다.
Dim bCancel As Boolean
Select Case adReason
Case adRsnAddNew
Case adRsnClose
Case adRsnDelete
Case adRsnFirstChange
```

```vb
            Case adRsnMove
            Case adRsnRequery
            Case adRsnResynch
            Case adRsnUndoAddNew
            Case adRsnUndoDelete
            Case adRsnUndoUpdate
            Case adRsnUpdate
        End Select
        If bCancel Then adStatus = adStatusCancel
End Sub
Private Sub cmdAdd_Click()
    On Error GoTo AddErr
    datPrimaryRS.Recordset.MoveLast
    grdDataGrid.SetFocus
    SendKeys "{down}"
    Exit Sub
AddErr:
    MsgBox Err.Description
End Sub
Private Sub cmdDelete_Click()
    On Error GoTo DeleteErr
    With datPrimaryRS.Recordset
        .Delete
        .MoveNext
        If .EOF Then .MoveLast
    End With
    Exit Sub
DeleteErr:
    MsgBox Err.Description
End Sub
Private Sub cmdRefresh_Click()
    '이것은 다중 사용자 응용 프로그램에만 필요합니다.
    On Error GoTo RefreshErr
    datPrimaryRS.Refresh
    Exit Sub
RefreshErr:
    MsgBox Err.Description
End Sub
Private Sub cmdUpdate_Click()
    On Error GoTo UpdateErr
    datPrimaryRS.Recordset.UpdateBatch adAffectAll
    Exit Sub
```

```
UpdateErr:
MsgBox Err.Description
End Sub
Private Sub cmdClose_Click()
Unload Me
End Sub
```

사용법 폼 소스코드

```
VERSION 6.00
Begin VB.Form frmTip
Caption = "알고 계십니까"
ClientHeight = 3390
ClientLeft = 2370
ClientTop = 2400
ClientWidth = 5415
LinkTopic = "Form1"
MaxButton = 0 'False
MinButton = 0 'False
ScaleHeight = 3390
ScaleWidth = 5415
WhatsThisButton = -1 'True
WhatsThisHelp = -1 'True
Begin VB.CheckBox chkLoadTipsAtStartup
Caption = "시작 시 표시(&S)"
Height = 315
Left = 120
TabIndex = 3
Top = 2940
Width = 2055
End
Begin VB.CommandButton cmdNextTip
Caption = "다음 팁(&N)"
Height = 375
Left = 4080
TabIndex = 2
Top = 600
Width = 1215
End
Begin VB.PictureBox Picture1
BackColor = &H00FFFFFF&
```

```
         Height = 2715
         Left = 120
         Picture = "사용법.frx":0000
         ScaleHeight = 2655
         ScaleWidth = 3675
         TabIndex = 1
         Top = 120
         Width = 3735
         Begin VB.Label Label1
            BackColor = &H00FFFFFF&
            Caption = "알고 계십니까.."
            Height = 255
            Left = 540
            TabIndex = 5
            Top = 180
            Width = 2655
         End
         Begin VB.Label lblTipText
            BackColor = &H00FFFFFF&
            Height = 1635
            Left = 180
            TabIndex = 4
            Top = 840
            Width = 3255
         End
      End
      Begin VB.CommandButton cmdOK
         Cancel = -1  'True
         Caption = "확인"
         Default = -1  'True
         Height = 375
         Left = 4080
         TabIndex = 0
         Top = 120
         Width = 1215
      End
End
Attribute VB_Name = "frmTip"
Attribute VB_GlobalNameSpace = False
Attribute VB_Creatable = False
Attribute VB_PredeclaredId = True
Attribute VB_Exposed = False
```

사용법 루틴 소스코드

```vb
Option Explicit
' 메모리에 있는 팁 데이터베이스
Dim Tips As New Collection
' 팁 파일의 이름
Const TIP_FILE = "TIPOFDAY.TXT"
' 현재 표시되어 있는 팁 컬렉션의 인덱스
Dim CurrentTip As Long

Private Sub DoNextTip()
' 팁을 임의로 선택합니다.
CurrentTip = Int((Tips.Count * Rnd) + 1)

' 또는, 팁을 순서대로 표시할 수 있습니다.
' CurrentTip = CurrentTip + 1
' If Tips.Count < CurrentTip Then
' CurrentTip = 1
' End If

' 팁을 표시합니다.
frmTip.DisplayCurrentTip

End Sub
Function LoadTips(sFile As String) As Boolean
Dim NextTip As String ' 각 팁은 파일에서 읽어 옵니다.
Dim InFile As Integer ' 파일에 대한 설명자

' 사용할 수 있는 다음 파일 설명자를 가져옵니다.
InFile = FreeFile

' 파일을 지정하였는지 확인합니다.
If sFile = "" Then
LoadTips = False
Exit Function
End If

' 파일을 열기 전에 파일이 있는지 확인합니다.
If Dir(sFile) = "" Then
LoadTips = False
Exit Function
End If
```

```vb
' 텍스트 파일에서 컬렉션을 읽습니다.
Open sFile For Input As InFile
While Not EOF(InFile)
Line Input #InFile, NextTip
Tips.Add NextTip
Wend
Close InFile
' 팁을 임의의 순서대로 표시합니다.
DoNextTip

LoadTips = True

End Function
Private Sub chkLoadTipsAtStartup_Click()
' 시작 시 이 폼의 표시 여부를 저장합니다.
SaveSetting App.EXEName, "Options", "시작 시 이 화면 표시",
chkLoadTipsAtStartup.Value
End Sub
Private Sub cmdNextTip_Click()
DoNextTip
End Sub
Private Sub cmdOK_Click()
Unload Me
End Sub
Private Sub Form_Load()
Dim ShowAtStartup As Long

' 시작 시 표시할 것인지를 확인합니다.
ShowAtStartup = GetSetting(App.EXEName, "Options", "시작 시 이 화면 표시", 1)
If ShowAtStartup = 0 Then
Unload Me
Exit Sub
End If

' 확인란을 설정합니다. 설정하면 값을 레지스트리에 다시 기록하게 됩니다.
Me.chkLoadTipsAtStartup.Value = vbChecked

' Rnd를 시작합니다.
Randomize

' 팁 파일을 읽어서 임의의 팁을 표시합니다.
```

```
If LoadTips(App.Path &"\" &TIP_FILE) = False Then
lblTipText.Caption = TIP_FILE &"파일을 찾지 못했습니까? "&vbCrLf &vbCrLf &_
TIP_FILE &"파일을 [메모장]을 사용하여 한 줄에 한 팁씩 작성한 후 "&_
"해당 응용 프로그램이 있는 디렉터리에 복사하십시오."
End If

End Sub
Public Sub DisplayCurrentTip()
If Tips.Count > 0 Then
lblTipText.Caption = Tips.Item(CurrentTip)
End If
End Sub
```

정보 폼 소스코드

```
VERSION 6.00
Begin VB.Form 정보
BackColor = &H00000000&
BorderStyle = 3 '크기 고정 대화 상자
Caption = "인사관리 시스템 정보"
ClientHeight = 3555
ClientLeft = 2340
ClientTop = 1935
ClientWidth = 5730
ClipControls = 0 'False
LinkTopic = "Form2"
MaxButton = 0 'False
MinButton = 0 'False
ScaleHeight = 2453.724
ScaleMode = 0 '사용자
ScaleWidth = 5380.766
ShowInTaskbar = 0 'False
StartUpPosition = 2 '화면 가운데
Begin VB.CommandButton cmdOK
BackColor = &H00E0E0E0&
Cancel = -1 'True
Caption = "확인"
Default = -1 'True
Height = 345
Left = 4004
Style = 1 '그래픽
```

```
TabIndex = 0
Top = 2640
Width = 1587
End
Begin VB.CommandButton cmdSysInfo
BackColor = &H00E0E0E0&
Caption = "시스템 정보(&S)..."
Height = 345
Left = 4004
Style = 1 '그래픽
TabIndex = 1
Top = 3075
Width = 1587
End
Begin VB.Label Label1
BackStyle = 0 '투명
Caption = "사이트 : http://www.owl.co.kr"
ForeColor = &H00E0E0E0&
Height = 195
Left = 60
TabIndex = 6
Top = 3300
Width = 2760
End
Begin VB.Label lblDescription
BackStyle = 0 '투명
Caption = $"정보.frx":0000
BeginProperty Font
Name = "굴림체"
Size = 8.25
Charset = 129
Weight = 400
Underline = 0 'False
Italic = 0 'False
Strikethrough = 0 'False
EndProperty
ForeColor = &H00E0E0E0&
Height = 930
Left = 60
TabIndex = 2
Top = 600
Width = 2745
```

```
End
Begin VB.Label lblTitle
BackStyle = 0 '투명
Caption = "인사관리 시스템"
BeginProperty Font
Name = "굴림"
Size = 12
Charset = 129
Weight = 700
Underline = 0 'False
Italic = 0 'False
Strikethrough = 0 'False
EndProperty
ForeColor = &H00E0E0E0&
Height = 330
Left = 60
TabIndex = 4
Top = 120
Width = 1935
End
Begin VB.Label lblVersion
BackStyle = 0 '투명
Caption = "1.0 베타"
ForeColor = &H00E0E0E0&
Height = 225
Left = 2010
TabIndex = 5
Top = 210
Width = 825
End
Begin VB.Label lblDisclaimer
BackStyle = 0 '투명
Caption = "문의처 : owl@owl.co.kr "
ForeColor = &H00E0E0E0&
Height = 195
Left = 60
TabIndex = 3
Top = 3060
Width = 2160
End
Begin VB.Image Image1
Height = 3900
```

```
            Left = 1620
            Picture = "정보.frx":00A5
            Top = -630
            Width = 4500
         End
      End
Attribute VB_Name = "정보"
Attribute VB_GlobalNameSpace = False
Attribute VB_Creatable = False
Attribute VB_PredeclaredId = True
Attribute VB_Exposed = False
```

정보 루틴 소스코드

```
Option Explicit
' 레지스트리 보안 옵션...
Const READ_CONTROL = &H20000
Const KEY_QUERY_VALUE = &H1
Const KEY_SET_VALUE = &H2
Const KEY_CREATE_SUB_KEY = &H4
Const KEY_ENUMERATE_SUB_KEYS = &H8
Const KEY_NOTIFY = &H10
Const KEY_CREATE_LINK = &H20
Const KEY_ALL_ACCESS = KEY_QUERY_VALUE + KEY_SET_VALUE + _
KEY_CREATE_SUB_KEY + KEY_ENUMERATE_SUB_KEYS + _
KEY_NOTIFY + KEY_CREATE_LINK + READ_CONTROL

' 레지스트리 키 ROOT 형식...
Const HKEY_LOCAL_MACHINE = &H80000002
Const ERROR_SUCCESS = 0
Const REG_SZ = 1 ' Unicode null 종료 문자열
Const REG_DWORD = 4 ' 32비트 숫자
Const gREGKEYSYSINFOLOC = "SOFTWARE\Microsoft\Shared Tools Location"
Const gREGVALSYSINFOLOC = "MSINFO"
Const gREGKEYSYSINFO = "SOFTWARE\Microsoft\Shared Tools\MSINFO"
Const gREGVALSYSINFO = "PATH"
Private Declare Function RegOpenKeyEx Lib "advapi32" Alias "RegOpenKeyExA" (ByVal
hKey As Long, ByVal lpSubKey As String, ByVal ulOptions As Long, ByVal samDesired
As Long, ByRef phkResult As Long) As Long
Private Declare Function RegQueryValueEx Lib "advapi32" Alias "RegQueryValueExA"
(ByVal hKey As Long, ByVal lpValueName As String, ByVal lpReserved As Long, ByRef
```

```vb
lpType As Long, ByVal lpDataef lpcbData As Long) As Long
Private Declare Function RegCloseKey Lib "advapi32" (ByVal hKey As Long) As Long

Private Sub cmdSysInfo_Click()
Call StartSysInfo
End Sub
Private Sub cmdOK_Click()
Unload Me
End Sub
Private Sub Form_Load()
Me.Caption = App.Title &"정보"
lblVersion.Caption = "버전 "&App.Major &"." &App.Minor &"." &App.Revision
' lblTitle.Caption = App.Title
End Sub
Public Sub StartSysInfo()
On Error GoTo SysInfoErr

Dim rc As Long
Dim SysInfoPath As String

' 시스템 정보 프로그램의 경로와 이름을 레지스트리에서 가져 옵니다...
If GetKeyValue(HKEY_LOCAL_MACHINE, gREGKEYSYSINFO, gREGVALSYSINFO, SysInfoPath) Then
' 시스템 정보 프로그램의 경로를 레지스트리에서만 가져 옵니다...
ElseIf GetKeyValue(HKEY_LOCAL_MACHINE, gREGKEYSYSINFOLOC, gREGVALSYSINFOLOC, SysInfoPath) Then
' 알려진 32비트 파일 버전의 존재 여부를 확인합니다.
If (Dir(SysInfoPath &"\MSINFO32.EXE") <>"") Then
SysInfoPath = SysInfoPath &"\MSINFO32.EXE"

' 오류 - 파일을 찾을 수 없습니다...
Else
GoTo SysInfoErr
End If
' 오류 - 레지스트리 항목을 찾을 수 없습니다...
Else
GoTo SysInfoErr
End If

Call Shell(SysInfoPath, vbNormalFocus)

Exit Sub
```

```vb
SysInfoErr:
MsgBox "지금은 시스템 정보를 사용할 수 없습니다.", vbOKOnly
End Sub
Public Function GetKeyValue(KeyRoot As Long, KeyName As String, SubKeyRef As String, ByRef KeyVal As String) As Boolean
Dim i As Long ' 루프 카운터
Dim rc As Long ' 반환 코드
Dim hKey As Long ' 열려 있는 레지스트리 키 처리
Dim hDepth As Long '
Dim KeyValType As Long ' 레지스트리 키의 데이터 형식
Dim tmpVal As String ' 레지스트리 키 값을 임시로 저장
Dim KeyValSize As Long ' 레지스트리 키 변수의 크기
'-------------------------------------------------------------
' Open RegKey Under KeyRoot {HKEY_LOCAL_MACHINE...}
'-------------------------------------------------------------
rc = RegOpenKeyEx(KeyRoot, KeyName, 0, KEY_ALL_ACCESS, hKey) ' 레지스트리 키를 엽니다.

If (rc <> ERROR_SUCCESS) Then GoTo GetKeyError ' 오류를 처리합니다...

tmpVal = String$(1024, 0) ' 변수의 크기를 할당합니다.
KeyValSize = 1024 ' 변수 크기를 표시합니다.

'-------------------------------------------------------------
' 레지스트리 키 값을 읽어옵니다...
'-------------------------------------------------------------
rc = RegQueryValueEx(hKey, SubKeyRef, 0, _
KeyValType, tmpVal, KeyValSize) ' 키 값을 가져오고 작성합니다.

If (rc <> ERROR_SUCCESS) Then GoTo GetKeyError ' 오류를 처리합니다.

If (Asc(Mid(tmpVal, KeyValSize, 1)) = 0) Then ' Win95는 Null 종료 문자열을 추가합니다...
tmpVal = Left(tmpVal, KeyValSize - 1) ' Null을 찾았습니다. 문자열에서 추출합니다.
Else ' WinNT는 Null 종료 문자열 추가하지 않습니다...
tmpVal = Left(tmpVal, KeyValSize) ' Null을 찾지 못했습니다. 문자열에서만 추출합니다.
End If
'-------------------------------------------------------------
' Determine Key Value Type For Conversion...
'-------------------------------------------------------------
Select Case KeyValType ' 데이터 형식을 검색합니다.
Case REG_SZ ' 문자열 레지스트리 키 데이터 형식
KeyVal = tmpVal ' 문자열 값을 복사합니다.
Case REG_DWORD ' 이진 단어 레지스트리 키 데이터 형식
```

```
For i = Len(tmpVal) To 1 Step -1 ' 각각 비트를 변환합니다.
KeyVal = KeyVal + Hex(Asc(Mid(tmpVal, i, 1))) ' 값 문자를 문자별로 작성합니다.
Next
KeyVal = Format$("&h" + KeyVal) ' 이진 단어를 문자열로 변환합니다.
End Select

GetKeyValue = True ' 성공을 반환합니다.
rc = RegCloseKey(hKey) ' 레지스트리 키를 닫습니다.
Exit Function ' 종료합니다.

GetKeyError: ' 오류가 발생하면 지웁니다...
KeyVal = "" ' 반환값을 빈 문자열로 설정합니다.
GetKeyValue = False ' 실패를 반환합니다.
rc = RegCloseKey(hKey) ' 레지스트리 키를 닫습니다.
End Function
```

DataEnvironment1 소스코드

```
VERSION 6.00
Begin {C0E45035-5775-11D0-B388-00A0C9055D8E} DataEnvironment1
ClientHeight = 3675
ClientLeft = 1080
ClientTop = 1500
ClientWidth = 5115
_ExtentX = 9022
_ExtentY = 6482
FolderFlags = 3
TypeLibGuid = "{A5DC9AF5-9235-11D1-B067-00DD01144174}"
TypeInfoGuid = "{A5DC9AF6-9235-11D1-B067-00DD01144174}"
TypeInfoCookie = 0
Version = 4
NumConnections = 1
BeginProperty Connection1
ConnectionName = "Connection1"
ConnDispId = 1001
SourceOfData = 3
ConnectionSource= "Provider=Microsoft.Jet.OLEDB.3.51;Persist Security
Info=False;Data Source=인사1.mdb"
Expanded = -1 'True
QuoteChar = 96
SeparatorChar = 46
```

```
EndProperty
NumRecordsets = 1
BeginProperty Recordset1
CommandName = "인사"
CommDispId = 1002
RsDispId = 1003
CommandText = "인사"
ActiveConnectionName= "Connection1"
CommandType = 2
dbObjectType = 1
IsRSReturning = -1 'True
NumFields = 25
BeginProperty Field1
Precision = 0
Size = 50
Scale = 0
Type = 200
Name = "사원번호"
Caption = "사원번호"
EndProperty
BeginProperty Field2
Precision = 0
Size = 50
Scale = 0
Type = 200
Name = "이름"
Caption = "이름"
EndProperty
BeginProperty Field3
Precision = 0
Size = 50
Scale = 0
Type = 200
Name = "주민등록번호"
Caption = "주민등록번호"
EndProperty
BeginProperty Field4
Precision = 0
Size = 50
Scale = 0
Type = 200
Name = "나이"
```

```
Caption = "나이"
EndProperty
BeginProperty Field5
Precision = 0
Size = 50
Scale = 0
Type = 200
Name = "성별"
Caption = "성별"
EndProperty
BeginProperty Field6
Precision = 0
Size = 50
Scale = 0
Type = 200
Name = "현주소"
Caption = "현주소"
EndProperty
BeginProperty Field7
Precision = 0
Size = 50
Scale = 0
Type = 200
Name = "본적"
Caption = "본적"
EndProperty
BeginProperty Field8
Precision = 0
Size = 50
Scale = 0
Type = 200
Name = "가족관계"
Caption = "가족관계"
EndProperty
BeginProperty Field9
Precision = 0
Size = 50
Scale = 0
Type = 200
Name = "학력"
Caption = "학력"
EndProperty
```

```
BeginProperty Field10
Precision = 0
Size = 50
Scale = 0
Type = 200
Name = "연락처"
Caption = "연락처"
EndProperty
BeginProperty Field11
Precision = 0
Size = 50
Scale = 0
Type = 200
Name = "메일"
Caption = "메일"
EndProperty
BeginProperty Field12
Precision = 0
Size = 50
Scale = 0
Type = 200
Name = "호출"
Caption = "호출"
EndProperty
BeginProperty Field13
Precision = 0
Size = 50
Scale = 0
Type = 200
Name = "입사일"
Caption = "입사일"
EndProperty
BeginProperty Field14
Precision = 0
Size = 50
Scale = 0
Type = 200
Name = "직급"
Caption = "직급"
EndProperty
BeginProperty Field15
Precision = 0
```

```
Size = 50
Scale = 0
Type = 200
Name = "소속"
Caption = "소속"
EndProperty
BeginProperty Field16
Precision = 0
Size = 50
Scale = 0
Type = 200
Name = "특기사항"
Caption = "특기사항"
EndProperty
BeginProperty Field17
Precision = 16
Size = 8
Scale = 0
Type = 5
Name = "자기평가"
Caption = "자기평가"
EndProperty
BeginProperty Field18
Precision = 16
Size = 8
Scale = 0
Type = 5
Name = "1차평가"
Caption = "1차평가"
EndProperty
BeginProperty Field19
Precision = 16
Size = 8
Scale = 0
Type = 5
Name = "2차평가"
Caption = "2차평가"
EndProperty
BeginProperty Field20
Precision = 16
Size = 8
Scale = 0
```

```
Type = 5
Name = "총평점"
Caption = "총평점"
EndProperty
BeginProperty Field21
Precision = 16
Size = 8
Scale = 0
Type = 5
Name = "기본급"
Caption = "기본급"
EndProperty
BeginProperty Field22
Precision = 16
Size = 8
Scale = 0
Type = 5
Name = "수당"
Caption = "수당"
EndProperty
BeginProperty Field23
Precision = 16
Size = 8
Scale = 0
Type = 5
Name = "공제"
Caption = "공제"
EndProperty
BeginProperty Field24
Precision = 16
Size = 8
Scale = 0
Type = 5
Name = "실수령액"
Caption = "실수령액"
EndProperty
BeginProperty Field25
Precision = 16
Size = 8
Scale = 0
Type = 5
Name = "상여금"
```

```
            Caption = "상여금"
        EndProperty
        NumGroups = 0
        ParamCount = 0
        RelationCount = 0
        AggregateCount = 0
    EndProperty
End
Attribute VB_Name = "DataEnvironment1"
Attribute VB_GlobalNameSpace = False
Attribute VB_Creatable = False
Attribute VB_PredeclaredId = True
Attribute VB_Exposed = False
```

직원목록 데이터 리포트 소스코드

```
VERSION 6.00
Begin {78E93846-85FD-11D0-8487-00A0C90DC8A9} 직원목록
    Bindings = "직원목록.dsx":0000
    Caption = "DataReport1"
    ClientHeight = 6540
    ClientLeft = 60
    ClientTop = 345
    ClientWidth = 9600
    StartUpPosition = 3 'Windows 기본값
    _ExtentX = 16933
    _ExtentY = 11536
    _Version = 393216
    _DesignerVersion= 100684101
    ReportWidth = 8595
    BeginProperty Font {0BE35203-8F91-11CE-9DE3-00AA004BB851}
        Name = "굴림"
        Size = 9
        Charset = 129
        Weight = 400
        Underline = 0 'False
        Italic = 0 'False
        Strikethrough = 0 'False
    EndProperty
    GridX = 5
    GridY = 5
```

```
LeftMargin = 1440
RightMargin = 1440
TopMargin = 1440
BottomMargin = 1440
_Settings = 31
DataMember = "인사"
NumSections = 3
SectionCode0 = 2
BeginProperty Section0 {1C13A8E0-A0B6-11D0-348E-00A0C90DC8A9}
_Version = 393216
Name = "Section2"
Object.Height = 1695
NumControls = 2
ItemType0 = 3
BeginProperty Item0 {1C13A8E1-A0B6-11D0-848E-00A0C90DC8A9}
_Version = 393216
Name = "Label1"
Object.Left = 2792
Object.Top = 567
Object.Width = 1917
Object.Height = 570
BeginProperty Font {0BE35203-8F91-11CE-9DE3-00AA004BB851}
Name = "궁서체"
Size = 20.25
Charset = 129
Weight = 700
Underline = 0 'False
Italic = 0 'False
Strikethrough = 0 'False
EndProperty
Object.Caption = "직원목록"
EndProperty
ItemType1 = 3
BeginProperty Item1 {1C13A8E1-A0B6-11D0-848E-00A0C90DC8A9}
_Version = 393216
Name = "Label2"
Object.Left = 6009
Object.Top = 1247
Object.Width = 1575
Object.Height = 240
BeginProperty Font {0BE35203-8F91-11CE-9DE3-00AA004BB851}
Name = "굴림"
```

```
            Size = 9
            Charset = 129
            Weight = 400
            Underline = 0 'False
            Italic = 0 'False
            Strikethrough = 0 'False
         EndProperty
         Object.Caption = "%D"
      EndProperty
   EndProperty
   SectionCode1 = 4
   BeginProperty Section1 {1C13A8E0-A0B6-11D0-848E-00A0C90DC8A9}
      _Version = 393216
      Name = "Section1"
      Object.Height = 12105
      NumControls = 50
      ItemType0 = 4
      BeginProperty Item0 {1C13A8E2-A0B6-11D0-848E-00A0C90DC8A9}
         _Version = 393216
         Name = "txt사원번호"
         Object.Left = 2718
         Object.Top = 567
         Object.Width = 1575
         Object.Height = 240
         BeginProperty Font {0BE35203-8F91-11CE-9DE3-00AA004BB851}
            Name = "굴림"
            Size = 9
            Charset = 129
            Weight = 400
            Underline = 0 'False
            Italic = 0 'False
            Strikethrough = 0 'False
         EndProperty
         DataField = "사원번호"
         BeginProperty DataFormat {6D835690-900B-11D0-9484-00A0C91110ED}
            Type = 0
            Format = ""
            HaveTrueFalseNull= 0
            FirstDayOfWeek = 0
            FirstWeekOfYear = 0
            LCID = 1042
            SubFormatType = 0
```

```
EndProperty
DataMember = "인사"
EndProperty
ItemType1 = 3
BeginProperty Item1 {1C13A8E1-A0B6-11D0-848E-00A0C90DC8A9}
_Version = 393216
Name = "Label3"
Object.Left = 1143
Object.Top = 567
Object.Width = 1417
Object.Height = 240
BeginProperty Font {0BE35203-8F91-11CE-9DE3-00AA004BB851}
Name = "굴림"
Size = 9
Charset = 129
Weight = 400
Underline = 0 'False
Italic = 0 'False
Strikethrough = 0 'False
EndProperty
Object.Caption = "사원번호:"
EndProperty
ItemType2 = 4
BeginProperty Item2 {1C13A8E2-A0B6-11D0-848E-00A0C90DC8A9}
_Version = 393216
Name = "txt이름"
Object.Left = 2718
Object.Top = 1021
Object.Width = 1575
Object.Height = 240
BeginProperty Font {0BE35203-8F91-11CE-9DE3-00AA004BB851}
Name = "굴림"
Size = 9
Charset = 129
Weight = 400
Underline = 0 'False
Italic = 0 'False
Strikethrough = 0 'False
EndProperty
DataField = "이름"
BeginProperty DataFormat {6D835690-900B-11D0-9484-00A0C91110ED}
Type = 0
```

```
Format = ""
HaveTrueFalseNull= 0
FirstDayOfWeek = 0
FirstWeekOfYear = 0
LCID = 1042
SubFormatType = 0
EndProperty
DataMember = "인사"
EndProperty
ItemType3 = 3
BeginProperty Item3 {1C13A8E1-A0B6-11D0-848E-00A0C90DC8A9}
_Version = 393216
Name = "Label4"
Object.Left = 1143
Object.Top = 1021
Object.Width = 1417
Object.Height = 240
BeginProperty Font {0BE35203-8F91-11CE-9DE3-00AA004BB851}
Name = "굴림"
Size = 9
Charset = 129
Weight = 400
Underline = 0 'False
Italic = 0 'False
Strikethrough = 0 'False
EndProperty
Object.Caption = "이름:"
EndProperty
ItemType4 = 4
BeginProperty Item4 {1C13A8E2-A0B6-11D0-848E-00A0C90DC8A9}
_Version = 393216
Name = "txt주민등록번호"
Object.Left = 2718
Object.Top = 1475
Object.Width = 2253
Object.Height = 240
BeginProperty Font {0BE35203-8F91-11CE-9DE3-00AA004BB851}
Name = "굴림"
Size = 9
Charset = 129
Weight = 400
Underline = 0 'False
```

```
            Italic = 0 'False
            Strikethrough = 0 'False
         EndProperty
         DataField = "주민등록번호"
         BeginProperty DataFormat {6D835690-900B-11D0-9484-00A0C91110ED}
            Type = 0
            Format = ""
            HaveTrueFalseNull= 0
            FirstDayOfWeek = 0
            FirstWeekOfYear = 0
            LCID = 1042
            SubFormatType = 0
         EndProperty
         DataMember = "인사"
      EndProperty
      ItemType5 = 3
      BeginProperty Item5 {1C13A8E1-A0B6-11D0-848E-00A0C90DC8A9}
         _Version = 393216
         Name = "Label5"
         Object.Left = 1143
         Object.Top = 1475
         Object.Width = 1417
         Object.Height = 240
         BeginProperty Font {0BE35203-8F91-11CE-9DE3-00AA004BB851}
            Name = "굴림"
            Size = 9
            Charset = 129
            Weight = 400
            Underline = 0 'False
            Italic = 0 'False
            Strikethrough = 0 'False
         EndProperty
         Object.Caption = "주민등록번호:"
      EndProperty
      ItemType6 = 4
      BeginProperty Item6 {1C13A8E2-A0B6-11D0-848E-00A0C90DC8A9}
         _Version = 393216
         Name = "txt나이"
         Object.Left = 2718
         Object.Top = 1929
         Object.Width = 1575
         Object.Height = 240
```

```
BeginProperty Font {0BE35203-8F91-11CE-9DE3-00AA004BB851}
Name = "굴림"
Size = 9
Charset = 129
Weight = 400
Underline = 0 'False
Italic = 0 'False
Strikethrough = 0 'False
EndProperty
DataField = "나이"
BeginProperty DataFormat {6D835690-900B-11D0-9484-00A0C91110ED}
Type = 0
Format = ""
HaveTrueFalseNull= 0
FirstDayOfWeek = 0
FirstWeekOfYear = 0
LCID = 1042
SubFormatType = 0
EndProperty
DataMember = "인사"
EndProperty
ItemType7 = 3
BeginProperty Item7 {1C13A8E1-A0B6-11D0-848E-00A0C90DC8A9}
_Version = 393216
Name = "Label6"
Object.Left = 1143
Object.Top = 1929
Object.Width = 1417
Object.Height = 240
BeginProperty Font {0BE35203-8F91-11CE-9DE3-00AA004BB851}
Name = "굴림"
Size = 9
Charset = 129
Weight = 400
Underline = 0 'False
Italic = 0 'False
Strikethrough = 0 'False
EndProperty
Object.Caption = "나이:"
EndProperty
ItemType8 = 4
BeginProperty Item8 {1C13A8E2-A0B6-11D0-848E-00A0C90DC8A9}
```

```
_Version = 393216
Name = "txt성별"
Object.Left = 2718
Object.Top = 2383
Object.Width = 1575
Object.Height = 240
BeginProperty Font {0BE35203-8F91-11CE-9DE3-00AA004BB851}
Name = "굴림"
Size = 9
Charset = 129
Weight = 400
Underline = 0 'False
Italic = 0 'False
Strikethrough = 0 'False
EndProperty
DataField = "성별"
BeginProperty DataFormat {6D835690-900B-11D0-9484-00A0C91110ED}
Type = 0
Format = ""
HaveTrueFalseNull= 0
FirstDayOfWeek = 0
FirstWeekOfYear = 0
LCID = 1042
SubFormatType = 0
EndProperty
DataMember = "인사"
EndProperty
ItemType9 = 3
BeginProperty Item9 {1C13A8E1-A0B6-11D0-848E-00A0C90DC8A9}
_Version = 393216
Name = "Label7"
Object.Left = 1143
Object.Top = 2383
Object.Width = 1417
Object.Height = 240
BeginProperty Font {0BE35203-8F91-11CE-9DE3-00AA004BB851}
Name = "굴림"
Size = 9
Charset = 129
Weight = 400
Underline = 0 'False
Italic = 0 'False
```

```
        Strikethrough = 0 'False
    EndProperty
    Object.Caption = "성별:"
EndProperty
ItemType10 = 4
BeginProperty Item10 {1C13A8E2-A0B6-11D0-848E-00A0C90DC8A9}
    _Version = 393216
    Name = "txt현주소"
    Object.Left = 2718
    Object.Top = 2837
    Object.Width = 5417
    Object.Height = 240
    BeginProperty Font {0BE35203-8F91-11CE-9DE3-00AA004BB851}
        Name = "굴림"
        Size = 9
        Charset = 129
        Weight = 400
        Underline = 0 'False
        Italic = 0 'False
        Strikethrough = 0 'False
    EndProperty
    DataField = "현주소"
    BeginProperty DataFormat {6D835690-900B-11D0-9484-00A0C91110ED}
        Type = 0
        Format = ""
        HaveTrueFalseNull= 0
        FirstDayOfWeek = 0
        FirstWeekOfYear = 0
        LCID = 1042
        SubFormatType = 0
    EndProperty
    DataMember = "인사"
EndProperty
ItemType11 = 3
BeginProperty Item11 {1C13A8E1-A0B6-11D0-848E-00A0C90DC8A9}
    _Version = 393216
    Name = "Label8"
    Object.Left = 1143
    Object.Top = 2837
    Object.Width = 1417
    Object.Height = 240
    BeginProperty Font {0BE35203-8F91-11CE-9DE3-00AA004BB851}
```

```
Name = "굴림"
Size = 9
Charset = 129
Weight = 400
Underline = 0 'False
Italic = 0 'False
Strikethrough = 0 'False
EndProperty
Object.Caption = "현주소:"
EndProperty
ItemType12 = 4
BeginProperty Item12 {1C13A8E2-A0B6-11D0-848E-00A0C90DC8A9}
_Version = 393216
Name = "txt본적"
Object.Left = 2718
Object.Top = 3291
Object.Width = 5417
Object.Height = 240
BeginProperty Font {0BE35203-8F91-11CE-9DE3-00AA004BB851}
Name = "굴림"
Size = 9
Charset = 129
Weight = 400
Underline = 0 'False
Italic = 0 'False
Strikethrough = 0 'False
EndProperty
DataField = "본적"
BeginProperty DataFormat {6D835690-900B-11D0-9484-00A0C91110ED}
Type = 0
Format = ""
HaveTrueFalseNull= 0
FirstDayOfWeek = 0
FirstWeekOfYear = 0
LCID = 1042
SubFormatType = 0
EndProperty
DataMember = "인사"
EndProperty
ItemType13 = 3
BeginProperty Item13 {1C13A8E1-A0B6-11D0-848E-00A0C90DC8A9}
_Version = 393216
```

```
Name = "Label9"
Object.Left = 1143
Object.Top = 3291
Object.Width = 1417
Object.Height = 240
BeginProperty Font {0BE35203-8F91-11CE-9DE3-00AA004BB851}
Name = "굴림"
Size = 9
Charset = 129
Weight = 400
Underline = 0 'False
Italic = 0 'False
Strikethrough = 0 'False
EndProperty
Object.Caption = "본적:"
EndProperty
ItemType14 = 4
BeginProperty Item14 {1C13A8E2-A0B6-11D0-848E-00A0C90DC8A9}
_Version = 393216
Name = "txt가족관계"
Object.Left = 2718
Object.Top = 3745
Object.Width = 1575
Object.Height = 240
BeginProperty Font {0BE35203-8F91-11CE-9DE3-00AA004BB851}
Name = "굴림"
Size = 9
Charset = 129
Weight = 400
Underline = 0 'False
Italic = 0 'False
Strikethrough = 0 'False
EndProperty
DataField = "가족관계"
BeginProperty DataFormat {6D835690-900B-11D0-9484-00A0C91110ED}
Type = 0
Format = ""
HaveTrueFalseNull= 0
FirstDayOfWeek = 0
FirstWeekOfYear = 0
LCID = 1042
SubFormatType = 0
```

```
EndProperty
DataMember = "인사"
EndProperty
ItemType15 = 3
BeginProperty Item15 {1C13A8E1-A0B6-11D0-848E-00A0C90DC8A9}
_Version = 393216
Name = "Label10"
Object.Left = 1143
Object.Top = 3745
Object.Width = 1417
Object.Height = 240
BeginProperty Font {0BE35203-8F91-11CE-9DE3-00AA004BB851}
Name = "굴림"
Size = 9
Charset = 129
Weight = 400
Underline = 0 'False
Italic = 0 'False
Strikethrough = 0 'False
EndProperty
Object.Caption = "가족관계:"
EndProperty
ItemType16 = 4
BeginProperty Item16 {1C13A8E2-A0B6-11D0-848E-00A0C90DC8A9}
_Version = 393216
Name = "txt학력"
Object.Left = 2718
Object.Top = 4199
Object.Width = 2592
Object.Height = 240
BeginProperty Font {0BE35203-8F91-11CE-9DE3-00AA004BB851}
Name = "굴림"
Size = 9
Charset = 129
Weight = 400
Underline = 0 'False
Italic = 0 'False
Strikethrough = 0 'False
EndProperty
DataField = "학력"
BeginProperty DataFormat {6D835690-900B-11D0-9484-00A0C91110ED}
Type = 0
```

```
Format = ""
HaveTrueFalseNull= 0
FirstDayOfWeek = 0
FirstWeekOfYear = 0
LCID = 1042
SubFormatType = 0
EndProperty
DataMember = "인사"
EndProperty
ItemType17 = 3
BeginProperty Item17 {1C13A8E1-A0B6-11D0-848E-00A0C90DC8A9}
_Version = 393216
Name = "Label11"
Object.Left = 1143
Object.Top = 4199
Object.Width = 1417
Object.Height = 240
BeginProperty Font {0BE35203-8F91-11CE-9DE3-00AA004BB851}
Name = "굴림"
Size = 9
Charset = 129
Weight = 400
Underline = 0  'False
Italic = 0  'False
Strikethrough = 0  'False
EndProperty
Object.Caption = "학력:"
EndProperty
ItemType18 = 4
BeginProperty Item18 {1C13A8E2-A0B6-11D0-848E-00A0C90DC8A9}
_Version = 393216
Name = "txt연락처"
Object.Left = 2718
Object.Top = 4653
Object.Width = 3835
Object.Height = 240
BeginProperty Font {0BE35203-8F91-11CE-9DE3-00AA004BB851}
Name = "굴림"
Size = 9
Charset = 129
Weight = 400
Underline = 0  'False
```

```
            Italic = 0 'False
            Strikethrough = 0 'False
        EndProperty
        DataField = "연락처"
        BeginProperty DataFormat {6D835690-900B-11D0-9484-00A0C91110ED}
            Type = 0
            Format = ""
            HaveTrueFalseNull= 0
            FirstDayOfWeek = 0
            FirstWeekOfYear = 0
            LCID = 1042
            SubFormatType = 0
        EndProperty
        DataMember = "인사"
    EndProperty
    ItemType19 = 3
    BeginProperty Item19 {1C13A8E1-A0B6-11D0-848E-00A0C90DC8A9}
        _Version = 393216
        Name = "Label12"
        Object.Left = 1143
        Object.Top = 4653
        Object.Width = 1417
        Object.Height = 240
        BeginProperty Font {0BE35203-8F91-11CE-9DE3-00AA004BB851}
            Name = "굴림"
            Size = 9
            Charset = 129
            Weight = 400
            Underline = 0 'False
            Italic = 0 'False
            Strikethrough = 0 'False
        EndProperty
        Object.Caption = "연락처:"
    EndProperty
    ItemType20 = 4
    BeginProperty Item20 {1C13A8E2-A0B6-11D0-848E-00A0C90DC8A9}
        _Version = 393216
        Name = "txt메일"
        Object.Left = 2718
        Object.Top = 5107
        Object.Width = 3835
        Object.Height = 240
```

```
BeginProperty Font {0BE35203-8F91-11CE-9DE3-00AA004BB851}
Name = "굴림"
Size = 9
Charset = 129
Weight = 400
Underline = 0 'False
Italic = 0 'False
Strikethrough = 0 'False
EndProperty
DataField = "메일"
BeginProperty DataFormat {6D835690-900B-11D0-9484-00A0C91110ED}
Type = 0
Format = ""
HaveTrueFalseNull= 0
FirstDayOfWeek = 0
FirstWeekOfYear = 0
LCID = 1042
SubFormatType = 0
EndProperty
DataMember = "인사"
EndProperty
ItemType21 = 3
BeginProperty Item21 {1C13A8E1-A0B6-11D0-848E-00A0C90DC8A9}
_Version = 393216
Name = "Label13"
Object.Left = 1143
Object.Top = 5107
Object.Width = 1417
Object.Height = 240
BeginProperty Font {0BE35203-8F91-11CE-9DE3-00AA004BB851}
Name = "굴림"
Size = 9
Charset = 129
Weight = 400
Underline = 0 'False
Italic = 0 'False
Strikethrough = 0 'False
EndProperty
Object.Caption = "메일:"
EndProperty
ItemType22 = 4
BeginProperty Item22 {1C13A8E2-A0B6-11D0-848E-00A0C90DC8A9}
```

```
_Version = 393216
Name = "txt호출"
Object.Left = 2718
Object.Top = 5561
Object.Width = 3835
Object.Height = 240
BeginProperty Font {0BE35203-8F91-11CE-9DE3-00AA004BB851}
Name = "굴림"
Size = 9
Charset = 129
Weight = 400
Underline = 0 'False
Italic = 0 'False
Strikethrough = 0 'False
EndProperty
DataField = "호출"
BeginProperty DataFormat {6D835690-900B-11D0-9484-00A0C91110ED}
Type = 0
Format = ""
HaveTrueFalseNull= 0
FirstDayOfWeek = 0
FirstWeekOfYear = 0
LCID = 1042
SubFormatType = 0
EndProperty
DataMember = "인사"
EndProperty
ItemType23 = 3
BeginProperty Item23 {1C13A8E1-A0B6-11D0-848E-00A0C90DC8A9}
_Version = 393216
Name = "Label14"
Object.Left = 1143
Object.Top = 5561
Object.Width = 1417
Object.Height = 240
BeginProperty Font {0BE35203-8F91-11CE-9DE3-00AA004BB851}
Name = "굴림"
Size = 9
Charset = 129
Weight = 400
Underline = 0 'False
Italic = 0 'False
```

```
            Strikethrough = 0 'False
         EndProperty
         Object.Caption = "호출:"
      EndProperty
      ItemType24 = 4
      BeginProperty Item24 {1C13A8E2-A0B6-11D0-848E-00A0C90DC8A9}
         _Version = 393216
         Name = "txt입사일"
         Object.Left = 2718
         Object.Top = 6015
         Object.Width = 1575
         Object.Height = 240
         BeginProperty Font {0BE35203-8F91-11CE-9DE3-00AA004BB851}
            Name = "굴림"
            Size = 9
            Charset = 129
            Weight = 400
            Underline = 0 'False
            Italic = 0 'False
            Strikethrough = 0 'False
         EndProperty
         DataField = "입사일"
         BeginProperty DataFormat {6D835690-900B-11D0-9484-00A0C91110ED}
            Type = 0
            Format = ""
            HaveTrueFalseNull= 0
            FirstDayOfWeek = 0
            FirstWeekOfYear = 0
            LCID = 1042
            SubFormatType = 0
         EndProperty
         DataMember = "인사"
      EndProperty
      ItemType25 = 3
      BeginProperty Item25 {1C13A8E1-A0B6-11D0-848E-00A0C90DC8A9}
         _Version = 393216
         Name = "Label15"
         Object.Left = 1143
         Object.Top = 6015
         Object.Width = 1417
         Object.Height = 240
         BeginProperty Font {0BE35203-8F91-11CE-9DE3-00AA004BB851}
```

```
Name = "굴림"
Size = 9
Charset = 129
Weight = 400
Underline = 0 'False
Italic = 0 'False
Strikethrough = 0 'False
EndProperty
Object.Caption = "입사일:"
EndProperty
ItemType26 = 4
BeginProperty Item26 {1C13A8E2-A0B6-11D0-848E-00A0C90DC8A9}
_Version = 393216
Name = "txt직급"
Object.Left = 2718
Object.Top = 6469
Object.Width = 3044
Object.Height = 240
BeginProperty Font {0BE35203-8F91-11CE-9DE3-00AA004BB851}
Name = "굴림"
Size = 9
Charset = 129
Weight = 400
Underline = 0 'False
Italic = 0 'False
Strikethrough = 0 'False
EndProperty
DataField = "직급"
BeginProperty DataFormat {6D835690-900B-11D0-9484-00A0C91110ED}
Type = 0
Format = ""
HaveTrueFalseNull= 0
FirstDayOfWeek = 0
FirstWeekOfYear = 0
LCID = 1042
SubFormatType = 0
EndProperty
DataMember = "인사"
EndProperty
ItemType27 = 3
BeginProperty Item27 {1C13A8E1-A0B6-11D0-848E-00A0C90DC8A9}
_Version = 393216
```

```
Name = "Label16"
Object.Left = 1143
Object.Top = 6469
Object.Width = 1417
Object.Height = 240
BeginProperty Font {0BE35203-8F91-11CE-9DE3-00AA004BB851}
Name = "굴림"
Size = 9
Charset = 129
Weight = 400
Underline = 0 'False
Italic = 0 'False
Strikethrough = 0 'False
EndProperty
Object.Caption = "직급:"
EndProperty
ItemType28 = 4
BeginProperty Item28 {1C13A8E2-A0B6-11D0-848E-00A0C90DC8A9}
_Version = 393216
Name = "txt소속"
Object.Left = 2718
Object.Top = 6923
Object.Width = 3044
Object.Height = 240
BeginProperty Font {0BE35203-8F91-11CE-9DE3-00AA004BB851}
Name = "굴림"
Size = 9
Charset = 129
Weight = 400
Underline = 0 'False
Italic = 0 'False
Strikethrough = 0 'False
EndProperty
DataField = "소속"
BeginProperty DataFormat {6D835690-900B-11D0-9484-00A0C91110ED}
Type = 0
Format = ""
HaveTrueFalseNull= 0
FirstDayOfWeek = 0
FirstWeekOfYear = 0
LCID = 1042
SubFormatType = 0
```

```
EndProperty
DataMember = "인사"
EndProperty
ItemType29 = 3
BeginProperty Item29 {1C13A8E1-A0B6-11D0-848E-00A0C90DC8A9}
_Version = 393216
Name = "Label17"
Object.Left = 1143
Object.Top = 6923
Object.Width = 1417
Object.Height = 240
BeginProperty Font {0BE35203-8F91-11CE-9DE3-00AA004BB851}
Name = "굴림"
Size = 9
Charset = 129
Weight = 400
Underline = 0 'False
Italic = 0 'False
Strikethrough = 0 'False
EndProperty
Object.Caption = "소속:"
EndProperty
ItemType30 = 4
BeginProperty Item30 {1C13A8E2-A0B6-11D0-848E-00A0C90DC8A9}
_Version = 393216
Name = "txt특기사항"
Object.Left = 2718
Object.Top = 7377
Object.Width = 1575
Object.Height = 240
BeginProperty Font {0BE35203-8F91-11CE-9DE3-00AA004BB851}
Name = "굴림"
Size = 9
Charset = 129
Weight = 400
Underline = 0 'False
Italic = 0 'False
Strikethrough = 0 'False
EndProperty
DataField = "특기사항"
BeginProperty DataFormat {6D835690-900B-11D0-9484-00A0C91110ED}
Type = 0
```

```
Format = ""
HaveTrueFalseNull= 0
FirstDayOfWeek = 0
FirstWeekOfYear = 0
LCID = 1042
SubFormatType = 0
EndProperty
DataMember = "인사"
EndProperty
ItemType31 = 3
BeginProperty Item31 {1C13A8E1-A0B6-11D0-848E-00A0C90DC8A9}
_Version = 393216
Name = "Label18"
Object.Left = 1143
Object.Top = 7377
Object.Width = 1417
Object.Height = 240
BeginProperty Font {0BE35203-8F91-11CE-9DE3-00AA004BB851}
Name = "굴림"
Size = 9
Charset = 129
Weight = 400
Underline = 0 'False
Italic = 0 'False
Strikethrough = 0 'False
EndProperty
Object.Caption = "특기사항:"
EndProperty
ItemType32 = 4
BeginProperty Item32 {1C13A8E2-A0B6-11D0-848E-00A0C90DC8A9}
_Version = 393216
Name = "txt자기평가"
Object.Left = 2718
Object.Top = 7831
Object.Width = 1575
Object.Height = 240
BeginProperty Font {0BE35203-8F91-11CE-9DE3-00AA004BB851}
Name = "굴림"
Size = 9
Charset = 129
Weight = 400
Underline = 0 'False
```

```
Italic = 0 'False
Strikethrough = 0 'False
EndProperty
DataField = "자기평가"
BeginProperty DataFormat {6D835690-900B-11D0-9484-00A0C91110ED}
Type = 0
Format = ""
HaveTrueFalseNull= 0
FirstDayOfWeek = 0
FirstWeekOfYear = 0
LCID = 1042
SubFormatType = 0
EndProperty
DataMember = "인사"
EndProperty
ItemType33 = 3
BeginProperty Item33 {1C13A8E1-A0B6-11D0-848E-00A0C90DC8A9}
_Version = 393216
Name = "Label19"
Object.Left = 1143
Object.Top = 7831
Object.Width = 1417
Object.Height = 240
BeginProperty Font {0BE35203-8F91-11CE-9DE3-00AA004BB851}
Name = "굴림"
Size = 9
Charset = 129
Weight = 400
Underline = 0 'False
Italic = 0 'False
Strikethrough = 0 'False
EndProperty
Object.Caption = "자기평가:"
EndProperty
ItemType34 = 4
BeginProperty Item34 {1C13A8E2-A0B6-11D0-848E-00A0C90DC8A9}
_Version = 393216
Name = "txt1차평가"
Object.Left = 2718
Object.Top = 8285
Object.Width = 1575
Object.Height = 240
```

```
BeginProperty Font {0BE35203-8F91-11CE-9DE3-00AA004BB851}
Name = "굴림"
Size = 9
Charset = 129
Weight = 400
Underline = 0 'False
Italic = 0 'False
Strikethrough = 0 'False
EndProperty
DataField = "1차평가"
BeginProperty DataFormat {6D835690-900B-11D0-9484-00A0C91110ED}
Type = 0
Format = ""
HaveTrueFalseNull= 0
FirstDayOfWeek = 0
FirstWeekOfYear = 0
LCID = 1042
SubFormatType = 0
EndProperty
DataMember = "인사"
EndProperty
ItemType35 = 3
BeginProperty Item35 {1C13A8E1-A0B6-11D0-848E-00A0C90DC8A9}
_Version = 393216
Name = "Label20"
Object.Left = 1143
Object.Top = 8285
Object.Width = 1417
Object.Height = 240
BeginProperty Font {0BE35203-8F91-11CE-9DE3-00AA004BB851}
Name = "굴림"
Size = 9
Charset = 129
Weight = 400
Underline = 0 'False
Italic = 0 'False
Strikethrough = 0 'False
EndProperty
Object.Caption = "1차평가:"
EndProperty
ItemType36 = 4
BeginProperty Item36 {1C13A8E2-A0B6-11D0-848E-00A0C90DC8A9}
```

```
_Version = 393216
Name = "txt2차평가"
Object.Left = 2718
Object.Top = 8739
Object.Width = 1575
Object.Height = 240
BeginProperty Font {0BE35203-8F91-11CE-9DE3-00AA004BB851}
Name = "굴림"
Size = 9
Charset = 129
Weight = 400
Underline = 0 'False
Italic = 0 'False
Strikethrough = 0 'False
EndProperty
DataField = "2차평가"
BeginProperty DataFormat {6D835690-900B-11D0-9484-00A0C91110ED}
Type = 0
Format = ""
HaveTrueFalseNull= 0
FirstDayOfWeek = 0
FirstWeekOfYear = 0
LCID = 1042
SubFormatType = 0
EndProperty
DataMember = "인사"
EndProperty
ItemType37 = 3
BeginProperty Item37 {1C13A8E1-A0B6-11D0-848E-00A0C90DC8A9}
_Version = 393216
Name = "Label21"
Object.Left = 1143
Object.Top = 8739
Object.Width = 1417
Object.Height = 240
BeginProperty Font {0BE35203-8F91-11CE-9DE3-00AA004BB851}
Name = "굴림"
Size = 9
Charset = 129
Weight = 400
Underline = 0 'False
Italic = 0 'False
```

```
         Strikethrough = 0 'False
      EndProperty
      Object.Caption = "2차평가:"
   EndProperty
   ItemType38 = 4
   BeginProperty Item38 {1C13A8E2-A0B6-11D0-848E-00A0C90DC8A9}
      _Version = 393216
      Name = "txt총평점"
      Object.Left = 2718
      Object.Top = 9193
      Object.Width = 1575
      Object.Height = 240
      BeginProperty Font {0BE35203-8F91-11CE-9DE3-00AA004BB851}
         Name = "굴림"
         Size = 9
         Charset = 129
         Weight = 400
         Underline = 0 'False
         Italic = 0 'False
         Strikethrough = 0 'False
      EndProperty
      DataField = "총평점"
      BeginProperty DataFormat {6D835690-900B-11D0-9484-00A0C91110ED}
         Type = 0
         Format = ""
         HaveTrueFalseNull= 0
         FirstDayOfWeek = 0
         FirstWeekOfYear = 0
         LCID = 1042
         SubFormatType = 0
      EndProperty
      DataMember = "인사"
   EndProperty
   ItemType39 = 3
   BeginProperty Item39 {1C13A8E1-A0B6-11D0-848E-00A0C90DC8A9}
      _Version = 393216
      Name = "Label22"
      Object.Left = 1143
      Object.Top = 9193
      Object.Width = 1417
      Object.Height = 240
      BeginProperty Font {0BE35203-8F91-11CE-9DE3-00AA004BB851}
```

```
Name = "굴림"
Size = 9
Charset = 129
Weight = 400
Underline = 0 'False
Italic = 0 'False
Strikethrough = 0 'False
EndProperty
Object.Caption = "총평점:"
EndProperty
ItemType40 = 4
BeginProperty Item40 {1C13A8E2-A0B6-11D0-848E-00A0C90DC8A9}
_Version = 393216
Name = "txt기본급"
Object.Left = 2718
Object.Top = 9647
Object.Width = 1575
Object.Height = 240
BeginProperty Font {0BE35203-8F91-11CE-9DE3-00AA004BB851}
Name = "굴림"
Size = 9
Charset = 129
Weight = 400
Underline = 0 'False
Italic = 0 'False
Strikethrough = 0 'False
EndProperty
DataField = "기본급"
BeginProperty DataFormat {6D835690-900B-11D0-9484-00A0C91110ED}
Type = 0
Format = ""
HaveTrueFalseNull= 0
FirstDayOfWeek = 0
FirstWeekOfYear = 0
LCID = 1042
SubFormatType = 0
EndProperty
DataMember = "인사"
EndProperty
ItemType41 = 3
BeginProperty Item41 {1C13A8E1-A0B6-11D0-348E-00A0C90DC8A9}
_Version = 393216
```

```
Name = "Label23"
Object.Left = 1143
Object.Top = 9647
Object.Width = 1417
Object.Height = 240
BeginProperty Font {0BE35203-8F91-11CE-9DE3-00AA004BB851}
Name = "굴림"
Size = 9
Charset = 129
Weight = 400
Underline = 0 'False
Italic = 0 'False
Strikethrough = 0 'False
EndProperty
Object.Caption = "기본급:"
EndProperty
ItemType42 = 4
BeginProperty Item42 {1C13A8E2-A0B6-11D0-848E-00A0C90DC8A9}
_Version = 393216
Name = "txt수당"
Object.Left = 2718
Object.Top = 10101
Object.Width = 1575
Object.Height = 240
BeginProperty Font {0BE35203-8F91-11CE-9DE3-00AA004BB851}
Name = "굴림"
Size = 9
Charset = 129
Weight = 400
Underline = 0 'False
Italic = 0 'False
Strikethrough = 0 'False
EndProperty
DataField = "수당"
BeginProperty DataFormat {6D835690-900B-11D0-9484-00A0C91110ED}
Type = 0
Format = ""
HaveTrueFalseNull= 0
FirstDayOfWeek = 0
FirstWeekOfYear = 0
LCID = 1042
SubFormatType = 0
```

```
EndProperty
DataMember = "인사"
EndProperty
ItemType43 = 3
BeginProperty Item43 {1C13A8E1-A0B6-11D0-848E-00A0C90DC8A9}
_Version = 393216
Name = "Label24"
Object.Left = 1143
Object.Top = 10101
Object.Width = 1417
Object.Height = 240
BeginProperty Font {0BE35203-8F91-11CE-9DE3-00AA004BB851}
Name = "굴림"
Size = 9
Charset = 129
Weight = 400
Underline = 0 'False
Italic = 0 'False
Strikethrough = 0 'False
EndProperty
Object.Caption = "수당:"
EndProperty
ItemType44 = 4
BeginProperty Item44 {1C13A8E2-A0B6-11D0-848E-00A0C90DC8A9}
_Version = 393216
Name = "txt공제"
Object.Left = 2718
Object.Top = 10555
Object.Width = 1575
Object.Height = 240
BeginProperty Font {0BE35203-8F91-11CE-9DE3-00AA004BB851}
Name = "굴림"
Size = 9
Charset = 129
Weight = 400
Underline = 0 'False
Italic = 0 'False
Strikethrough = 0 'False
EndProperty
DataField = "공제"
BeginProperty DataFormat {6D835690-900B-11D0-9484-00A0C91110ED}
Type = 0
```

```
        Format = ""
        HaveTrueFalseNull= 0
        FirstDayOfWeek = 0
        FirstWeekOfYear = 0
        LCID = 1042
        SubFormatType = 0
    EndProperty
    DataMember = "인사"
EndProperty
ItemType45 = 3
BeginProperty Item45 {1C13A8E1-A0B6-11D0-848E-00A0C90DC8A9}
    _Version = 393216
    Name = "Label25"
    Object.Left = 1143
    Object.Top = 10555
    Object.Width = 1417
    Object.Height = 240
    BeginProperty Font {0BE35203-8F91-11CE-9DE3-00AA004BB851}
        Name = "굴림"
        Size = 9
        Charset = 129
        Weight = 400
        Underline = 0 'False
        Italic = 0 'False
        Strikethrough = 0 'False
    EndProperty
    Object.Caption = "공제:"
EndProperty
ItemType46 = 4
BeginProperty Item46 {1C13A8E2-A0B6-11D0-848E-00A0C90DC8A9}
    _Version = 393216
    Name = "txt실수령액"
    Object.Left = 2718
    Object.Top = 11009
    Object.Width = 1575
    Object.Height = 240
    BeginProperty Font {0BE35203-8F91-11CE-9DE3-00AA004BB851}
        Name = "굴림"
        Size = 9
        Charset = 129
        Weight = 400
        Underline = 0 'False
```

```
              Italic = 0 'False
              Strikethrough = 0 'False
              EndProperty
              DataField = "실수령액"
              BeginProperty DataFormat {6D835690-900B-11D0-9484-00A0C91110ED}
                 Type = 0
                 Format = ""
                 HaveTrueFalseNull= 0
                 FirstDayOfWeek = 0
                 FirstWeekOfYear = 0
                 LCID = 1042
                 SubFormatType = 0
              EndProperty
              DataMember = "인사"
           EndProperty
           ItemType47 = 3
           BeginProperty Item47 {1C13A8E1-A0B6-11D0-848E-00A0C90DC8A9}
              _Version = 393216
              Name = "Label26"
              Object.Left = 1143
              Object.Top = 11009
              Object.Width = 1417
              Object.Height = 240
              BeginProperty Font {0BE35203-8F91-11CE-9DE3-00AA004BB851}
                 Name = "굴림"
                 Size = 9
                 Charset = 129
                 Weight = 400
                 Underline = 0 'False
                 Italic = 0 'False
                 Strikethrough = 0 'False
              EndProperty
              Object.Caption = "실수령액:"
           EndProperty
           ItemType48 = 4
           BeginProperty Item48 {1C13A8E2-A0B6-11D0-848E-00A0C90DC8A9}
              _Version = 393216
              Name = "txt상여금"
              Object.Left = 2718
              Object.Top = 11463
              Object.Width = 1575
              Object.Height = 240
```

```
BeginProperty Font {0BE35203-8F91-11CE-9DE3-00AA004BB851}
Name = "굴림"
Size = 9
Charset = 129
Weight = 400
Underline = 0 'False
Italic = 0 'False
Strikethrough = 0 'False
EndProperty
DataField = "상여금"
BeginProperty DataFormat {6D835690-900B-11D0-9484-00A0C91110ED}
Type = 0
Format = ""
HaveTrueFalseNull= 0
FirstDayOfWeek = 0
FirstWeekOfYear = 0
LCID = 1042
SubFormatType = 0
EndProperty
DataMember = "인사"
EndProperty
ItemType49 = 3
BeginProperty Item49 {1C13A8E1-A0B6-11D0-848E-00A0C90DC8A9}
_Version = 393216
Name = "Label27"
Object.Left = 1143
Object.Top = 11463
Object.Width = 1417
Object.Height = 240
BeginProperty Font {0BE35203-8F91-11CE-9DE3-00AA004BB851}
Name = "굴림"
Size = 9
Charset = 129
Weight = 400
Underline = 0 'False
Italic = 0 'False
Strikethrough = 0 'False
EndProperty
Object.Caption = "상여금:"
EndProperty
EndProperty
SectionCode2 = 7
```

```
BeginProperty Section2 {1C13A8E0-A0B6-11D0-848E-00A0C90DC8A9}
_Version = 393216
Name = "Section3"
Object.Height = 360
ForcePageBreak = 2
NumControls = 0
EndProperty
End
Attribute VB_Name = "직원목록"
Attribute VB_GlobalNameSpace = False
Attribute VB_Creatable = False
Attribute VB_PredeclaredId = True
Attribute VB_Exposed = False
```

재직증명서 데이터 리포트 소스코드

```
VERSION 6.00
Begin {78E93846-85FD-11D0-8487-00A0C90DC8A9} 재직증명서
Bindings = "재직증명서1.dsx":0000
Caption = "DataReport1"
ClientHeight = 7275
ClientLeft = 2655
ClientTop = 180
ClientWidth = 9075
_ExtentX = 16007
_ExtentY = 12832
_Version = 393216
_DesignerVersion= 100684101
ReportWidth = 8613
BeginProperty Font {0BE35203-8F91-11CE-9DE3-00AA004BB851}
Name = "Arial"
Size = 9
Charset = 0
Weight = 400
Underline = 0 'False
Italic = 0 'False
Strikethrough = 0 'False
EndProperty
GridX = 5
GridY = 5
LeftMargin = 1440
```

```
RightMargin = 1440
TopMargin = 1440
BottomMargin = 1440
_Settings = 23
DataMember = "인사"
NumSections = 3
SectionCode0 = 2
BeginProperty Section0 {1C13A8E0-A0B6-11D0-848E-00A0C90DC8A9}
_Version = 393216
Name = "Section2"
Object.Height = 2760
NumControls = 3
ItemType0 = 3
BeginProperty Item0 {1C13A8E1-A0B6-11D0-848E-00A0C90DC8A9}
_Version = 393216
Name = "label"
Object.Left = 2835
Object.Top = 567
Object.Width = 2835
Object.Height = 570
BeginProperty Font {0BE35203-8F91-11CE-9DE3-00AA004BB851}
Name = "궁서체"
Size = 24
Charset = 129
Weight = 700
Underline = 0 'False
Italic = 0 'False
Strikethrough = 0 'False
EndProperty
Object.Caption = "재직증명서"
EndProperty
ItemType1 = 3
BeginProperty Item1 {1C13A8E1-A0B6-11D0-848E-00A0C90DC8A9}
_Version = 393216
Name = "Label4"
Object.Left = 5655
Object.Top = 2260
Object.Width = 1170
Object.Height = 285
BeginProperty Font {0BE35203-8F91-11CE-9DE3-00AA004BB851}
Name = "바탕체"
Size = 12
```

```
Charset = 129
Weight = 700
Underline = 0 'False
Italic = 0 'False
Strikethrough = 0 'False
EndProperty
Object.Caption = "발급일 : "
EndProperty
ItemType2 = 3
BeginProperty Item2 {1C13A8E1-A0B6-11D0-848E-00A0C90DC8A9}
_Version = 393216
Name = "Label1"
Object.Left = 6803
Object.Top = 2266
Object.Width = 1440
Object.Height = 240
BeginProperty Font {0BE35203-8F91-11CE-9DE3-00AA004BB851}
Name = "바탕체"
Size = 12
Charset = 129
Weight = 700
Underline = 0 'False
Italic = 0 'False
Strikethrough = 0 'False
EndProperty
Object.Caption = "%D"
EndProperty
EndProperty
SectionCode1 = 4
BeginProperty Section1 {1C13A8E0-A0B6-11D0-848E-00A0C90DC8A9}
_Version = 393216
Name = "Section1"
Object.Height = 9225
NumControls = 17
ItemType0 = 4
BeginProperty Item0 {1C13A8E2-A0B6-11D0-848E-00A0C90DC8A9}
_Version = 393216
Name = "txt사원번호"
Object.Left = 3017
Object.Top = 1469
Object.Width = 2070
Object.Height = 240
```

```
BeginProperty Font {0BE35203-8F91-11CE-9DE3-00AA004BB851}
Name = "굴림체"
Size = 12
Charset = 129
Weight = 700
Underline = 0 'False
Italic = 0 'False
Strikethrough = 0 'False
EndProperty
DataField = "사원번호"
BeginProperty DataFormat {6D835690-900B-11D0-9484-00A0C91110ED}
Type = 0
Format = ""
HaveTrueFalseNull= 0
FirstDayOfWeek = 0
FirstWeekOfYear = 0
LCID = 1042
SubFormatType = 0
EndProperty
DataMember = "인사"
EndProperty
ItemType1 = 3
BeginProperty Item1 {1C13A8E1-A0B6-11D0-848E-00A0C90DC8A9}
_Version = 393216
Name = "Label5"
Object.Left = 1125
Object.Top = 1469
Object.Width = 1290
Object.Height = 240
BeginProperty Font {0BE35203-8F91-11CE-9DE3-00AA004BB851}
Name = "굴림체"
Size = 12
Charset = 129
Weight = 700
Underline = 0 'False
Italic = 0 'False
Strikethrough = 0 'False
EndProperty
Object.Caption = "사원번호:"
EndProperty
ItemType2 = 4
BeginProperty Item2 {1C13A8E2-A0B6-11D0-848E-00A0C90DC8A9}
```

```
_Version = 393216
Name = "txt이름"
Object.Left = 3017
Object.Top = 894
Object.Width = 1741
Object.Height = 240
BeginProperty Font {0BE35203-8F91-11CE-9DE3-00AA004BB851}
Name = "굴림체"
Size = 12
Charset = 129
Weight = 700
Underline = 0 'False
Italic = 0 'False
Strikethrough = 0 'False
EndProperty
DataField = "이름"
BeginProperty DataFormat {6D835690-900B-11D0-9484-00A0C91110ED}
Type = 0
Format = ""
HaveTrueFalseNull= 0
FirstDayOfWeek = 0
FirstWeekOfYear = 0
LCID = 1042
SubFormatType = 0
EndProperty
DataMember = "인사"
EndProperty
ItemType3 = 3
BeginProperty Item3 {1C13A8E1-A0B6-11D0-848E-00A0C90DC8A9}
_Version = 393216
Name = "Label6"
Object.Left = 1125
Object.Top = 894
Object.Width = 1290
Object.Height = 240
BeginProperty Font {0BE35203-8F91-11CE-9DE3-00AA004BB851}
Name = "굴림체"
Size = 12
Charset = 129
Weight = 700
Underline = 0 'False
Italic = 0 'False
```

```
         Strikethrough = 0 'False
      EndProperty
      Object.Caption = "이름:"
   EndProperty
   ItemType4 = 4
   BeginProperty Item4 {1C13A8E2-A0B6-11D0-848E-00A0C90DC8A9}
      _Version = 393216
      Name = "txt주민등록번호"
      Object.Left = 3017
      Object.Top = 2044
      Object.Width = 3105
      Object.Height = 240
      BeginProperty Font {0BE35203-8F91-11CE-9DE3-00AA004BB851}
         Name = "굴림체"
         Size = 12
         Charset = 129
         Weight = 700
         Underline = 0 'False
         Italic = 0 'False
         Strikethrough = 0 'False
      EndProperty
      DataField = "주민등록번호"
      BeginProperty DataFormat {6D835690-900B-11D0-9484-00A0C91110ED}
         Type = 0
         Format = ""
         HaveTrueFalseNull= 0
         FirstDayOfWeek = 0
         FirstWeekOfYear = 0
         LCID = 1042
         SubFormatType = 0
      EndProperty
      DataMember = "인사"
   EndProperty
   ItemType5 = 3
   BeginProperty Item5 {1C13A8E1-A0B6-11D0-848E-00A0C90DC8A9}
      _Version = 393216
      Name = "Label7"
      Object.Left = 1125
      Object.Top = 2044
      Object.Width = 1742
      Object.Height = 240
      BeginProperty Font {0BE35203-8F91-11CE-9DE3-00AA004BB851}
```

```
Name = "굴림체"
Size = 12
Charset = 129
Weight = 700
Underline = 0 'False
Italic = 0 'False
Strikethrough = 0 'False
EndProperty
Object.Caption = "주민등록번호:"
EndProperty
ItemType6 = 4
BeginProperty Item6 {1C13A8E2-A0B6-11D0-848E-00A0C90DC8A9}
_Version = 393216
Name = "txt성별"
Object.Left = 3017
Object.Top = 2619
Object.Width = 2985
Object.Height = 240
BeginProperty Font {0BE35203-8F91-11CE-9DE3-00AA004BB851}
Name = "굴림체"
Size = 12
Charset = 129
Weight = 700
Underline = 0 'False
Italic = 0 'False
Strikethrough = 0 'False
EndProperty
DataField = "성별"
BeginProperty DataFormat {6D835690-900B-11D0-9484-00A0C91110ED}
Type = 0
Format = ""
HaveTrueFalseNull= 0
FirstDayOfWeek = 0
FirstWeekOfYear = 0
LCID = 1042
SubFormatType = 0
EndProperty
DataMember = "인사"
EndProperty
ItemType7 = 3
BeginProperty Item7 {1C13A8E1-A0B6-11D0-848E-00A0C90DC8A9}
_Version = 393216
```

```
Name = "Label8"
Object.Left = 1125
Object.Top = 2619
Object.Width = 1290
Object.Height = 240
BeginProperty Font {0BE35203-8F91-11CE-9DE3-00AA004BB851}
Name = "굴림체"
Size = 12
Charset = 129
Weight = 700
Underline = 0 'False
Italic = 0 'False
Strikethrough = 0 'False
EndProperty
Object.Caption = "성별:"
EndProperty
ItemType8 = 4
BeginProperty Item8 {1C13A8E2-A0B6-11D0-848E-00A0C90DC8A9}
_Version = 393216
Name = "txt현주소"
Object.Left = 3017
Object.Top = 3194
Object.Width = 5370
Object.Height = 780
BeginProperty Font {0BE35203-8F91-11CE-9DE3-00AA004BB851}
Name = "굴림체"
Size = 12
Charset = 129
Weight = 700
Underline = 0 'False
Italic = 0 'False
Strikethrough = 0 'False
EndProperty
DataField = "현주소"
BeginProperty DataFormat {6D835690-900B-11D0-9484-00A0C91110ED}
Type = 0
Format = ""
HaveTrueFalseNull= 0
FirstDayOfWeek = 0
FirstWeekOfYear = 0
LCID = 1042
SubFormatType = 0
```

```
EndProperty
DataMember = "인사"
EndProperty
ItemType9 = 3
BeginProperty Item9 {1C13A8E1-A0B6-11D0-848E-00A0C90DC8A9}
_Version = 393216
Name = "Label9"
Object.Left = 1125
Object.Top = 3194
Object.Width = 1290
Object.Height = 780
BeginProperty Font {0BE35203-8F91-11CE-9DE3-00AA004BB851}
Name = "굴림체"
Size = 12
Charset = 129
Weight = 700
Underline = 0 'False
Italic = 0 'False
Strikethrough = 0 'False
EndProperty
Object.Caption = "현주소:"
EndProperty
ItemType10 = 4
BeginProperty Item10 {1C13A8E2-A0B6-11D0-848E-00A0C90DC8A9}
_Version = 393216
Name = "txt입사일"
Object.Left = 3017
Object.Top = 4309
Object.Width = 2430
Object.Height = 240
BeginProperty Font {0BE35203-8F91-11CE-9DE3-00AA004BB851}
Name = "굴림체"
Size = 12
Charset = 129
Weight = 700
Underline = 0 'False
Italic = 0 'False
Strikethrough = 0 'False
EndProperty
DataField = "입사일"
BeginProperty DataFormat {6D835690-900B-11D0-9484-00A0C91110ED}
Type = 0
```

```
Format = ""
HaveTrueFalseNull= 0
FirstDayOfWeek = 0
FirstWeekOfYear = 0
LCID = 1042
SubFormatType = 0
EndProperty
DataMember = "인사"
EndProperty
ItemType11 = 3
BeginProperty Item11 {1C13A8E1-A0B6-11D0-848E-00A0C90DC8A9}
_Version = 393216
Name = "Label11"
Object.Left = 1125
Object.Top = 4309
Object.Width = 1290
Object.Height = 240
BeginProperty Font {0BE35203-8F91-11CE-9DE3-00AA004BB851}
Name = "굴림체"
Size = 12
Charset = 129
Weight = 700
Underline = 0 'False
Italic = 0 'False
Strikethrough = 0 'False
EndProperty
Object.Caption = "입사일:"
EndProperty
ItemType12 = 4
BeginProperty Item12 {1C13A8E2-A0B6-11D0-848E-00A0C90DC8A9}
_Version = 393216
Name = "txt직급"
Object.Left = 3017
Object.Top = 5459
Object.Width = 3330
Object.Height = 240
BeginProperty Font {0BE35203-8F91-11CE-9DE3-00AA004BB851}
Name = "굴림체"
Size = 12
Charset = 129
Weight = 700
Underline = 0 'False
```

```
Italic = 0 'False
Strikethrough = 0 'False
EndProperty
DataField = "직급"
BeginProperty DataFormat {6D835690-900B-11D0-9484-00A0C91110ED}
Type = 0
Format = ""
HaveTrueFalseNull= 0
FirstDayOfWeek = 0
FirstWeekOfYear = 0
LCID = 1042
SubFormatType = 0
EndProperty
DataMember = "인사"
EndProperty
ItemType13 = 3
BeginProperty Item13 {1C13A8E1-A0B6-11D0-848E-00A0C90DC8A9}
_Version = 393216
Name = "Label12"
Object.Left = 1125
Object.Top = 5459
Object.Width = 1290
Object.Height = 240
BeginProperty Font {0BE35203-8F91-11CE-9DE3-00AA004BB851}
Name = "굴림체"
Size = 12
Charset = 129
Weight = 700
Underline = 0 'False
Italic = 0 'False
Strikethrough = 0 'False
EndProperty
Object.Caption = "직급:"
EndProperty
ItemType14 = 4
BeginProperty Item14 {1C13A8E2-A0B6-11D0-848E-00A0C90DC8A9}
_Version = 393216
Name = "txt소속"
Object.Left = 3017
Object.Top = 4884
Object.Width = 3180
Object.Height = 240
```

```
BeginProperty Font {0BE35203-8F91-11CE-9DE3-00AA004BB851}
Name = "굴림체"
Size = 12
Charset = 129
Weight = 700
Underline = 0 'False
Italic = 0 'False
Strikethrough = 0 'False
EndProperty
DataField = "소속"
BeginProperty DataFormat {6D835690-900B-11D0-9484-00A0C91110ED}
Type = 0
Format = ""
HaveTrueFalseNull= 0
FirstDayOfWeek = 0
FirstWeekOfYear = 0
LCID = 1042
SubFormatType = 0
EndProperty
DataMember = "인사"
EndProperty
ItemType15 = 3
BeginProperty Item15 {1C13A8E1-A0B6-11D0-848E-00A0C90DC8A9}
_Version = 393216
Name = "Label13"
Object.Left = 1125
Object.Top = 4884
Object.Width = 1290
Object.Height = 240
BeginProperty Font {0BE35203-8F91-11CE-9DE3-00AA004BB851}
Name = "굴림체"
Size = 12
Charset = 129
Weight = 700
Underline = 0 'False
Italic = 0 'False
Strikethrough = 0 'False
EndProperty
Object.Caption = "소속:"
EndProperty
ItemType16 = 3
BeginProperty Item16 {1C13A8E1-A0B6-11D0-848E-00A0C90DC8A9}
```

```
_Version = 393216
Name = "Label3"
Object.Left = 1134
Object.Top = 6800
Object.Width = 6225
Object.Height = 570
BeginProperty Font {0BE35203-8F91-11CE-9DE3-00AA004BB851}
Name = "굴림체"
Size = 14.25
Charset = 129
Weight = 700
Underline = 0 'False
Italic = 0 'False
Strikethrough = 0 'False
EndProperty
Object.Caption = "상기인은 당사에 재직중임을 증명합니다."
EndProperty
EndProperty
SectionCode2 = 7
BeginProperty Section2 {1C13A8E0-A0B6-11D0-848E-00A0C90DC8A9}
_Version = 393216
Name = "Section3"
Object.Height = 3135
ForcePageBreak = 2
NumControls = 2
ItemType0 = 3
BeginProperty Item0 {1C13A8E1-A0B6-11D0-848E-00A0C90DC8A9}
_Version = 393216
Name = "Label2"
Object.Left = 1417
Object.Top = 1700
Object.Width = 5670
Object.Height = 570
BeginProperty Font {0BE35203-8F91-11CE-9DE3-00AA004BB851}
Name = "궁서체"
Size = 14.25
Charset = 129
Weight = 700
Underline = 0 'False
Italic = 0 'False
Strikethrough = 0 'False
EndProperty
```

```
Object.Caption = "대 표 이 두 진 (인)"
EndProperty
ItemType1 = 3
BeginProperty Item1 {1C13A8E1-A0B6-11D0-848E-00A0C90DC8A9}
_Version = 393216
Name = "Label14"
Object.Left = 2381
Object.Top = 454
Object.Width = 3742
Object.Height = 570
BeginProperty Font {0BE35203-8F91-11CE-9DE3-00AA004BB851}
Name = "궁서체"
Size = 20.25
Charset = 129
Weight = 700
Underline = 0 'False
Italic = 0 'False
Strikethrough = 0 'False
EndProperty
Object.Caption = "아울 커뮤니케이션"
EndProperty
EndProperty
End
Attribute VB_Name = "재직증명서"
Attribute VB_GlobalNameSpace = False
Attribute VB_Creatable = False
Attribute VB_PredeclaredId = True
Attribute VB_Exposed = False
```

비주얼 베이직 초보 탈출하기

초판 인쇄 : 2009년 3월 11일
초판 발행 : 2009년 3월 16일

지은이 ▪ 이양선
펴낸이 ▪ 홍세진
펴낸곳 ▪ 세진북스

주소 ▪ (우)157-030 서울시 강서구 등촌동 685 대지빌딩 305호
전화 ▪ 02-2658-3088
팩스 ▪ 02-2658-3089
홈페이지 ▪ http://www.sejinbooks.kr
웹하드 ▪ http://www.webhard.co.kr ID : sjb114 SN : sjb1234

출판등록 ▪ 제 315-2008-042호 (2008.12.9)
ISBN ▪ 978-89-9621676-6 13560

값 ▪ 22,000원

▪ 이 책의 출판권은 도서출판 세진북스가 가지고 있습니다.
▪ 이 책의 일부 또는 전체에 대한 무단 복제와 전제를 금합니다.

 세진북스에는 당신과 나
그리고 우리의 미래가 있습니다.